Rosemarie Pexa
Johanna Stöckl

Jakobswege Österreich

Von Hainburg nach Feldkirch – mit Weinviertler Weg

50 Etappen

Vorwort

»Der Weg ist das Ziel« – diese besonders für das Pilgern geltende Weisheit steht nicht nur als Motto auf zahlreichen Informationstafeln der Jakobswege in Österreich. Sie zu beherzigen, fällt auf dem österreichischen Abschnitt des uralten Pilgerweges nach Santiago de Compostela leicht.

Da der Weg ganz Österreich von Osten nach Westen durchmisst, führt er durch die unterschiedlichsten Großlandschaften: Von den steppenartigen Ebenen im Burgenland durch die Donau-Auen, die Sandsteinberge des Wienerwaldes und die weiten Felder des Tullner Beckens oder über die sanften Hügel des Weinviertels und entlang der Lössterrassen des Wagram gelangt man zum Eingang der Wachau. Von dort geht es durch den wildromantischen Dunkelsteiner Wald, das südliche Waldviertel und das Mostviertel die Donau entlang nach Oberösterreich, wo man den Flüssen Traun, Ager und Vöckla durch das saftig-grüne Alpenvorland nach Salzburg folgt. Nach einer kurzen Wegstrecke durch Deutschland wandert man mit Ausblicken auf die immer höher aufragenden Berge weiter Richtung Westen. In Tirol führt der Jakobsweg am Inn entlang, um am Arlberg den höchsten Pass aller offiziellen Jakobswegrouten zu überqueren. In Vorarlberg angelangt, geht es durch das enge Klostertal und den weiten Walgau nach Feldkirch oder Rankweil, wo man an die Jakobswege durch die Schweiz anschließen kann.

Dichte Wälder, saftige Wiesen, wogende Kornfelder, kristallklare Flüsse, malerische Seen, tosende Wasserfälle, schroffe Felsen, wildromantische Schluchten und eindrucksvolle Panoramen – wer die Schönheit der Natur genießen möchte, wird am Jakobsweg in Österreich sicher finden, was er sucht. Aber auch, wer Wandererlebnis mit kulturellem Genuss verbinden will, kommt auf dem Österreichischen Jakobsweg voll auf seine Kosten, da Städte mit historischem Ortskern, Schlösser, Burgen und Ruinen an der Route liegen – und natürlich darüber hinaus zu spiritueller Einkehr einladende Stifte, Klöster, Kirchen und Kapellen. Für das leibliche Wohl ist dank zahlreicher Einkehrmöglichkeiten ebenfalls gesorgt.

Der Österreichische Jakobsweg ist sowohl für erfahrene Pilger als auch für Wanderer, die zum ersten Mal einen Pilgerweg gehen, gut geeignet. Durch eine Vielzahl von Übernachtungsangeboten kann die tägliche Distanz individuell gewählt werden. Mehrere Etappen des Weges haben wir im Zuge unserer Recherchen gemeinsam mit unseren Kindern begangen und können den gesamten Österreichischen Jakobsweg als leicht bis mäßig schwierig und »familientauglich« einstufen. Wenn Sie sich also noch fragen, ob Sie sich dieses Unternehmen zutrauen sollen: Zögern Sie nicht – Sie haben nichts zu verlieren, aber viel an Erlebnissen und Erfahrungen zu gewinnen.

In diesem Sinn »Buen Camino« auf dem Jakobsweg in Österreich!

Wien, im Sommer 2022   Rosemarie Pexa und Johanna Stöckl

Inhaltsverzeichnis

STADT 109 | Bamberg 69 Bayreuth | Tirschenreuth | Uneso | PLZ

Main | Wertheim 23 | WÜRZBURG 56 | Forchheim | Weiden | Bor

Michelstadt | Enzlar | Neustadt | Sulzbach- | Auerbach 112 | Waidhs. | Domaž

nheim | 78 | Bad Mergentheim | Erlangen | Rosenberg | Amberg | Wernberg

G | 85 | Rothenburg | Ansbach | NÜRNBERG | Schwandorf | Furth

Mosbach | o. d. T. | 657 | Schwabach | Neumarkt | Cham | Bayr. Eisenst

HEIL- | 30 | Feuchtwangen | Schwabach | 103 | 89 | Stallwang | 127 | 1457

BRONN | Crailsheim | 62 | Gunzenhausen | Hemau | Gr. Arber

49 | Schw. Hall | Dinkelsbühl | 92 | Beilngries | REGENSBURG

Ludwigsburg | Gaildorf | 63 | Weißenburg | Kelheim | Deg

STUTTGART | Aalen Nördlingen | 97 | Abensberg | Donau | Straubing | Plattling

Esslingen | Schw. | Eichstätt | Ingolstadt | 74 | 57

Gmünd | 60 | Mainburg | Landshut | Dingolfing | Pa

Göppingen | Heidenheim | Donauwörth | 70 | 67 | 63

ibingen 103 | Geislingen | 76 | Dillingen | Schrobenhsn | Taufkirchen | Eggenfel

Reutlingen | Blaubeuren | Günzburg | 44 | 79 | Freising | 73

869 | Ulm | 79 | 71 | Dachau | 107 | Mühldorf | Bra

64 | Ehingen | Krumbach | AUGSBURG | MÜNCHEN | Haag | Burghausen

53 | Biberach | Lechfeld | Fürsten- | Faistenhaar | Altenmkt | Straß

Herbertingen | 58 | Landsberg | 38 | feldbruck | 72

82 | Bad Waldsee | Memmingen | Starnberg | 60 | Rosenheim | Traunstein

berlingen | 34 | Kaufbeuren | Weilheim | Bad Tölz | 81 | SALZBURG | 23

96 | Ravensburg | 75 | 71 | 150 | Tegernsee | 45 | 26 | Be 24

Friedrichshafen | Kempten | Urfeld | Kufstein | 31 | Hallein | 25

anz 124 | Bodensee | Lindau Immenstadt | 103 | Füssen | Garmisch- | 57 | 28 | St. Johann | Bischofshofen

St. Gallen | Bregenz | 134 | Reutte | Partenkir. | 30 | 29 | Wörgl | 27 | 73 | Zell a. S.

ttwil | Dornbirn | Oberstdorf | 1209 | Zugspitze | INNSBRUCK | Zell | 39

2502 66 | Feldkirch 37 | Warth | 2962 | Teis | Schwaz | a. Z. | Mittersill | T | E

Buchs | Va | Bludenz | 35 | Imst | 33 | 31 | 3798 | 2505 Bad

Sargans | STEIN 38 | 1795 | 46 Landeck | Ö | Oetz | 32 | Hochtor | Gr. Glockner | Hochtor

28 | Arlberg | 36 Anton | 34 | S | 77 | Matrei | Heiligen

ilms | Chur | Partenen | A. | 97 | Ob. Gurgl | Brenner | Erlsbach | in Osttirol

70 | Davos | Nauders | Ob. Gurgl | 1371 | 65 | Lienz | 76

P | Z | Susch | 1504 | 3774 | 2094 | Toblach | Oberdrau

I | Splügen | 2284 | Wildsp. | 61 | Dobbiaco | 47 | Hermag

Splügen | St. Moritz | Spondinig | Meran | Brixen | Auronzo | 93 | 1360

Chiavenna | 2757 | Ortler | Spondigna | Merano | Bressanone | Pieve | Pontebb

nzona 57 | Bormio | 3899 | 39 | Cortina | 57 | di Cadore | Tolr

Colico | Tirano | BOZEN | Cles | 3342 | 29 | Longarone | Gemona

Sondrio 29 | Edolo | BOLZANO | Moena | S. Martino | del Friuli | Spilimb

Clusone | 1883 | Cles | 1970 | di Cast. | Belluno | 59

Lecco | Breno | Tione | Cavalese | 58 | 40 | Vittório Véneto

98 | 101 | di Trento | TRENTO | Primolano | Feltre

BÉRGAMO | Riva | Malcésine | Levico Terme | Conegliano | Pordenone

Rovereto | Bassano | Véneto

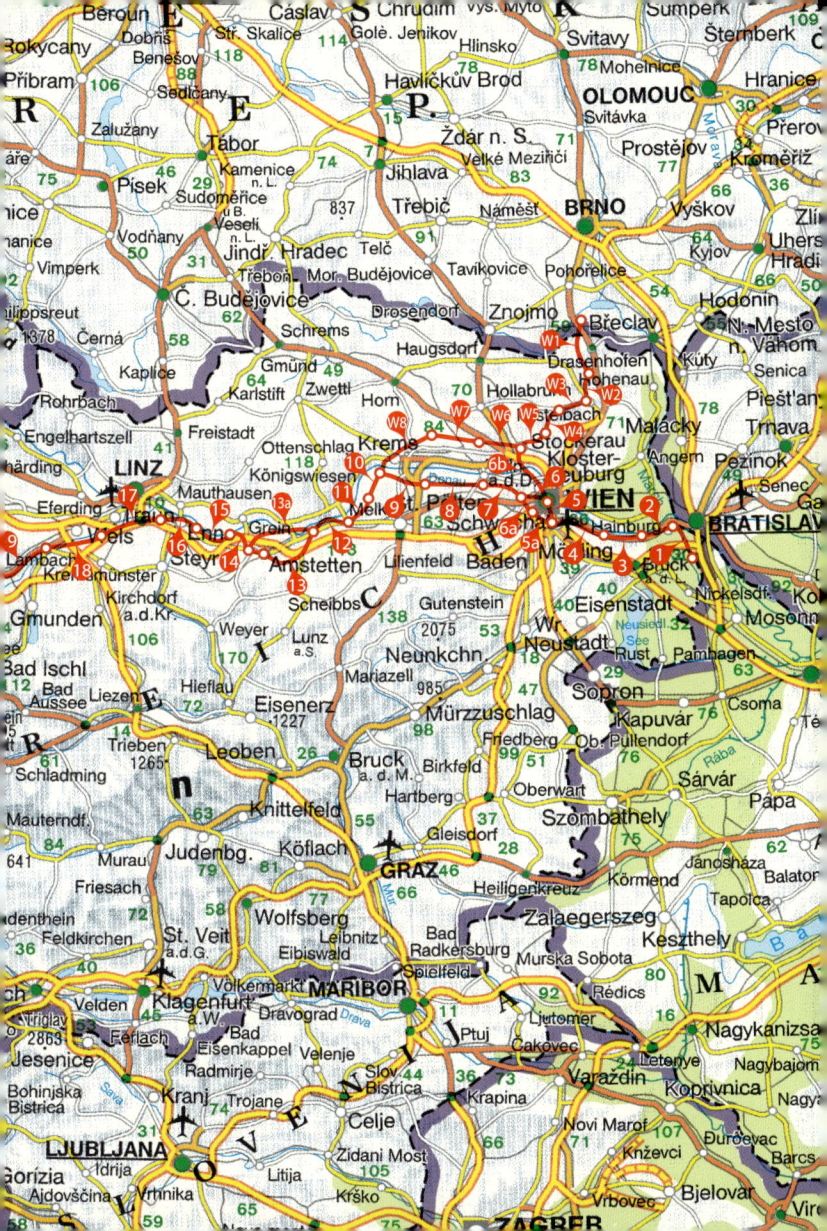

Touristische Hinweise

Zum Wanderführer

Am Beginn jeder Etappenbeschreibung befindet sich eine steckbriefartige Zusammenfassung der wichtigsten Informationen zum jeweiligen Wegabschnitt. Es ist dadurch möglich, sich einen raschen Überblick über die zu erwartende Landschaft, Einkehr- und Versorgungsmöglichkeiten, Wegbeschaffenheit und vieles mehr zu verschaffen. Auf Wegvarianten oder kritische Stellen wird bei Bedarf hingewiesen. Gesamtlänge und reine Gehzeit (ohne Pausen; Angaben gerundet) gehen aus der Kopfzeile sowie aus den Höhenprofilen hervor. Als Besonderheit zeigen diese Profile nicht nur das Relief der beschriebenen Etappe, sondern auch Teile der vorhergehenden und nachfolgenden einschließlich der Symbole für Übernachtungsmöglichkeiten. Dadurch wird die Planung individueller Tagesetappen erleichtert; man erhält einen besseren Überblick, wo es etwa weitere Quartiere gibt, wenn man noch nicht müde ist und noch ein Stück weitergehen möchte.

Zur besseren Verknüpfung mit den GPS-Tracks (siehe Kasten unten) finden sich die Wegpunkte aus diesen Tracks auch in den Tourenbeschreibungen, Profilen und Karten.

Gelb hinterlegte Texte geben Auskunft über kulturhistorische (und zum Teil auch natürliche) Sehenswürdigkeiten. Aufgrund der Fülle an Kulturdenkmälern entlang des Jakobsweges kann dabei nicht auf jeden einzelnen Bildstock und jede kleine Kapelle eingegangen werden, ebenso wenig wie die Beschreibung alle Sehenswürdigkeiten der größeren Städte auflisten kann.

GPS-Tracks und Koordinaten der Ausgangspunkte

Um sich beim Pilgern besser auf den Weg und auf sich selbst statt auf die Suche nach Wegweisern konzentrieren zu können, leistet ein GPS-Gerät gute Dienste. Deshalb stehen zu allen Etappen in diesem Wanderführer auf der Webseite des Rother Bergverlags (www.rother.de) GPS-Tracks und die Koordinaten der Ausgangspunkte kostenlos zum Download bereit.

3. Auflage, Passwort: **447303mef**

Die Daten wurden großteils vor Ort erfasst und stellenweise mittels digitaler Karten (OpenStreetMap) ergänzt. Da sich die Gegebenheiten vor Ort aber ändern können, kann für die Daten keine Gewähr übernommen werden, und man sollte sich niemals ausschließlich auf technische Hilfsmittel verlassen. Achtung: Die GPS-Tracks, die auf der Website »www.jakobswege-a.eu« verlinkt sind, stimmen an vielen Stellen nicht mit den tatsächlich in der Natur ausgeschilderten Wegen überein und sollten deshalb nicht zur Orientierung verwendet werden. Auch zahlreiche auf verschiedenen Portalen im Internet hochgeladene Tracks entsprechen nicht den »offiziellen« Wegen.

Die Übersichtskarten zeigen die gesamte Strecke auf einen Blick und ein Stichwortverzeichnis am Ende des Buches enthält alle im Text vorkommenden Orte, Etappenziele und Sehenswürdigkeiten.

Unterkunft

Obwohl das Angebot an ausgesprochenen Pilgerherbergen mit Koch- und Waschgelegenheiten in den letzten Jahren zugenommen hat, stellen diese immer noch eher die Ausnahme unter den Unterkünften am Österreichischen Jakobsweg dar. Vereinzelt gibt es die Möglichkeit, in Klöstern oder Pfarrhöfen zu übernachten; mancherorts stellen auch Jugendherbergen eine preisgünstige Alternative dar. Solche günstigen und pilgerfreundlichen Unterkünfte sind im Etappensteckbrief immer ausdrücklich erwähnt. In der Regel ist man aber auf »konventionelle« Quartiere wie Gasthöfe, Hotels, Pensionen und Privatzimmer angewiesen. Diese werden nur dann gesondert aufgelistet, wenn es an einem Ort überhaupt nur eine oder zwei Übernachtungsmöglichkeiten gibt, andernfalls wird auf die lokale Tourismusinformation verwiesen, die bei der Suche nach einem freien Quartier behilflich ist.

Infrastruktur

Sowohl im Etappensteckbrief als auch in den Kartenskizzen und im Höhenprofil finden sich Symbole für Übernachtungs-, Einkehr- und

Selbstversorgerhütte nahe der Arlbergbahn.

Einkaufsmöglichkeiten, Bus- und Bahnhaltestellen, Apotheken und andere wichtige Infrastruktur. Das Symbol für Gesundheitsversorgung bezieht sich auf Krankenhäuser und größere Gesundheitszentren. Die Adressen von einzelnen praktizierenden Ärzten kann man bei Bedarf überall in den Apotheken oder bei den Gemeindeämtern und Tourismusinformationen erfragen.

Etappen und Gehzeiten

Die Etappeneinteilung in diesem Wanderführer ist ein Vorschlag, eine von vielen Möglichkeiten, den Jakobsweg zu gehen – nicht mehr! Niemand muss den Weg in exakt 38 Tagen bewältigen. Die Anfangs- und Endpunkte der Etappen im Wanderführer richten sich eher nach praktischen Gesichtspunkten wie größeren Ortschaften mit guter Infrastruktur oder kulturellen Sehenswürdigkeiten, die sich ggf. auch für einen Ruhetag eignen.

Auch das Gehtempo bleibt jedem selbst überlassen. Die angegebenen Richtwerte beziehen sich auf durchschnittlich trainierte Pilger mit nicht mehr als 10–12 kg Gepäck und entsprechen etwa 4 km pro Stunde in der Ebene auf guten Straßen; bei Steigungen und auf schlechteren Wegen entsprechend weniger. Die Zeiten sind immer reine Gehzeiten ohne Pausen, Besichtigungen oder Ähnliches. Mit Pausen muss man damit rechnen, insgesamt gut anderthalb mal so lang unterwegs zu sein, also bei 6 Stunden reiner Gehzeit etwa 9 Stunden!

Wenn nicht anders angegeben, beziehen sich Anfang und Ende der Etappen jeweils auf die wichtigste oder am zentralsten gelegene Kirche der jeweiligen Ortschaft. Die in Klammern gesetzten Zwischenzeitangaben im Text beziehen sich immer auf das jeweils vorhergehende Zwischenziel.

Etappenübersicht

Etappe (Werte gerundet)	Strecke (km)	Gehzeit (Std.)	Auf-/Abstieg (Hm)
Der Weinviertler Jakobsweg von Nikolsburg bis Mautern			
W1 Nikolsburg – Poysdorf	22,0	5.45	270/400
W2 Poysdorf – Mistelbach	16,5	4.45	280/280
W3 Mistelbach – Buschberg	18,5	5.00	430/170
W4 Buschberg – Großrußbach	18,0	5.00	350/550
W5 Großrußbach – Stockerau	27,0	7.30	450/560
W6 Stockerau – Stetteldorf am Wagram	18,0	4.45	< 100
W7 Stetteldorf – Feuersbrunn	21,5	6.30	150/150
W8 Feuersbrunn – Mautern	22,5	6.00	180/180
Entlang der Donau von Pama nach Mautern			
1 Pama – Wolfsthal	17,0	4.45	250/250
2 Wolfsthal – Petronell	19,5	5.30	100/100
3 Petronell – Maria Ellend	19,5	5.30	< 100

Etappe		Strecke	Gehzeit	Auf-/Abstieg
4	Maria Ellend – Schwechat	20,5	5.30	100/100
5	Schwechat – Wien	18,0	4.45	< 100
6	Wien – Purkersdorf	18,0	4.45	< 100
5a	Schwechat – Liesing	18,0	4.45	< 100
6a	Liesing – Purkersdorf	21,5	7.00	700/700
6b	Wien – Stockerau	34,0	9.45	400/400
7	Purkersdorf – Siegersdorf	26,0	7.45	700/700
8	Siegersdorf – Herzogenburg	29,0	8.00	380/380
9	Herzogenburg – Mautern	20,0	5.45	500/500

Vom Dunkelsteiner Wald bis St. Florian

10	Mautern – Maria Langegg	18,0	5.30	700/400
11	Maria Langegg – Melk	27,5	7.45	750/1050
12	Melk – Persenbeug	29,0	8.30	450/450
13	Persenbeug – Amstetten	31,0	8.00	100/100
13a	Persenbeug – Zeillern	31,0	9.30	850/780
14	Amstetten – Wallsee	21,0	5.45	500/500
15	Wallsee – St. Pantaleon	16,0	4.30	170/200
16	St. Pantaleon – St. Florian	20,5	5.30	120/70

Durchs Alpenvorland von St. Florian bis Salzburg

17	St. Florian – Fischerkapelle / Marchtrenk	26,0	7.00	200/200
18	Fischerkapelle / Marchtrenk – Lambach	24,0	6.30	< 100
19	Lambach – Vöcklabruck	23,5	6.30	250/180
20	Vöcklabruck – Frankenmarkt	23,5	6.30	250/150
21	Frankenmarkt – Pfongau	19,5	5.30	450/400
22	Pfongau – Eugendorf	18,0	5.00	300/300
23	Eugendorf – Salzburg	14,5	4.00	250/380

Durch die Nordalpen von Salzburg nach Innsbruck

24	Salzburg – Bad Reichenhall	21,5	6.00	300/240
25	Bad Reichenhall – Lofer	28,0	7.15	450/300
26	Lofer – St. Johann in Tirol	26,5	6.45	250/220
27	St. Johann in Tirol – Söll	24,5	7.00	600/600
28	Söll – Breitenbach am Inn	22,5	6.15	350/550
29	Breitenbach am Inn – Strass im Zillertal	18,5	5.00	300/300
30	Strass im Zillertal – Gnadenwald	26,0	7.00	650/300
31	Gnadenwald – Innsbruck	18,5	5.00	200/520

Über den Arlberg von Innsbruck nach Feldkirch oder Rankweil

32	Innsbruck – Pfaffenhofen	30,5	8.00	400/340
33	Pfaffenhofen – Roppen	27,5	7.30	450/380
34	Roppen – Zams	23,5	6.30	700/650
35	Zams – St. Jakob am Arlberg	30,0	8.15	950/430
36	St. Jakob am Arlberg – Klösterle	22,0	6.30	750/970
37	Klösterle – Bludenz	25,5	7.00	400/900
38	Bludenz – Feldkirch / Rankweil	26,5	7.30	500/600

Wandern auf dem Jakobsweg

Natürlich denken die meisten beim Stichwort »Jakobsweg« in erster Linie an den Weg, der in Nordspanien von der französischen Grenze bis nach Santiago de Compostela führt. Doch das Netz der Jakobswege überzieht ganz Europa, und auch durch Österreich verlaufen mehrere dieser Wege, die sich – von Ungarn, der Slowakei oder Tschechien kommend – nach und nach vereinigen und schließlich an der Grenze zur Schweiz und zu Liechtenstein an die dortigen Jakobswege anknüpfen. Längst sind es nicht mehr ausschließlich »klassische« Pilger, die sich auf diesen Routen bewegen, sondern Menschen unterschiedlichen Alters und mit den unterschiedlichsten Motivationen, alleine oder in Gruppen, auf dem Weg nach Santiago oder »nur« zu sich selbst, sportlich oder kulturell interessiert.

Wenn Sie den Österreichischen Jakobsweg gehen – egal, ob zur Gänze oder nur einzelne Teile davon –, erwarten Sie die verschiedensten Begegnungen sowie vielfältige landschaftliche und kulturelle Eindrücke. Es lohnt sich, mit offenen Augen für die Schönheit der kleinen Dinge diesen Weg zu beschreiten. Denn nicht nur die prächtigen Stifte und Klöster wie Göttweig, Melk oder St. Florian und die großen Dome wie der Stephansdom in Wien, der Salzburger Dom oder der Dom St. Jakob in Innsbruck machen den Reiz aus. Auch an den Hunderten kleinen Flurdenkmälern, Wegkreuzen oder kleinen Kapellen sollte man nicht achtlos vorbeigehen, denn jedes von ihnen weiß eine Geschichte zu erzählen. Gehen Sie den Weg mit allen Sinnen, lauschen Sie auf das Vogelgezwitscher, auf das Rauschen der Bäche und Flüsse und genießen Sie auch einmal die Stille, der Sie begegnen werden. Atmen Sie den Duft der Rapsfelder im Weinviertel, der Obstbäume im Mostviertel oder der saftigen Wiesen in den Tälern Tirols. Natürlich ist eine Wanderung auf einem rund 800 km langen Weg – wenn Sie nur den österreichischen Teil begehen; nach Santiago haben Sie dann noch immer mehr als 2200 km vor sich – immer ein großes Abenteuer. Doch am Jakobsweg Österreich ist es ein »sanftes« Abenteuer, nie weit von der Zivilisation entfernt, mit guter Infrastruktur, in mehr oder weniger vertrauten Landschaften und ohne Sprachbarrieren.

Wandersaison und Wetter

Ideale Zeit für die Begehung des Österreichischen Jakobsweges ist von Mai bis Oktober. Wer nicht den ganzen Weg in einem Stück durchgehen möchte, sondern sich nur einzelne Teilabschnitte vornimmt, kann dies aber durchaus früher oder später im Jahr tun und wird dabei ganz eigene Erlebnisse und Erfahrungen machen – wenn etwa im Mostviertel die Obstbäume blühen oder die Herbstnebel den Dunkelsteiner Wald in eine mystische Landschaft verzaubern. Einzelne Tagesetappen in Ostösterreich können sogar bei

Schneelage begangen werden, wobei sich vor allem im östlichen Flachland entlang der Donau sowie im Weinviertel ohnehin nur über wenige Tage im Jahr eine durchgehende Schneedecke hält.

Das Wetter ist und bleibt aber zu allen Jahreszeiten ein Unsicherheitsfaktor; einzelne Tage im Januar oder Februar können wärmer sein als so mancher kalte, verregnete Sommertag, und längere Regen- und Schlechtwetterperioden, Gewitter, Hagel oder Stürme können einem auch mitten in der »schönen« Jahreszeit zu schaffen machen.

Falsch verstandener Ehrgeiz ist auch – und gerade – am Jakobsweg völlig fehl am Platz. Auch wenn der Großteil des Weges in sicheren Tallagen verläuft, so sollte man bei schlechten Wetterverhältnissen lieber den ärgsten Regen im Quartier, in einer Einkehr oder unter einem sicheren Unterstand abwarten, anstatt sich unnötigen Gefahren auszusetzen. Sicherheit und Gesundheit haben immer oberste Priorität!

Konditionelle Anforderungen

Häufig unterschätzen angehende Pilger die Herausforderung, die ein derartiger Weg an die Kondition stellt. Ein großer Vorteil des Österreichischen Jakobsweges ist es, dass die Berge von Osten nach Westen immer höher werden und man somit im Flachland entlang der Donau oder im sanft-hügeligen Weinviertel einige Tage Zeit hat, sich langsam »warmzugehen«, bevor man

Pilgern kann man allein oder in der Gruppe.

anstrengende Etappen mit großen Steigungen vor sich hat. Auch Wanderer mit durchschnittlicher Kondition können die Begehung des gesamten Jakobsweges problemlos schaffen; man sollte aber keinesfalls mit angeschlagener Gesundheit oder völlig untrainiert aufbrechen. Eine gute Möglichkeit ist es, vor dem eigentlichen Aufbruch zu einer Weitwanderung wie dieser mehrere »Probewanderungen« zu unternehmen – am besten ein- bis zweimal pro Woche bereits einen Monat vor dem geplanten Aufbruch, wobei man sich auch allmählich an einen Rucksack mit dem geplanten Gewicht und an größere Tagesdistanzen gewöhnt. Außerdem kann man noch vor dem eigentlichen Start ausprobieren, ob der Schuh drückt, der Rucksack schlecht sitzt oder zu schwer ist, und ob man wirklich alles dabeihat, was man im »Ernstfall« zu brauchen glaubt.

Zeitplanung und Routenwahl

Es gibt – auch wenn dieser Eindruck fallweise in Reiseberichten oder anderen Büchern vermittelt werden mag – keine Regel, die besagt, dass ein »echter« Pilger um 6 Uhr früh aufzustehen und 35 km am Tag zu gehen hat. Jeder Jakobspilger geht für sich alleine, bestimmt sein Gehtempo und seinen Tagesrhythmus selbst. Folglich ist es genauso in Ordnung, bis 8 Uhr zu schlafen oder nur 15 Kilometer am Tag zu gehen. Wer sich mehr Zeit für die Besichtigung von Sehenswürdigkeiten am Weg nimmt und öfter einkehrt, statt bei einer kurzen Rast ein Jausenbrot zu essen, wird ebenfalls nur kürzere Wegstrecken an einem Tag schaffen. Ob man den Jakobsweg in 28, 35 oder 42 Tagen geht, spielt letztlich keine Rolle. Gerade an den ersten Tagen sollte man sich nicht zu lange Etappen vornehmen, damit sich der Körper langsam auf die Anforderungen einstellen kann.

Abgesehen von den in diesem Buch beschriebenen Wegvarianten – ab Nikolsburg oder Pama, im Raum Wien oder durch das Mostviertel – gibt es fallweise noch weitere Stellen, an denen sich alternative Wege anbieten. Natürlich sind solche Wertungen subjektiv, aber wir haben uns bemüht, den jeweils attraktivsten Weg zu beschreiben. Auf Alternativen wird in der Tourenbeschreibung oder im Etappensteckbrief hingewiesen. Die ursprünglichen Wegbeschreibungen des »Wiederentdeckers« des Österreichischen Jakobsweges, Peter Lindenthal, weichen zum Teil erheblich von den später durch die lokalen Initiativen und Fremdenverkehrsvereine beschilderten Wegen ab. In der Regel haben wir uns wegen der leichteren Orientierung an die offizielle Beschilderung gehalten. Dort, wo diese aus meist kommerziellen Motiven – um eine abseits des Weges gelegene Ortschaft am Pilgertourismus »mitnaschen« zu lassen – auf besonders zeitraubende und wenig lohnende Umwege weist, haben wir uns aber für andere Varianten entschieden, die auch nicht immer mit der Lindenthal-Variante übereinstimmen müssen.

Wegidyll in den Innauen bei Schlierenzau.

Die Eintragung ins Pilgerbuch gehört unbedingt dazu.

Pilgern mit Kindern

Wer mit Kindern pilgert, sollte sich das Motto, das auch auf den Infotafeln des Österreichischen Jakobsweges zu finden ist, ganz besonders zu Herzen nehmen: Der Weg ist das Ziel. Kinder wollen auf ihre eigene Art und in ihrem eigenen Tempo entdecken, was es unterwegs alles Interessantes zu sehen gibt – und für sie sind das meist nicht die prunkvollen Barockkirchen, sondern ein Schmetterling auf einer Blume am Wegrand, ein Bildstock mit lächelndem Jesuskind oder der Bauer, der gerade seine Obstbäume aberntet (und dem Nachwuchs-Pilger vielleicht ein paar Früchte abgibt).

Bei der Länge der Tagesetappen ist Ehrgeiz fehl am Platz; diese sollten an das Alter und die »Wander-Erfahrung« der Kinder angepasst sein. Zu Beginn empfiehlt es sich, kürzere Etappen zu wählen bzw. solche, bei denen es schon vor dem angepeilten Tagesziel Übernachtungsmöglichkeiten gibt. Teilstrecken, an denen Bahnhöfe oder Haltestellen mehrmals am Tag fahrender Busse liegen, eignen sich ebenfalls besonders. Als Einstieg, bevor man sich auf eine längere Pilgerreise begibt, sind Ein- oder Zweitagestouren ideal. Selbst Kleinkinder können schon zum Pilgern mitgenommen werden – am besten in einer Trage, auf dafür geeigneten Abschnitten auch in einem Fahrrad-Kindersitz bzw. Fahrradanhänger. Für kleinere und größere Kinder interessant und daher ein Kriterium für die Auswahl der Etappen sind Bäche oder Teiche, wo man plantschen oder Enten beobachten kann, Burgen und Freilichtmuseen.

Wenn es unterwegs einmal nicht viel zu sehen gibt, kann die Suche nach dem nächsten Wegweiser ein Ansporn zum Weiterwandern sein. Auch das

Sammeln der Pilgerstempel macht Spaß und motiviert. Auf alle Fälle sollte man genügend Pausen einplanen und längere Strecken in der prallen Sonne vermeiden. Sonnen- und Regenschutz, die ohnehin auf keiner Packliste fehlen dürfen, sind insbesondere bei Kindern unentbehrlich.

Man trifft viele freundliche Lebewesen!

Pilgern mit dem Fahrrad

Auch wenn in diesem Wanderführer nicht speziell darauf eingegangen wird, lässt sich der Österreichische Jakobsweg über weite Strecken mit dem Fahrrad bewältigen. Die Vorteile liegen auf der Hand: Längere, wenig abwechslungsreiche Etappen auf Asphalt lassen sich schneller bewältigen, man kann größere Distanzen in der gleichen Zeit zurücklegen und damit mehr Zeit für Pausen oder Besichtigungen einplanen, und auch das Gepäck lässt sich in Packtaschen leichter transportieren als auf dem Rücken. Die Nachteile dürfen dabei aber auch nicht außer Acht gelassen werden: Durch das höhere Tempo übersieht man leicht Wegweiser und Abzweigungen, ist versucht, weniger oft anzuhalten und sieht und erlebt dadurch in Summe vermutlich weniger als zu Fuß, und schließlich sind einige der schönsten Abschnitte des Weges per Rad nicht befahrbar.

Wenn man die Wahl hat, sollte man sich für ein leichtes, geländetaugliches Trekkingrad entscheiden. Stabile, aber schwere klassische Mountainbikes sind unnötig, da

Nachwuchs-Pilgerin unterwegs.

Unerwartete Begegnung.

überall dort, wo man mit einem Trekkingrad nicht mehr fahren kann, ohnehin das Befahren nicht erlaubt ist und man auf parallel verlaufende Straßen ausweichen muss. Renn- oder Straßenräder wiederum sind ungeeignet, da man doch auch längere Abschnitte auf unbefestigten Feldwegen und Schotterstraßen zurücklegen muss.

Eine detaillierte Auflistung, welche Abschnitte des Jakobsweges mit dem Rad befahren werden können oder dürfen bzw. eine Auflistung möglicher Alternativrouten zu den nicht befahrbaren Abschnitten würde den Umfang dieses Buches sprengen. Außerdem muss jeder aufgrund seiner individuellen Vorlieben und seiner Kondition entscheiden, wo er lieber das Rad für ein längeres Stück zu schieben oder gar zu tragen bereit ist oder einen Umweg über eine Alternativroute wählen möchte. Zum Finden solcher Alternativen sollte man auf das im Handel erhältliche Radkartenmaterial zurückgreifen. Besonders empfehlenswert sind die F&B-Radkarten RK103 Weinviertel, WK432 Donauradweg, RK2 Innradweg und RK100 Vorarlberg.

Kosten

Wer so weit wie möglich in einfachen Pilgerherbergen, auf Pfarrhöfen oder in Jugendherbergen übernachtet, sich selbst in Supermärkten mit Lebensmitteln eindeckt und seinen Durst hauptsächlich mit Quellwasser löscht, kann unter Umständen mit 30–35 Euro am Tag auskommen. Nächtigt man in Privatpensionen und Gasthöfen, kehrt man zweimal am Tag ein und gönnt sich auch das eine oder andere Getränk im Lokal, können diese Kosten rasch auf 60–80 Euro pro Tag steigen. Muss man die eine oder andere Nacht mangels Alternativen in einem Hotel verbringen, so treibt dies die Kosten natürlich noch weiter in die Höhe. Wählt man einen vernünftigen Mix – also einfache, günstige Herbergen, wo verfügbar, und alle paar Tage einmal etwas »Luxus« in Form von teureren Quartieren, so kann man mit einem Durchschnittswert von 400–500 Euro pro Woche rechnen – bei insgesamt 35 Tagen unterwegs also zwischen 2000 und 2500 Euro. Dabei ist zu beachten, dass das Preisniveau in Österreich sehr unterschiedlich ist – Nieder- und Oberösterreich sind dabei deutlich billiger als Salzburg, Tirol und Vorarlberg.

Ausrüstung

Darüber, was man am besten auf die Pilgerreise mitnimmt, gehen die Meinungen weit auseinander. Einigkeit besteht weitgehend in dem Grundsatz »so viel wie unbedingt nötig, so wenig wie irgend möglich«. Jedes Gramm zu viel macht sich bemerkbar. Deshalb sollte man sich beim Packen auch Zeit nehmen und genau überlegen, was man wirklich mitnehmen muss. Als Faustregel gilt, dass das Gewicht des voll gepackten Rucksacks inklusive Proviant und Wasser nicht mehr als ein Fünftel des eigenen Körpergewichtes ausmachen sollte, d.h., z.B. bei 75 kg Körpergewicht nicht mehr als 15 kg.

Die Auswahl des Gepäcks hängt auch stark davon ab, welche Art der Nächtigung und Verpflegung man bevorzugt. Wer vorhat, immer nur in Gasthöfen, Privatzimmern und Hotels zu übernachten und zu speisen, muss keinen Schlafsack und nicht allzu viel Proviant mitschleppen, erkauft sich diesen Luxus allerdings mit – siehe oben – deutlich höheren Kosten pro Reisetag.

Besonders bei der Bekleidung lässt sich viel Gewicht sparen. Möglichst multifunktionelle Kleidung einpacken – eine Trekkinghose mit abzippbaren Beinen ersetzt die Mitnahme einer langen und einer kurzen Hose, ein Tuch kann

Tipps für die Ausrüstung

Was unbedingt dabei sein sollte

- Rucksack mit gut zugänglichen Seiten- und Zusatzfächern
- Regenschutz für Rucksack
- Regenbekleidung
- Innen- bzw. Hüttenschlafsack
- Leichtwanderschuhe oder Trekkingschuhe
- Trekkingsandalen
- bequeme, strapazierfähige Kleidung
- regen- und windabweisende Jacke
- Kopfbedeckung
- Sonnenbrille
- Sonnencreme, je nach Hauttyp und Jahreszeit
- kleines Handtuch
- Sicherheitsnadeln und kleines Nähzeug
- Schweizer Messer
- Taschenlampe oder Stirnlampe mit Ersatzbatterien
- Wasserflasche, mindestens 1,5 Liter
- Mobiltelefon mit Ladekabel für Notfälle

Was man noch mitnehmen kann

- Wanderstöcke, wenn benötigt
- Halstuch und leichte Handschuhe je nach Jahreszeit
- Handwaschmittel
- Ohrenstöpsel

- Notizbuch und Schreibzeug
- Kamera mit Ladegerät, evtl. mit zusätzlichen Speicherkarten
- Taschenbesteck

Worauf man verzichten kann

- Zelt
- Campingkocher und Zubehör
- Schlafsack
- umfangreiche Literatur

Tipps für die Reiseapotheke

- Pflaster, spezielle Blasenpflaster, Leukoplast
- Desinfektionsmittel für Wunden (am besten Spray)
- antibiotische Salbe
- Schmerzmittel
- persönliche Medikamente
- Hygieneartikel
- evtl. Salbe für Sonnenbrand oder Insektenstiche
- Mullbinde
- evtl. Sporttape

Wichtige Dokumente

- Personalausweis oder Reisepass
- evtl. Pilgerausweis
- EC- oder Kreditkarte sowie Notrufnummern zum Sperren (getrennt aufbewahren)

Vor allem in Ostösterreich gibt es viele Felder und wenig Schatten.

den Kopf vor Sonne und den Hals vor Kälte schützen und ist leichter als eine Kappe oder ein Hut. Die Kleidungsstücke sollten nach dem »Zwiebelprinzip« übereinander getragen werden können, möglichst leicht, strapazierfähig und schnell trocknend sein – auch wenn man sonst auf Naturfasern schwört, hat hier moderne Funktionsbekleidung eindeutige Vorteile. Nehmen Sie auch keine Kleidungsstücke »in Reserve« mit – wenn etwas kaputtgeht, so können Sie es unterwegs nachkaufen.

Ganze Abhandlungen kann man in manchen Pilgerführern zum Thema Schuhe und Socken lesen und darüber, wie man Blasen an den Füßen am besten vermeidet. Prinzipiell gilt, dass der Österreichische Jakobsweg mit einer Bergwanderung, für die man unbedingt hohes, festes und griffiges Schuhwerk benötigt, nur sehr wenig zu tun hat. Stattdessen gilt zu bedenken, dass man von den über 800 km Gesamtwegstrecke mehr als 500 km auf Asphalt und weitere 200 km auf breiten, sicheren und bequem zu begehenden Schotterstraßen, Forststraßen und Feldwegen zurücklegt. Nur knapp 100 km des gesamten Weges – und diese lassen sich bei Bedarf, zum Beispiel nach längeren Regenfällen, wenn sie rutschig und gefährlich sind, leicht umgehen – werden auf Fußpfaden zurückgelegt. Für den Österreichischen Jakobsweg empfehlen wir deshalb möglichst bequeme, leichte und gut stoßgedämpfte Leichtwanderschuhe, Trekkingschuhe oder, vor allem im Sommer, gut sitzende Trekkingsandalen, die man aber zur Vermeidung von Druckstellen besser ebenfalls mit Wandersocken tragen sollte. Dass die Schuhe gut eingelaufen sein sollten, versteht sich von selbst. Wenn man diese wirklich erst vor Kurzem neu gekauft hat, sollte man sie unbedingt – mit Gepäck am Rücken! – bei den »Probewanderungen« (siehe »Konditionelle Anforderungen«) tragen.

Der Wahl des Rucksacks kommt natürlich eine besonders große Bedeutung zu. Dieser sollte über eine Unterteilung im Inneren sowie mehrere von außen leicht zugängliche Fächer aufweisen und natürlich unbedingt über einen Hüftgurt verfügen, der die Hauptlast aufnimmt – die Schultergurte sollten hauptsächlich zur Stabilisierung dienen. Kleine, häufig benötigte Gegenstände wie Geldbörse, Taschenmesser, Handy oder Fotoapparat kann man auch in einer kleinen Bauchtasche unterbringen, sodass man nicht immer den Rucksack abnehmen muss, wenn man sie benötigt.

An- und Rückreise

Nicht alle Pilger wollen den gesamten Österreichischen Jakobsweg im Stück absolvieren; viele entscheiden sich dafür, nur einen Teilabschnitt zu gehen und vielleicht im folgenden Jahr den Weg fortzusetzen. Aufgrund der guten öffentlichen Verkehrsanbindung ist dies auch problemlos möglich – im Prinzip bewegt man sich ständig parallel zur wichtigsten österreichischen Eisenbahnachse, der Westbahn von Wien über Linz, Salzburg und Innsbruck nach Feldkirch. Auch wenn kleinere Orte dazwischen mit Bussen erreichbar sind, verkehren die meisten nur selten und oft nur an Werktagen. Ist ein Ort per Bus erreichbar, so ist dies der Vollständigkeit halber – zum Beispiel für den Fall, dass man die Tour unvorhergesehen abbrechen muss – im Etappensteckbrief angeführt. Erste Wahl für die An- und Rückreise ist hingegen die Bahn, die selbst an kleinen Haltestellen täglich und zumindest alle zwei Stunden verkehrt.

Orientierung

War eine Wanderung am Österreichischen Jakobsweg vor wenigen Jahren noch mit einer sehr mühsamen Suche nach dem richtigen Weg verbunden, gibt es mittlerweile eine (leider aber nur fast!) durchgehende, nicht überall einheitliche Beschilderung. In Niederösterreich und Oberösterreich findet man meist gelbe Wegweiser, auf denen zusätzlich das Symbol der Jakobsmuschel in Blau-gelb oder auch nur in Schwarz auf Gelb angebracht ist. In Tirol sind die Wegweiser teils ebenfalls blau-gelb, teils nur blau gehalten und in Vorarlberg findet sich ein kleines Jakobsmuschel-Symbol auf den weißen Tafeln des landesweiten Wanderwegenetzes. Zusätzlich zu den Wegweisern gibt es auch noch unterschiedliche Formen der Markierung wie Aufkleber mit Muschelsymbol auf Verkehrszeichenständern oder gelbe Striche am Boden.

Bei Wegweisern muss man nach den unterschiedlichsten Formen Ausschau halten.

Fallweise kann man aber noch die unterschiedlichsten zusätzlichen, meist privat angebrachten Markierungen finden: Von Muschelsymbolen aus Stein an Hausmauern, Markierungssteinen oder Keramikfliesen bis hin zu echten Jakobsmuscheln. Vereinzelt stößt man auch noch auf winzige, verwitterte und schlecht zu sehende Holztäfelchen, die sich bei näherem Hinsehen als die von Peter Lindenthal angebrachten allerersten Markierungen entpuppen. Nicht immer folgen diese »privaten« Markierungen aber der im Buch beschriebenen Route, was stellenweise zu Verwirrung führen kann.

Nach wie vor gibt es auch immer wieder mittendrin Abschnitte, auf denen man kilometerweit nicht einen einzigen Wegweiser oder eine Markierung findet. Dies ist in der Tourenbeschreibung jeweils besonders vermerkt; in diesen Abschnitten gilt es, sich besonders genau an die Beschreibungen im Buch zu halten.

Karten

Fast der gesamte Wegverlauf ist auf den Freytag & Berndt-Wanderkarten im Maßstab 1:50.000 abgebildet. Kleinere Lücken zwischen Siegersdorf und Göttweig sowie St. Florian und Vöcklabruck lassen sich mit der amtlichen Österreichischen Karte des Bundesamtes für Eich- und Vermessungswesen abdecken. Wollte man aber von allen Gebieten, die man durchquert, Wanderkarten in Papierform mitnehmen, so würden diese alleine schon mehrere Kilogramm wiegen. Die Übersichtskärtchen in diesem Buch sollten voll und ganz ausreichen – man kommt aber im Prinzip auch ganz ohne Karten recht gut zurecht. Besitzer von GPS-Geräten oder Smartphones sind im Vorteil, können sie doch detaillierte Kartenausschnitte, z.B. aus OpenStreetmap, auf ihre Geräte laden und somit in kompakter, leichter Form immer dabeihaben.

Trinkwasser und Ernährung

Vor allem in den Sommermonaten ist es für die körperliche Leistungsfähigkeit und das Wohlbefinden unumgänglich, unterwegs auch ausreichende Mengen zu trinken – wobei klares, frisches Quellwasser immer noch die beste und kostengünstigste Möglichkeit darstellt. Je nach Temperatur sollten es mindestens 3–4 Liter Wasser (inkl. Getränke zu den Mahlzeiten) pro Person und Tag sein. Leider ist vor allem in Ostösterreich die Dichte an öffentlich zugänglichen Quellen sehr gering; die meisten Wasservorkommen werden direkt in die Leitungsnetze eingespeist. In Westösterreich hingegen kommt man auf jeder Etappe an mehreren Quellen vorbei, sodass die mitgeführte Wassermenge geringer ausfallen kann. – Auch die Dichte an Lebensmittelgeschäften und Einkehrmöglichkeiten schwankt von Region zu Region; während es in den touristisch erschlossenen Gebieten oft mehrere Gasthäuser in derselben Ortschaft gibt, findet man in anderen Gegenden manchmal nur eine sehr spärliche Infrastruktur vor. Einen »Minimalproviant« sollte man deshalb immer im Rucksack mitführen, etwa trockene Kekse, Trockenfrüchte, Nüsse oder Müsliriegel. Vereinzelt finden sich in Pilgerunterkünften Kochgelegenheiten. Oft gibt es in den Gasthäusern relativ günstige Mittagsmenüs; warme Imbisse kann man gelegentlich aber auch in Bäckereien, Metzgereien, größeren Supermärkten und teilweise auch Tankstellen bekommen.

Brunnen aller Art findet man vor allem in Westösterreich.

Informationen und Adressen

Weiterführende Informationen zum Jakobsweg Österreich

Sehr viele und ausführliche Informationen bieten die Internetseiten www.ja-kobswege-a.eu, www.camino-europe.eu/eu/at/ und die Seiten der einzelnen Teilabschnitte www.jakobsweg-weinviertel.at, www.jakobsweg-wien.at und www.jakobsweg-tirol.net. Informationen erhält man auch beim Verein Ja-kobswege Österreich, A-5162 Obertrum/See, Tel. +43/650/400 19 68, bei der Jakobusgemeinschaft Salzburg, A-5071 Wals, Tel. +43/664/596 62 27, bei der Jakobsgemeinschaft Dompfarre St. Jakob, A-6020 Innsbruck, Tel. +43/512/58 39 02, und bei der Sankt Jakobs Bruderschaft zur Förderung der Pilgerbewegung, A-2392 Sulz im Wienerwald, Tel. +43/2238/8270-11.

Pilgerpass und Pilgerstempel

Prinzipiell ist für das Pilgern in Österreich kein Pilgerpass notwendig, die Stempel, die man darin sammeln kann, stellen allerdings eine bleibende Er-innerung dar. Pilgerpässe kann man bei der Jakobusgemeinschaft Salz-burg, der Jakobsgemeinschaft Dompfarre St. Jakob in Innsbruck und bei

In vielen Kirchen finden sich Pilgerbücher und Stempel.

der Sankt Jakobs Bruderschaft (Adressen siehe oben) bestellen. Auf der Webseite www.jakobswege-a.eu kann man den Pilgerpass auch online anfordern.

Notrufnummern
Feuerwehr 122, Polizei 133, Rettungsdienst 144, Bergrettung 140. Der Euro-Notruf 112 wird in Österreich zur Polizei weitergeleitet und funktioniert selbst dann noch, wenn das Mobiltelefon nur ein fremdes Telefonnetz erreichen kann, kein Guthaben mehr hat oder keine SIM-Karte eingelegt ist.

Feiertage
Gesetzliche Feiertage in Österreich sind Neujahr 1. Januar, Drei Könige 6. Januar, Ostersonntag, Ostermontag, 1. Mai, Christi Himmelfahrt, Pfingstsonntag, Pfingstmontag, Fronleichnam, Staatsfeiertag 26. Oktober, Allerheiligen 1. November, Weihnachten 25. und 26. Dezember. Der Karfreitag ist in Österreich kein Feiertag; der 8. Dezember (Mariä Empfängnis) ist zwar gesetzlicher Feiertag, auf Druck der Wirtschaft sind aber die meisten Geschäfte geöffnet. Verschiedene Feiertage laut Landesgesetzen (hl. Josef am 19. März in Tirol und Vorarlberg, hl. Florian am 4. Mai in Oberösterreich, hl. Rupert am 24. September in Salzburg, hl. Leopold am 15. November in Wien und Niederösterreich) betreffen ausschließlich Schulen, Ämter und Behörden und haben keine Auswirkungen auf die Öffnungszeiten von Geschäften.

Banken und Geldautomaten
Geldautomaten gibt es selbst in den kleineren Orten entlang des Weges; Bankfilialen sind wesentlich seltener zu finden und haben natürlich auch nicht rund um die Uhr geöffnet. Man tut also gut daran, eine Bank- oder Kreditkarte dabeizuhaben; außerdem sollte man immer genügend Bargeld für die Ausgaben eines Tages mitführen. Nicht alle Quartiere akzeptieren Kartenzahlung; in Pilgerherbergen oder Pfarrhöfen, aber auch in kleineren Geschäften und Gastronomiebetrieben wird oft nur Bargeld angenommen.

Internet
So sehr man sich daheim an die ständige Präsenz des Internets gewöhnt hat und so praktisch es ist, Informationen jederzeit abrufen, Fahrkarten kaufen oder Fahrpläne abrufen zu können – unterwegs hat man nicht immer und überall Gelegenheit dazu. Internet-Cafés und öffentliche Terminals sind eher selten und nur in den größeren Städten zu finden. Wer über ein Smartphone ins Internet gehen kann und einen entsprechenden Pauschaltarif hat, ist im Vorteil. Wer auf Drahtlosnetzwerke angewiesen ist, findet mittlerweile in vielen Hotels, Gasthöfen und teilweise auch unter freiem Himmel teils kostenpflichtige, teils aber sogar kostenlose WLAN-Netze. Eine Liste von Hotspots findet man unter www.freewave.at oder www.freewlan.at.

Pilgergruppe in der Wallfahrtskirche von Karnabrunn.

Telefon

Die Zahl öffentlicher Telefonzellen nimmt in Zeiten, in denen praktisch jeder Österreicher über ein oder mehrere Mobiltelefone verfügt, kontinuierlich ab, weshalb man sich nicht darauf verlassen sollte, welche zu finden, wenn man sie braucht. Die Abdeckung mit Mobilfunkmasten ist im gleichen Maße gestiegen, sodass Wegabschnitte, auf denen man keinen Empfang hat, die absolute Ausnahme geworden sind; insbesondere, weil man am Jakobsweg ja überwiegend durch besiedeltes Gebiet und nicht durchs abgelegene, menschenleere Hochgebirge wandert.

Die Telefonvorwahl von Österreich aus nach Deutschland lautet 0049, in die Schweiz 0041.

Vergessen Sie nicht, dass Sie zwischen Marzoll und Unken über deutsches Staatsgebiet gehen und für Österreich die Vorwahl 0043 wählen müssen, wenn Sie von dort aus telefonieren.

Geschichte der Österreichischen Jakobswege

Am Anfang der Pilgerfahrten ins nordwestspanische Santiago de Compostela steht eine Legende. Danach soll der Leichnam des Apostels Jakobus nach seiner Hinrichtung in Jerusalem durch Herodes Agrippa I. per Schiff nach Galicien gebracht und im Landesinneren beigesetzt worden sein. Das Grab, das lange in Vergessenheit war, wurde im 9. Jahrhundert wiederentdeckt und über diesem erst eine Kapelle, dann eine Kirche und schließlich die heutige Kathedrale errichtet, um die herum die Stadt Santiago de Compostela als Ziel aller Jakobspilger entstand.

Erste Pilgerfahrten nach Santiago sind bereits für das 11. und 12. Jahrhundert schriftlich belegt; den größten Aufschwung erlebte die Pilgerfahrt im Mittelalter, als Santiago zur drittwichtigsten christlichen Pilgerstätte nach Jerusalem und Rom wurde. Im 15. Jahrhundert führte die Einführung besonderer Gnadenjahre, in denen eine Pilgerfahrt nach Santiago mit einem völligen Ablass belohnt wurde, zu einem weiteren Aufschwung der Pilgerbewegung. Spätestens in dieser Zeit finden sich auch Berichte darüber, dass aus weit entfernten Gebieten Europas wie Skandinavien, Polen oder Ungarn bis nach Spanien gepilgert wurde. Mehrere der Wege, die aus dem östlichen Mitteleuropa, dem heutigen Polen, Tschechien, der Slowakei oder Ungarn Richtung Schweiz, Frankreich und Spanien führten, treffen auf österreichischem Gebiet zusammen. Die Pilger benutzten dabei weitgehend das damals bereits vorhandene Netz an Straßen und Wegen; in vielen Fällen handelte es sich um uralte Verkehrs- und Handelswege, die noch aus der Römerzeit stammten. Um Schutz und Unterkunft zu finden, wanderten die Pilger oftmals von einem Pfarrhof oder Kloster zum nächsten, sodass der Jakobsweg nicht zufällig an einigen der wichtigsten Sakralbauten Österreichs wie den Stiften Melk, St. Florian oder Zams vorbeiführt. Entlang der Wege entstanden aber auch zahlreiche neue Kirchen und Kapellen, die dem heiligen Jakobus oder anderen »Pilgerheiligen« wie Rochus, Koloman oder Christophorus geweiht waren.

In der frühen Neuzeit führten Reformation und Kriege zwischen Frankreich und Spanien zu einem Niedergang der Pilgerbewegung. Nach einem vorübergehenden Aufschwung im 17. Jahrhundert folgte zur Zeit Napoleons und unter dem Einfluss der Aufklärung ein fast völliges Versiegen der Pilgerströme, das erst durch die Wiederentdeckung der Gebeine des Apostels im Jahr 1879 und deren Anerkennung durch den Papst wenige Jahre später eine Wende erfuhr. Nachdem die Jakobslegende zur Zeit des Spanischen Bürgerkriegs von den Faschisten politisch instrumentalisiert worden war, erwachte vor allem ab den 1950er-Jahren ein internationales Interesse an den Jakobswegen in Spanien, dem ab den 1970er-Jahren und besonders nach dem Papstbesuch in Santiago 1982 ein großer Aufschwung der Pilgerfahrten folgte.

1987 erklärte der Europarat die Wege der Jakobspilger durch ganz Europa zur Kulturroute und empfahl den einzelnen Staaten deren Identifizierung und Kennzeichnung.

Die Jakobswege in Österreich mussten dennoch noch bis zum Ende des Jahrtausends auf ihre »Wiederentdeckung« warten. Erst der Tiroler Buchautor Peter Lindenthal, der im Jahr 1999 sein erstes Werk zu diesem Thema veröffentlichte, beschäftigte sich eingehend mit den historischen Wegverläufen und beschrieb (und markierte zum Teil auch mit Holzschildchen) zunächst den Hauptast des Österreichischen Jakobsweges von Wolfsthal bis Feldkirch. Lokale Tourismusverbände haben die Wegbeschreibung Lindenthals (einschließlich stellenweise schwer nachvollziehbarer, mehr oder weniger unnötiger Umwege) übernommen und zum Teil auch Wege markiert, zu denen es wesentlich schönere Alternativen gäbe.

Die Wege der Jakobspilger vom 11. bis ins 17. Jahrhundert sind ungeachtet politischer Veränderungen und Grenzziehungen erstaunlich konstant geblieben. Während sich also der Verlauf von Routen mit der Zeit nur wenig geändert hat, hat sich der Ausbauzustand der Wege hingegen massiv verändert. Aus den Römerstraßen und Saumpfaden, die die Menschen im Mittelalter für ihre Fortbewegung nutzten, wurden unter Maria Theresia Reichsstraßen, später Landstraßen und im 20. Jahrhundert Bundesstraßen und zum Teil sogar Autobahnen. Auch wenn durch den Bau von Umfahrungsstraßen die ursprünglichen, mitten durch die Orte verlaufenden Straßen heute nur mehr dem lokalen Verkehr dienen oder sogar rückgebaut sind, eignen sie sich schlecht zum Wandern. Deshalb wurde in vielen Bereichen bei der Ausschilderung der Jakobswege historische Authentizität zugunsten besserer und gefahrloserer Begehbarkeit geopfert. In vielen Gebieten spielten natürlich touristische Interessen eine Rolle.

Ein Beispiel für einen komplett »neu erfundenen« Weg stellt der auch in diesem Buch beschriebene Jakobsweg Weinviertel dar, der in den Jahren 2007 bis 2010 als Gemeinschaftsprojekt von Erzdiöze Wien, Interessengemeinschaft Jakobsweg Weinviertel und Weinviertel Tourismus GmbH entwickelt, markiert und beschildert wurde und sich innerhalb kurzer Zeit zu einem der wichtigsten touristischen Angebote des Weinviertels entwickelt hat.

Wo beginnt der Jakobsweg?

Zum Abschluss diese oft gestellte Frage – deren Antwort verblüffend kurz und einfach ist: Dort, wo ich meinen persönlichen Weg beginne; in meinem eigenen Haus. Ganz Europa wird von einem Netz aus Jakobswegen überzogen, die alle früher oder später ineinandermünden. Einzig das Ende des Weges, das Ziel ist definiert – den Anfang setzt jede Pilgerin und jeder Pilger selbst.

Jakobsmuscheln sind unsere ständigen Begleiter.

Der Weinviertler Jakobsweg
von Nikolsburg bis Mautern

Der rund 170 km lange Ast des Jakobsweges vom südmährischen Mikulov (auf Deutsch Nikolsburg) bzw. von Drasenhofen bis Mautern wurde im Jahr 2010 auf Initiative der Erzdiözese Wien, der Interessengemeinschaft Jakobsweg Weinviertel und der Weinviertel Tourismus GmbH markiert und beschildert und ist damit völlig unabhängig von den Wegbeschreibungen des »Jakobsweg-Erfinders« Peter Lindenthal.

Er entwickelte sich – nicht zuletzt, weil er mehr auf touristische Kriterien und Angebote Rücksicht nimmt – innerhalb kurzer Zeit zu einer der bedeutendsten Wanderrouten des Weinviertels und ist auch der mit Abstand am besten beworbene, beschilderte und betreute österreichische Jakobswegabschnitt. Bei seinem Wegverlauf steht die historische Authentizität nicht im Vordergrund; vielmehr hat man versucht, einzelne kulturhistorisch bedeutende Kirchen und Wallfahrtsorte auf landschaftlich reizvollen Wegen abseits der Hauptverkehrswege miteinander zu verbinden. Zwar zogen auch im Mittelalter Pilger aus

Bei der Kirche am »Heiligen Berg« in Nikolsburg beginnt der Weinviertler Jakobsweg.

Typischer Wegweiser des Weinviertler Weges bei Krems.

Mähren Richtung Santiago, allerdings folgten sie dabei der alten Heeresstraße von Brünn nach Wien, deren Verlauf heute von der Bundesstraße 7 bzw. von der neu errichteten Weinviertel-Autobahn eingenommen wird.

Zwischen Nikolsburg und Poysdorf geht man noch parallel zu dieser Straße, dann aber quer durch die großen Eichenwaldgebiete des östlichen Weinviertels nach Mistelbach, durch den Naturpark Leiser Berge nach Ernstbrunn und Großrußbach und durch den Rohrwald weiter nach Stockerau.

Der zweite Teil des Weinviertler Weges hat eine völlig andere Charakteristik als der erste, was aber auch einen Reiz dieses Weges ausmacht: Man wandert entlang der Abhänge des Wagram – einer markanten Höhenstufe, die das Donautal im Norden begrenzt – durch Orte, die durch Weinbau geprägt sind, bis nach Krems. Dort quert man die Donau und trifft bei Mautern auf den von Ungarn kommenden Ast des Jakobsweges.

Beide Teile zusammen bieten dadurch einen Querschnitt durch die landschaftliche Vielfalt einer Region, die vor wenigen Jahren noch als »flach« und »uninteressant« galt, aber durch zahlreiche Tourismusprojekte und Initiativen in letzter Zeit einen starken Aufschwung erlebt hat. Zum überwiegenden Teil wurden bestehende Wanderwege verwendet und neu beschildert, und obwohl man gerade gegen Ende des Abschnittes vor Krems längere Strecken auf Asphalt zurücklegt, weist der Weinviertler Jakobsweg insgesamt einen wesentlich höheren Anteil an unbefestigten, angenehm zu begehenden Wanderwegen abseits der Straßen auf als der Rest des Jakobsweges in Niederösterreich, Oberösterreich und Salzburg.

Unterkunft: Nikolsburg (242 m, 7400 EW): zahlreiche Quartiere aller Preisklassen, Vermittlung über das Tourismusbüro. **Kleinschweinbarth** (274 m, 200 EW): Pilgerherberge, Tel. +43/676/849 87 78 82. **Stützenhofen** (262 m, 110 EW): Pension Berg-Hahn, Tel. +43/2554/8150. **Falkenstein** (302 m, 440 EW): Vermittlung von Gästezimmern über die Marktgemeinde. **Poysdorf** (225 m, 2550 EW): Kolpinghaus, Tel. +43/2552/2409; zahlreiche weitere Quartiere aller Preisklassen, Vermittlung über die Gästeinformation.

Die Strecke: Über den »Heiligen Berg« geht es auf Spazierwegen hinunter in die Stadt Nikolsburg. Diese verlassen wir auf einem Feldweg, der fast eben durch Kulturland zur österreichischen Grenze führt. Weiter geht es über Feldwege hinauf zum Südmährer-Denkmal, dann auf Asphalt in den Ort Kleinschweinbarth. Wieder über Feldwege im Bergauf-Bergab durch den Ort Stützenhofen nach Falkenstein. Auf der Kellergasse südwärts zum Beginn des Waldes, dann auf schönen Waldwegen über einen Bergrücken und zuletzt wieder über Felder in die Stadt Poysdorf. Asphaltanteil ca. 45 %.

Höhenunterschied: 270 m im Aufstieg und 400 m im Abstieg.

Kritische Stellen: Im Waldgebiet zwischen Falkenstein und Poysdorf sind die Markierungen des Jakobsweges z.T. etwas unübersichtlich; im Zweifelsfall orientiert man sich an den rot-weiß-roten Markierungen des Weitwanderweges 632.

Landschaft: Der erste Teil der Etappe führt durch sanft-hügelige Weinviertler Bilderbuchlandschaft aus Weinbergen, Feldern und vereinzelten schrofferen Kalkklippen. Der Südmährerberg, eine dieser Klippen, bietet einen herrlichen Rundblick. Einer der Höhepunkte dieser Etappe ist auch der Blick auf die mächtige Burgruine Falkenstein oberhalb der gleichnamigen Ortschaft. Zwischen Falkenstein und Poysdorf wird ein größeres Waldstück durchquert. Auch mehrere der für die Region so typischen Kellergassen werden durchwandert.

Infrastruktur: Nikolsburg 🚐 🍴 💻 🖂 🚏 € 🏧 ✚ 🖂 ℹ 🚌 🚃, Kleinschweinbarth ⌂ 🍴, Stützenhofen ⌂, Falkenstein ⌂ 🍴 💻 🖂 🚏 € 🖂 ℹ 🚌, Poysdorf ⌂ ⌂ ⛺ 🍴 🚏 € 🏧 ✚ 🖂 ℹ 🚌.

Einkehr: Mehrere Lokale in Nikolsburg, Dorfwirt und Dreiländereckwirt in Kleinschweinbarth, Café Bar Restaurant »sieben:schläfer« und mehrere Heurige in Falkenstein, zahlreiche Lokale in Poysdorf. **Trinkwasser** bei der Lourdeskapelle in Falkenstein.

Touristeninformation: Touristisches Informationszentrum Mikulov, Tel. +42/0519/51 08 55, tic@mikulov.cz; Marktgemeinde Falkenstein, Tel. +43/2554/853 40, info@falkenflug.at; Gästeinformation Poysdorf, Tel. +43/2552/203 71, info@poysdorf.at.

Varianten: Vom Bahnhof direkt auf den Jakobsweg: Wer Nikolsburg schon kennt

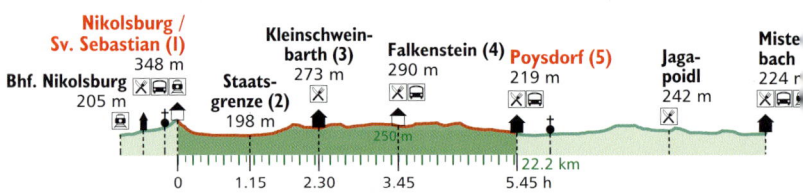

Nikolsburg / Sv. Sebastian (I) 348 m — Bhf. Nikolsburg 205 m 🚐🚌🚃 — Staatsgrenze (2) 198 m 🍴 — Kleinschweinbarth (3) 273 m 🍴 — Falkenstein (4) 290 m 🍴🚌 — Poysdorf (5) 219 m 🍴🚌 — Jagapoidl 242 m 🍴 — Mistebach 224 m 🍴🚌

250 m

22.2 km

0   1.15   2.30   3.45   5.45 h

Vom Südmährerberg reicht der Blick weit zurück bis nach Nikolsburg.

und auf einen Besuch der Stadt verzichten will, kann von der Kreuzung mit der Straße Republikánské obrany in der Gegenrichtung durch die Gasse Pod Platanem kürzer zum Heiligen Berg hinaufgehen. Will man auch auf diesen verzichten und gleich Richtung Falkenstein starten, wendet man sich am Bahnhof rechts, dem Straßenverlauf folgend links, rechts zu einer T-Kreuzung und an dieser links zum Verkehrskreisel. An diesem vorbei kommt man gleich rechts in die Straße Republikánské obrany, auf der man am

Fußballplatz vorbei die Stadt verlässt.

Alternativer Ausgangspunkt in Drasenhofen: Die offizielle Beschilderung des Weinviertler Jakobsweges beginnt beim Gemeindeamt in Drasenhofen (Bushaltestelle der Linie 431 ab Wien, Haltestelle am Hauptplatz). Von hier geht man auf der Hauptstraße südwärts und kann einen Abstecher nach links zur Pfarrkirche machen (Stempelstelle). Danach durch die Friedhofstraße und die Spitalstraße westwärts nach Kleinschweinbarth. Gehzeit 1.30 Std. kürzer.

Die »Reblaus« am Weinlehrpfad in Falkenstein.

In der seit dem 13. Jh. bestehenden Stadt **Nikolsburg (Mikulov)** sollte man sich, bevor man sich auf den Weg macht, auch für das Stadtzentrum Zeit nehmen. Die Stadt gilt als architektonisch besonders wertvoll; um den Stadtplatz herum gruppieren sich zahlreiche schöne Bürgerhäuser – darunter das besonders sehenswerte Sgraffitohaus –, das Rathaus und mehrere Kirchen, darunter die St.-Wenzels-Kirche und die 1623–1656 errichtete St.-Anna-Kirche mit dem Grabmal der Fürstenfamilie Dietrichstein. Das auf einem Kalkfelsen stehende Schloss der Fürsten Dietrichstein beherbergt heute ein Museum. Einen Besuch wert ist auch der rund 4000 Gräber umfassende jüdische Friedhof der Stadt, dessen ältester Grabstein aus dem Jahr 1605 stammt. Nikolsburg hatte von 1421 bis 1938 eine bis zu 3000 Personen zählende jüdische Gemeinde, in der von 1553 bis 1573 auch der berühmte Rabbi Löw als Oberrabbiner wirkte.

Wer mit dem Zug nach **Nikolsburg** anreist, erreicht das Stadtzentrum am besten auf einem Fußweg, der geradeaus vom Bahnhof weg auf einer Fußgängerbrücke über die Umfahrungsstraße und dann durch eine Wohnhausanlage führt. Die erste Straße danach, Hranicáru, geht man nach rechts und trifft beim weiter unten beschriebenen Gebäude mit der runden Fassade auf die Straße Republikánské obrany. Hier nach links ins Stadtzentrum.

Um zum offiziellen Beginn des Jakobsweges Weinviertel zu gelangen, gehen wir vom Stadtzentrum von Nikolsburg Richtung Norden bis zur Straße Bezručova und dann auf dieser ostwärts. Hinter einer Bushaltestelle führt eine schmale Straße schräg rechts, auf der wir zur Rosalienkapelle gelangen. Bei dieser rechts bergauf in den Wald und immer ansteigend zum höchsten Punkt des »Heiligen Berges« mit der St.-Sebastian-Kirche. Von dieser kann man noch einen Abstecher (ca. 250 m) zum »Heiligen Grab« machen, das bereits seit 1644 Ziel von Wallfahrern ist.

i *Der 363 m hohe, früher unter dem Namen »Tanzberg« bekannte »Heilige Berg« wird von der Wallfahrtskirche St. Sebastian gekrönt, von der aus man einen fantastischen Blick über die Stadt, die Pollauer Berge im Norden und das Hügelland des Weinviertels im Süden genießen kann. Die Grundsteinlegung der Kirche erfolgte 1623 zum Dank für das Ende einer Pestepidemie, die Nikolsburg heimgesucht hatte; 1636 wurde der frei stehende Glockenturm errichtet. Nach Beschädigungen durch Blitzschlag wurde die Kirche in den Jahren 1863 bis 1865 wieder aufgebaut. Sehr schön ist auch der Kreuzweg mit seinen 14 Stationen, der von 1626 bis 1776 nach und nach errichtet wurde.*

Von der St.-Sebastian-Kirche am **Heiligen Berg (1)** gehen wir entlang der Kreuzwegstationen bergab und treffen auf die Straße Koněvova, auf der wir nach links wandern. Wo die Straße in die Vídeňská mündet, gehen wir schräg rechts in die Gasse Pod Platanem und nach 500 m bei einem Gebäude mit abgerundeter Fassade vorbei halb links in die Straße Republikánské obrany. Diese mündet in einen Kreisverkehr; wir

gehen davor geradeaus weiter über den Supermarkt-Parkplatz und einen Schutzweg über die Umfahrungsstraße. Die geradeaus weiterführende schmale Straße trägt noch immer den Namen Republikánské obrany und verläuft zwischen dem Club »Casanova« und einem Fußballplatz; hier sehen wir auch die ersten gelben Pfeile, die als Wegmarkierung dienen. Immer geradeaus queren wir die Bahngleise; dahinter endet der Asphalt bei der städtischen Kläranlage, und wir folgen für ca. 30 Min. immer gerade einem Feldweg, auf dem wir schließlich zur **Staatsgrenze (2)** gelangen (1.15 Std. / 4,8 km; links im Gebüsch ein Grenzstein und Reste einer alten Brücke).

Wo einst der Stacheldraht des »Eisernen Vorhangs« Europa in zwei Hälften teilte, können wir heute ungehindert und unkontrolliert queren und gehen auf der österreichischen Seite in sinngemäß gleicher Richtung weiter auf einer schmalen Asphaltstraße. Nach 700 m verläuft der offizielle Weg geradeaus weiter direkt nach Kleinschweinbarth, wir empfehlen aber den folgenden reizvollen Umweg: Wir halten uns bei einem Wegweiser zum Gut »Tiergartenhof« links, dann am nächsten Feldweg wieder rechts (gelber Pfeil auf einem Kanaldeckel). Der Weg quert einen Wassergraben und führt dann recht steil entlang eines Windschutzgürtels hinauf auf den **Südmährerberg**. Um zum Gipfel mit seinen Denkmälern für die heimatvertriebene deutschsprachige Bevölkerung Südmährens zu gelangen, gehen wir zunächst links einen Fahrweg und dann am Beginn eines Weingartens rechts einen Wiesenweg hinauf zum Nikolsburger Platz und zum Kreuzberg. Auf der anderen

Die erste Jakobskirche am Weg in Falkenstein.

Seite des Berges wandern wir auf Asphalt bergab und treffen nach rund 500 m auf den von links aus Richtung Drasenhofen hinzustoßenden »offiziellen«, mit dem Muschelsymbol beschilderten Weinviertler Jakobsweg. Ihm folgen wir nun in den Ort **Kleinschweinbarth (3)** (1.15 Std. / 4,6 km) hinein. Vorbei an der Kirche und am Dorfgasthaus verlassen wir aus Ort und biegen scharf links und dann rechts auf einen Feldweg ab, der gerade auf die Ecke eines Waldgebietes zuführt. An dieser rechts bergab und über den Kreuzberg hinunter in den Ort **Stützenhofen**.

i *Während der Kreuzberg von **Stützenhofen** genau am Weg liegt, lohnt sich ein kleiner Abstecher von wenigen Metern (beschildert) zur mittelalterlichen Allerheiligen-Kirche von Stützenhofen und zum Friedhof mit seinen Grabsteinen aus der Renaissance-Zeit. Hier liegt auch die 1870 errichtete neugotische Grabkapelle des einstmals bedeutendsten Adelsgeschlechts des nördlichen Weinviertels, der Familie Fünfkirchen. In der darunter liegenden Gruft sind 16 Personen beigesetzt; der letzte Graf ist außerhalb am Friedhof bestattet und sein Grab trägt den Spruch »Sic transit gloria genesis« – »So vergeht der Ruhm des Geschlechts«.*

Wieder bergauf kommen wir über Felder auf den Dürrenberg. Wir treffen auf eine Straße, folgen ihr an einem Forsthaus vorbei links bergab und gehen dann wieder rechts, der Markierung folgend. Wir genießen einen schönen Blick hinüber auf eine mächtige Burgruine Falkenstein, und über den Weinlehrpfad mit interessanten Schautafeln und der Metallskulptur einer Reblaus (hier kann man auch einen Abstecher auf den Kreuzberg mit seinen Steinfiguren und einer Grabkapelle aus dem 17. Jahrhundert machen) gelangen wir hinunter zur Lourdesgrotte, wo sich ein schattiger Rastplatz und eine Trinkwasserquelle befinden. Dann treffen wir auf eine Dorfstraße, von der rechts hinauf ein Stiegenaufgang zur Jakobskirche von **Falkenstein (4)** (1.15 Std. / 5,3 km) führt.

i *Die **Pfarrkirche hl. Jakobus der Ältere** in **Falkenstein** ist die erste Jakobskirche auf unserem Weg. Sie ist auch architektonisch sehr interessant, verfügt sie doch über Bauelemente verschiedenster Epochen. Der quadratische Turm ist in seinen Grundmauern romanisch mit einer achteckigen gotischen Turmspitze, während das Kirchenschiff sein heutiges Aussehen in der Barockzeit um 1670 erhalten hat. Die Sandsteinmadonna aus dem 14. Jahrhundert und das heute als Weihwasserbecken genützte Taufbecken stammen noch aus romanischer Zeit. Der heilige Jakob begegnet uns in dieser Kirche gleich zweimal: Im Bildnis des Hauptaltars, wo er als Pilger dargestellt ist, sowie an der Ostfassade, wo die 13 Statuen Jesus Christus (am Giebel) und die 12 Apostel darstellen. Außerdem finden wir am oberen Ende der Freitreppe zur Kirche mit dem heiligen Rochus gleich noch einen weiteren Pilgerheiligen.*

In der Kirchengasse in Falkenstein.

Der Wegmarkierung folgend gehen wir durch Herrengasse und Kirchengasse bergab und kreuzen die Marktstraße. Am Rathaus vorbei kommen wir in die Kellergasse – eine der schönsten und längsten des Weinviertels – und wandern durch sie bergauf aus dem Ort hinaus. Wir kommen an einem Bildstock vorbei und kurz dahinter in den Falkensteiner Wald, in dem wir genau auf die Markierungen achten müssen. Vorbei am **Huberkreuz** geht es leicht bergab durch ein flaches Tal und dann wieder leicht ansteigend zur Bildeiche, bei der wir einem Fußpfad aus dem Wald hinaus folgen. Wieder bergab treffen wir auf das Ende eines asphaltierten Wirtschaftsweges, dem wir folgen. Rechts passieren wir den Rastplatz »Fuchsenberg« – in einem Weinkeller mit Rastplatz davor stehen Getränke zur Selbstbedienung bereit – und kommen dann durch einen Golfplatz hindurch bergauf zum Ende der tief in den Lössboden eingeschnittenen Poysdorfer Kellergasse »Radyweg«, die wir bergab zur Kirche und ins Zentrum von **Poysdorf (5)** (2 Std. / 7,5 km) gehen.

*Das schon seit der Jungsteinzeit besiedelte **Poysdorf** gilt mit rund 1400 Hektar Rebfläche als »Wein- und Sekthauptstadt« Österreichs. Mit über 2000 Sonnenstunden im Jahr weist der Ort ein für den Weinbau ausgezeichnetes Klima auf. Dementsprechend ist auch die Hauptsehenswürdigkeit des Ortes die Wein-Erlebniswelt »Vino Versum«, die auf dem Areal der Landesausstellung 2013 eingerichtet wurde und neben dem Museum im ehemaligen Bürgerspital auch ein Freigelände mit Schauweingärten umfasst. Die auf einem Hügel gelegene, weithin sichtbare **Stadtpfarrkirche** von Poysdorf ist dem heiligen Johannes dem Täufer geweiht. Im Gegensatz zur Kirche in Falkenstein handelt es sich um einen einheitlichen, im Stil des frühen Barocks errichteten Bau, der zwischen 1629 und 1635 entstand. Die Steinfiguren an der Kirchentreppe zeigen Antonius von Padua, Franz Xaver, Johannes Nepomuk und den heiligen Florian, der uns ja später am Jakobsweg in Oberösterreich noch mehrmals begegnen wird. Dass es sich dabei um vier sogenannte »Brückenheilige« handelt, hat einen einfachen Grund: Die Statuen standen ursprünglich auf der Brücke über den Poybach, von der sie im Zuge einer Verbreiterung der Brünner Straße entfernt wurden.*

Unterkunft: Kleinhadersdorf (215 m, 410 EW): Weinlandhof, Tel. +43/2552/2625. **Mistelbach** (228 m, 5850 EW): Kolping Schüler- und Gästehaus, Tel. +43 2572/2264; mehrere Hotels und Privatzimmer aller Preisklassen.

Die Strecke: Die Etappe verläuft anfangs eben teils auf Asphalt, teils auf unbefestigten Wegen durch das weite, flache Tal des Poybaches nach Klein-Hadersdorf. Nachdem dieser Ort wieder auf Asphalt durchquert und die nächste lange Kellergasse verlassen wird, geht es die nächsten 2.30 Std. auf Feld- und Waldwegen mit geringen Steigungen durch den Mistelbacher Wald. Erst kurz vor dem Ortsgebiet von Mistelbach trifft man im Tal des gleichnamigen Baches wieder auf staubfreie Wege; das letzte Stück geht es durch die Stadt und zuletzt über Stufen hinauf zur Kirche St. Martin. **Asphaltanteil** ca. 35 %.

Höhenunterschied: Rund 280 m im Auf- und Abstieg.

Kritische Stellen: An der Kreuzung mit der Brunngasse und mit dem Oberen Markt in Poydorf fehlen die Wegweiser. Im Waldgebiet zwischen Kleinhadersdorf und Mistelbach stehen die Wegweiser oft erst hinter den Kreuzungen; genau auf die Beschreibung achten!

Landschaft: Anfangs geht es entlang des Poybaches aus der Stadt Poysdorf hinaus und am schönen Badeteich vorbei. Durch Felder und Auen erreicht man erst die Bründlkapelle, dann den Ort Kleinhadersdorf, den man durch die originelle »Bunte Kellergasse« verlässt, in der jedes Presshaus eine andere Farbe hat. Der größten Teil der Etappe verläuft dann aber durch den Mistelbacher Wald, einen typischen Weinviertler Eichenmischwald. Erst kurz vor dem Ziel verlässt man diesen wieder und sieht schon von Weitem, noch bevor man die moderne Wallfahrtskirche Maria Rast erreicht, die auf dem Hügel thronende Martinskirche von Mistelbach.

Infrastruktur: Kleinhadersdorf 🏠 🍴 ✉ 🚌, Mistelbach 🏪 🏠 🍴 ✉ 🚌 💶 🅰 ➕ ✉ ℹ 🚌 🚉 🌐.

Einkehr: Imbiss am Badeteich von Poysdorf, Hotel-Gasthof Weinlandhof in Kleinhadersdorf, Forsthaus Mistelbach (Mo Ruhetag), Gasthof Martinsklause, zahlreiche Gastronomiebetriebe in Mistelbach. **Trinkwasser** am Badeteich von Poysdorf und am Hauptplatz in Mistelbach.

Touristeninformation: Stadtgemeinde Mistelbach, Tel. +43/2572/2515, amt@mistelbach.at.

Die Bunte Kellergasse ist die Attraktion von Kleinhadersdorf.

Von der Kirche in **Poysdorf (1)** folgen wir den Wegweisern über eine Stiege hinunter, vorbei an einem alten Ziehbrunnen und in Verlängerung der Stiege durch die Kirchengasse bis zur T-Kreuzung mit der Brunngasse, auf der wir rechts gehen. Im Haus Nr. 16 gibt es eine moderne Passionskapelle; gegenüber dem Hotel-Restaurant Poysdorfer Hof (rechts) gehen wir links durch eine kurze Gasse 50 m bis zum Oberen Markt und über diesen nach rechts. Der Poybach, der unter dem Oberen Markt unterirdisch fließt, kommt zum Vorschein und wir folgen ihm gelb markiert bachaufwärts am nördlichen Ufer, aus der Stadt hinaus. Beim **Badeteich Poysdorf** wechseln wir über eine Brücke auf die südliche Seite und wandern noch etwa 10 Min. am Bach entlang bis zur Brücke der Bründlstraße, auf der wir nach links 100 m zur Wallfahrtskapelle **Maria Bründl (2)** gehen (30 Min. / 2,2 km).

ℹ️ *Die **Wallfahrtskirche Maria Bründl** von Wilhelmsdorf bei Poysdorf wurde zwischen 1740 und 1751 errichtet, wobei die zu klein gewordene, 100 Jahre davor errichtete Ursprungskapelle in den Bau integriert wurde und heute wie ein Zubau wirkt. Um die Entstehung der Wallfahrt ranken sich mehrere Sagen; gesichert ist, dass zu der angeblich heilkräftigen Quelle bereits ab dem 18. Jahrhundert nicht nur aus der näheren Umgebung, sondern auch aus Mähren und der Slowakei Wallfahrer anreisten, um ihre Augen mit dem Wasser zu waschen oder darin zu baden. An Festtagen kamen seinerzeit bis zu 1000 Personen!*

Hinter der Kirche gibt es einen Wegweiser nach rechts Richtung Mistelbach und Wirtshaus Martinsklause. Wir folgen der Wegmarkierung 632 und weiterhin gelben Markierungen durch den Wald und gehen dann am Waldrand entlang in den Ort **Kleinhadersdorf**. Der Weg mündet in die Maria-Bründl-Gasse, die bei einer T-Kreuzung auf die Landesstraße L 3062 trifft. Auf dieser kann man rechts einen Abstecher (hin und zurück je 200 m) zur Rochuskirche machen, aber der weitere Jakobsweg führt nun rot markiert nach links und kreuzt die Bundesstraße 219 bei einem Marterl. Wir wandern geradeaus auf der asphaltierten Landesstraße weiter durch Felder. Wo sich die Straße nach rechts biegt, gehen wir geradeaus weiter durch die »Bunte Kellergasse Schnellern«. 20 Min. später knickt der Asphalt nach links ab; wir gehen immer noch geradeaus, jetzt auf einem Feldweg auf den Waldrand zu. Nach 100 m nehmen wir den linken, deutlicheren Weg (der Wegweiser steht ein Stück hinter der Gabelung).

Im Wald kommen wir an einen breiten Schotterweg, auf dem wir dem Wegweiser nach rechts auf einer rot-weiß-roten Markierung Richtung Mistelbach folgen. Nach 500 m, am Beginn einer Lichtung, schräg links, kommen wir zum **Frankkreuz** und gleich dahinter zu einer Gabelung, bei der es wieder Wegweiser des Jakobsweges und des Weges 634 gibt. Wir gehen nun leicht bergab; in Hörweite einer Straße weist uns die Markierung auf einen schmalen, zum Teil überwachsenen Waldweg. Dieser trifft auf eine Schotterstraße,

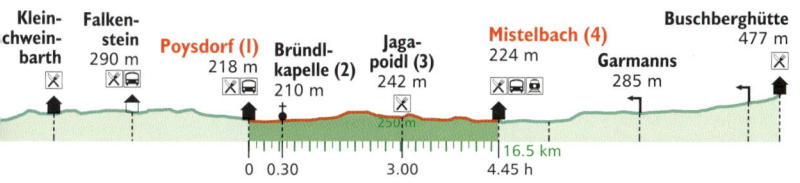

Die Wallfahrtskirche Maria Bründl in Wilhelmsdorf.

auf der wir rechts gehen. An der nächsten Gabelung halten wir uns links und kommen nach 60 m zu einer Jagdhütte, vor der wir links gehen.

Wir behalten nun mehr oder weniger südliche Richtung, parallel zur Straße, bei, jedoch ist der Weg an der nächsten Kreuzung schräg nach links versetzt, 10 Min. später 40 m nach rechts und nach weiteren 3 Min. abermals 30 m nach rechts versetzt. So gelangen wir zum Forsthaus Mistelbach oder **Jagapoidl (3)** (2.30 Std. / 8,0 km) mit Einkehrmöglichkeit und einem Schweinegehege.

An der T-Kreuzung hinter dem Forsthaus folgen wir dem Jakobsweg-Wegweiser nach links und gehen 60 m weiter rechts bergauf. Immer mit der Mar-

Klein-
chwein-
barth

Falken-
stein
290 m

Poysdorf (l)
218 m

Bründl-
kapelle (2)
210 m

Jaga-
poidl (3)
242 m

Mistelbach (4)
224 m

Garmanns
285 m

Buschberghütte
477 m

250 m

16.5 km

0   0.30   3.00   4.45 h

43

kierung geht es mehr oder weniger geradeaus, dabei wieder leicht bergab ins Tal und am Waldrand entlang. Nach einer guten halben Stunde ab dem Forsthaus kreuzen wir einen Teerweg und wandern dann selbst für ein kurzes Stück auf Asphalt, dann geht es auf einem Schotterweg geradeaus weiter bergauf. Wir kommen an einem Spielplatz und kurz darauf am Gasthof **Martinsklause** vorbei. Laut Wegweiser sind es von hier nur mehr 3 km nach Mistelbach; wir folgen der Markierung des Jakobsweges an Soldatengräbern vorbei. Links begleiten uns Felder, rechts der Wald, und schließlich geht es bergab ins Ortsgebiet von Mistelbach, wo wir im Tal des Halterbaches auf Asphalt treffen. Auf der anderen Bachseite zu unserer Linken liegt die moderne **Wallfahrtskirche Maria Rast** mit Jakobsbrunnen und Stempelstelle. Wir bleiben noch kurz auf dem Triftweg, biegen dann links in die Waldstraße ein und folgen nach 200 m der »Grünen Straße«, einem Geh- und Radweg, der auf dem hier unterirdisch verlaufenden Mistelbach verläuft.

Der Jakobsweg-Wegweiser weist nach knapp 1 km auf diesem Weg nach rechts durch den schmalen Rollerweg hinüber zum Hauptplatz; wir verlassen hier kurz den offiziellen Weg für einen Abstecher zu unserem Etappenziel, der Pfarrkirche: Wenige Meter weiter gehen wir links durch die Bruderhofgasse und steigen über Stufen auf den Kirchenberg hinauf, wo sich die schon weithin sichtbare Pfarrkirche von **Mistelbach (4)** befindet (1.45 Std. / 6,2 km).

*Mistelbach ist Bezirkshauptstadt und wichtigster Ort des östlichen Weinviertels. Ausgrabungsfunde lassen auf eine Besiedelung ab dem 4. vorchristlichen Jahrtausend schließen. Zur Zeit der Babenberger entwickelte sich Mistelbach ab dem 11. Jahrhundert zu einem wichtigen Verkehrsknotenpunkt mit einer Burg, Mautstation und einer größeren Zahl von Häusern. Im 12. Jahrhundert wurde der romanische **Karner** am Friedhof errichtet, der später barockisiert wurde und heute das älteste Gebäude der Stadt darstellt. In unmittelbarer Nähe steht auf dem Kirchenberg die gotische **Pfarrkirche St. Martin** aus dem Jahr 1541 mit ihrem später errichteten barocken Kirchturm. Am Stiegenaufgang zur Kirche sind Statuen des hl. Martin und des hl. Florian zu sehen. Sehenswert ist auch der schöne **Hauptplatz** von Mistelbach mit dem neobarocken **Rathaus** aus dem Jahr 1901.*

Über die Felder geht es auf den Mistelbacher Wald zu.

Unterkunft: **Ladendorf** (228 m, 1300 EW, ca. 3 km abseits des Weges): Privatzimmer Tel. +43/2572/320 81. **Pyhra** (294 m, 227 EW, ca. 1 km abseits des Weges): Privatzimmer Müllner, Tel. +43/2525/220. **Buschberghütte:** Tel. +43/2525/205 24 (Schlafsack nötig; Voranmeldung unbedingt erforderlich).

Die Strecke: Bis auf ein kurzes Stück durch Mistelbach und Hüttendorf dominieren ausschließlich nicht asphaltierte Feld- und Waldwege mit geringen Steigungen diesen Wegabschnitt. Der Anstieg zum Buschberg vollzieht sich sehr allmählich und ist kaum spürbar. Nach längeren Regenfällen sind die Wege zum Teil recht matschig. **Asphaltanteil unter 25 %.**

Höhenunterschied: Rund 430 m im Aufstieg und 170 m im Abstieg.

Kritische Stellen: Kurz nachdem man in den Wald gelangt, ist die Beschilderung lückenhaft; hier genau der Tourenbeschreibung bzw. den rot-weiß-roten Markierungen Nr. 632 folgen.

Landschaft: Diese Etappe führt uns durch den rund 4000 Hektar großen Naturpark Leiser Berge mit seinen ausgedehnten Eichenmischwäldern und den unter besonderem Schutz stehenden Trockengrasflächen im Gipfelbereich. Anfangs aber wandern wir nach dem Verlassen des Ortes Mistelbachs noch ein kurzes Stück über Felder im breiten, flachen Zayatal, bevor wir in den Wald ansteigen und für den Rest der Wanderung auf einem schönen Höhenweg mal im Wald, mal an dessen Rand mit weiten Ausblicken über das südliche Weinviertel dahingehen. Bei klarem Wetter reicht der Blick schon von unterwegs bis zu den Ausläufern der Alpen; vom markanten Gipfel des Buschbergs aus schließlich kann man bis zu den Karpaten und zu den Wiener Hausbergen sehen.

Infrastruktur: Ladendorf (3 km abseits) 🏠 🍴 🚻 € ✉ 🚌 🚐, Pyhra (1 km abseits des Weges) 🏠, Niederleis (3 km abseits des Weges) 🍴 🚻 🚐, Buschberghütte 🏠 🍴 🚐.

Einkehr: Buschberghütte (Do–So geöffnet), sonst keine Einkehrmöglichkeit direkt am Weg. Gasthöfe in Ladendorf, Gasthof Haselbauer in Niederleis. **Trinkwasser** am Hauptplatz in Mistelbach, danach keines.

Touristeninformation: Regionalentwicklungsverein Leiser Berge, Tel. +43/2576/203 41, info@leiserberge.com; Marktgemeinde Ladendorf, Tel. +43/2575/2250, marktgemeinde@ladendorf.at.

Bildstock am Ortsrand von Mistelbach.

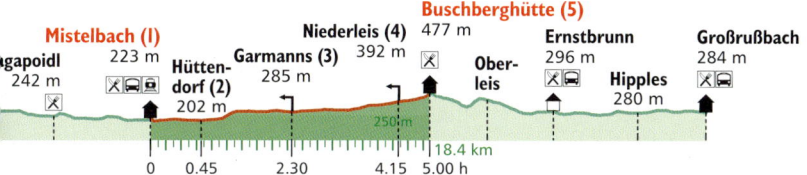

Von der Pfarrkirche St. Martin in **Mistelbach (1)** geht man am besten die Marktstiege hinunter bis zum Ende, dann die Berggasse links und die nächste Möglichkeit rechts durch die Kirchengasse immer geradeaus. Über einen schmalen Fußweg erreicht man den Hauptplatz, auf dem man sich nach rechts wendet. Am nördlichen Ende des Platzes führt nun wieder der ausgeschilderte Jakobsweg durch die Museumsgasse und die Parkgasse direkt zur Bahnhaltestelle »Mistelbach Stadt«, bei der wir die Gleise queren und dann parallel zu diesen links, am Schulzentrum vorbei, gehen. Beim nächsten Bahnübergang weist ein Schild geradeaus zum Bahnhof Mistelbach mit dem Hinweis, dass man von hier aus mit dem Zug nach Wien zum Stephansdom gelangen könnte.

Wir aber folgen dem Jakobsweg-Wegweiser (zugleich Weitwanderweg 632) nach rechts, queren einen Kreisverkehr und gehen dahinter links in eine Wohnstraße, die am Ende in einen Feldweg übergeht. An einem Bildstock vorbei kommen wir, die Umfahrungsstraße auf einer Brücke querend, bergab nach **Hüttendorf (2)** (45 Min. / 3,0 km), wo wir geradeaus die Landstraße queren und der alten Dorfstraße nach rechts folgen. Ein Schild weist nach rechts zur Barbarakirche (Abstecher von 100 m).

> ℹ️ Die **Barbarakirche** von **Hüttendorf** ist ein spätgotischer Bau, der um das Jahr 1730 im Stil des Barocks umgestaltet wurde. Der Turm wurde im Jahr 1701 errichtet und 1769 aufgestockt, wobei er einen markanten zwiebelförmigen Turmhelm erhalten hat. Dieser wurde allerdings wie der Rest der Kirche im Zweiten Weltkrieg schwer beschädigt und danach im Zuge des Wiederaufbaus durch die heutige Turmspitze ersetzt. Geweiht ist die Kirche der heiligen Barbara, und ab dem 17. Jahrhundert fanden jeweils am 4. Dezember (Barbaratag) Prozessionen der Bauern aus dem umliegenden Land nach Hüttendorf statt.

Der Jakobsweg verbleibt auf der Dorfstraße und führt dann auf dem nächsten asphaltierten Güterweg nach links aus dem Ort hinaus.

Schöner ist es, gleich vom Abstecher zur Kirche zurückkehrend geradeaus weiterzugehen, an einem Tennisplatz vorbei bis zum Ufer der Zaya und auf einem Wiesenweg an dieser entlang (spart 700 m Asphalt; gleich lang).

Bei einem Rastplatz endet der Asphalt, wir queren eine Umfahrungsstraße und gleich dahinter die Gleise einer eingestellten Bahnlinie (nur an Wochen-

enden Verkehr mit Draisinen) und gehen auf einem Feldweg neben Hecken bergauf auf den nahen Wald zu. Bei der ersten T-Kreuzung rechts (hier fehlte bei der Begehung ein Wegweiser), 50 m weiter auf einem Fußweg links. Wieder auf einem breiteren Forstweg zu einer Einmündung, bei der wir scharf links gehen. Kurz danach liegt rechts die Waldandacht (Rastplatz), danach folgen wir weiter der rot-weiß-roten sowie einer grün-gelben Markierung. Letztere verlässt uns bei einer Weggabelung nach links und führt nach Ladendorf (man kann sie nehmen, wenn man dort einkehren oder übernachten will). Der Hauptweg schlängelt sich, stets gut markiert, durch den Eichenwald. Bei einer weiteren Gabelung stehen eine Infotafel und eine Rastbank; hier zweigt links der Weg nach **Garmanns (3)** ab (1.45 Std. / 6,8 km). Den Ort erreicht man ab hier in knapp 15 Min.

Kunstinstallation am Buschbergparkplatz.

Der ausgeschilderte Jakobsweg führt weiter entlang des Waldrands zu einer Straße, dann auf dieser rechts bergauf. Nach 500 m links ab und sofort wieder rechts über Felder. Bei der nächsten T-Kreuzung links bergab, dann wieder rechts erst am Waldrand und dann in den Wald hinein. Auf einer Brücke queren wir wieder die alte Bahnstrecke; 100 m danach geht es links bergauf. Immer am Hauptweg, gut markiert, durch den Wald. Bei einer Gabelung in Sichtweite des Waldrands links und an diesen hinaus zu einer Abzweigung Richtung **Niederleis (4)** (1.45 Std. / 6,5 km).

Dem Waldrand folgend gelangen wir wieder zu einer Straße, auf der man links leicht bergab zu einer Abzweigung gehen kann; an dieser rechts wieder bergauf zum Buschbergparkplatz. Von diesem gehen wir bergauf, an einer Orientierungstafel des Weinviertler Jakobsweges vorbei. Auf einem schmalen, steilen Weg mit mehreren Rastbänken gelangen wir zu einer Wegkreuzung bei einem Gedenkstein, bei der es links zum »Kahlen Gipfel« mit Gipfelkreuz, rechts zur **Buschberghütte (5)** (45 Min. / 2 km) geht.

*i Der **Buschberg** ist mit 491 m Höhe die höchste Erhebung der Leiser Berge und des gesamten Weinviertels. Hier befindet sich auf dem nicht zugänglichen Hauptgipfel eine Radarstation der zivilen Luftraumüberwachung. Der 485 m hohe südliche Vorgipfel bietet an klaren Tagen einen fantastischen Ausblick über das südliche Weinviertel und das gesamte Wiener Becken hinweg bis zu den Wiener Hausbergen wie Rax und Schneeberg. Hier lag im Mittelalter eine befestigte **Hausberganlage**; der heute sichtbare Bergkegel ist zum Teil aufgeschüttet bzw. durch einen künstlichen Graben vom Hauptgipfel abgesetzt. Bemerkenswert an der nahe dem Hauptgipfel gelegenen **Buschberghütte** ist, dass es sich um die niedrigstgelegene Hütte des Österreichischen Alpenvereins handelt und zugleich um die einzige, die sich unterhalb von 500 m Seehöhe befindet.*

49

Unterkunft: Ernstbrunn (293 m, 1400 EW): mehrere Privatquartiere ab 29 €, Information bei der Gemeinde. **Großrußbach** (291 m, 870 EW): Gasthof Schwarz, Tel. +43/2263/6625; oder Privatzimmer Jani, Tel. +43/699/18 82 35 28. An der Variante **Wetzleinsdorf** (250 m, 220 EW): Ferkelhof Fam. Lehner, Tel. +43/699/10 29 81 37.

Die Strecke: Der Weg verläuft den ganzen Tag über weitgehend in der Sonne über großteils geschotterte, teils unbefestigte Feldwege mit nur kurzen Abschnitten auf kaum befahrenen Straßen. Weiterhin gibt es keine starken Steigungen, aber viel Bergauf-Bergab. **Asphaltanteil** ca. 45 %.

Höhenunterschied: 350 m im Aufstieg und 550 m im Abstieg.

Kritische Stellen: Hinter Hipples gibt es an einer Abzweigung keinen Wegweiser. Wer diese verpasst, braucht aber auch nicht umzukehren; man kann auch auf der Straße das letzte Stück nach Großrußbach gehen und hat lediglich 1 km zusätzlich auf Asphalt zu bewältigen.

Landschaft: Felder und Kulturlandschaft prägen diesen Wegabschnitt, Wald gibt es kaum. Zwischen Buschberg und Maria Oberleis genießt man auf einem Höhenweg weite Ausblicke. Den kurzen Abstecher auf den Oberleiser Berg und die Besteigung der Aussichtswarte sollte man sich auf keinen Fall entgehen lassen; der Rundblick gehört zu den schönsten, die das Weinviertel zu bieten hat. Danach geht es bergab nach Ernstbrunn und weiter durch sanfte Hügellandschaft hinüber ins Tal des Rußbachs.

Infrastruktur: Au ⬚⬚⬚⬚, Ernstbrunn ⬚ ⬚⬚⬚⬚⬚⬚⬚⬚⬚, Großrußbach ⬚⬚ ⬚⬚⬚⬚⬚⬚⬚⬚.

Einkehr: Gasthof Riepl in Au, mehrere Lokale in Ernstbrunn, Gasthof in Großrußbach. **Trinkwasser** beim Auer Bründl in Au.

Touristeninformation: Regionalentwicklungsverein Leiser Berge, Tel. +43/2576/203 41, info@leiserberge.com; Gemeindeamt Ernstbrunn, Tel. +43/576/2301, gemeindeamt.ernstbrunn@netway.at.

Variante: Von Ernstbrunn nach Karnabrunn (siehe nächste Etappe) gibt es eine Abkürzung, wenn man nicht nach Großrußbach will. Sie verläuft landschaftlich abwechslungsreich teils durch Wald und praktisch asphaltfrei: Hinter dem Wittmannkreuz folgt man der Markierung 633 des Rohrwaldweges nach rechts hinab zu einem Bach, quert erst diesen und dann die Bahnstrecke und steigt am Rand eines Wäldchens zum Grillenberg an. Oberhalb von Naglern geht man südwärts, durchquert ein Wäldchen und kommt auf eine Straße, auf dieser links zum Ortsanfang von Wetzleinsdorf. Nach dem Bach die Mühlengasse rechts, am Ortsende links über die Bahnstrecke und den nächsten Feldweg links bergauf auf den Wald zu. Auf dem alten Kirchenweg gelangt man so direkt zur Wallfahrtskirche von Karnabrunn. Insg. 2 Std. / 8,0 km Ersparnis.

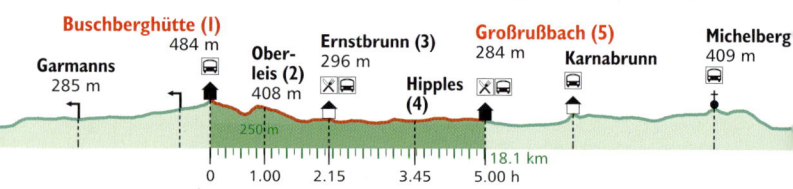

Buschberghütte (I) 484 m — Garmanns 285 m — Oberleis (2) 408 m — Ernstbrunn (3) 296 m — Hipples (4) — Großrußbach (5) 284 m — Karnabrunn — Michelberg 409 m

250 m

0   1.00   2.15   3.45   5.00 h   18.1 km

Der »Kahle Gipfel« am Buschberg.

Von der **Buschberghütte (1)** kommend gehen wir zurück zur Wegkreuzung beim »Kahlen Gipfel«. Die Jakobswegbeschilderung leitet uns rechts auf einem schmalen Waldweg bergab, der wieder auf einen breiteren Weg trifft. Wir treten aus dem Wald hinaus und folgen über Wiesen einer alten Hochstraße (Wegverbindung zwischen einer prähistorischen Wallburg am Buschberg und dem Oberleiser Berg).

Der beschilderte Jakobsweg führt gerade weiter über den Schulberg und kreuzt die B 6, dann geht es auf Asphalt an einem Wasserbehälter vorbei nach Oberleis. Als schönere Alternative bietet sich an, beim Wegweiser, bevor der Weg zum Schulberg wieder leicht ansteigt, stattdessen links bergab durch einen Hohlweg nach **Au** zu gehen. Man kommt dadurch an einer guten Trinkwasserquelle, dem Auer Bründl, vorbei, außerdem gibt es eine Einkehrmöglichkeit im Ort, und wenn man am »Römerweg« rechts bergauf Richtung Oberleis geht, stößt man auf eine Brücke über die B 6, sodass man diese nicht queren muss. Schließlich verläuft diese Variante fast durchwegs über Fuß- und Feldwege am Waldrand entlang und nicht in der prallen Sonne auf Asphalt und Staubstraßen.

In **Oberleis (2)** (1 Std. / 3,5 km) bietet sich ein Besuch der Kirche und ein Abstecher zum Oberleiser Berg mit einer kleinen Kapelle, historischen Ausgrabungen und einer Aussichtswarte an.

Auf dem Höhenweg in den Leiser Bergen.

ⓘ *Der Wallfahrtsort **Maria Oberleis** befindet sich auf einem seit nachweislich 6000 Jahren besiedelten Berg. Auf dem Gipfelplateau wurden Funde aus der Jungsteinzeit, der Bronzezeit und der Latènezeit sowie aus spätrömischer Zeit zutage gefördert. Unterhalb einer hier im 18. Jahrhundert abgetragenen Wallfahrtskirche konnten auch ein slawisches Gräberfeld und eine frühere hochmittelalterliche Kirche nachgewiesen werden. Im **Aussichtsturm** am Gipfel befindet sich ein kleines Museum über die Geschichte des Berges. Die heutige **Wallfahrtskirche** der Heiligen Mauritius und Maria steht etwas unterhalb des Gipfels und ist auch architektonisch interessant, weil an ihr noch die verschiedensten Bauepochen von der Romanik über die Gotik bis zum Barock erkennbar sind. Die ältesten Teile stammen aus dem Jahr 1050, der Westturm aus dem Jahr 1807.*

Der weitere Weg führt vom Parkplatz kurz am Fuß des Gipfels, dann rechts an einem Fischteich vorbei. Über Felder geht es im Zickzack (alle Abzweigungen sind beschildert) am Weißen Kreuz vorbei bergab nach Steinbach, wo eine schöne Mariensäule steht.
Aus dem Ort links bergauf hinaus, zu einem Bildstock, bei diesem rechts und neben der Laaer Straße nach **Ernstbrunn (3)** (1.15 Std. / 4,5 km). Man kommt direkt an der Pfarrkirche St. Martin vorbei.

Die Aussichtswarte auf dem Oberleiser Berg.

ℹ️ **Ernstbrunn** ist das Zentrum der Region Leiser Berge und hat durch mehrere neue Angebote im Tourismussektor in den letzten Jahren steigende Besucherzahlen zu verzeichnen. Im **Tierpark** Ernstbrunn in Dörfles befindet sich das Wolf Science Center, in dem das Verhalten von Timberwölfen erforscht wird. Attraktionen sind auch die Nostalgiezüge in der Sommersaison sowie eine Fahrraddraisinenbahn auf der ehemaligen Verbindungsstrecke nach Mistelbach. Die **Pfarrkirche** St. Martin am Kirchenplatz besteht im Prinzip aus zwei rechtwinklig zueinander stehenden Kirchen: der ursprünglichen romanisch-gotischen Kirche in Ostrichtung, die heute als Feliciankapelle bezeichnet wird und ein Mariahilfbild im Hauptaltar trägt, und die genordete barocke Hallenkirche, die um 1760 im Westen angebaut wurde.

Am Hauptplatz gibt es mehrere Einkehrmöglichkeiten und Geschäfte. Gerade weiter bergab durch die Gasse »Hoher Hausberg« kommt man am Gasthof Adlerbräu vorbei, bei dem man links (kein Wegweiser) durch die Hirschmillerstraße geht. Vor der Feuerwehr nimmt man den rechts hinaufführenden Güterweg. Kurz hinter einem von der Familie Wittmann gestifteten

Wegkreuz wendet man sich bei einer T-Kreuzung links. Wer die Variante nimmt, geht beim nächsten Feldweg wieder rechts am Weg 633, ansonsten geht man geradeaus bergab über die Eisenbahnstrecke und einen Bach.

Am Ortsbeginn von **Gebmanns** quert man die B 6 und geht gerade weiter zum Sportplatz, dort rechts und gleich wieder links bergauf auf einem Güterweg. Man überschreitet einen Bergsattel (Blick auf Windpark), dann geht es bergab ins Tal des Hipplesbachs. An einem Marterl vorbei stößt man auf die Straße in den Ort **Hipples (4)** (1.30 Std. / 5,6 km). Am Ortseingang steht ein weiteres Marterl, bei dem man entweder gerade weiter auf der Hauptstraße vorbei am Kriegerdenkmal oder dem Wegweiser folgend über die Hintausgasse halb rechts bergauf gehen kann.

Am Ortsende folgt man wieder kurz der Landstraße, dann zweigt rechts ein Feldweg ab. Dieser biegt sich nach links, 200 m weiter an einer Gabelung (kein Wegweiser!) geht man rechts bergab in ein flaches Tal. Den dritten Feldweg links bergauf, dann wieder rechts zu den ersten Häusern von **Großrußbach (5)** (1.15 Std. / 4,5 km). Man trifft auf die Hippleser Straße und geht auf dieser kurz rechts bergab. Schließlich links auf einem Fußweg über eine kleine Brücke und eine Stiege hinauf zur Kirche von Großrußbach (geradeaus weiter bergab kleines Kaufhaus und Gasthaus).

Das Weiße Kreuz und die Mariensäule in Steinbach.

Unterkunft: Karnabrunn (258 m, 300 EW): Fam. Lachmann, Tel. +43/676/588 80 96. **Leitzersdorf** (227 m, 650 EW): Eventgasthaus Greil, Tel. +43/664/628 55 18. **Stockerau** (176 m, 15.000 EW): Kolpinghaus, Tel. +43/2266/626 00; Gasthof zum schwarzen Elefanten, Tel. +43/2266/626 18; drei Hotels ab 37 €, Info über die Stadtgemeinde.

Die Strecke: Der erste Teil der Etappe führt über Feldwege zur Wallfahrtskirche von Karnabrunn. Dahinter ist eine knappe halbe Stunde auf einer Nebenstraße zurückzulegen, dafür geht es anschließend 8 km abseits von Ortschaften über Wald- und Wiesenwege – teilweise nach Regenfällen sehr matschig – mit leichten Steigungen zu den beiden Berggipfeln des Michelbergs und des Waschbergs. Ab dort wandert man kontinuierlich bergab durch den Ort Leitzersdorf und zuletzt über Schotterwege nach Stockerau. **Asphaltanteil** ca. 30 %.

Höhenunterschied: 450 m im Aufstieg und 560 m im Abstieg.

Kritische Stellen: Im Wald zwischen L 60 und Michelberg ist die Orientierung aufgrund der zahlreichen Abzweigungen und der teils schmalen, etwas verwachsenen Wege nicht ganz einfach; man hält sich hier konsequent an die Markierung des Weitwanderweges 633.

Landschaft: Die letzte »Waldetappe« – danach dominiert bis Mautern Kulturland – gehört zu den schönsten des gesamten Weinviertler Jakobsweges. Der Rohrwald, ein traditionelles Naherholungsgebiet, wird durchquert und von den beiden unbewaldeten Gipfeln Michelberg und Waschberg hat man einen fantastischen Ausblick über das Wiener- und Tullner Becken. Das letzte Stück von Leitzersdorf nach Stockerau führt wieder über Felder; in der Ferne kann man den Zielort aufgrund seines Kirchturms – des höchsten von Niederösterreich – nicht übersehen.

Infrastruktur: Karnabrunn 🏠 🚌, Leitzersdorf 🍴 € 🚌, Stockerau 🏠 🍴 🚆 🛒 🏧 € 🅰 ✚ ✉ ℹ 🚌 🚆 🌐.

Einkehr: Gasthof am Michelberg (nur Fr–So und Feiertag von April bis Oktober), Gasthof Goldenes Bründl (ca. 25 Min. Umweg, siehe »Variante«), Wirtshaus zum Fritz und Eventgasthaus Greil in Leitzersdorf, zahlreiche Einkehrmöglichkeiten in Stockerau. Kein Trinkwasser unterwegs!

Touristeninformation: Stadtgemeinde Stockerau, Tel. +43/2266/6950, stadtgemeinde@stockerau.gv.at.

Variante: Eine reizvolle Variante führt dem Rohrwaldweg 633 folgend durchs Tal des Rohrbachs an den interessanten Schwedenhöhlen – in den Lössboden gegrabenen Höhlen in einem Seitental – vorbei zum Gasthof Goldenes Bründl. Hier folgt man den Wegweisern zum Michelberg durch einen tiefen Graben und dann ansteigend zum Gasthaus am Michelberg, wo man wieder auf den Jakobsweg trifft.

In der Karnabrunner Kirche.

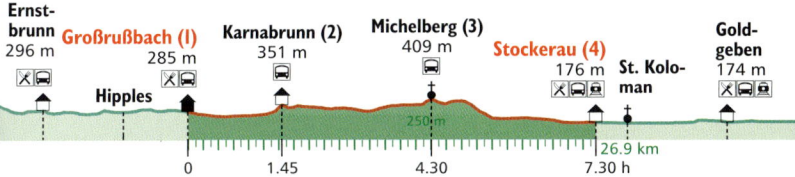

Ernst-
brunn 296 m · Großrußbach (1) 285 m · Hipples · Karnabrunn (2) 351 m · Michelberg (3) 409 m · Stockerau (4) 176 m · St. Kolo-man · Gold-geben 174 m

0   1.45   4.30   7.30 h   26.9 km

Von der Kirche in **Großrußbach (1)** wandern wir auf der Schlossbergstraße bergab, an einem Spielplatz vorbei und gerade weiter durch die Kaiser-Franz-Josef-Straße, die sowohl rot-weiß-rot als auch blau-gelb-blau markiert ist und am Ortsende in einen breiten Schotterweg entlang des Rußbaches übergeht. Mehrere Stege führen nach rechts über das Wasser; wir gehen aber erst etwa 70 m hinter einem links des Weges stehenden Marterl auf einem querenden Feldweg nach rechts über den Bach.

Wir treffen auf die Straße L 33 und gehen auf einem Fußweg neben dieser links in den Ort **Weinsteig** hinein. Ein kurzer Abstecher bringt uns hier nach rechts zur auf einem Hügel gelegenen Filialkirche St. Peter und Paul, vor der sich eine Jausenbank befindet.

Zurück auf der Landesstraße gehen wir auf dieser weiter und nehmen dann einen schräg rechts abzweigenden breiten Schotterweg entlang des Karnabrunner Grabens; am Jakobsweg-Wegweiser ist bereits der nächste Ort Karnabrunn angegeben. Der Weg geht in einen holprigen, schmäleren und grasbewachsenen Feldweg über. In Sichtweite von Karnabrunn kreuzen wir eine nur mehr am Wochenende von Nostalgiezügen befahrene Bahnstrecke und treffen gleich dahinter auf die B 6. Auf dieser nach links, an einer Kapelle und einem kleinen Teich vorbei Richtung Ortsmitte. In einer Linkskurve der Straße biegen wir zweimal rechts ab in die Kellergasse, in der wir auf Asphalt zwischen Pferdekoppeln und Feldern bergauf gehen. Beim Schild »Wallfahrtsort Karnabrunn« neben einer Jausenbank zweigt der Jakobsweg schräg rechts auf einen Fußweg ab. Dieser kreuzt eine Asphaltstraße, führt durch eine Allee, an einem Rastplatz vorbei und als Stiege mit Heiligenstatuen hinauf zur Wallfahrtskirche zur Heiligen Dreifaltigkeit in **Karnabrunn (2)** (1.45 Std. / 6,3 km).

---

i *Der kleine Wallfahrtsort **Karnabrunn** wurde um das Jahr 1176 erstmals erwähnt als Sitz eines Ritters von Chernerbrunne. Dessen Burg befand sich vermutlich an der Stelle der heutigen **Wallfahrtskirche** der allerheiligsten Dreifaltigkeit am Stainmeißelberg. Aufgrund eines Gelübdes wurde die Kirche nach der Pestepidemie von 1679 in den Jahren 1684–1686 erbaut. Die barocke Kirchenstiege wurde 1737 errichtet. Bis heute kommen Wallfahrer nach Karnabrunn, wobei die Markierung des Jakobsweges durch den Ort natürlich zu einer deutlichen Steigerung der Besucherzahlen geführt hat.*

Brücklein über den Karnabrunner Graben.

Von der Wallfahrtskirche gehen wir steil auf einer Asphaltstraße durch den Wald bergab und stoßen auf die L 1101, auf der wir nach links wieder bergauf gehen. Wir treffen auf die L 60 und folgen ihr nach rechts. Für die nächsten 1600 m geht es zwar auf der schwach befahrenen Asphaltstraße, aber schattig bergauf-bergab durch dichten Eichenmischwald. Die Abzweigung nach links auf eine breite, ebene Forststraße sollte man nicht übersehen: Sie befindet sich etwa 200 m nach Verlassen des Wald dort, wo rechts Felder die Straße begleiten. Nach 200 m auf der Forststraße nehmen wir den schmäleren, gerade weiterführenden, rot-weiß-rot markierten Weg (der Hauptweg führt schräg nach links).

Bei der nächsten Abzweigung weiter geradeaus, dann am Beginn einer Lichtung rechts, über eine nasse Wiese und dann wieder in den Wald. Wir treffen auf eine Schotterstraße und gehen auf ihr nach rechts, bei der nächsten Abzweigung links und dann immer geradeaus. Kurz bevor wir bei einem Holzkreuz wieder eine Asphaltstraße kreuzen, queren wir auf Baumstämmen eine sumpfige Stelle. Dann geht es auf Schotter unter einer Hochspannungsleitung hindurch.

Erst leicht, dann steiler bergab kommen wir bei einer Jausenbank und Infotafeln zu einer Schotterstraße, auf der ein Jakobsweg-Wegweiser nach
rechts weist, während der Weg Nr. 633 nach links abbiegt (siehe Variante).
10 Min. weiter zweigen wir nach rechts auf einen verwachsenen Weg ab – es
gibt einen Wegweiser und einen gelben Pfeil an einem Baum. Immer den
gelben Pfeilen folgend wandern wir nach knapp 500 m auf einem breiten
Erdweg rechts bergauf, gehen kurz vor dem Ende des Waldes links hinauf
zu einer Schotterstraße und auf dieser weiter links bergauf. Am Mast einer

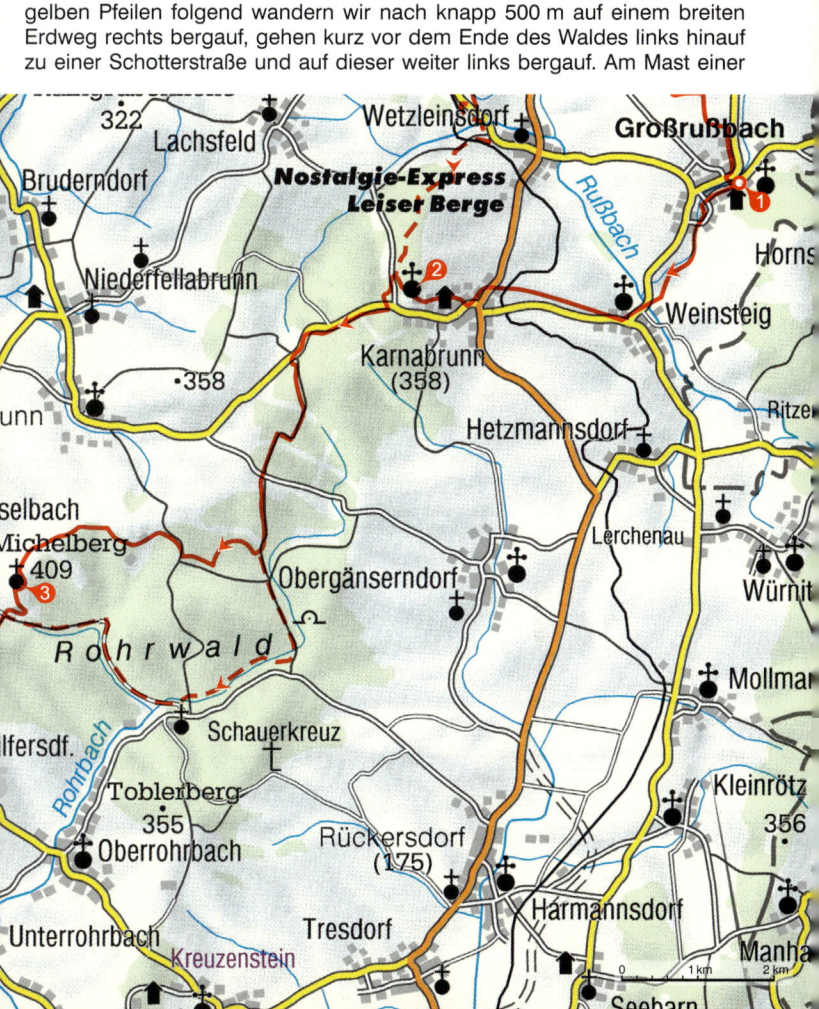

Starkstromleitung und an einigen Häusern vorbei gehen wir in einem Rechtsbogen am Gipfel des Steinberges rechts von uns vorbei. 200 m bevor wir wieder auf die Stromleitung treffen, geht es schräg links bergab; hier sind außer dem Jakobsweg auch der Panoramaweg und die Michelberg-Radroute ausgeschildert. Es geht bergab, am Kronbergerkreuz vorbei, und an der Stelle, an der die Schotterstraße sich nach links biegt, geradeaus weiter auf einem Feldweg bergauf. Wir passieren mehrere Kreuzwegstationen und treffen unweit des Gipfels auf einen Fahrweg, auf dem wir uns allein schon wegen der schönen Aussicht nach rechts einen Abstecher von 50 m zur Kapelle am **Michelberg (3)** mit Rastbänken davor nicht entgehen lassen sollten (2.45 Std. / 9,8 km).

> i *Der 409 m hohe **Michelberg** stellt die höchste Erhebung des Rohrwalds dar und ist wegen des Ausblicks vom unbewaldeten Gipfel und der Jausenstation unterhalb des Gipfels ein beliebtes Ausflugsziel. Vom 9. bis zum 18. Jahrhundert bestand hier eine dem hl. Michael geweihte Kirche, die auch Ziel von Wallfahrten war und 1783 abgerissen wurde. Im Zuge von Ausgrabungen wurden die Grundmauern der alten Kirche freigelegt; um sie zu erhalten, wurden sie mit Erde abgedeckt und die Umrisse mit Steinplatten nachgebildet. Die heutige Kapelle wurde von der Gemeinde Haselbach 1867 errichtet.*

Am gleichen Weg zurück und anschließend dem Fahrweg folgend über Wiesen und dann durch Wald immer am Hauptweg bergab. Ein kleines Weglein führt rechts zum Gasthaus am Michelberg (Einkehr); man kann auch weiter auf dem Jakobsweg bis zur Einmündung in eine Asphaltstraße gehen und dort rechts über den Parkplatz hinauf zum Gasthaus. Der weitere Weg führt kurz auf Asphalt bergab und knapp 100 m weiter in einer Rechtskurve der Straße auf Schotter gerade weiter (wer die Variante über die Schwedenhöhlen gegangen ist, stößt hier von links wieder auf den Jakobsweg).
Bergauf folgen wir einer grünen Markierung in den Wald, über eine Wiese und dann wieder durch den Wald zu einer T-Kreuzung, bei der wir auf Schotter rechts gehen. 150 m weiter links, dann am Waldrand entlang (das Kreuz am **Waschberg**, von dem man ebenfalls einen schönen Blick über das Tullner Becken genießt, liegt 50 m abseits des Weges) immer der grünen Markierung und den gelben Pfeilen folgen. Weiter geht es am Waldrand bergab, rechts haltend (die Michelbergrunde zweigt links in den Wald ab), dann über Felder und wieder durch ein Waldstück. An dessen Rand verläuft der Hauptweg nach rechts, während der Jakobsweg leicht links versetzt geradeaus auf Schotter in den Ort Leitzersdorf führt. An dessen Beginn links, dann bei einem Wegweiser an einem Baum rechts und wieder links an einer Jakobskapelle vorbei zur Pfarrkirche St. Jakob von **Leitzersdorf**.
Rechts an der Kirche vorbei folgen wir der Stockerauer Straße. Wo sich diese am Ortsende leicht nach rechts biegt, gehen wir einem gelben Pfeil auf

einem Stein folgend geradeaus auf einem spärlich grün markierten Schotterweg weiter. Dieser führt immer leicht bergab an den Stadtrand von Stockerau. Im Ortsgebiet gehen wir auf der Straße Am Damm bzw. deren Fortsetzung, der Prof.-Otto-Zeiller-Straße, bis zur T-Kreuzung mit der Wiesener Straße. Auf dieser rechts zur Bundesstraße (Wiener Straße) und auf dieser wieder rechts ins Zentrum. Unsere Etappe endet bei der wenige Meter rechts gelegenen Stadtpfarrkirche von **Stockerau (4)** (3 Std. / 10,7 km).

Die »Lenaustadt« **Stockerau** *– der Dichter Nikolaus Lenau verbrachte hier einen Teil seiner Jugend bei seinen Großeltern – ist die größte Stadt des Weinviertels und wurde 1012 im Zusammenhang mit der Ermordung des heiligen Koloman erstmals urkundlich erwähnt. Die im frühklassizistischen Stil errichtete* **Pfarrkirche St. Stephan** *des Ortes stammt aus den Jahren 1777–1778. Der mit 88 m höchste Kirchturm Niederösterreichs ist um einige Jahre älter, steht auf romanischen Fundamenten und wurde um 1722–1725 noch an den gotischen Vorgängerbau angebaut. Die Kirche steht an jener Stelle, an der der Überlieferung nach der Leichnam des heiligen Koloman bestattet wurde (siehe nächste Etappe).*

Die Pfarrkirche St. Stephan von Stockerau.

Unterkunft: Hausleiten (207 m, 1400 EW): Frühstückspension Brugat, Tel. +43 2265/7408. **Stetteldorf** (213 m, 500 EW): Pension Wilma, Tel. +43/2265/7408.

Die Strecke: Die Stadt Stockerau wird südlich verlassen, sodass das Gewerbegebiet im Westen des Ortes umgangen wird. Hinter dem Kloster St. Koloman geht es auf Wirtschaftswegen und schwach befahrenen Straßen durch die intensiv landwirtschaftlich genutzten Weiten des Tullnerfeldes. Steigungen sind kaum zu bewältigen, nur zweimal geht es bei der Durchquerung der Orte Hausleiten und Stetteldorf hinauf auf den Höhenzug des Wagram. Fast kein Schatten. **Asphaltanteil** rund 70 %.

Höhenunterschied: Unter 100 m.

Landschaft: Wir haben die Waldgebiete hinter uns gelassen und wandern nun durchwegs über ausgedehnte Felder am Nordrand des Tullner Beckens. Das Waldgebiet der Donau-Auen wird nur ganz am Anfang der Etappe gestreift. Danach begleitet uns stets die aus eiszeitlichem Löss bestehende, »Wagram« genannte rund 40 m hohe Höhenstufe, die als Donautal im Norden begrenzt. Sobald man auf diese urzeitliche Meeresterrasse hinaufsteigt, hat man – trotz geringer Höhe – einen weiten Fernblick bis zum Wienerwald und ins Alpenvorland hinein.

Infrastruktur: Oberzögersdorf 🚆 🚌, Hausleiten 🏨 🚆 🛏 🗊 € ✉ 🚌 🏧, Starnwörth 🚆 🚌, Stetteldorf am Wagram 🏨 🗊 € ✉ 🏧.

Einkehr: Dorfschenke in Oberzögersdorf (Mo+Di Ruhetag), Gasthäuser und Café in Hausleiten, Gasthaus Pizzeria Wild in Starnwörth (Di Ruhetag). **Kein Trinkwasser** unterwegs; die beiden Marienquellen sind abgesperrt.

Touristeninformation: Infostelle Region Wagram, Tel. +43/676/624 96 86, office@regionwagram.at.

Varianten: Das längere Stück Asphalt zwischen Oberzögersdorf und Goldgeben lässt sich umgehen (und um ca. 900 m abkürzen): In Oberzögersdorf nach den letzten Häusern links und auf einem entlang des Sechtelbachs führenden Feldweg, dann Schotterweg, bis dieser nach etwa 1,4 km scharf links über den Bach führt. Hier rechts auf einem Feldweg zum Bahndamm und an diesem entlang links. An Schotterteichen vorbei zum Bahnübergang und über diesen rechts in den Ort Goldgeben, dann auf der Landesstraße links zur Kirche, bei der man auf den ausgeschilderten Weg trifft. Wer nicht in Stetteldorf übernachten will und nicht die Kirche besuchen möchte, kann am Ortsanfang geradeaus am Weg am Fuß des Wagram bleiben, kommt an einem Sportplatz und einem Kinderspielplatz vorbei und trifft wieder auf den Jakobsweg (Ersparnis 600 m bzw. 30 Höhenmeter).

Hubertuskapelle bei Goldgeben.

Das Kloster St. Koloman am Rand von Stockerau.

Von der Stadtpfarrkirche von **Stockerau (1)** gehen wir zurück zur Hauptstraße und dann weiter über die Josef-Wolfik-Straße zum Rathausplatz. Diesen
queren wir links haltend und benützen an der Südecke einen schmalen
Durchgang, der in eine Stiege hinunter zur Donaustraße mündet. Auf dieser
links, dann rechts auf der Straße »In der Au« unter der Bahn hindurch und
dahinter wieder rechts auf einen Fußweg entlang der Straße »Alte Au«. Wir
kommen an einem Spielplatz und am Sportzentrum vorbei (mit Restaurant),
ab dem die Straße den Namen »Am Spitzgarten« trägt. Eine blau-weiß und
als Jakobsweg markierte Schotterstraße zweigt nach links ab und biegt sich
dann gleich wieder nach rechts. Sie trifft auf den Damm entlang des Göllers-
baches, zu dem wir auf einem Wiesenweg hinaufgehen, um ihm nordwärts
– also nach rechts – zu folgen.

An dieser Stelle trifft man von Greifenstein auf der Etappe 6b kommend auf
den Weinviertler Jakobsweg, wenn man nicht kurz davor ins Zentrum von
Stockerau abgebogen ist.

Über eine Brücke wechseln wir ans andere Ufer, gehen dort auf Asphalt
noch ein Stück flussaufwärts und biegen dann unmittelbar vor dem Bahnübergang links in die Straße »Kolomaniwörth« ein, die uns direkt an die
Rückseite des **Klosters St. Koloman (2)** (35 Min. / 2,3 km) bringt. Bis auf
Weiteres begleitet uns nun eine rot-weiß-rote ebenso wie eine weiß-gelb-
weiße Markierung.

*Das **Kloster St. Koloman**, an dessen Rückseite wir vorbeigehen, befindet sich an der Stelle, an der der heilige Koloman von den Stockerauern an einem morschen Holunderstrauch erhängt wurde. Koloman war ein irischer Pilger auf dem Weg ins Heilige Land, dessen Sprache die Stockerauer nicht verstanden und den sie für einen Spion hielten. Nachdem der morsche Strauch wieder zu treiben begann und der Leichnam nicht verweste, wurde Koloman zunächst in Stockerau beigesetzt und dann nach Melk in die Residenz der Babenberger Herzöge überführt, wo seine Reliquien bis heute aufbewahrt werden. Als Pilger wird Koloman typischerweise mit Hut, Mantel, Stab und Flasche dargestellt; er ist ein Schutzpatron aller Reisenden. Der Holunderstrauch im Innenhof des Klosters treibt bis heute immer wieder neu aus.*

Am Ende der Klostermauer bei einer T-Kreuzung auf der Straße »Kirchensteig« nach rechts. Wir treffen auf die Tullner Straße, auf der wir durch ein Industriegebiet nach links und unter der Autobahn hindurchgehen. 350 m weiter folgen wir den Markierungen, einem Radwegweiser und einem Jakobsweg-Wegweiser nach rechts auf einem Schotterweg, der sich nach 100 m wieder nach links biegt und durch die Felder verläuft. Im Ortsgebiet von **Unterzögersdorf** ist der Weg ein Stück asphaltiert; wir gehen immer gerade weiter, verlassen den Ort wieder und kommen neuerlich über Felder nach **Oberzögersdorf**, wo wir in den Mühlenweg nach links und kurz darauf bei einem Bildstock hinter einem Zaun nach rechts in die Bahngasse abbiegen. Von diesem Bildstock kann man noch 100 m gerade weiter einen Abstecher zur Kirche der hl. Rosalia machen.

Der Bahngasse folgend queren wir die Eisenbahn bei der aufgelassenen Bahnhaltestelle Oberzögersdorf und gehen noch gerade weiter bis zur L 14, auf der wir links und bei einem Kruzifix gleich wieder rechts bergauf wandern. Wir nehmen den ersten Feldweg nach links, weiter bergauf, gehen bei der folgenden T-Kreuzung links und treffen schließlich auf die L 31; auf dieser links bergab an einer Hubertuskapelle (hier kann man einem beschilder-

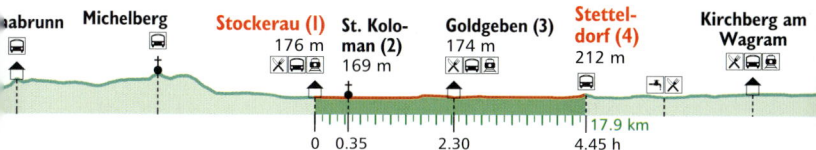

17.9 km

0   0.35   2.30   4.45 h

ten Rundweg folgend einen lohnenden Abstecher zur 5 Min. entfernten hölzernen Brunnbergwarte machen) und einer leider hinter einem versperrten Tor befindlichen Marienquelle vorbei in den Ort Goldgeben hinein. Wir stoßen auf die Weinbergstraße, auf der der Jakobsweg nach rechts weiterführt – es lohnt sich aber noch ein kurzer Abstecher von wenigen Metern zur Kirche der hl. Veronika von **Goldgeben (3)** (knapp 2 Std. / 7,1 km).

Auf der Weinbergstraße gehen wir durch das locker bebaute Ortsgebiet der zusammengewachsenen Orte Goldgeben und Hausleiten. Bei der T-Kreuzung mit der Lehmgasse wenden wir uns nach links und bei der nächsten Möglichkeit nach rechts durch die Mühlgasse. Auf dieser queren wir den Stranzendorfer Bach und gehen dahinter auf einem asphaltierten Fußweg, der sich nach rechts biegt, an einem Silo vorbeiführt und dann auf die Brunnengasse trifft. Auf dieser nach links und in der Kirchenstraße wieder rechts zum Agatha-Platz mit Infotafeln. Von hier aus kann man einen Abstecher zum Friedhof und zur Pfarrkirche St. Agatha von **Hausleiten** machen. Der Weg zur Marienquelle lohnt nicht, da diese in einem abgesperrten Areal steht und nicht zugänglich ist.

Der weitere Weg führt unter dem Pfarrhof hindurch durch den sogenannten »Stirbwegtunnel«, der in einen abschüssigen Weg übergeht und uns zu einer Kreuzung von Schotterstraßen bei einem Wegkreuz bringt. Dort gehen wir rechts, nun wieder am Fuß des Wagram entlang.

Unsere Schotterstraße mündet nach etwa 20 Min. in die Wagramstraße, auf der wir weitergehen. Kurz hinter der Abzweigung der Tullner Straße nach

links liegt die Dorfkapelle St. Leonhard von **Gaisruck**. Wir gehen weiter geradeaus entlang der B 19, die dann rechts abzweigt; unser Weg führt gerade auf der rot-weiß-roten Markierung 675 am Fuß des Wagram entlang.

In **Eggendorf am Wagram** passieren wir einen Spielplatz, gehen weiter geradeaus und treffen unmittelbar nach einem Pestkreuz mit Rastbank davor auf eine Asphaltstraße, auf der wir nach links gehen, um

65

Kreuz in den Weingärten bei Gaisruck.

nach 60 m wieder nach rechts abzuzweigen (auch als Radweg 84 und 841 ausgeschildert). Wir wandern unterhalb des Schlosses Juliusburg vorbei, kreuzen die Absdorfer Straße und halten uns dahinter schräg rechts bergauf auf dem Bründlweg. Über einen Wiesenweg gelangen wir hinauf zur Kreuzung mit der Thomas-Kainz-Gasse, auf der wir links zum Kirchenplatz gehen. Auf diesem befindet sich unser Etappenziel, die Pfarrkirche des hl. Johannes des Täufers von **Stetteldorf (4)** (2.30 Std. / 8,4 km).

Stetteldorf am Wagram ist eine kleine, heute hauptsächlich vom Weinbau lebende Marktgemeinde am markanten Höhenzug des Wagram. In dem in der Gemeinde gelegenen, 1588 erbauten **Schloss Juliusburg** *tagte 1683 unter dem polnischen König Jan Sobieski der große Kriegsrat, bevor das Entsatzheer in Richtung des von den Türken belagerten Wien aufbrach. Die* **Pfarrkirche** *des heiligen Johannes des Täufers ist eine von 1716 bis 1723 im Barockstil errichtete Saalkirche mit Seitenkapellen und einem gotischen Südturm mit Zwiebelhelm, die anstelle einer durch Feuer zerstörten, der hl. Katharina geweihten Vorgängerkirche errichtet wurde.*

Unterkunft: Absdorf (182 m, 1850 EW): Privatzimmer Kiener, Tel. +43/2278/3507. **Königsbrunn** (197 m, 480 EW): Landgasthof Mann, Tel. +43/2278/2334. **Kirchberg am Wagram** (224 m, 1100 EW): Gasthof Heiß, Tel. +43/2279/2264; sowie mehrere Privatzimmer, Info bei der Touristeninformation. **Fels am Wagram** (208 m, 1450 EW): mehrere Privatzimmer, Info bei der Touristeninformation. **Feuersbrunn** (216 m, 620 EW): Mörwald Hotel Villa Katharina, Tel. +43/2738/2298.

Die Strecke: Auf dieser Etappe gibt es etwas mehr kleine Steigungen als auf der vorigen, da man mehrmals zwischen der Ebene und dem Höhenrücken des Wagram hin- und herwechselt. Nicht befestigte Wege stellen die Ausnahme dar; der Großteil der Tour verläuft auf asphaltierten Wirtschaftswegen und schwach befahrenen Straßen. **Asphaltanteil** rund 85 %.

Höhenunterschied: Ca. 150 m im Auf- und Abstieg.

Landschaft: Waren wir bei der vorigen Etappe hauptsächlich am Fuß des Wagram unterwegs, so wechseln wir nun für den Großteil des Weges hinauf auf den Höhenrücken. Weite Ausblicke über das Tullnerfeld, Felder und Weingärten charakterisieren diesen Abschnitt. Schatten gibt es nach wie vor kaum.

Infrastruktur: Absdorf 🏠 🍴 🖥 📠 ✈ €
✉ 🚆 🚌, Absberg (185 m) 🍴 ✈, Königsbrunn 🏠 🍴 📠 ✈ 🚌, Unterstockstall (193 m, 260 EW) 🍴 🚌, Kirchberg am Wagram 🏠 🍴 🖥 📠 € A ✉ 🚆 🚌, Engelmannsbrunn (210 m, 320 EW) 🍴 🚌, Fels am Wagram 🏠 🍴 🖥 📠 € ✉ 🚆 🚌, Feuersbrunn 🍴 🚆 🚌.

Einkehr: Mehrere Gastronomiebetriebe in Absdorf, Jausenstation Lössiade in der Kellergasse Absberg, Landgasthof Mann

in Königsbrunn, Gasthaus Seidl in Unterstockstall, mehrere Lokale in Kirchberg am Wagram, Café Olivani, Pizzeria Sara und zahlreiche Heurige in Fels am Wagram; Mörwald in Feuersbrunn direkt am Weg oder Gh. zum Goldenen Kreuz ca. 10 Min. abseits. **Trinkwasser** beim Brunnen in der Kellergasse Absberg.

Touristeninformation: Infostelle Region Wagram, Tel. +43/676/624 96 86, office@regionwagram.at.

Anmerkungen: Vor allem bei Nässe und Regen kann es ratsam sein, statt des ausgeschilderten Weges über den »Höhenweg nach Absberg« einfach geradeaus auf Asphalt weiterzugehen; der Weg trifft direkt auf die Kellergasse Absberg, ist durchgehend asphaltiert und man erspart sich einige Höhenmeter.

Dreifaltigkeitssäule in Kirchberg.

In der Kellergasse bei Königsbrunn.

Vom Kirchenplatz in **Stetteldorf (1)** gehen wir durch die Herrengasse in westlicher Richtung und über Stufen hinunter zur Gasse Gugans, durch die wir links bergab wieder an den Fuß des Wagram gelangen. Unten treffen wir auf den von der vorigen Etappe bekannten Radweg, dem wir nach rechts im Schatten einzelner Bäume entlang von Feldern und Weingärten folgen. Wir kommen an einem Bauernhof vorbei, hinter dem der Weg nach rechts und

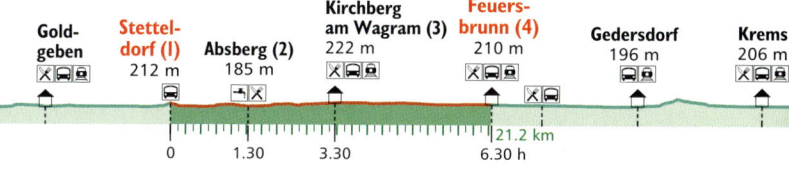

Gold-geben	Stettel-dorf (I)	Absberg (2)	Kirchberg am Wagram (3)	Feuers-brunn (4)	Gedersdorf	Krems
	212 m	185 m	222 m	210 m	196 m	206 m

0   1.30   3.30   6.30 h   21.2 km

dann gleich wieder nach links knickt und weiter zu einer Kreuzung bei einem Wegkreuz führt, bei dem auch ein Wegweiser nach links zum Landgasthaus Salomon in Absdorf weist. Wir halten uns aber weiter geradeaus und kommen zu einem weiteren Wegkreuz, bei dem man links zum Bahnhof Absdorf gelangen würde. Wir gehen aber rechts, dem Schild »Höhenweg nach Absberg« folgend über einen Wiesenweg und dann über Stufen hinauf auf die Anhöhe des Wagram. Kurz bevor man diese erreicht, gibt es rechts eine kleine Aussichtswarte.

Man trifft auf einen Feldweg, wendet sich auf diesem nach links, bei der nächsten Möglichkeit wieder links und schließlich dem Wegweiser zur Oberen Kellergasse folgend über steile Erdwege und Stiegen wieder bergab in die Kellergasse von Absberg. In dieser nach rechts zu einem Platz mit Brunnen und Rastplatz und weiter zur Landesstraße, auf der man nach links geht und erst den Schmidabach und anschließend die Gleise der Franz-Josefs-Bahn direkt bei der ehemaligen Bahnhaltestelle **Absberg (2)** (1.30 Std. / 5,1 km) kreuzt.

Am Ortsschild von Hippersdorf vorbei folgen wir erst der Landesstraße, dann einem parallel dazu südlich verlaufenden Feldweg, der wieder in die Straße mündet. Wir kommen nach **Königsbrunn**, wo wir an der Kreuzung mit der Hauptstraße rechts gehen und an der Kirche Johannes des Täufers (etwa 50 m rechts) vorbei zur Lourdeskapelle mit Quelle und Rastplatz gelangen. Durch eine Kellergasse wandern wir bergauf und an deren Ende erst auf Asphalt, dann auf einem Feldweg hinab nach **Unterstockstall**. Wir erreichen den Ort durch die Kellergasse »Russengraben«, gehen links auf der Brunnengasse zur Landesstraße und auf dieser rechts an der Kapelle zum hl. Urban vorbei. Abermals rechts durch die Herrenstraße und nach 200 m schräg links dem Wegweiser »Kellergasse« folgend die Gasse »Mitterberg« hinauf. Diese geht in einen geschotterten Feldweg über, der eine Landesstraße kreuzt und kurz darauf wieder auf eine Asphaltstraße trifft. Auf dieser links, an der Ursprungskapelle (siehe unten) und dahinter schräg links an einem Spielplatz vorbei zu einer Brücke über eine Straße. Dahinter links haltend zur Kirche von **Kirchberg am Wagram (3)** (2 Std. / 6,6 km).

> ℹ️ *Die weithin sichtbare, dem hl. Stephan geweihte **Pfarrkirche** von **Kirchberg am Wagram** ist ein ursprünglich gotisches Bauwerk aus der zweiten Hälfte des 14. Jahrhunderts, das Anfang des 18. Jahrhunderts barockisiert wurde. Bereits im 17. Jahrhundert war eine zum Dank für die Genesung von schwerer Krankheit errichtete Kapelle zwischen Kirchberg und Mitterstockstall zum Ziel von Wallfahrten geworden. Nachdem diese »Maria-Trost-Kirche« im Jahr 1787 unter Joseph II. abgerissen wurde, brachte man die dortige Marienstatue in die Pfarrkirche, die daraufhin selbst zum Ziel von Prozessionen wurde und die Rolle als Wallfahrtskirche übernahm. An der Stelle der alten Kirche wurde wieder ein schlichtes Kreuz errichtet, das später ummauert wurde und heute als **Ursprungskapelle** bezeichnet wird.*

Vom Marktplatz mit dem alten Rathaus und der Dreifaltigkeitssäule gehen wir den Jakobsweg-Wegweisern folgend durch die Hubertusgasse und folgen am Ortsende dem geschotterten, rot-weiß-rot markierten Wirtschaftsweg Engelmannsbrunn. Wir passieren eine Hubertuskapelle und halten uns bei einer Gabelung 10 Min. später auf dem Hauptweg rechts, zu einer Asphaltstraße, auf der wir nach links gehen. Kurz vor der Ortstafel von **Engelmannsbrunn** liegt links eine Kapelle, rechts eine Mariensäule. Wir wandern bergab in den Ort und können an der Kreuzung mit der Dorfstraße einen Abstecher geradeaus zur Kapelle hl. Josef auf dem Kapellenberg machen, bevor wir auf der Dorfstraße den Jakobsweg-Wegweisern folgend nach rechts gehen. Am Ortsende schräg links (zugleich Radweg) Richtung Fels am Wagram.

80 m hinter einem Marterl gehen wir an der T-Kreuzung dem Straßenverlauf folgend wieder nach rechts und immer geradeaus über die Felder. Der Weitwanderweg 675 biegt nach links ab; wir folgen dem Radweg und den Jakobswegschildern geradeaus, bei der nächsten T-Kreuzung nach rechts und knapp 200 m weiter wieder links. Beim Stoppschild links, unter

Die Kirche der hl. Margaretha in Fels.

einer Straßenunterführung hindurch und auf die Kirche der hl. Margaretha von **Fels am Wagram** zu. Wir gehen hinter der Kirche rechts, an einem Park mit von Kindern gestalteten Skulpturen vorbei und durch die Wiener Straße und die St.-Urban-Straße zu einer T-Kreuzung, bei der wir uns nach links wenden, um dann beim Sportplatz rechts zu gehen. An den beiden nächsten T-Kreuzungen wieder links und danach rechts, weiter zwischen Feldern auf den Ort Feuersbrunn zu. Wir gehen durch die Gasse »Himmelreich« und dann schräg links durch die »Kleine Zeile«, am Gasthaus Mörwald vorbei. Schließlich führt uns die Kirchengasse halb rechts zur Pfarrkirche St. Ägydius von **Feuersbrunn (4)** (3 Std. / 11,3 km).

> ℹ️ *Der Ort* **Feuersbrunn** *gehört zu den ältesten Siedlungen am Wagram und wurde bereits 1149 urkundlich erwähnt. Feuersbrunn verfügt über eine der längsten Kellergassen Niederösterreichs, in der jedes Jahr im Juli ein großes Fest stattfindet. Die* **Pfarrkirche** *ist dem hl. Ägydius geweiht und wurde in der zweiten Hälfte des 18. Jahrhunderts im spätbarocken Stil anstelle einer mittelalterlichen Kirche errichtet.*

Unterkunft: Engabrunn (an der Variante, 218 m, 460 EW) und **Sittendorf** (ca. 1 km abseits, 195 m, 360 EW): mehrere Privatzimmer, Info beim Gemeindeamt. **Brunn im Felde** (195 m, 680 EW): Gästehaus Hermi, Tel. +43/2735/8165 oder Gästehaus Berger, Tel. +43/2735/8234. **Gedersdorf** (197 m, 470 EW): Gästehaus Rosenberger, Tel. +43/2732/838 43. **Rohrendorf** (ca. 1 km abseits, 194 m, 2000 EW): mehrere Privatzimmer, Info beim Gemeindeamt. **Krems an der Donau** (203 m, 24.000 EW): Radfahrer-Jugendherberge Krems, Tel. +43/2732/834 52; sowie zahlreiche Hotels und Privatquartiere aller Preisklassen. **Mautern** (201 m, 2800 EW): mehrere Gasthöfe und Gästezimmer, Info bei der Gemeinde.

Die Strecke: Bis auf ein kurzes Stück entlang des Kamp durchwegs asphaltierte Wirtschaftswege. Der erste Teil der Tour ist eben, zwischen Gedersdorf und Krems steigt man nochmals in die Kellergassen und Weingärten am Abhang des Waldviertels an. Nach der Durchquerung der Stadt Krems geht man am Rad- und Fußweg über die Donaubrücke hinüber ans andere Donauufer. **Asphaltanteil** rund 90 %.

Höhenunterschied: Rund 180 m im Auf- und Abstieg.

Kritische Stellen: Am Ortsbeginn von Walkersdorf ist der Jakobsweg-Wegweiser, der nach links über die Brücke weist, schlecht sichtbar. Im Stadtgebiet von Krems ist die Beschilderung mangelhaft; im Prinzip geht man aber den Straßenzügen Wiener Straße, Untere Landstraße, Obere Landstraße, Josef-Wichner-Straße, Schillerstraße und Steiner Landstraße folgend immer geradeaus durchs Ortsgebiet.

Landschaft: Auf dieser Etappe lassen wir den Höhenrücken des Wagram hinter uns und durchqueren das Tal des Flusses Kamp, der sich hier in mehrere Arme aufspaltet, bevor er in die Donau mündet.

Blick von der Donaubrücke auf Mautern.

Bis Gedersdorf gehen wir dabei abwechselnd durch Felder und kleine Weinorte, danach an den Südhängen des Waldviertler Hochlandes durch Weinberge mit herrlichem Panorama des hier immer enger werdenden Donautals und Blick auf das gegenüberliegende mächtige Stift Göttweig. Die historische Stadt Krems wird auf Nebenstraßen, der Ortsteil Stein durch die Fußgängerzone durchquert. Schließlich überschreiten wir die Donau genau am Beginn der Wachau, des engen Durchbruchstals zwischen Waldviertel und dem geologisch dazugehörigen Dunkelsteiner Wald.

Infrastruktur: Engabrunn ⌂ ✕ ▣ ⊠ 🚂, Etsdorf am Kamp (197 m, 1000 EW) ✕ ⊠ € ⊠ 🚂, Brunn im Felde ⌂ ⊠ ✉, Gedersdorf ⌂ ⊠ 🚌 🚂, Rohrendorf ⌂ ▲ ✕ ⊠ € ⊠ 🚌 🚂, Krems alles, Mautern ⌂ ✕ ▣ ⊠ € ▲ ✉ ℹ 🚂.

Einkehr: Pizzeria, Gasthof und Café-Restaurant in Etsdorf, Gasthaus Knechtl in Gedersdorf (Di Ruhetag), zahlreiche Einkehrmöglichkeiten im Stadtgebiet von Krems, zwei Gasthäuser und Pizzeria in Mautern. **Trinkwasser** bei Brunnen im Stadtgebiet von Krems.

Touristeninformation: Gemeindeamt Grafenegg (Engabrunn und Etsdorf), Tel. +43/2735/2445; gemeinde@grafenegg.gv.at; Gemeindeamt Gedersdorf, Tel. +43/2735/331 60, gemeindeamt@gedersdorf.at; Gemeindeamt Rohrendorf, Tel. +43/2732/838 50, gemeindeamt@rohrendorf.at; Krems Tourismus, Tel. +43/2732/826 76, kremstourismus@pegasus.at; Stadtgemeinde Mautern, Tel. +43/2732/831 51, stadtgemeinde@mautern-donau.gv.at.

Variante: Bei der in der Tourenbeschreibung erwähnten Gabelung auf dem Hauptweg halb rechts über Felder und bei

Die Kirche von Feuersbrunn.

der Einmündung in eine Asphaltstraße rechts. Am Ortsbeginn von Engabrunn treffen wir auf die Grafenegger Straße, queren in deren Verlauf die Bundesstraße und gehen dann nach etwa 150 m links durch die Kirchengasse zur sehenswerten, dem Pestpatron Sebastian geweihten Wehrkirche. Hinter dieser links auf dem Sebastianweg zurück zur Bundesstraße, diese queren und danach sofort rechts auf dem asphaltierten Güterweg parallel zur Straße. Nach einer Unterführung rechts von uns entfernt sich der Weg von der Straße und nähert sich der Bahnstrecke, die beim Bahnübergang der Etsdorfer Kellergasse nach links überquert wird. Bei der Kirchengasse trifft man wieder auf den ausgeschilderten Jakobsweg.

Von der Kirche von **Feuersbrunn (1)** folgen wir weiter der Kirchengasse und gehen nach 200 m links auf dem Mühlweg, der in einen geschotterten Feldweg zwischen Weingärten übergeht. Nach insgesamt rund 15 Min. gabelt sich dann der Weg; rechts führt der breitere Weg Richtung Engabrunn (siehe Variante), während der ausgeschilderte Jakobsweg halb links verläuft. Ein

Stück des Weges ist grasbewachsen, dann kommen wir wieder auf Schotter und treffen auf die Grafenegger Straße, auf der wir links unter der Bahn hindurchgehen. Gleich dahinter rechts, parallel zur Strecke und dann dem Straßenverlauf folgend links auf den Ort Etsdorf zu, an dessen Rand wir rechts auf den Mühlweg einbiegen und die Rathausstraße kreuzen. (Hier stößt von rechts die Variante über Engabrunn hinzu.) Gerade weiter durch die Kirchengasse erreichen wir die Pfarrkirche St. Jakob von **Etsdorf (2)** (1 Std. / 3,7 km).

> ℹ️ In **Etsdorf am Kamp** finden wir nach längerer Zeit wieder einmal eine Kirche, die dem **hl. Jakobus dem Älteren** geweiht ist. Es handelt sich in den Grundmauern um ein mittelalterliches Bauwerk, dessen gotischer Chor aus dem 14. Jahrhundert im 18. Jahrhundert barockisiert wurde; in dieser Zeit wurde auch das Langhaus als barocker Saalbau neu aufgebaut und der Westturm ergänzt. Die alte eingeschossige Sakristei an der Nordseite stammt noch vom ursprünglichen gotischen Bauwerk, die zweigeschossige Sakristei im Süden wurde erst im 19. Jahrhundert hinzugefügt.

Wir gehen durch die Hauptstraße von der Kirche südwärts und gleich die erste Abzweigung nach rechts in die Schloßstraße. An einem Spielplatz vorbei kommen wir in den nächsten Ort **Walkersdorf**, wo wir kurz nach der Ortstafel auf einer kleine Brücke den Mühlkamp überqueren (Wegweiser schlecht sichtbar) und einem Fußpfad entlang des Wassers nach rechts folgen. Wir treffen auf eine Schotterstraße, auf der wir nach rechts gehen und nach wenigen Metern die Ortstafel von **Diendorf** passieren.

Hier gibt es auch eine kleine Kapelle und eine Jausenbank; wir gehen auf Asphalt in den Ort hinein und bei einer Kapelle links. 150 m weiter nicht geradeaus, sondern rechts und auf einer Brücke über den Hauptarm des Kamp-Flusses. Gleich hinter der Brücke links auf einem Schotterweg parallel zum Ufer. Abzweigungen nach rechts ignorieren wir; wo sich der Weg vom Fluss entfernt, gehen wir bei nächster Gelegenheit wieder links, um zurück ans Ufer zu gelangen.

Etwa 2 km nach der Kampbrücke führt geradeaus nur mehr ein Trampelpfad weiter; wir folgen dem Schotterweg rechts vom Ufer weg und halten uns 200 m weiter bei einer Gabelung rechts. Unmittelbar nachdem wir auf einen anderen, von scharf rechts kommenden Weg treffen, gehen wir rechts auf den Ort **Brunn im Felde** zu. Dort bei der T-Kreuzung mit der Hauptstraße rechts, an der Kirche hl. Jakobus des Älteren vorbei, bei der sich auch ein Rastplatz, eine Orientierungstafel und wenige Meter weiter ein hölzerner Brunnen (Ortsname!) befinden. Die Hauptstraße, der wir weiter folgen, biegt sich nach links, überquert bei der Haltestelle Gedersdorf die Bahngleise und führt dann als Linke Bahnzeile zur Kreuzung mit der B 35. Wir queren diese und gehen durch die Weinbergstraße wenige Meter zur um 1300 erbauten

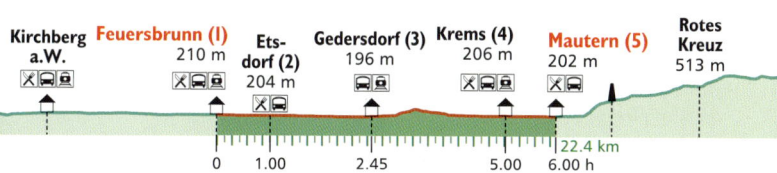

| Kirchberg a.W. | Feuersbrunn (I) 210 m | Ets-dorf (2) 204 m | Gedersdorf (3) 196 m | Krems (4) 206 m | Mautern (5) 202 m | Rotes Kreuz 513 m |

0   1.00   2.45   5.00   6.00 h

22.4 km

Filialkirche des hl. Philippus und Jakobus (des Jüngeren) von **Gedersdorf (3)**, einer der ältesten Kirchen am Wagram (1.45 Std. / 6,9 km).

Weiter durch die Weinbergstraße bergauf zu einem Rastplatz bei einer Weinpresse, bei dem wir uns nach links wenden, um danach immer geradeaus weitergehen. Gleich hinter einer Stromleitung kurz nach rechts und sofort wieder links durch Weingärten; erst eben, dann leicht bergab.

Weinpresse in Gedersdorf.

Wir treffen auf eine gepflasterte Straße, auf der wir bergab zu einer Orientierungstafel gelangen. Nach links käme man zur Kirche in der Ortsmitte von **Rohrendorf**; wir folgen dem Jakobsweg-Wegweiser auf Pflaster und Asphalt rechts steil bergauf durch ein kurzes Waldstück und dann wieder durch Weingärten. Der Wegweiser zeigt nach links; eben, dann bergauf und wieder bergab. Wo sich die Asphaltstraße nach rechts biegt, weist uns eine gelbe Tafel mit Jakobsmuschel links bergab; wir kommen wieder auf einen Pflaster- und Asphaltweg und zu einer Jausenbank mit schöner Aussicht.

Wo der Asphalt nach links abbiegt, geradeaus weiter. Eine andere Asphaltstraße wird gequert; drüben setzt sich auch unser Weg asphaltiert fort und wir folgen ihm immer geradeaus (bei einer T-Kreuzung leicht nach links versetzt) in die Kellergasse »In der Leithen«, die uns unter einer Schnellstraße hindurchführt. Wir bleiben nun immer in der Sigleithenstraße, die schließlich

ℹ️ *Die Altstadt von **Krems an der Donau** wurde im Jahr 2000 gemeinsam mit der Wachau als UNESCO-Weltkulturerbe unter Schutz gestellt. Wahrzeichen der Stadt ist das am Ende der Fußgängerzone gelegene **Steiner Tor**, das einzige von vier Stadttoren, das erhalten geblieben ist. Unter den Kirchen der Stadt sind die (jeweils etwa 50 m abseits gelegene) frühbarocke **Stadtpfarrkirche** St. Veit und die **Dominikanerkirche** sowie die direkt am Weg gelegene **Bürgerspitalskirche** zu erwähnen. Unter den Profanbauten verdienen vor allem das **Rathaus** aus der Mitte des 16. Jh. mit seiner markanten Barockfassade und die **Gozzoburg** Beachtung. Bei letzterer handelt es sich um eine hochmittelalterliche Stadtburg, die als eines der schönsten Gebäude in Niederösterreich am Übergang von der Spätromanik zur Frühgotik gilt. Die ältesten Bauteile des Hauses, das ursprünglich dem Stadtrichter Gozzo von Krems gehörte, stammen aus dem 13. Jh. Krems ist heute mit der Nachbarstadt Stein zusammengewachsen; auch **Stein** besitzt eine gut erhaltene Altstadt, die wir auf der Fußgängerzone durchqueren. Neben den zahlreichen Bürgerhäusern ist hier insbesondere die spätgotische **Pfarrkirche** des hl. Nikolaus aus dem 14.–15. Jh. sehenswert.*

hinter dem Friedhof bei der ehemaligen gotischen Spitalskirche St. Antonius Eremita in die Wiener Straße mündet. Auf dieser weiter, auf einer Brücke über den Fluss Krems und auf der Unteren Landstraße (Fußgängerzone) in die Altstadt von **Krems (4)** (2.15 Std. / 8,5 km; siehe Infokasten links unten).

Der Unteren und Oberen Landstraße folgend durchqueren wir Krems und verlassen die Altstadt beim Steiner Tor. Auf dem dahinter liegenden Südtiroler Platz gehen wir schräg links entlang des Stadtparks und folgen der Schillerstraße, die erst in die Undstraße und schließlich nach der Brücke der Wachaubahn in die Steiner Landstraße übergeht. An der Kunsthalle vorbei gelangen wir in die zauberhafte Altstadt von Stein und durchqueren sie immer geradeaus, bis wir sie durch das Linzer Tor wieder verlassen. Von diesem aus ist

Das Steiner Tor – Wahrzeichen von Krems.

bereits die Mauterner Donaubrücke sichtbar. Wir gehen am Schutzweg über die Steiner Donaulände und auf einem Fußweg hinauf zum Brückenkopf. Auf dem stromabwärts gelegenen Fußweg überqueren wir nun die Donau, gehen beim Kreisverkehr am südlichen Ufer geradeaus weiter in die Kremser Straße und beim Pfarramt rechts auf den Kirchenplatz und zur Pfarrkirche St. Stephan von **Mautern (5)** (1 Std. / 3,4 km).

Hier endet nicht nur unsere Tagesetappe, sondern auch der Weinviertler Jakobsweg und wir treffen auf den von Ungarn bzw. der Slowakei kommenden, über Wien führenden Hauptast des Österreichischen Jakobsweges.

ℹ️ **Mautern** *ist bereits seit der Römerzeit besiedelt; das Kastell Favianis schützte den strategisch wichtigen Flussübergang am unteren Ende der Wachau. Mehrere Häuser des Ortes stehen bis heute auf römischen Fundamenten. Im 5. Jahrhundert gründete der heilige Severin hier ein Kloster. Mautern wurde zu einer wichtigen Handelsstation; ab dem 15. Jahrhundert bestand eine zunächst hölzerne Donaubrücke, die 1895 durch die heutige Eisenbrücke ersetzt wurde. Die beiden südlichen Brückenfelder wurden im Zweiten Weltkrieg gesprengt und danach (ohne Bogenform) wieder aufgebaut. Die ursprünglich gotische* **Pfarrkirche** *von Mautern wurde innen barockisiert und ist dem heiligen Stephan geweiht.*

Entlang der Donau von Pama nach Mautern

An der östlichen Landesgrenze Österreichs knüpft der Jakobsweg an Wege aus zwei verschiedenen Richtungen an: aus Ungarn und aus der Slowakei. Der Ungarische Jakobsweg quert die Grenze bei Deutsch-Jahrndorf; wir beginnen die Beschreibung beim Bahnhof von Pama, 10 km von der Staatsgrenze entfernt, wohin man stündlich per Bahn anreisen kann. Von hier führt die erste Tagesetappe durch die Ebene der Leitha zu den Hundsheimer Bergen, über die Königswarte, Österreichs östlichsten Berggipfel, hinunter an die Donau bei Wolfsthal. Hier stößt die Wegvariante aus Pressburg (Bratis-

lava) hinzu; auch dorthin kann man per Bahn bequem reisen, sodass viele Jakobspilger diesen Ort als Ausgangspunkt wählen.

Bis Wien folgt der Jakobsweg nun am Südufer der Donau der alten Römerstraße von Carnuntum nach Vindobona und damit einem über 2000 Jahre alten Verkehrsweg. Teils führt der Weg durch den Nationalpark Donau-Auen, teils südlich davon über Felder.

Bei Schwechat erreicht man die Bundeshauptstadt Wien, deren Durchquerung aber großteils auf »grünen« Wegen in Parks und entlang von Flüssen erfolgt. Man geht durch den Prater oder über die Donauinsel ins Stadtzentrum und kommt an der ältesten Kirche Wiens, St. Ruprecht, vorbei direkt zum Stephansdom. Von hier geht es durch die Fußgängerzone Mariahilfer Straße sowie eine Reihe von Park- und Grünanlagen und entlang des Wienflusses wieder aus der Stadt hinaus, wobei man an den Jakobskirchen in Penzing und Purkersdorf vorbeikommt.

Die Lourdesandacht bei Hainburg.

Als Alternative bieten wir den Jakobspilgern aber auch zwei andere Optionen an: Eine Umgehung des dicht verbauten Gebietes im Süden über Liesing und Breitenfurt nach Purkersdorf, die zusätzlich noch an einer weiteren Jakobskirche in Kaltenleutgeben vorbeiführt, sowie eine Variante, die weiter entlang der Donau über die Kirche St. Jakob in Grinzing und das bedeutende Barockstift Klosterneuburg nach Stockerau verläuft und dort an den Weinviertler Jakobsweg anknüpft.

Westlich der Bundeshauptstadt folgt einer landschaftlich sehr reizvollen Tagesetappe durch den nördlichen Wienerwald ein abwechslungsreicher Weg durch die teils bewaldeten Hügel am Südrand des Tullner Beckens, vorbei an den bedeutenden Stiften von Herzogenburg und Göttweig, bis sich der Weg in Mautern schließlich mit dem Weinviertler Weg vereinigt.

Nicht überall sind die Wegweiser so deutlich.

Unterkunft: Wolfsthal (150 m, 950 EW): Hotel-Restaurant Fidi, Tel. +43/2165/651 20; oder Gästehaus Villa Pannonica, Tel. +43/664/381 20 74. Alternativ kann man auch mit der S-Bahn nach **Hainburg** fahren und dort nächtigen.

Die Strecke: Zu Beginn der Etappe geht es über Feldwege durch die Ebene, dann auf Wanderwegen hinauf zur Königswarte. Der Abstieg nach Wolfsthal erfolgt über Forststraßen und zuletzt wandert man durch den Ort auf Nebenstraßen. **Asphaltanteil** ca. 55 %.

Höhenunterschied: Rund 250 m im Auf- und Abstieg.

Landschaft: Die erste Hälfte der Etappe führt in der Sonne und ohne Windschutz über die weiten Felder der Parndorfer Platte, einer rund 200 km² großen Ebene zwischen Donau und Leitha. Riesige Windkraftanlagen des Windparks Kittsee begleiten uns – die Parndorfer Heide ist eine der windreichsten Binnenregionen Europas. Ab dem Dorf Berg steigt der Weg dann im Wald zur Königswarte, dem östlichsten Berggipfel Österreichs, an. Vom Aussichtsturm genießt man einen fantastischen Fernblick hinüber nach Pressburg. Durch ein dichtes Waldgebiet steigt man wieder hinunter nach Wolfsthal.

Infrastruktur: Pama (137 m, 1120 EW) 🍴 🚻 € 📧 🚌 🚉, **Berg** (154 m, 760 EW) 🍴 🚻 🚆 € 🚌, **Wolfsthal** 🏨 🍴 🛏 🚆 🚻 € 🚌 🚉.

Einkehr: Gasthaus Bartolich direkt beim Bahnhof, Landgasthaus Burkhart und Pizzeria Da Vinci in Berg. **Trinkwasser** beim Trinkbrunnen beim Kellermarterl in Berg.

Touristeninformation: Gemeinde Berg, Tel. +43/2143/237 10, sekretariat@gemeindeberg.at; Gemeinde Wolfsthal, Tel. +43/2165/626 76; gemeinde@wolfsthal.gv.at.

Anmerkungen: Vor allem bei Nässe und Regen kann der Abstieg von der Königswarte vorbei an der Ruine Pottenburg recht rutschig sein; in diesem Fall kann man auch immer auf der Zufahrtsstraße der Radarstation bleiben und ihr hinunter bis ins Gewerbegebiet von Wolfsthal folgen (ca. 30 Min. Umweg).

Der Aussichtsturm auf der Königswarte.

Direkt bei der Bahnhaltestelle **Pama (1)** quert der von Budapest kommende Jakobsweg die Gleise der Eisenbahn. Wir folgen ihm durch die Untere Hauptstraße in den Ort Pama hinein und kommen gleich danach an einer Kapelle sowie am Gasthof Bartolich vorbei. Gerade weiter erreichen wir den Hauptplatz mit mehreren Lokalen und rechter Hand die Pfarrkirche von Pama. Die geradeaus weiterführende Straße heißt nun Obere Hauptstraße; kurz hinter einem Marterl weist uns ein Wegweiser des Jakobsweges Budapest–Wolfsthal nach rechts und wir gehen gleich wieder links auf dem asphaltierten Güterweg Edelstal, der am Sportplatz und einer Hubertuskapelle vorbei über Felder führt. Der Weg, der zugleich als Radweg beschildert ist, ist bald darauf geschottert und führt unter der Kittseer Straße B 50 und gleich danach unter der Nordost-Autobahn A 6 hindurch.

Bei einer T-Kreuzung unmittelbar dahinter folgen wir dem Wegweiser nach rechts und ca. 100 m weiter wieder bei einer T-Kreuzung nach links, auf dem Güterweg Kittsee-Raubwaldäcker durch Felder und an den Windrädern eines Windparks vorbei. 10 Min. später kommen wir zu einer Gabelung, bei der ein Weg schräg nach links führt, während wir rechtwinklig nach rechts abbiegen. Rechts ist ein Stück entfernt in den Feldern der **Heidenturm** von Kittsee sichtbar.

> ℹ️ *Beim sogenannten **Heidenturm** oder »Öden Turm« handelt es sich um den ehemaligen Wehr- und Glockenturm einer Kirche. Bis zur ersten Türkenbelagerung im Jahr 1527 befand sich an dieser Stelle die Ortschaft Lebarn, die verwüstet und nicht wieder aufgebaut wurde. Auch die zum Turm gehörende, dem heiligen Michael geweihte Kirche wurde zerstört; an der Nordseite des Turmes ist noch die Giebelmauer des ehemaligen Kirchenschiffs erkennbar. Der Turm mit seinen markanten Schießscharten und einer Mauerstärke von bis zu einem Meter steht seit 1932 unter Denkmalschutz.*

Wir treffen auf die Edelstaler Landstraße, gehen nach links und rund 30 m später wieder rechts auf einer Schotterstraße, die bei einem Kreuz wieder in eine Straße mündet. Auf dieser wandern wir weiter zwischen Feldern in den Ort **Berg (2)**. An einer T-Kreuzung mit dem »Franzosenmarterl« gehen wir rechts durch den Ort und an der Pfarrkirche hl. Anna zu Berg vorbei. Wir passieren die Feuerwehr und den Dreiländerbrunnen und steigen dahinter schräg nach links durch die Gasse »Am Bühel« und deren geradlinige Fortsetzung, den Kirchbergweg, bergauf. Mehrere Markierungen (rot-weiß-rot, grün, blau und gelb) begleiten uns in den Wald, in dem gleich bei der ersten Gabelung alle Markierungen und ein Jakobsweg-Wegweiser nach links leiten. Nach etwa 120 m kann man einen kurzen Abstecher nach rechts zur Kapelle **St. Peter und Paul** machen; 60 m weiter gibt es wieder eine Gabelung, bei der wir schräg rechts an einem Schranken vorbeigehen. Nach knapp 200 m zweigt die gelbe Markierung an einer Gabelung mit einer Jausenbank links

Richtung Weinrieden und Berg (Wegweiser) ab. Auf einem Waldweg wandern wir ca. 25 Min. bergauf und kommen zu einer Wiese mit weiterer Jausenbank, bei der mehrere Wegweiser stehen. Blaue und grüne Wege führen nach links, geradeaus käme man auf einem unmarkierten Weg durch ein Wildgehege auch nach Wolfsthal, aber der rot markierte Jakobsweg verläuft nach rechts noch ein Stück weiter bergauf über einen Wiesenweg zur **Königswarte (3)** (4.45 Std. / 11,3 km).

![Die Hubertuskapelle bei Pama.]

Die Hubertuskapelle bei Pama.

ℹ️ *Die 344 m hohe **Königswarte** bildet den östlichsten Berggipfel Österreichs und gehört, so wie das gesamte Massiv der Hundsheimer Berge, nicht mehr zu den Ausläufern der Alpen, sondern zu den Westkarpaten. Am Gipfel steht seit dem Jahr 2001 eine 23 m hohe **Aussichtswarte**, von der man einen herrlichen Ausblick Richtung Pressburg hat. Etwas unterhalb des Gipfels steht eine Funk- und Satellitenabhörstation des österreichischen Heeresnachrichtenamtes. An den Nordhängen des Berges liegt die Ruine der **Pottenburg** aus dem 10. Jahrhundert, die lange Zeit als Grenzfestung zu Ungarn diente und immer wieder den Besitzer wechselte. Nach den Türkeneinfällen 1529 verfiel die Burg zusehends; einzelne Teile wie der ursprünglich 26 m hohe Bergfried sind zwar heute noch recht gut erhalten, die Zugangswege aber weitgehend verwachsen und nur mit pfadfinderischem Gespür auffindbar.*

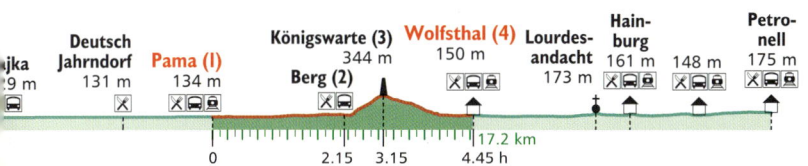

Die Kirche Maria am Birnbaum in Wolfsthal.

An der hölzernen Aussichtswarte vorbei gehen wir zu einem Überstieg über einen Zaun, queren diesen und stoßen auf eine Asphaltstraße, die vom Tor der Radarstation kommend nach links bergab führt. Wir folgen ihr hinab ins Tal. Der noch auf manchen Karten eingezeichnete, 500 m unterhalb der Radarstation rechts abzweigende Waldweg, der an der Ruine Pottenburg vorbeiführt, ist mittlerweile leider komplett verwachsen und nur mehr schwer auffindbar. Auf der breiten, erst geschotterten, dann asphaltierten »Betriebsstraße« gehen wir nach links zwischen dem Waldrand und einem Industriegebiet entlang. Die Straße mündet bei der Ortstafel von Wolfsthal in die Hainburger Straße B 9, die wir auf dem Gehsteig entlangwandern.
Bei einer Tankstelle auf der anderen Straßenseite gibt es Wegweiser mehrerer Radwanderwege und einen Jakobsweg-Wegweiser, dem wir folgen. Auf einem Weg rechts neben der Hauptstraße von **Wolfsthal (4)** gehen wir ins Zentrum des Ortes bis zur Kirche (1.30 Std. / 5,9 km).

Windparks prägen das Bild der Parndorfer Platte.

84

Wolfsthal, 1083 erstmals urkundlich erwähnt, besitzt mit der Wallfahrtskirche Maria am Birnbaum, die dem heiligen Jakobus dem Älteren geweiht ist, die erste **Jakobskirche** am ostösterreichischen Jakobsweg. Die ursprüngliche einschiffige romanische Kirche, deren Erbauer unbekannt sind, wurde in den Jahren 1744–1749 im Stil des Barocks umgestaltet und um die zwei Seitenflügel in Kreuzform erweitert, um der großen Anzahl an Wallfahrern Platz zu bieten. Dadurch weist die Kirche, was ungewöhnlich ist, heute eine größere Breite als Länge auf.

Wolfsthal war lange Zeit der letzte Ort vor dem »Eisernen Vorhang«, der Grenze zur Tschechoslowakei. Von 1914 bis 1955 verband die »Localbahn Wien-Pressburg« (LWP) den Ort nicht nur mit Wien, sondern auch mit der heutigen slowakischen Hauptstadt. Diese Überland-Straßenbahn, auf deren Gleisen heute die S-Bahn-Linie S 7 verkehrt, begleitet uns in den nächsten Tagen bis Schwechat.

Unterkunft: **Hainburg** (161 m, 6100 EW): zahlreiche Quartiere aller Preisklassen, Campingmöglichkeit beim Gasthof Goldener Anker, Tel. +43/2165/648 10. **Bad Deutsch-Altenburg** (148 m, 1500 EW): mehrere Quartiere aller Preisklassen. **Petronell** (175 m, 1200 EW): Gasthof zum Heidentor, Tel. +43/2163/2201; oder Hotel Marc Aurel, Tel. +43/2163/2285; Gasthof Camping (auch Hütten) Peiritsch, Tel. +43/2163/2989.

Die Strecke: Anfangs großteils Feld- und Waldwege durch die Auwälder am Ufer der Donau. Die Stadt Hainburg wird auf der asphaltierten Uferpromenade durchquert, auch durch den Kurort Bad Deutsch-Altenburg bewegt man sich auf Asphalt. Das letzte Stück nach Petronell geht man wieder über Feldwege auf einem ebenen Plateau oberhalb der Donau. **Asphaltanteil** ca. 55 %.

Höhenunterschied: Rund 100 m im Auf- und Abstieg.

Kritische Stellen: Hinter dem Parkplatz am Donauufer fehlen bis zur Weg-

Blick vom Donauufer zur Festung Devin in der Slowakei.

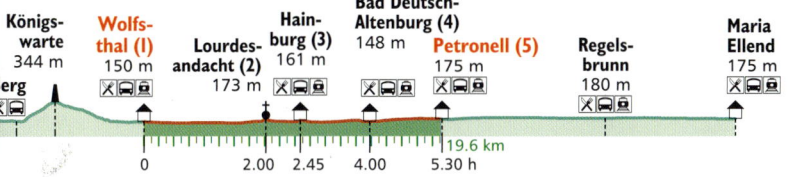

Königs-
warte
344 m

Wolfs-
thal (l)
150 m

Lourdes-
andacht (2)
173 m

Hain-
burg (3)
161 m

Bad Deutsch-
Altenburg (4)
148 m

Petronell (5)
175 m

Regels-
brunn
180 m

Maria
Ellend
175 m

Berg

19.6 km

0   2.00 2.45   4.00   5.30 h

kreuzung vor der Marienandacht Ja-
kobswegschilder; wenn man sich hier
immer auf dem Weg am Donauufer
entlang hält, kann man sich aber nicht
verirren. Auch im Ortsgebiet von Hainburg und Bad Deutsch-Altenburg fehlen an einigen Kreuzungen die Wegweiser; hier orientiert man sich einfach
an den Straßenschildern.

Landschaft: Eine sehr abwechslungsreiche und reizvolle Etappe durch den
Nationalpark Donau-Auen. Man durchquert die Hainburger Pforte, den Durch-
bruch der Donau durch die Ausläufer der
Karpaten. Schöne Blicke ans slowakische
Ufer zur eindrucksvollen Burgruine Theben (Devin) sowie auf die ausgedehnten
Auwälder der hier noch frei fließenden Donau. Der als Tunnel in den Berg gehauene
Weg am Fuß des Braunsbergs gehört zu
den Höhepunkten des Niederösterreichi-
schen Jakobsweges.

Infrastruktur: Hainburg 🏨 ⛺ 🍴 🛒 🚻
💶 🅰 ✉ ℹ 🚌 🚐 ♿, Bad Deutsch-Altenburg 🏨 🍴 🛒 🚻 🚐 💶 🅰 ℹ 🚌 🚐, Petronell-
Carnuntum 🏨 ⛺ 🍴 🛒 🚻 🚐 💶 🚌 🚐.
Einkehr: Zahlreiche Möglichkeiten von
Cafés über Pizzerien bis Kebap in Hainburg; Gasthof Stöckl, Café Carnuntum
und Kurkonditorei sowie mehrere Heurige in Bad Deutsch-Altenburg; Gasthof
zum Amphitheater ca. 200 m abseits des
Weges. **Trinkwasser** zu Beginn der Etappe in Wolfsthal, am Brunnen bei der Marienkirche und in der Steinabrunngasse in
Bad Deutsch-Altenburg.
Touristeninformation: Informationsstel-
le Nationalpark Donau-Auen, Tel. +43/
2165/621 11-23; Stadtgemeinde Hainburg, Tel. +43/2165/621 11-30, info@
hainburg-donau.gv.at; Tourismusbüro Bad
Deutsch-Altenburg, gemeinde-buero@
bad-deutsch-altenburg.gv.at, Tel. +43/
2165/629 00 11.

Von der Jakobskirche in **Wolfsthal (1)** gehen wir etwa 5 Min. auf der B 9 in
westlicher Richtung, bis schräg rechts die Donaugasse abzweigt. An der
Kreuzung gibt es rechts eine markante Steinsäule, eine Jausenbank, einen
Trinkwasserbrunnen und einen kleinen Seerosenteich. Durch die Donaugasse kommen wir zu einer T-Kreuzung, an der wir dem Radwegweiser folgend
noch auf Asphalt links gehen (kein Jakobsweg-Wegweiser!). Wir wandern
über Felder, dann entlang eines Windschutzgürtels zu einer Kreuzung, bei
der der Jakobsweg-Wegweiser nach rechts zeigt. Auf einer Schotterstraße
über Felder, am hölzernen »Wiesenkreuz« vorbei und über eine Brücke über
einen Altarm hinaus ans Ufer der Donau, die uns in den kommenden Tagen
immer wieder für längere Zeit begleiten wird. Auf sandigem Weg, dann wieder etwas vom Ufer entfernt auf Schotter gehen wir flussaufwärts an einem
weiteren Kreuz vorbei. Dabei genießen wir einen schönen Blick auf Felsen
und Burgruine von Devin (Theben) am slowakischen Donauufer.

Die Lourdesandacht bei Röthelstein.

Die Schotterstraße biegt sich links zu einem **Parkplatz** und wir folgen den Markierungen des Weitwanderwegs noch weiter am Ufer entlang. Der Weg 07 biegt nach wenigen Minuten links ab und war bei unserer Begehung ziemlich verwachsen; schöner ist der Weg weiterhin direkt am Ufer entlang, aber die beiden Varianten treffen nach etwa 25 Min. ohnedies wieder zusammen. Wir kommen zu einer Markierungspilote des Nationalparks Donau-Auen mit rotem Band herum, gehen links kurz bergauf zu einer weiteren Markierungspilote mit rotem und gelbem Band, bei der auch wieder ein Jakobsweg-Wegweiser nach rechts zeigt. Ihm folgend erreichen wir nach wenigen Metern die **Lourdesandacht (2)** (2 Std. / 7,9 km). 60 m weiter kann man rechts einen kurzen Abstecher zu einem Aussichtspunkt über die Donau bei der Ruine Röthelstein machen.

Wir folgen den Wegweisern des Weitwanderwegs 07 Richtung Hainburg und gehen auf der Donaupromenade, einem Fußweg, der in weiterer Folge am Steilufer der Donau sogar durch zwei enge Fußgängertunnel führt. So gelangen wir zum Gebäude der Stromaufsicht (daneben Café-Restaurant) und zum Wasserturm (einem Eckturm der Stadtmauer). Wir folgen noch ein Stück dem Donauufer, gehen dann beim Gasthof Goldener Anker nach links unter dem Eisenbahnviadukt hindurch und 50 m zurück zur Bahnhaltestelle »Hainburg Personenbahnhof«. Bei dieser dem Jakobsweg-Wegweiser folgend durch die Blutgasse über Stufen hinauf ins Stadtzentrum von **Hainburg (3)** (45 Min. / 2,3 km).

*Die »Mittelalterstadt« **Hainburg an der Donau**, die bereits im Nibelungenlied erwähnt wurde, besitzt mit ihren rund zweieinhalb Kilometer langen, aus dem 13. Jahrhundert stammenden **Stadtmauern** einschließlich 15 Befestigungstürmen und drei erhaltenen Stadttoren eine der besterhaltenen Stadtbefestigungen Europas. Das **Wienertor** gilt als das größte mittelalterliche Stadttor Europas. Die ersten Anzeichen einer Besiedelung reichen aber noch viel weiter zurück: Gesichert sind keltische Siedlungsspuren auf dem Braunsberg, Hinweise gibt es auf eine Besiedelung bereits zur Hallstattzeit. Die **Stadtpfarrkirche**, eine frühbarocke Saalkirche, ist den Aposteln Philippus und Jakobus (dem Jüngeren!) geweiht.*

Vom Hauptplatz mit der Pfarrkirche gehen wir auf der Wienerstraße in westlicher Richtung bis zum eindrucksvollen Wienertor und direkt dahinter rechts über einen Parkplatz und auf dem Baumgartnerweg zurück zum Bahnviadukt. An diesem entlang nach links und bei erster Gelegenheit darunter hindurch auf die Donaulände, auf der wir links entlang eines Altarmes gehen. Deren Fortsetzung, die Hollitzerallee, führt uns unter der Donaubrücke von Bad-Deutsch-Altenburg hindurch; direkt dahinter halten wir uns links. 250 m weiter treffen wir auf eine breite Straße, auf der wir geradeaus, leicht links, weitergehen. Ein Jakobsweg-Wegweiser zeigt Richtung Marienkirche. In einer Linkskurve biegen wir rechts auf die Straße »Kirchenberg« ab und kommen nach 100 m zur Marienkirche von **Bad Deutsch-Altenburg (4)** (1.15 Std. / 4,5 km).

Entlang der Friedhofsmauer, nach deren Ende schräg rechts durch Wald bergab zur **Mariengrotte** und 75 m weiter bei einer T-Kreuzung rechts durch die König-Stephan-Gasse. Diese trifft auf die Badgasse, in der wir scharf links gehen und das Kurhaus passieren. Dahinter bei einer Orientierungstafel rechts und auf einem Steg über den Sulzbach, links an diesem entlang

Die Marienkirche von Bad Deutsch-Altenburg.

und dann rechts an der **Elisa-bethkapelle** vorbei in die Pfar-rer-Maurer-Gasse. In der Emil-Hofmann-Gasse gehen wir links und gleich wieder rechts durch die Carnuntumgasse, kreuzen die Wiener Straße und gehen gegenüber gerade weiter durch die Steinabrunngasse, auf der wir wieder den Sulzbach über-queren. Gut ausgeschildert geht es nun durch die Erbstadt-gasse nach rechts (am Beginn ein Übersichtsplan von Car-nuntum) und im Zickzack durch eine Wohnsiedlung, in der zahl-reiche Straßen nach römischen Kaisern benannt sind. Durch Roseggergasse, Burggasse und Trajangasse verlassen wir Bad Deutsch-Altenburg und ge-hen weiter auf einem geschot-terten Feldweg. Nach rechts könnte man einen Abstecher von 5 Min. zum **Amphitheater**

Die Blutgasse in Hainburg.

Bad Deutsch-Altenburg machen (Wegweiser), der Jakobsweg verläuft im-mer geradeaus über die Felder.

Bei einer T-Kreuzung halten wir uns rechts und nach 100 m wieder links, wo wir schließlich auf die ersten Häuser von Petronell stoßen, bei denen wir rechts durch die Solafeldgasse zur Hauptstraße und auf dieser ins Ortszen-trum gehen. Am Hauptplatz biegen wir rechts ab und gehen durch die Kir-chengasse zur Pfarrkirche von **Petronell (5)** (1.30 Std. / 4,9 km).

ℹ️ *Der Name der Gemeinde **Petronell-Carnuntum** leitet sich einerseits von der **Pfarrkirche** der hl. Petronilla und andererseits vom römischen Lager Carnuntum ab, das am Schnittpunkt der Donaulimesstraße mit der Bernsteinstraße vom 1. bis zum 4. Jahrhundert n. Chr. bestanden hat und heute das am besten erforschte und dokumentierte römische Lager Österreichs darstellt. Seit den 1980er-Jahren be-findet sich hier der **Archäologiepark Carnuntum**, der nicht ein bloßes Freilicht-museum ist, sondern in dem zahlreiche Gebäude aus der Römerzeit mit histori-schen Werkzeugen und Baumaterialien aufwendig rekonstruiert und wieder auf-gebaut wurden.*

Unterkunft: Haslau an der Donau (186 m, 950 EW): Privatzimmer Geyer, Tel. +43/2232/802 03. **Maria Ellend** (175 m, 900 EW): Gasthof Strasser, Tel. +43/2232/802 30, und Gästehaus am Nationalpark, Tel. +43/676/626 45 50.
Die Strecke: Der Weg führt teils geschottert, teils asphaltiert über die Felder südlich des Donauufers. Steigungen gibt es praktisch keine, dafür aber auch kaum Schatten. **Asphaltanteil** ca. 60 %.
Höhenunterschied: Unter 100 m.
Kritische Stellen: Gleich zu Anfang beim Schloss Petronell sind die Wegweiser nicht ganz eindeutig; hier muss man sich scharf links halten. Zwischen Regelsbrunn und Haslau fehlen die Wegweiser völlig!

Krippe in der Lourdesgrotte.

Landschaft: Weite Felder mit Windkraftanlagen dominieren die Landschaft der Rauchenwarther Platte, des etwa 40 m über dem Donautal gelegenen Plateaus. Der Fluss mit seinen Auwäldern bleibt – außer man entscheidet sich für die Variante am Treppelweg – außer Sichtweite. Weithin sichtbares Wahrzeichen ist die Ruine eines römischen Triumphbogens, das »Heidentor« am Beginn der Etappe.
Infrastruktur: Wildungsmauer 🚂 🛥 🖼 🚌 🅿, Regelsbrunn (185 m, 360 EW) 🚂 🚌 🅿, Haslau an der Donau 🚌 🅿, Maria Ellend 🏠 🚂 € ✉ 🚌 🅿.
Einkehr: Restaurant zur Wilden Mauer, Gasthaus Wiesböck und Weingut Jahner in Wildungsmauer; »Treffpunkt« in Regelsbrunn; Landgasthof Haslauerhof in Haslau; Gasthof Strasser und Asia Restaurant Wu Kitchen in Maria Ellend. **Kein Trinkwasser** unterwegs.
Touristeninformation: Regionalbüro Römerland Carnuntum, Tel. +43/2163/35 55 10, carnuntum-marchfeld@donau.com.
Variante: Nur bei niedrigem Wasserstand der Donau und trockenem Wetter gibt es eine schöne Variante zwischen Regelsbrunn und Maria Ellend: Man geht die Bauernzeile und Fischerzeile bergab zum Ufer des Donaualtarmes und folgt dem gelb markierten Wanderweg durch den Nationalpark am Donauufer entlang. Dieser biegt nach etwa 5 km links Richtung Haslau. Man kann entweder dort wieder auf den Jakobsweg stoßen oder noch auf der blauen Markierung weitergehen, bis diese nach weiteren 2 km vom Donauufer weg nach Maria Ellend führt. Achtung: Der Weg am Ufer entlang weiter führt durch die Schutzzone des Nationalparks und soll aus Wildschutzgründen nicht begangen werden.

Das Heidentor in Petronell-Carnuntum.

Wir folgen von der Kirche von **Petronell (1)** weiter der Kirchengasse und dann rechts durch die Lange Gasse den Jakobsweg-Wegweisern, die uns vor dem Schloss schräg links bergauf leiten. Hier folgen wir auch dem Wegweiser »Römische Spaziergänge«, gelangen zur Hauptstraße und passieren den Eingang des Archäologischen Parks. Wir gehen weiter auf der Hauptstraße zum Parkplatz und wenden uns hinter diesem nach rechts, den Wegweisern Richtung Heidentor folgend bergauf. Über Felder kommen wir zu einer T-Kreuzung, bei der wir rechts unter Umfahrungsstraße und Bahn hindurchgehen und zum **Heidentor** gelangen.

Wir gehen geradeaus und an der nächsten Kreuzung auf einer Schotterstraße nach rechts, Jakobsweg- und Radwegweisern folgend. Danach die zweite Möglichkeit links. Bei der folgenden T-Kreuzung wieder rechts und 300 m weiter schräg rechts über die Gleise der Pressburger Bahn. Dahinter gehen wir links, entlang der B 9 in den Ort Wildungsmauer hinein. Auf der schräg nach rechts führenden Donaustraße erreichen wir die romanische Kirche St. Nikolaus von **Wildungsmauer** aus dem Jahr 1230. Wir umrunden die Kirche gegen den Uhrzeigersinn und folgen auf der anderen Seite der Feldgasse, die uns zurück zur B 9 bringt. An dieser entlang rechts passieren wir den Bahnhof von Wildungsmauer. Der Jakobsweg verläuft nun erst auf einem Fußweg, dann auf einem asphaltierten Wirtschaftsweg parallel zur Bundesstraße in den nächsten Ort **Regelsbrunn (2)** hinein (3 Std. / 10,9 km).

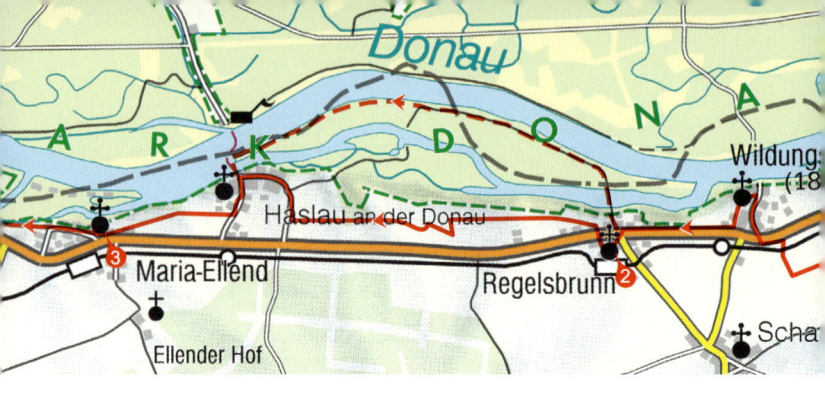

ℹ️ *Die Auwälder von **Regelsbrunn** kann man als »Wiege« des heutigen National-*
parks Donau-Auen bezeichnen. Bereits 1989 konnte hier durch die Aktion »Natur
freikaufen« des Worldwide Fund for Nature (WWF) ein 411 Hektar großes Ge-
biet erworben und damit vor einer wirtschaftlichen Nutzung gerettet werden. Die
***Jakobskirche** von Regelsbrunn ist eine barocke Saalkirche mit einem schlanken*
Eckturm mit Zwiebelhelm. Sie entstand im 17. Jahrhundert durch Umbau eines
Getreidespeichers; vor das barocke Hauptportal wurde später noch eine Vorhalle
gebaut. Hauptaltar und Orgel sind im neugotischen Stil ausgeführt.

Nach einem (lohnenden) Abstecher zur Kirche folgen wir weiter der Bundesstraße und biegen kurz vor dem Ortsende bei einem Jakobsweg-Wegweiser
rechts auf den Haslauer Weg ab, auf dem wir in nordwestlicher Richtung den
Ort verlassen. Am Ortsrand geht er in einen Schotterweg über. Immer geradeaus über Felder stoßen wir an eine Schottergrube, die wir links umgehen
müssen. Wir gehen auf einem Schotterweg zur Bundesstraße und dann parallel zu dieser nach rechts. Nach etwa 1 km biegt sich der Weg nach Norden und ist asphaltiert. An der ersten Kreuzung führt ein Asphaltweg nach
links; wir gehen stattdessen gerade weiter zum Ende des Asphalts und dort
nicht auf der mit einer Schranke gesperrten Schotterstraße, sondern links
davon auf einem Feldweg am Rand eines Wäldchens entlang.
Immer zwischen Waldrand und Feldern kommen wir zum Hundeplatz »Fell-
nasen« und an einem Sendemast vorbei zu einer Weggabelung mit einer

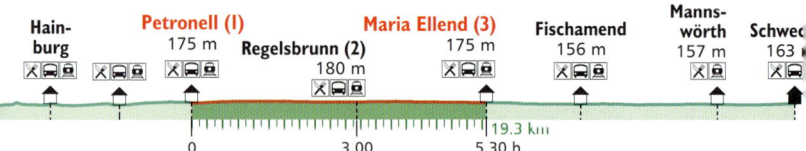

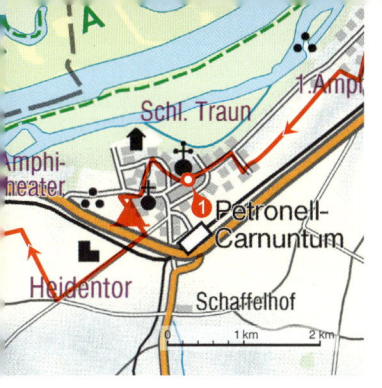

Aussichtsplattform über die Donau-Auen. Am Sportplatz von **Haslau** vorbei gehen wir nach links, roten Schildern des Haslauer Themenweges folgend, passieren den Sportplatz, einen Spielplatz und einen Skaterplatz und treffen bei Infotafeln des Nationalparks Donau-Auen auf die Hauptstraße.

Wir folgen deren Verlauf nach rechts und kommen zum Gemeindeamt, bei dem sich Infotafeln des Themenweges befinden, und gehen gerade weiter zur Aufbahrungskapelle, bei der sich die Straße nach links biegt. Hier gibt es auch nach langer Zeit wieder einen Jakobsweg-Wegweiser. Bei der Kirchengasse kann man nach rechts einen Abstecher zur modernen Kirche Unsere Liebe Frau oder Fischerkirche machen. Der Jakobsweg verläuft in der Bahnstraße bis zur Orchideengasse, durch die wir einem Jakobsweg-Wegweiser folgend nach rechts gehen.

Wir verlassen Haslau auf der Alten Poststraße, die quer über die Felder auf den nächsten Ort zuhält. Wo die Straße im Ortsgebiet leicht nach rechts knickt, gehen wir links zur Bundesstraße und an dieser entlang nach rechts. Direkt an der Straße steht die Wallfahrtskirche von **Maria Ellend (3)**; der Park mit der Lourdesgrotte liegt gegenüber (2.30 Std. / 8,5 km).

*Der Sage nach entdeckten spielende Kinder am Donauufer im 14. Jahrhundert ein Marienbild, das in **Maria Ellend** angeschwemmt wurde; aus dem ursprünglichen Namen »Maria Anlandt« entstand im Lauf der Zeit über »Maria Alland« der heutige Ortsname. Die **Wallfahrtskirche** »Unserer lieben Frau vom Rosenkranz« wurde 1770 errichtet; gegenüber befindet sich auch noch eine **Lourdesgrotte**, die 1909 angelegt wurde – inmitten eines Parks mit einem Kreuzweg, einem Rosenkranzweg und einigen kleinen Kapellen. Ein Jahr später wurde auch das schöne Mosaik der »Muttergottes an der Straße« über dem Kirchenportal angebracht.*

Die Wallfahrtskirche von Maria Ellend.

Unterkunft: Fischamend (156 m, 5150 EW): Frühstückspension Caltun, Tel. +43/2232/76 279. **Mannswörth** (157 m, 1670 EW): Frühstückspension Eicher, Tel. +43/676/707 73 39. **Schwechat** (162 m, 11.200 EW): Unterkunft im Pfarrhaus (Schlafsack), Tel. +43/1/707 64 75-0; mehrere Quartiere aller Preisklassen, Information bei der Gemeinde.

Die Strecke: Auf dieser Etappe wechseln Asphalt, Schotter und unbefestigte Wege am Ufer der Donau bzw. ihrer Zuflüsse Fischa und Schwechat. Kaum Steigungen, großteils schattig. Im Sommer viele Stechmücken! Asphaltanteil ca. 60 %.

Höhenunterschied: Rund 100 m im Auf- und Abstieg.

Kritische Stellen: Auch auf dieser Etappe gibt es einen längeren Abschnitt ohne jegliche Wegweiser, und zwar von der Autobahnunterführung in Fischamend bis zum Ortsanfang von Mannswörth. Bitte genau der Tourenbeschreibung folgen.

Landschaft: Wir steigen vom Plateau am Südufer der Donau wieder hinab ans Ufer des Flusses, um dem weitläufigen Gelände des Flughafens Wien-Schwechat und dem Areal der Erdölraffinerie auszuwei-

chen. Dadurch verläuft, bis auf das letzte Stück im Stadtgebiet von Schwechat, der gesamte Weg durch die Aulandschaften des Nationalparks Donau-Auen.

Infrastruktur: Fischamend ☖ ✕ ▦ ⬚ ➹ € Ⓐ ⊠ 🖾, Mannswörth ☖ ✕ ▦ ⬚ ➹ ⊠ 🖾, Schwechat ☖ ☖ ✕ ▦ ⬚ ➹ ➹ € Ⓐ ⊠ 🖾 🖾 ⊕.

Einkehr: Zahlreiche Lokale in Fischamend; Gasthaus Reinisch, Restaurant Kaminstub'n und Imbiss »Das Hopferl« in Mannswörth; Einkehrmöglichkeiten aller Art in Schwechat. **Trinkwasser** am Spielplatz in Fischamend und in Mannswörth.

Touristeninformation: Stadtgemeinde Schwechat, Tel. +43/1/701 08-0.

Anmerkung: Wer auf den Besuch der Jakobskirche von Schwechat verzichtet und noch bis nach Wien weitergehen möchte, um dort zu nächtigen, geht die Etappe 4 nicht bis zum Schluss. Er verlässt sie entweder schon bei der Zainethbrückengasse (Anschluss an Variante »Alberner Hafen« der Etappe 5a) oder bei der Brücke über die Schwechat (Anschluss an die Hauptroute der Etappe 5a). Der Gesamtweg Richtung Wien verkürzt sich dabei jeweils um etwa 6 km.

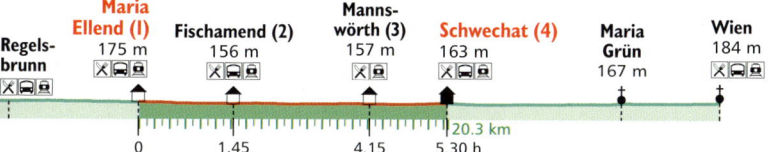

| Regels-brunn | Maria Ellend (1) 175 m | Fischamend (2) 156 m | Manns-wörth (3) 157 m | Schwechat (4) 163 m | Maria Grün 167 m | Wien 184 m |

0   1.45   4.15   5.30 h   20.3 km

Wir gehen von der Wallfahrtskirche von **Maria Ellend (1)** wieder auf die andere Seite der Bundesstraße und entlang dieser nach links am Pfarramt vorbei. Die erste Möglichkeit nach rechts über den Hauptplatz, am Friedhof vorbei wieder zur Alten Poststraße, der wir auch hier links abbiegen. Nach wenigen Minuten mündet die Alte Poststraße in die Landstraße, der wir weiter folgen. Am Ende einer Linkskurve weist uns der Jakobsweg-Wegweiser nach rechts in die Heidestraße, die erst durch Wohn- und dann durch Industriegebiet führt. Sie nähert sich der Bundesstraße, wir gehen an einem neben dieser gelegenen Reifenhandel vorbei und biegen gleich dahinter rechts auf eine Asphaltstraße ab, die uns hinab ans Ufer der Fischa bringt.

Diesem folgen wir nun für die nächste Stunde; dabei gehen wir kurz vor dem Ort Fischamend unter der Brücke der Ostautobahn hindurch, kommen an einer Wehranlage vorbei und treffen schließlich bei einem Parkplatz auf eine Straße, auf der wir uns nach links wenden. 50 m weiter biegen wir rechts auf den Kirchenplatz mit der Kirche St. Michael von **Fischamend (2)** ab (1.45 Std. / 6,2 km).

> ℹ️ *Fischamend liegt an der (früheren) Mündung der Fischa in die Donau (Name!) und besteht heute aus den beiden Ortsteilen Fischamend-Dorf (westlich der Fischa) mit der gotischen, innen barockisierten Kirche des hl. Quirin aus dem 14. Jahrhundert und Fischamend-Markt (östlich der Fischa) mit der barocken* **Pfarrkirche** *St. Michael aus dem 17. Jahrhundert. Wahrzeichen der Stadt ist aber der eindrucksvolle, sechsstöckige* **Stadtturm** *aus dem 13. Jahrhundert, an dessen Spitze die Figur eines Fisches zu sehen ist.*

Wir gehen auf dem Kirchenplatz nach Westen und folgen dessen Fortsetzung, der Fischergasse. Wo diese scharf nach rechts biegt, nehmen wir den Fußweg nach links und überqueren auf einem hölzernen Fußgängersteg die Fischa. Dahinter bringt uns ein schmaler Weg zur Rösslgasse, auf der wir rechts und bei der ersten Möglichkeit abermals rechts auf einem Schotterweg zu einem Holzlagerplatz wandern. Links von einem großen Spielplatz gehen wir auf einen Wiesenweg nach links und treffen wieder auf eine Straße. Schräg rechts versetzt gehen wir auf dem Schneiderweg neben

Die Fußgängerbrücke über die Fischa.

dem Eisstockschützenverein weiter, halten uns bei der Einmündung in die Straße »Am Damm« links und wenden uns gleich wieder nach rechts, durch eine Unterführung unter der Autobahn hindurch. Ein Jakobsweg-Wegweiser zeigt dahinter nach links, in eine als Privatstraße beschilderte Schotterstraße zwischen Autobahn und Donaualtarm.

Schon nach 5 Min. halten wir uns bei einer Weggabelung schräg rechts, wandern durch lichten Wald und dann über eine große Wiese hinaus ans Ufer der Donau. Diesem folgen wir nun, zahlreiche Fischerhütten passierend, auf teils sandigem, teils grasbewachsenem und teils geschottertem Weg. Für etwa 1,5 km gehen wir an einem Seitenarm entlang, dann treffen wir wieder auf den Hauptstrom, auf dessen bei normalem Wasserstand breiten Schotterstränden sich eine Rast oder bei heißem Wetter auch eine kurze Abkühlung im Fluss anbietet.

Bei der Einmündung der Schwechat in die Donau biegt sich der Weg nun nach links und führt weiter am Ufer. Bei einer Kläranlage treffen wir auf eine Asphaltstraße und folgen dieser. Sie mündet in die Mannswörther Straße, auf der wir gerade weitergehen (Vorsicht, viel Verkehr!). Bei der Ortstafel von Mannswörth gibt es wieder einen kleinen Jakobsweg-Wegweiser, der nach rechts auf einen Radweg auf einem Damm weist. Wir folgen ihm zu einer T-Kreuzung mit der Zainethbrückengasse. Für die Variante »Friedhof der Namenlosen« von Etappe 5a wendet man sich bereits hier nach rechts.

Wir bleiben auf dem Damm, der hier ein Stück grasbewachsen ist und sich beim Sportplatz des SC Mannswörth wieder der Straße nähert. Hier kann man links einen Abstecher zur Pfarrkirche hl. Johannes der Täufer von **Mannswörth (3)** (2.30 Std. / 9,0 km) machen.

Die Kirche von Mannswörth.

Danach gehen wir zurück, links vom Sportplatz vorbei und den Radwegschildern Richtung Wien folgend auf dem nun wieder asphaltierten Hochwasserdamm nach links. Wir bleiben jetzt immer geradeaus auf dem Asphaltweg mit den Wegweisern Richtung Wien. Bei einem kleinen Teich biegt sich der Weg nach links, wir folgen ihm und halten uns bei allen weiteren Gabelungen auf Asphalt rechts, sodass wir unter einer Rohrbrücke hindurch und dann bei einem überdachten Rastplatz wieder an das Ufer der Schwechat gelangen. Immer an diesem entlang kommen wir zu einem Jakobsweg-

Wegweiser unmittelbar vor einer Straßenbrücke. Hier führt der Hauptast des Jakobswegs rechts weiter in die Stadt Wien hinein (siehe Etappe 5; ausgeschildert Richtung Wien-Zentrum).

Wir folgen vorerst aber dem Wegweiser Richtung Jakobskirche Schwechat und unterqueren diese Brücke, zwei Autobahnbrücken, eine weitere Straßen- und eine Eisenbahnbrücke. Bei der Abzweigung dahinter nicht entlang der Bahn, sondern rechts, weiter am Ufer entlang und unter einer weiteren Straßenbrücke hindurch. Dahinter kommen wir in den Rathauspark, halten uns links, gehen am Gemeindeamt vorbei und auf einem schmalen Fußweg zwischen Häusern hinaus auf den Hauptplatz, wo sich schräg gegenüber die Jakobskirche von **Schwechat (4)** befindet (1.15 Std. / 5,1 km).

In den Donau-Auen bei Fischamend.

Die Jakobskirche von Schwechat.

Schwechat, das mit Wien ein geschlossenes Siedlungsgebiet bildet, ist heute vor allem wegen seines Flughafens, seiner Erdölraffinerie und der petrochemischen Industrie bekannt. Der Ort war bereits in der Frühgeschichte besiedelt; zur Römerzeit befand sich hier das Reiterlager Ala Nova. Die erste Erwähnung als Markt datiert aus dem 14. Jh. Seine Rolle als wichtiger Verkehrsknotenpunkt hat sich Schwechat bis heute erhalten; Ostautobahn und Wiener Südumfahrungsstraße (deren Verlängerung in einem Tunnel unter der Donau geplant ist) treffen hier aufeinander. Von 1914 bis 1945 verband die sogenannte »Pressburger Bahn« (siehe auch Infokasten zu Wolfsthal auf Seite 85) Schwechat mit Wien und Pressburg (Bratislava); Original-Fahrzeuge dieser Überland-Straßenbahn können im **Eisenbahnmuseum** Schwechat, direkt beim heutigen S-Bahnhof, besichtigt werden. Die **Jakobskirche** von Schwechat mit ihrem von Martin Johann Schmidt, genannt Kremser Schmidt, gemalten Altarbild, ist ein spätbarocker Bau aus den Jahren 1764–1765. Der Glockenturm vor der Hauptfassade wurde bereits 1757 errichtet. Die Kirche wurde im Zweiten Weltkrieg schwer beschädigt und die wertvollen Fresken fast zur Gänze zerstört. Der Wiederaufbau dauerte bis 1962.

Unterkunft: Kaiserebersdorf (157 m): Pension Czeczil, Tel. +43/664/107 59 69. **Wien-Leopoldstadt** (165 m): Meininger Downtown, Tel. +43/720/8820-65; Hotel Kunsthof, Tel. +43/1/214 31 78-66; Hotel Praterstern, Tel. +43/1/214 01 23; viele weitere Unterkünfte aller Kategorien.

Die Strecke: Der erste Teil verläuft auf Rad- und Fußwegen zwischen Auwäldern und Industriegebieten, dann geht es durch das Naherholungsgebiet der Praterauen auf Spazierwegen bis fast ins Zentrum von Wien. **Asphaltanteil** ca. 60 %.

Höhenunterschied: Unter 100 m.

Kritische Stellen: Keine.

Landschaft: Die Auwälder der Donau – auch wenn sie immer mehr einem Park gleichen, je näher man dem Stadtzentrum kommt – bilden ein grünes Band, das weit ins dicht verbaute Gebiet hineinreicht. Wir folgen dem Donaukanal – dem zentrumsnächsten von mehreren Armen, in die die Donau vor ihrer Regulierung aufgespalten war, und überqueren ihn dann, um durch die Praterau entlang mehrerer Altwässer zu gehen. So erreichen wir die Innenstadt mit der am Donaukanal gelegenen ältesten Kirche Wiens.

Infrastruktur: Kaiserebersdorf 🏨 🍴 🛒 📧 🚍, im Zentrum von Wien alles.

Einkehr: Imbissbude beim Alberner Hafen, Gasthof Altes Jägerhaus und Café-Restaurant Lusthaus im Prater, Imbiss beim Heustadlwasser; zahlreiche Lokale entlang des Donaukanals im Zentrum von Wien. Mehrere **Trinkwasserbrunnen** in den Praterauen und entlang des Donaukanals.

Touristeninformation: Tourist-Info Wien, Tel. +43/1/245 55, info@wien.info.

Varianten: In Mannswörth (Etappe 4) bei der T-Kreuzung mit der Zainethbrückengasse nach rechts und dem Radweg über eine Brücke über die Schwechat folgen. Beim Hochwasserdamm biegt sich der Weg nach links und verläuft immer schnurgerade neben diesem. Wir unterqueren eine Rohrleitung; etwa 1 km weiter biegt sich der Damm nach links. Wir gehen durch einen Durchlass im Damm auf die andere Seite, um den dort gelegenen sehenswerten alten Friedhof der Namenlosen (Gräber unbekannter Toter, die vom Fluss angeschwemmt wurden) zu besuchen. Danach gehen wir durch das Gelände des Alberner Hafens zur Kreuzung mit der Alberner Hafenzufahrtsstraße, bei der wir auf den Hauptweg treffen.

Offizieller Jakobsweg durch Wien: Der ausgeschilderte Weg macht einen Umweg von 3 km und verläuft zur Gänze auf Asphalt. Auch der Anteil der Strecke durch bebautes Gebiet ist höher. Wer ihn nehmen möchte, folgt bei der Freudenauer Hafenbrücke dem Wegweiser die Stiegen hinauf, quert den Donaukanal und anschließend über die Kraftwerksbrücke die Donau. Durch das Naherholungsgebiet Donauinsel geht man flussaufwärts bis nach der Autobahnbrücke, quert über das Wehr 3 die Neue Donau und folgt, vorbei an einem Koloman-Marterl, dem Weg entlang der Alten Donau bis zur Pfarrkirche von Kaisermühlen. Ab hier auf der Schüttaustraße zur Reichsbrücke, auf dieser zurück über die Donau zum Mexikoplatz und auf Lassalle- und Praterstraße geradeaus Richtung Stadtzentrum, bis man am Ufer des Donaukanals bei der Schwedenbrücke auf die beschriebene Hauptroute trifft.

Oben: Am Weg entlang der Schwechat.
Links unten: Am Friedhof der Namenlosen in Albern.

Von der Jakobskirche in **Schwechat (1)** nehmen wir denselben Weg, auf dem wir gekommen sind, entlang der Schwechat zurück zur Brücke am Ortsanfang von **Mannswörth** und wenden uns nun links über den Fluss, der Straße »Auf der Ried« folgend. Nachdem diese im Ortsgebiet von **Neu-Albern** nach links gebogen ist, weist ein Jakobsweg-Wegweiser bei einer Bushaltestelle auf der rechten Straßenseite schräg nach rechts. Hier nehmen wir einen schmalen, auf einem niedrigen Damm verlaufenden Fußpfad parallel zur Straße (können aber wahlweise auch auf dieser bleiben). Bei der nächsten Möglichkeit gehen wir auf der Alberner Hafenzufahrtsstraße nach rechts, leicht bergauf an der Ortstafel von Wien vorbei. Wir sehen vor uns die Speicher des **Alberner Hafens** und nehmen einen Geh- und Radweg, der auf einem Damm neben der Straße nach links führt.

Der Radweg wechselt hinter der Kreuzung mit der Warneckestraße auf die rechte Straßenseite und führt zu einer Schranke (mit Jakobswegmarkierung), bei der wir rechts gehen und einem Weg entlang eines Bahndammes zum Ufer des Donaukanals folgen. Wir unterqueren eine Eisenbahnbrücke und eine Straßenbrücke, bei der der offizielle Jakobsweg-Wegweiser zu einer eine Treppe nach oben zeigt (siehe Variante). Immer am Ufer entlang flussaufwärts geht es am ehemaligen Gasthof Landhaus Winter vorbei. Unmittelbar vor der **Seitenhafenbrücke** wenden wir uns nach links, gehen ne-

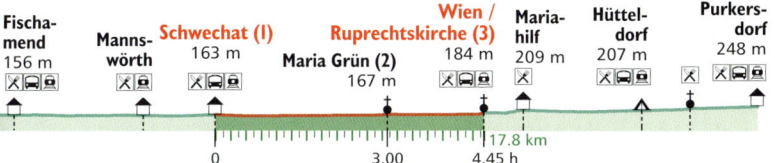

| Fischa-mend 156 m | Manns-wörth | Schwechat (I) 163 m | Maria Grün (2) 167 m | Wien / Ruprechtskirche (3) | Maria-hilf 184 m | Hüttel-dorf 209 m | Purkers-dorf 207 m | 248 m |

17.8 km
0   3.00   4.45 h

ben dem Brückendamm zu einer Kreuzung und über den Schutzweg hinü-
ber auf einen Geh- und Radweg, auf dem wir die Brücke überqueren.
Am anderen Ufer folgen wir der Radwegmarkierung nach links ans Ufer des
Donaukanals, an dem wir uns nach rechts flussaufwärts wenden. 120 m weiter führt neben einem Gittertor ein schmaler Weg nach rechts (nur aus der
entgegengesetzten Richtung sichtbar mit »Freudenau« ausgeschildert). Der
Weg mündet in eine Schotterstraße, der wir etwa 20 Min. folgen. An ihrem
Ende gehen wir schräg links auf einem kurzen Fußweg zu einem breiten Erdweg, auf dem wir durch den Auwald weiterwandern. Von rechts mündet ein
als Stadtwanderweg 9 beschilderter Weg ein. Entlang eines Donaualtarmes,
des Krebsenwassers, kommen wir etwa 500 m weiter zur mitten im Wald gelegenen kleinen Wallfahrtskapelle **Maria Grün (2)** (3 Std. / 11,5 km).

*Da der Besuch der nächsten Kirche für die Kinder der einklassigen Schule in der
Aspernallee mit einem weiten Weg verbunden war, hängte ein Lehrer im Jahr 1863
ein Marienbild an einem Baum im Wald auf, das bald auch andere Gläubige an-
zog. 1924 wurde schließlich an dieser Stelle die kleine, schlichte Wallfahrtskirche
Maria Grün errichtet, die schon bald zum Ziel zahlreicher Wallfahrten wurde.
Nach Kriegsschäden wurde die Kirche wieder aufgebaut und 2009 renoviert.*

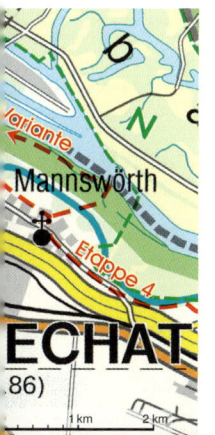

Wir gehen auf einem breiten Erdweg weiter und queren die asphaltierte Aspernallee, dann kreuzen wir einen Weg und unterqueren gleich darauf den Damm
der Ostbahn. Der Weg trifft auf die breite, von Neben-
fahrbahnen zu beiden Seiten gesäumte **Prater-Haupt-
allee**, die wir überqueren. Danach führt der Stadtwanderweg 9 auf einem schmalen Fußweg am Oberen
Heustadlwasser – einem weiteren Altarm – entlang bis
zu einem Bootsverleih, bei dem der gebogene Altarm
wieder die Hauptallee berührt.
Wir queren diese aber nicht, sondern kreuzen die
rechtwinklig dazu verlaufende Stadionallee und nehmen dann nicht mehr den Stadtwanderweg, sondern
gleich einen schräg nach links durch eine Hundefrei-
laufzone führenden Weg. Am Waldrand kommen wir

zu einer Kreuzung mehrerer Wege bei einem Trinkbrunnen. Hier wählen wir die Schotterstraße schräg nach rechts, am Rand der **Jesuitenwiese** entlang. Wir befinden uns nun am »Hinweg« des eine Runde beschreibenden Stadtwanderwegs 9, das heißt, dieser ist ab hier in die Gegenrichtung beschildert; an seiner rot-weiß-roten Markierung können wir uns dennoch orientieren.

Bei der nächsten Wegkreuzung nehmen wir den Weg schräg nach links, der am Rand der **Jesuitenwiese** entlangführt (nicht den auf die Wiese führenden Weg nach links) und queren ca. 150 m weiter die Rotundenallee sowie die Straßenbahngleise. Ab hier verläuft der markierte Stadtwanderweg auf Asphalt. Beim Eingang des ASKÖ-Sportzentrums gehen wir rechts, am (hier bachartigen) **Konstantinteich** entlang, den wir knapp 150 m weiter auf einem Steg queren. Bei der T-Kreuzung gleich nach dem Steg wieder rechts, am Konstantinteich entlang.

100 m weiter links, an Tennisplätzen vorbei und bei der nächsten Gabelung schräg rechts. Nun immer geradeaus bis zu einer Kreuzung mehrerer Wege, bei der links eine Ampel sichtbar ist. Hier verlassen wir den rot-weiß-rot markierten Stadtwanderweg und gehen nach links durch die Laufbergergasse bis zur Schüttelstraße, die wir queren. Eine Rampe führt nach rechts bergab zum **Donaukanalufer**, an dem wir flussaufwärts wandern. Wir unterqueren Verbindungsbahn- und Franzensbrücke und kommen an mehreren Lokalen und Bars vorbei. Auf der anderen Seite des Kanals sind die Einmündung des Wienflusses sowie die Urania-Sternwarte sichtbar. Wir gehen noch unter

zwei weiteren Brücken – Aspern- und Schwedenbrücke – hindurch und steigen dann die Stufen hinauf zur Marienbrücke, über die wir ans andere Donaukanalufer gehen. Wir queren den Franz-Josefs-Kai und die Straßenbahngleise, wenden uns nach rechts und gehen neben den Häusern parallel zum Fluss, bis nach 100 m eine Treppe links hinauf zur **Ruprechtskirche (3)** führt (1.45 Std. / 6,4 km).

Links: Am Krebsenwasser in den Praterauen.
Rechts oben: Bei der Ruprechtskirche im Herzen von Wien endet diese Etappe.

ℹ️ *Die **Ruprechtskirche** ist die älteste erhaltene Kirche Wiens und befindet sich im Bereich des ehemaligen Römerlagers Vindobona, das hier bis an den Donaukanal – früher ein Hauptarm der Donau – reichte. Sie wurde der Legende nach bereits um 740 gegründet; in einer Schenkungsurkunde aus dem Jahr 1200 wurde sie bereits als älteste Kirche Wiens erwähnt. Bis zum Jahr 1147 war die kleine Kirche, die dem Patron des Salzhandels und der Stadt Salzburg geweiht ist, die Pfarrkirche von Wien, bevor diese Funktion auf den Stephansdom überging. Direkt an die Kirche angebaut befand sich einst auch das Salzamt, das der Verwaltung des Salzmonopols diente.*

Unterkunft: Wien-Mariahilf: Westend City Hostel, Tel. +43/1/597 67 29. **Wien-Rudolfsheim:** Do Step Inn Hostel, Tel. +43/1/982 33 14; Wombat's, Tel. +43/1/897 23 36. **Wien-Hütteldorf:** Camping Wien-West, Tel. +43/1/914 23 14 (auch Bungalows). **Wien-Hadersdorf:** Hotel Kreiner, Tel. +43/1/97 91 03 10. **Purkersdorf** (248 m, 9400 EW): Haus Feuchtl, Tel. +43/664/234 62 57; Pension Wachter (bei der Hst. Purkersdorf Sanatorium links über den Wienfluss), Tel. +43/2231/633 86.

Der Wiener Heldenplatz.

Die Strecke: Dieser Wegabschnitt führt fast eben durch Stadtgebiet und durch eine Reihe von Parkanlagen, dann auf einem Rad- und Fußweg entlang des Wienflusses. Verkehrsreiche Straßen werden fast zur Gänze gemieden. **Asphaltanteil** ca. 90 %.
Höhenunterschied: Unter 100 m.
Kritische Stellen: Keine.
Landschaft: Die erste Hälfte der Etappe gleicht schon eher einer Sightseeing-Tour, führt sie doch an einigen der wichtigsten Sehenswürdigkeiten Wiens, dem Stephansdom, der Hofburg, den Museen und nicht zuletzt dem Schloss Schönbrunn vorbei. Dabei geht man fast durchwegs entweder durch Parkanlagen oder über verkehrsberuhigte Straßen und Fußgängerzonen. Danach dominiert der Wienfluss das Bild; erst in seinem regulierten Bett, dann vorbei an renaturierten Rückstaubecken und zuletzt im enger werdenden Wiental zwischen Hadersdorf und Purkersdorf.
Infrastruktur: Wien alles, Hütteldorf ⌂ ⚡ ⬛ 🚻 🛍 € Ⓐ ✉ 🚌 🚲, Mariabrunn 🍴 🛍, Hadersdorf-Weidlingau 🍴 ⬛ 🛍 € Ⓐ ✉ 🚌 🚲, Purkersdorf ⌂ 🍴 ⬛ 🛍 🚻 € Ⓐ ✉ 🚌 🚲.
Einkehr: Zahllose Einkehrmöglichkeiten im Stadtgebiet von Wien; Imbissbuden auf der Kennedybrücke und im Bahnhof Hütteldorf, Gasthof in Mariabrunn, mehrere Lokale in Weidlingau, Bahnhofstüberl in Unter-Purkersdorf, zahlreiche Einkehrmöglichkeiten in Purkersdorf. Mehrere **Trinkwasserbrunnen** entlang des gesamten Weges.
Touristeninformation: Tourist-Info Wien, Tel. +43/1/245 55, info@wien.info; Wienerwald Tourismus GmbH, Tel. +43/2231/621 76.
Anmerkung: Teile der Etappe können auch problemlos mit öffentlichen Verkehrsmitteln zurückgelegt werden: Zwischen Stephansplatz und Westbahnhof begleitet uns die U-Bahn-Linie U3, zwischen Westbahnhof und Schloss Schönbrunn die Straßenbahnlinie 60 und zwischen Kennedybrücke und Hütteldorf die Linie U4. Wer größere Abschnitte »überspringen« möchte, kann auch mit der U4 ab Schwedenplatz (Nähe Ruprechtskirche) bis Hütteldorf oder mit der Bahn vom Westbahnhof bis Hütteldorf, Wien-Weidlingau oder Purkersdorf fahren.

i *Zwischen der Ruprechtskirche und dem Stephansdom gehen wir durch den ältesten Teil von **Wien**, wo sich das römische Lager **Vindobona** befunden hat. Als ehemalige Reichs-, Haupt- und Residenzstadt der Habsburgermonarchie weist Wien eine derartige Fülle an Kulturdenkmälern und **Sehenswürdigkeiten** auf, dass eine nähere Beschreibung den Rahmen dieses Wanderführers sprengen würde. Selbst die Gebäude und Objekte, an denen wir auf unserem Weg durch die Stadt direkt vorbeikommen, können wir nur kurz und auswahlhaft erwähnen. Wenn Sie sich etwas mehr Zeit für Wien nehmen wollen, empfehlen wir unbedingt, sich zusätzlich einen Reise- und Kulturführer zu besorgen.*

Der Südturm des Stephansdoms.

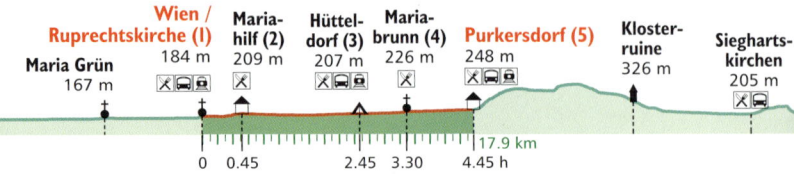

Maria Grün 167 m — Wien / Ruprechtskirche (I) 184 m — Maria-hilf (2) 209 m — Hüttel-dorf (3) 207 m — Maria-brunn (4) 226 m — Purkersdorf (5) 248 m — Kloster-ruine 326 m — Sieghartskirchen 205 m

17.9 km
0   0.45   2.45   3.30   4.45 h

Wir gehen von der **Ruprechtskirche (1)** durch die Judengasse zum Platz »Hoher Markt«, auf dem wir links abbiegen, vorbei an der Anker-Uhr (historische Kunstuhr; in Betrieb jeden Tag um 12 Uhr) zur Rotenturmstraße und auf dieser rechts zum Stephansplatz mit der wichtigsten Kirche Wiens, dem **Stephansdom**.

> ℹ️ *Die **Domkirche St. Stephan** zu Wien, von den Wienern liebevoll »Steffl« genannt, ist eines der bedeutendsten gotischen Bauwerke Österreichs. Das Haupt-tor, genannt Riesentor, und die beiden Westtürme (»Heidentürme«) sind noch von einem spätromanischen Vorgängerbau erhalten. Der gotische Chor stammt aus den Jahren 1304–1340. Der 136 m hohe Südturm, zu seiner Bauzeit das höchste Bauwerk Europas, wurde von 1359 bis 1433 errichtet. Der Nordturm wurde 1450 begonnen und nie vollendet, 1578 wurde er mit einer Renaissancehaube abge-schlossen. Er beherbergt die größte Glocke Österreichs, die 1951 in St. Florian gegossene, rund 20 Tonnen schwere »Pummerin«. Um das reich ausgestattete In-nere des Doms kennenzulernen, empfiehlt es sich, an einer Führung teilzuneh-men. Auch eine Besteigung des Südturms bis hinauf zur Türmerstube auf 72 m Höhe ist möglich.*

Nach dem Besuch des Domes ge-hen wir vom Hauptportal rechts des modernen Gebäudes (Haashaus) durch die Goldschmiedgasse zur **Peterskirche**, dort links und dann von deren Eingang geradeaus durch die Jungferngasse und, den »Graben« kreuzend, durch die Habsburgergasse. An der nächsten Kreuzung rechts durch einen engen Fußgängerdurchgang hinüber zum Michaelerplatz mit römischen Aus-grabungen und der **Michaelerkir-che**, dann durch das Tor in die **Hof-burg** hinein und geradeaus durch

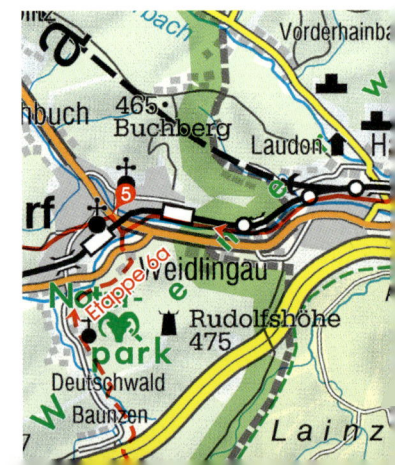

diese hindurch über den **Heldenplatz**. Wir queren die Ringstraße, gehen geradeaus zwischen Natur- und Kunsthistorischem **Museum** hindurch, am Denkmal von Kaiserin Maria Theresia vorbei auf die ehemaligen Hofstallungen, das heutige **Museumsquartier**, zu. Durch dessen Innenhof gehen wir links und verlassen das Areal beim Ausgang Mariahilfer Straße. Diese gehen wir rechts leicht ansteigend hinauf zur Kirche **Maria Hilf (2)** (45 Min. / 2,7 km).

> *Die **Mariahilfer Kirche**, auch Barnabitenkirche genannt, wurde 1686–1689 errichtet und im 18. Jahrhundert in die heutige Form umgebaut. Sie beherbergt eine Kopie des Gnadenbildes Mariahilf, dessen Original wir im Hauptaltar des Innsbrucker Jakobsdoms sehen können. Dieses Bild war schon im 1669 errichteten, von den Türken 1683 zerstörten Vorgängerbau – ursprünglich einer an dieser Stelle gelegenen Friedhofskirche – gehangen und konnte rechtzeitig in Sicherheit gebracht werden. Nach der Kirche, in deren Kellergeschoß sich seit 1986 die karitative Obdachlosen-Betreuungsstelle »Gruft« befindet, ist der 7. Wiener Gemeindebezirk, Mariahilf, benannt.*

Durch die Fußgängerzone erreichen wir den Europaplatz beim **Westbahnhof** und bleiben geradeaus auf der hier von Autos und Straßenbahn befahrenen Äußeren Mariahilfer Straße, dem einzigen verkehrsreichen Abschnitt unserer Etappe. Schon nach 20 Min. wird es wieder grüner – wir passieren ein Straßenbahndepot und gehen an der nächsten Kreuzung halb links in den Auer-Welsbach-Park hinein. Diesen durchqueren wir und stehen danach direkt vor dem **Schloss Schönbrunn**. Die große Kreuzung davor queren wir, gehen schräg gegenüber in den Hadikpark hinein und in diesem entlang des hier in einem tiefen Kanal fließenden Wienflusses stadtauswärts Richtung Westen.

Kurz vor dem Ende des Parks folgen wir der Radwegbeschilderung des
»Wiental-Highways« hinunter zum Fluss und unter der breiten Kennedybrücke hindurch. Achtung: Die offizielle Beschilderung führt ab hier über den
Hietzinger Platz und durch die Auhofstraße stadtauswärts. Wer lieber zwischen Häusern durch die Stadt wandert, statt absolut kreuzungsfrei entlang
des Flusses zu gehen, dem sei dies unbenommen.
Wir teilen uns nun den Weg mit den Radfahrern. Kurz hinter einer schräg
über den Wienfluss führenden U-Bahn-Brücke zweigt ein Weg links über den
Wienfluss ab und führt über eine Rampe hinauf zu einer Straße; von dieser
käme man über einen Fußgängersteg zur U-Bahn-Station **Hütteldorf (3)**
(2 Std. / 7,6 km). Wer mit der Linie U4 vom Schwedenplatz hierher gefahren
ist, verlässt die Station beim südseitigen Ausgang, geht über den Steg, über
Stufen zur Straße hinunter und über die Rampe zum Wientalradweg hinunter, um an die Tour anzuschließen.
Eine Straßenbrücke führt schräg über uns hinweg; kurz darauf sehen wir
links das Wehr eines Hochwasser-Rückhaltebeckens. Etwa 20 Min. später
queren wir den einmündenden Mauerbach auf einer Brücke nach links und
kommen gleich darauf zu einer Gabelung, bei der wir den rechten Weg nehmen. Wir treffen auf die Hauptstraße und gehen auf dieser nach links zur
Pfarr- und Wallfahrtskirche **Mariabrunn (4)** (45 Min. / 3,1 km).

Der renaturierte Wienfluss bei Mariabrunn.

Gleich nach der Kirche wandern wir in der Pfarrgasse nach links und an ihrem Ende auf einem schmalen Weg nach links zurück zur Wien, an dem entlang wir wieder scharf rechts (flussaufwärts) gehen. Wir queren die Badgasse und 500 m weiter die Bahngasse, dann entfernt sich unser Weg vom Fluss und trifft wieder auf die Hauptstraße. Auf dieser wandern wir nach links bis zum Zebrastreifen, queren diesen und gehen an der Pizzeria Bardolino vorbei in die Herzmanskystraße. Wir passieren die Bahnhaltestelle **Wien-Weidlingau** und folgen weiter einem Radweg, der nun schattig und teilweise geschottert, stellenweise asphaltiert zwischen Wienfluss und Bahn verläuft. Bei der T-Kreuzung mit der Bahnhofstraße gehen wir rechts auf den Bahnhof **Unter-Purkersdorf** zu und vor diesem links. Wir folgen weiter der Bahnhofstraße, die nach der Brücke über die Umfahrungsstraße in die Wiener Straße übergeht; wo wir auf diese treffen, gehen wir nach rechts durch eine Fußgängerunterführung unter der Bahn hindurch und gelangen so direkt auf den Hauptplatz von **Purkersdorf (5)**, auf dem wir links direkt auf die Jakobskirche des Ortes zuhalten (1.15 Std. / 4,5 km).

i *Purkersdorf* *wurde um das Jahr 1000 als Waldsiedlung gegründet und war bereits zu Beginn der Neuzeit die erste Rast- und Poststation an der Reichsstraße Wien–Linz, die der alten Römerstraße über den Riederberg folgte. Auch die* *Jakobskirche* *von Purkersdorf wurde zur Zeit der Türkenbelagerungen verwüstet; danach wurde sie als schlichte Barockkirche wiederaufgebaut. Das heutige Aussehen erhielt sie durch einen Erweiterungsbau im Jahr 1935.*

Unterkunft: Kledering (172 m): Frühstückspension Sprinzl, Tel. +43/1/707 42 42. **Oberlaa:** Pension Wieselthaler, Tel. +43/1/688 79 19. **Rothneusiedl:** Gasthof Pension Unsinn, Tel. +43/1/688 51 93. **Atzgersdorf** (208 m): Gästehaus, Tel. +43/1/865 92 59. **Liesing** (223 m): keine Unterkunft, durch die ausgezeichnete Anbindung an öffentliche Verkehrsmittel (S-Bahn) ist aber jede andere Unterkunft in Wien leicht erreichbar, z.B. Kolpinghaus Meidling, Tel. +43/1/813 54 87 (3 Stationen mit der S-Bahn); oder Meininger Hotel Hauptbahnhof, Tel. +43/720/88 14 53 (5 Stationen mit der S-Bahn).

Die Strecke: Der Weg ist, abgesehen von kurzen Rampen bei Unterführungen unter Straßenbrücken, völlig eben (ca. 3,5 m Höhenunterschied pro Kilometer). Es handelt sich zum Großteil um Asphaltwege, zum kleinen Teil um Kieswege. **Asphaltanteil** fast 100 %.

Höhenunterschied: Unter 100 m.

Kritische Stellen: Die Orientierung ist einfach, da man immer dem Liesingbach folgt. Durch Atzgersdorf fließt dieser allerdings unterirdisch; man folgt hier einfach links den Markierungen des »Rund um Wien«-Wanderwegs bzw. des Liesingbach-Radweges.

Landschaft: Der Weg führt durchwegs entlang des teilweise noch regulierten, teilweise wieder renaturierten Liesingbachs durch wenig städtisch anmutende Vororte im Süden von Wien, teils auch durch Parks und zwischen Kleingärten.

Infrastruktur: Rannersdorf ✉ 🚍, Oberlaa € 🅰 ✉ 🚌 🚇, Rothneusiedl 🚡 🛒 🖃 🅰 🚍, Inzersdorf € 🅰 ✉ 🚌 🚇, Alt-Erlaa € 🅰 ✉ 🚌 🚇, Atzgersdorf 🚡 € 🅰 ✉ 🚌 🚇, Liesing 🚡 € 🅰 ✉ 🚌 🚇.

Einkehr: Brückenwirt in Unterlaa, Dorfwirt in Oberlaa, Gh. Unsinn in Rothneusiedl, mehrere Lokale in Atzgersdorf und Liesing. **Trinkwasser** bei mehreren Trinkbrunnen entlang des Liesingradweges.

Touristeninformation: Tourist-Info Wien, Tel. +43/1/245 55, info@wien.info.

Anmerkung: Es handelt sich bei dieser Etappe um den ersten Teil einer attraktiven Variante, das Zentrum von Wien zu umgehen, nicht um einen offiziellen Teil des Jakobsweges. Auf diesem Abschnitt gibt es deshalb auch keine offiziellen Jakobsweg-Wegweiser.

Der heilige Nepomuk in Oberlaa.

Von der Jakobskirche in **Schwechat (1)** gehen wir zurück durch den Rathauspark zum Radweg am Ufer der Schwechat; dort erst links, dann aber gleich über eine Brücke, den Wegweisern des Eurovelo-Radweges 9 folgend, ans andere Flussufer und an diesem links. Nach 200 m kommen wir an einem Trinkwasserbrunnen vorbei, dann biegt der Eurovelo-Weg über eine Brücke nach links ab. Wir wandern aber geradeaus weiter Richtung Kledering. Beim Kreisverkehr am Ortsende von Schwechat gehen wir rechts herum, queren zwei Straßen und setzen den Weg genau diagonal gegenüber auf einem Fußweg fort, der am Ufer des Liesingbachs (rechts von uns) verläuft. Immer dem Bach entlang gehen wir unter einer Straßen- und einer Eisenbahnbrücke hindurch.

Wir treffen auf einen Asphaltweg, der die Liesing überquert, wenden uns auf ihm nach links und gleich wieder nach rechts zu einer langen Unterführung parallel zum Bach unter dem Verschiebebahnhof Kledering hindurch. Dann queren wir die Klederinger Straße und folgen dahinter nicht dem Radwegweiser ans andere Ufer, sondern bleiben auf der Südseite. Der Weg führt uns direkt an der Kirche von **Unterlaa (2)** vorbei (1.15 Std. / 5,0 km).

i *Die äußerlich eher unauffällige **Johanneskirche** des Malteserordens hat eine sehr lange Geschichte. Ausgrabungen belegen eine Siedlung an dieser Stelle bereits zur Römerzeit; die erste Kirche soll hier auf den Fundamenten eines römischen Tempels noch in karolingischer Zeit errichtet worden sein. Einzelne Bauteile stammen aus dem frühen 11. Jahrhundert, womit es sich vielleicht um die älteste Kirche im heutigen Stadtgebiet von Wien – noch vor der Ruprechtskirche (Seite 119) – handelt. Im 13. Jahrhundert wurde die Kirche von den Maltesern (Johannitern) ausgebaut, dem Ordenspatron Johannes dem Täufer geweiht und um ein (heute nicht mehr erhaltenes) Hospiz erweitert. In der Umgebung der Kirche wurden bei Ausgrabungen Funde gemacht, die bis ins Neolithikum zurückreichen.*

i *Wer vom Pilgern müde ist, kann sich in der **Therme Oberlaa**, gespeist durch die einzige Thermalquelle im Wiener Stadtgebiet, erholen. 1974 wurde hier neben einem Thermalbad im Rahmen der Wiener Internationalen Gartenschau ein großzügiger Kurpark angelegt. Das alte Ortszentrum von Oberlaa hat sich seinen dörflichen Charakter bewahrt, und aufgrund des Weinbaus an den Südhängen des Laaer Berges gibt es hier auch eine Reihe von Heurigenlokalen. Die **Pfarrkirche** ist dem heiligen Ägidius geweiht und stammt aus dem 18. Jh.*

Wir gehen weiter am Ufer und kreuzen die Unterlaaer Straße bei einer Brücke mit Nepomuk-Statue. Weiter auf dem Fußweg kommen wir am »Piratenspielplatz« vorbei, auf dem sich auch ein Trinkwasserbrunnen befindet. Bei der folgenden Brücke im Zuge der Johann-Friedl-Gasse wechseln wir ans andere, nördliche Ufer und folgen diesem. Eine Brücke weiter könnte man

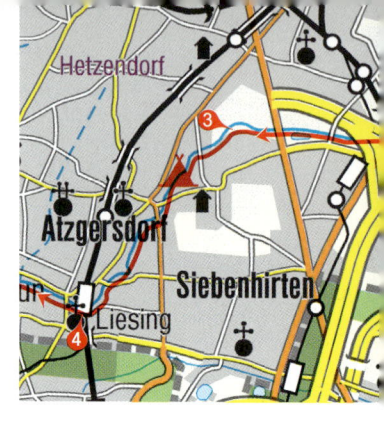

rechts einen Abstecher (200 m) durch die Kirchengasse zur Pfarrkirche hl. Ägidius von **Oberlaa** machen; den Weg setzen wir dann aber am Ufer fort. Wir unterqueren die Leopoldsdorfer Straße, kommen an einem Spielplatz vorbei und folgen weiter der Liesing. 2,5 km weiter kreuzen wir die Großmarkt- und nach weiteren 500 m die Laxenburger Straße. Dahinter wechseln wir ans südliche Ufer und folgen hier wieder einem Fußweg. Bei der Inzersdorfer Pfarrgasse liegt links die Kirche St. Nikolaus von **Inzersdorf**. Wir gehen am Ufer entlang weiter in den Draschepark, unterqueren zweimal eine Autobahn und gelangen dann zur Kreuzung mit der Gutheil-Schoder-Gasse, die wir bei einem Schutzweg etwas links von uns überqueren. Weiter an der Liesing entlang, die hier an beiden Ufern von Kleingärten begleitet wird. Nach deren Ende geht es unter der Altmannsdorfer Straße sowie unter einer in Hochlage verlaufenden U-Bahn-Trasse hindurch und danach nördlich des Wohnparks **Alt Erlaa (3)** vorbei (2.15 Std. / 8,8 km).

Der renaturierte Liesingbach.

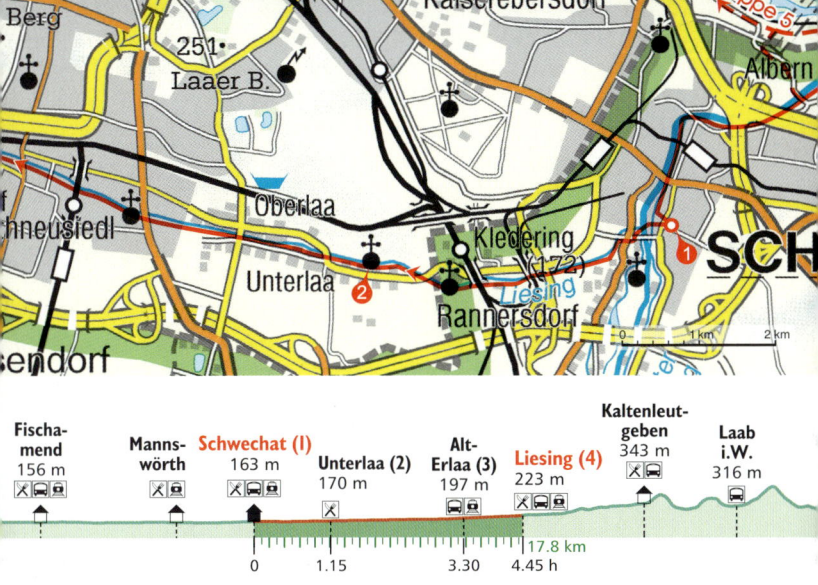

i *Der weithin sichtbare Wohnpark **Alt-Erlaa** ist der markanteste Gebäudekomplex im Süden von Wien und gilt als Vorzeigeprojekt einer gelungenen Satellitenstadt der 1970er-Jahre. Er stellt eine komplette, funktionierende »Stadt in der Stadt« für rund 9000 Bewohner einschließlich Freizeiteinrichtungen, Nahversorgung, Schule, Kindergärten und eigener Kirche dar. Die markante, achteckige Wohnparkkirche ist Maria, Mutter der Kirche, geweiht. Sie ist innen mit Holz verkleidet und beherbergt eine Marienikone aus dem 18. Jahrhundert. Die Kirche liegt zwischen den Blocks B und C des Wohnparks.*

Am Ufer der Liesing wandern wir auf dem Begleitweg weiter flussaufwärts. Durch eine Parklandschaft mit vielen Bänken und Skulpturen kommen wir zu einem Spielplatz und einer Outdoor-Fitnessanlage, dann an zwei weiteren Spielplätzen vorbei zur Brunner Straße, vor der der Liesingbach in einem Tunnel verschwindet. Auf der Straße halten wir uns nach links, folgen weiter der rot-grünen Markierung und wechseln nach rund 300 m an der Kreuzung mit der Erlaaer Straße die Straßenseite. Wir gehen noch kurz die Brunner Straße entlang, wenden uns dann bei der ersten Möglichkeit schräg nach rechts und folgen der Meisgeyergasse, in deren Verlauf der Liesingbach wieder zum Vorschein kommt. Die Markierung verläuft nun teils auf Straßen, teils auf schmalen Pfaden am linken (in Flussrichtung gesehen) Ufer, man könnte aber ebenso gut den Weg am anderen Ufer nehmen.

Die Pfarrkirche von Liesing.

Schließlich erreichen wir den Bahnhof **Liesing (4)**, bei dem der Weg durch eine Unterführung neben dem Bach verläuft und auf den Liesinger Platz mit großem Busbahnhof hinausführt (1.15 Std. / 4,1 km). Die Pfarrkirche erreicht man mit einem kleinen Abstecher von 60 m, indem man vom Busbahnhof nach Süden links an der Volkshochschule vorbeigeht.

*Bis 1938 war **Liesing** eine unabhängige Stadt im Süden von Wien und hatte auch ein eigenes Rathaus, das heute als Bezirksamt des 23. Bezirks genutzt wird und etwas westlich des Bahnhofs an der Perchtoldsdorfer Straße steht. Die alte **Pfarrkirche** des hl. Servatius am Liesingbach Ecke Rudolf-Waisenhorn-Gasse / Seybelgasse wurde durch Bombentreffer – Ziel war eigentlich der strategisch wichtige Bahnhof – im Zweiten Weltkrieg völlig zerstört und 1953–1955 näher am Ortszentrum durch einen Maria, Mutter der Göttlichen Gnade geweihten modernen Rundbau mit abgesetztem, 38 m hohem Glockenturm ersetzt. Das Marienbild, das heute in der Unterkirche der neuen Kirche zu sehen ist, und eine der Glocken sind die einzigen Gegenstände, die die Zerstörung der alten Kirche überstanden haben. An den Kirchenpatron der alten Kirche erinnert eine Statue des hl. Servatius vor der Kirche.*

Unterkunft: Kaltenleutgeben (356 m, 3300 EW): Sandhof, Tel. +43/2238/777 88. **Deutschwald** (270 m): Landgasthof Sommer, Tel. +43/2231/633 87-0. **Purkersdorf** (248 m, 9400 EW): Haus Feuchtl, Tel. +43/664/234 62 57; Pension Wachter (2 km abseits Richtung Wien), Tel. +43/2231/633 86.

Die Strecke: Asphaltierte Wege in den Ortsgebieten von Wien, Kaltenleutgeben, Breitenfurt, Laab im Walde und Purkersdorf wechseln mit schönen Forst- und Waldwegen ab. Es handelt sich um die erste »Gebirgsetappe«, sind doch in Summe rund 700 Höhenmeter zu überwinden – man geht dreimal bergauf und wieder ins Tal bergab. Großteils schattig. Asphaltanteil ca. 65 %.

Höhenunterschied: Rund 700 m im Auf- und Abstieg.

Kritische Stellen: In Laab im Walde ist die Abzweigung des markierten Weges vom Weg zur Marienquelle leicht zu übersehen; falls man sie verpasst hat, muss man einfach von der Quelle wenige Meter zurückgehen.

Landschaft: Anfangs folgen wir noch dem Liesingbach, dann geht es für den Rest der Etappe durch den Wienerwald. Dieser bedeutendste Naherholungsraum der Hauptstadt ist seit 2005 auch als Biospärenpark ausgewiesen und durch seine großflächigen Bestände an Buchen-Eichen-Hainbuchen-Wäldern gekennzeichnet. Kurz vor dem Ziel im Stadtgebiet von Purkersdorf durchwandern wir den Naturpark Sandstein-Wienerwald mit dem Naturparkhaus, Wildgehegen und Streichelzoo.

Infrastruktur: Rodaun € A 🚌, Kaltenleutgeben 🏧 🍴 🍽 🖫 🚆 € A ✉ 🚌, Breitenfurt 🏧 🍴 🍽 🖫 🚆 € A ✉ 🚌, Laab im Walde 🖫 🚆 € ✉ 🚌, Deutschwald 🍴 🏧,

Purkersdorf 🏧 🍴 🍽 🖫 🚆 € A ✉ 🚌 🚉.

Einkehr: Kaltenleutgebener Hof in Kaltenleutgeben, Gasthof Grüner Baum und »Andis Pfefferkörndl« in Breitenfurt, Landgasthof Sommer in Deutschwald, zahlreiche Einkehrmöglichkeiten in Purkersdorf.

Trinkwasser bei der Marienquelle in Kaltenleutgeben.

Touristeninformation: Wienerwald Tourismus GmbH, Tel. +43/2231/621 76; Naturpark Purkersdorf, Tel. +43/2231/63 60 18 10.

Anmerkung: Auch diese Etappe ist kein offizieller Teil des Jakobsweges, sondern der zweite Teil der von uns vorgeschlagenen »Südumgehung« von Wien.

Der Jakobsbrunnen in Kaltenleutgeben.

Vom Busbahnhof in **Liesing (1)** kommend überqueren wir die Perchtoldsdorfer Straße und gehen die Lehmanngasse entlang (schöner auf einer
schmalen Grünfläche nördlich davon), bis wir wieder auf den ans Tageslicht
kommenden Liesingbach treffen. An diesem entlang folgen wir dem Nordufer, wechseln dann aber gleich bei der nächsten Möglichkeit, dem Brauerei-
steg, ans Südufer. Wir folgen den Rad-Wegweisern Richtung Rodaun und
passieren Spielplätze mit einem Trinkwasserbrunnen, dann unterqueren wir
das eindrucksvolle Aquädukt der Wiener Hochquellwasserleitung. Kurz darauf entfernt sich der Radweg, während wir auf einem Fußweg weiter direkt

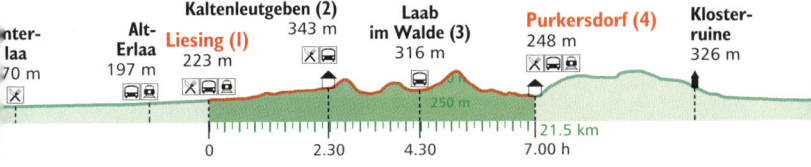

Kaltenleutgeben (2) 343 m

Laab im Walde (3) 316 m

Alt-Erlaa 197 m

Liesing (I) 223 m

Purkersdorf (4) 248 m

Kloster-ruine 326 m

nter-laa 70 m

250 m

21.5 km

0   2.30   4.30   7.00 h

am Ufer bleiben. Der Weg knickt nach links und mündet in die Paul-Katzber-ger-Gasse, in dieser gehen wir bis zur nächsten Abzweigung nach rechts in die Aumühlstraße. Nach Querung der Kaiser-Franz-Josef-Straße (mit Stra-ßenbahngleisen) folgen wir genau gegenüber dem weiter als Radweg be-schilderten und rot-grün markierten Ambrosweg.

Wir kommen zum Zusammenfluss der von links einmündenden Dürren Lie-sing und der Reichen Liesing, der wir schräg nach rechts auf einem Fußweg folgen. Dieser trifft nach einem Stück durch parkartige Landschaft wieder auf den Ambrosweg, auf dem wir bis zur querenden Willergasse bleiben. Hier informieren Tafeln über die Revitalisierung und das Ökosystem der Liesing.

Das Rathaus von Kaltenleutgeben.

Weiter geht es auf dem Promenadeweg entlang der Reichen Liesing, der nach 300 m ans andere Ufer führt. Bei der zweiten Brücke im Verlauf der Haselbrunnerstraße gehen wir nach links und folgen einer Schotterstraße leicht bergauf, ausgeschildert Richtung Wiener Hütte und Kaltenleutgeben. Nach 10 Min. nehmen wir die erste Abzweigung bei einer Rastbank links bergauf. 20 m weiter weist ein Wegweiser links bergauf zur Mitzi-Langer-Wand, rechts ist der Stadtwanderweg 6 angeführt. Wir wandern gerade weiter auf einem unbeschilderten Erdweg rechts am Wegweiser vorbei bergab durch den Wald zur Kaltenleutgebener Straße. Diese queren wir, gehen über eine Brücke über die Dürre Liesing und bei der folgenden T-Kreuzung rechts. Wir kreuzen die Gleise der Museumsbahn Liesing-Kaltenleutgeben und folgen dahinter dem Mountainbike-Wegweiser der »Doktorberg-Strecke« auf einem Asphaltweg parallel zum Gleis. Der Weg wechselt auf die andere Seite der Bahn, verläuft stellenweise direkt neben der Kaltenleutgebener Straße, dann wieder etwas davon entfernt. Immer im Tal bleibend und dem Radweg folgend kommen wir durch die Waldmühlgasse zum Dreifaltigkeitsplatz und weiter durch die Promenadengasse zur Kreuzung mit der Pfarrgasse, bei der

Die Marienquelle bei Kaltenleutgeben.

wir etwas höher gelegen bereits die Pfarrkirche St. Jakobus der Ältere und die direkt unterhalb gelegene Jakobus-Kapelle von **Kaltenleutgeben (2)** sehen können (2.30 Std. / 7,9 km).

*ℹ️ In **Kaltenleutgeben** finden wir wieder eine **Jakobskirche**, die 1729–1732 errichtet wurde. Sie steht unterhalb eines Felsabbruchs leicht erhöht über dem Tal und ist über einen Stiegenaufgang zu erreichen. Am Fuß der Stiege befindet sich ein Brunnenhaus mit einer Statue des heiligen Jakob. Die Kirche gilt als das Hauptwerk des Barockbaumeisters Jakob Oecklh, der den Bau aufgrund eines Gelübdes, das er abgelegt hatte, aus eigener Tasche finanzierte.*

Von der Kirche orientieren wir uns an den Wegweisern »Wiener Hütte, Breitenfurt, Kalksburg, Rodaun, Laab im Walde« bergab zur Hauptstraße, auf dieser wenige Meter nach rechts und dann wieder links durch die Karlsgasse bergauf. Wir folgen einer weiß-rot-weißen und einer weiß-blau-weißen Markierung. Nach 5 Min. teilt sich die Straße, und wir gehen rechts neben der Doktorbergstraße, nun nur mehr blau markiert. Bei einem Kreuz neben der Straße zweigen wir auf einen markierten Waldweg ab und folgen ihm. Der Weg führt zur Marienquelle; unsere Markierung zweigt aber schon einige Meter davor links ab und ist leicht zu übersehen. Bei einer T-Kreuzung 200 m danach gehen wir links und wenige Meter weiter grün markiert rechts – wobei sich die erste Markierung erst an einigen Metern findet.
Wir wandern bergab; der Weg knickt nach rechts und führt weiter bergab, dann kommen wir zu einem Querweg, bei dem sich unser Weg wenige Meter nach links verschoben geradeaus fortsetzt. Am linken Rand einer Wiese entlang stoßen wir auf eine Straße, der wir rechts bergab folgen. An der Kreuzung mit der Birkengasse links und bei der nächsten Abzweigung wieder links. Vorbei an der Bushaltestelle **Breitenfurt** Volksschule kommen wir zu einer T-Kreuzung, bei der wir rechts auf einem Fußweg neben der Hirschentanzstraße bergab gehen.
Wir passieren den Gasthof Grüner, kreuzen die Hauptstraße und gehen gegenüber auf rot-weiß-roter Markierung durch die Georg-Sigl-Straße. Wo diese nach links knickt, folgen wir einem mit Schranken gesperrten Fußweg, ausgeschildert als Weg 404 und 444 Richtung Laab im Walde. Wir umrunden eine Wiese und kommen zur Königsbühelstraße, der wir nach links folgen. Die zweite Gasse, den Römerweg, gehen wir nach rechts, in der Gasse »An der Hundskehle« links und 20 m weiter wieder rechts. Beim Biobauernhof Ritter treten wir in den Wald ein und halten uns weiter an die rot-weiß-rote Markierung. Wir treffen auf die Mountainbikeroute »Pappelteichstrecke« und folgen ihr ebenso wie den Wegen 404 und 444 nach links. Für 10 Min. folgen wir einer breiten, ebenen Schotterstraße, von der unser markierter Weg aber dann nach rechts auf einem schmalen Waldweg abzweigt. Ein Bach wird überquert, dann kommen wir wenige Meter nach links zum Klos-

ter der Barmherzigen Schwestern des hl. Vinzenz von Paul, vor dem wir rechts auf einen Feldweg abbiegen. Durch dessen Fortsetzung, die Feldgasse, kommen wir zur Hoffeldstraße, auf der wir links und nach 100 m durch die Schlossgasse nach rechts gehen. An einer Kapelle und einem Spielplatz vorbei erreichen wir links haltend die Pfarrkirche von **Laab im Walde (3)** (2 Std. / 6,0 km).

> ℹ️ *In **Laab im Walde**, ursprünglich eine Ansiedlung von Köhlern und Waldarbeitern, befand sich bereits im 12. Jahrhundert eine Kirche, die dem hl. Koloman geweiht war. Zur Zeit der Türkenbelagerungen wurde sie zweimal zerstört; im 18. Jahrhundert wurde die ehemalige Kapelle des Schlosses mit einigen Nebenräumen zu einer Kirche erweitert. Der Kirchturm wurde 1930 auf seine heutige Höhe aufgestockt und mit dem Zwiebelhelm versehen.*

Wir gehen durch die Hauptstraße, rot-weiß-rot markiert, und biegen beim Wegweiser »Wanderweg 3/4« rechts ab. Wir verlassen den Ort durch die Forsthausgasse, die sich am Ortsende als Schotterstraße erst über Felder, dann durch den Wald fortsetzt. Bei der Kreuzung mit einer weiteren Schotterstraße gehen wir rechts bergauf. Diese biegt sich erst links in ein Tal hinein, dann in diesem rechts. Kurz darauf halten wir uns auf einem breiten Erdweg links, dem Wegweiser zum Wandererkreuz folgend. Es geht nun steiler bergauf. Bei einer Gabelung wählen wir den Weg halb rechts, kurz geht es bergab und dann wieder steiler bergauf. So gelangen wir zum **Wandererkreuz** mit Jausenbänken und Stempel.

400 m weiter kommen wir zu einem überdachten Unterstand, ab dem es wieder bergab geht. Bei der nächsten Gabelung rechts und auf unebenem Waldweg bergab. Eine geschotterte Forststraße wird gequert; wir gehen weiter geradeaus weniger steil bergab und unterqueren die Westautobahn. Wir treffen auf die Pernerstorferstraße

Der Stempel am Wandererkreuz bei Laab.

und folgen ihr nach rechts, an der Bushaltestelle Purkersdorf-Bauntzen vorbei. Durch die Deutschwaldstraße wandern wir links bergab, immer noch rot-weiß-rot markiert. Bei einem kleinen Parkplatz links der Straße gehen wir über eine Holzbrücke nach rechts und folgen einem Weg entlang des Baches nach links bergab. Die Straße wechselt ebenfalls ans rechte Bachufer, sodass wir nun neben dieser weitergehen. Wir passieren eine Hubertuskapelle und treffen dahinter wieder auf die Deutschwaldstraße. Vor dem Gasthof Klugmayer gehen wir rechts durch die Hyrtlgasse bergauf, dem Wegweiser Richtung Naturpark Purkersdorf folgend. Bei einer T-Kreuzung gehen wir links zum Portal des Naturparks Sandstein-Wienerwald und erreichen kurz darauf das **Naturparkzentrum** mit Infotafeln. Der Weg 444 führt geradeaus weiter, während wir dem Naturlehrpfad Richtung »Streicheltiere 35 Min.« folgen. Es geht bergab zur Straße und entlang dieser rechts bergab (Wer das Naturparkzentrum nicht besuchen möchte, kann auch neben der Straße, weiß-blau-weiß und weiß-rot-weiß markiert, weitergehen.) Der Naturlehrpfad folgt erst weiter der Deutschwaldstraße, dann aber, wo diese auf den Wienfluss trifft und ihn quert, bleiben wir an dessen rechtem Ufer.

Wir kommen an einem überdachten Rastplatz vorbei zum Sängerbrunnen und queren dahinter eine Straße, dann gehen wir bei einem Spielplatz halb links zu einem Steg über die Tullnerbachstraße. Der Fußweg führt rechts bergab zu einem Parkplatz und bei diesem wieder links auf einer Brücke über den Wienfluss. Wir gehen abermals rechts und gleich wieder links unter der Eisenbahn hindurch, dann geradeaus weiter durch die Karl-Kurz-Gasse zum Hauptplatz von **Purkersdorf (4)**, auf dem wir auf die offizielle Jakobsweg-Variante durch Wien treffen. Links von uns können wir bereits die Jakobskirche des Ortes sehen (2.30 Std. / 7,6 km).

ℹ️ **Purkersdorf** *siehe Etappe 6.*

In Purkersdorf queren wir den Wienfluss.

Unterkunft: Wien-Brigittenau (172 m): Jugendgästehaus Brigittenau (900 m abseits), Tel. +43/1/332 82 94-0. **Wien-Grinzing** (190 m, 1 km abseits): Hotel Müllner, Tel. +43/1/320 84 53. **Klosterneuburg** (192 m, 14.500 EW): Hotel Höhenstraße, Tel. +43/2243/321 91; Hotel Anker, Tel. +43/2243/321 34; Donaupark-Camping, Tel. +43/2243/258 77. **Kritzendorf** (205 m, 2550 EW): Pension Huber, Tel. +43/2243/338 84. **Höflein an der Donau** (179 m, 800 EW): Gasthof Roter Hahn, Tel. +43/676/958 99 67. **Stockerau** (176 m, 15.000 EW): Kolpinghaus, Tel. +43/2266/626 00; Gasthof zum schwarzen Elefanten, Tel. +43/2266/626 18; drei Hotels ab 36 €, Info über die Stadtgemeinde.

Die Strecke: Der Aufstieg auf den Kahlenberg erfolgt großteils mit mäßiger Steigung auf Asphalt, am Übergang zum Leopoldsberg und am relativ steilen Abstieg nach Klosterneuburg gibt es unbefestigte Wanderwege. Anschließend durchs Stadtgebiet von Klosterneuburg und weiter auf ebenem Rad- und Fußweg entlang der Donau-Auen, am Donauufer und über das Kraftwerk Greifenstein. Die letzten 5 km werden auf schönen Waldwegen zurückgelegt. **Asphaltanteil** ca. 70 %.

Höhenunterschied: Rund 400 m im Auf- und Abstieg.

Kritische Stellen: Keine.

Landschaft: Wir verlassen das Stadtzen-

Blick vom Leopoldsberg auf die Donau.

trum von Wien zunächst entlang des Donaukanals und anschließend durch die Villenviertel am nördlichen Stadtrand und wandern durch Weinberge auf Kahlenberg und Leopoldsberg mit ihrem atemberaubenden Panorama. Durch die östlichsten Ausläufer des Wienerwalds geht es hinunter in die schöne Stadt Klosterneuburg, die wir durchqueren. Zwischen dem »Durchstich«, einem künstlich angelegten Nebenarm der Donau, und den Gleisen der Franz-Josefs-Bahn gehen wir flussaufwärts. Wir kommen nach Höflein und Greifenstein, wo zwischen Donau und den steil aufragenden Bergen kaum Platz für Straße, Bahn und Fußweg bleibt, überqueren das Donaukraftwerk Greifenstein und erreichen durch die weiten Augebiete nördlich der Donau Stockerau.

Infrastruktur: Wien-Heiligenstadt ⊠ 🚋 🚆 🚌 €, 🚠 A ⊠ 🚌 🚆, Wien-Kahlenberg ⊠ 🚠 🚌, Wien-Leopoldsberg ⊠ 🚠, Klosterneuburg 🏨 ⊠ 🚋 🚆 🚠 A ⊠ 🚌 🚆 🌐, Kritzendorf 🏨 ⊠ 🚋 🚆 € ⊠ 🚌 🚆, Höflein an der Donau 🏨 ⊠ 🚌 🚆, Greifenstein ⊠ 🚋 🚌 🚆, In der Au ⊠, Stockerau 🏨 ⊠ 🚋 🚆 € A ✚ ⊠ 🚌 🚆 🌐.

Einkehr: Imbissbuden bei der Friedensbrücke und der U-Bahn-Station Spittelau, Cafés im Einkaufszentrum »Q19«, Pfarrwirt und Heuriger am Pfarrplatz in Heiligenstadt. Restaurant am Kahlenberg, mehrere Lokale in Klosterneuburg, Imbiss und Pizzeria in Kritzendorf, Gasthäuser in Höflein, Greifenstein und in der Au bei Stockerau. **Trinkwasserbrunnen** am Kahlenberg, am Leopoldsberg, in Klosterneuburg und Kritzendorf.

Touristeninformation: Tourismus Klosterneuburg, Tel. +43/2243/320 38-600.

Variante: Die beschriebene Etappe endet im Zentrum von Stockerau; wer irgendwo unterwegs übernachtet hat und noch ein Stück auf Etappe W6 fortsetzen will, ohne die Stadt zu besuchen, kann beim Augasthof Konrad geradeaus auf dem »Lenauweg« weitergehen: Während der Hauptweg auf einer Brücke nach links abzweigt, gehen wir auf dem geradeaus weiterführenden Weg entlang des Stockerauer Arms bzw. des darin einmündenden Göllersbachs weiter. Wir verlassen die Auwälder und kommen zur Donauuferautobahn. Unmittelbar davor führt der Radweg über eine Brücke an das andere Ufer des Göllersbachs, während wir auf unserer Seite unter der Autobahn hindurchgehen. Der Weg führt rechts zu einer Siedlung; wir bleiben auf dem Damm des Göllersbachs geradeaus. Rechts liegt ein großes Feld, an dessen Nordrand eine Straße, der Kastanienweg, verläuft. In dessen Verlängerung führt eine Fußgängerbrücke über den Göllersbach. Hier finden wir wieder einen Jakobsweg-Wegweiser.

Von der **Ruprechtskirche (1)** setzen wir unseren Weg entlang des Donaukanals fort und gehen über den Morzinplatz zur flussaufwärts nächstgelegenen Brücke, der Salztorbrücke. Links von dieser führt eine Rampe wieder hinunter zur Uferpromenade. An mehreren vor allem an Sommerabenden viel besuchten Lokalen vorbei gehen wir unter der Augartenbrücke und der Rossauer Brücke hindurch. Wir kommen am Lokal Summerstage vorbei, passieren Spiel- und Fitnessplätze, die U-Bahn-Station Rossauer Lände und den Siemens-Nixdorf-Steg. Dahinter wird der Weg schmäler und wir spazieren am baumbestandenen Ufer bis zur **Friedensbrücke**. Auch diese wird unterquert. Dahinter zweigt eine Rampe zur Station Spittelau ab, wir bleiben aber am Ufer und gehen an das Zaha-Hadid-Haus mit seinem eigenwilligen Baustil vorbei. Ein weiteres bekanntes Beispiel für zeitgenössische Architektur sehen wir bereits von Weitem: die von Friedensreich Hundertwasser gestaltete Müllverbrennungsanlage **Spittelau**.

Wir passieren ein Parkhaus, hinter dem der auf einem schmalen Uferstreifen zwischen Schnellstraße und Kanal verlaufende Weg etwas bergab führt und unterhalb der Straße verläuft. Wir kommen unter der Gürtelbrücke, dem Döblinger Steg und schließlich unter der **Heiligenstädter Brücke** hindurch. Immer noch dem Ufer folgend – die Schnellstraße verläuft hier auf einer Brücke, unterhalb derer sich unser Weg und ein großer Parkplatz befinden – kommen wir zu einem Fußgängersteg über den Donaukanal. 300 m weiter biegen wir links ab und verlassen die Uferpromenade. Ein Fußweg bringt uns zur Grinzinger Straße, der wir unter einer Eisenbahnbrücke hindurch folgen. Immer geradeaus auf dieser Straße kreuzen wir die Heiligenstädter Straße mit den Straßenbahnschienen und gehen dann leicht bergauf. Nach 500 m biegen wir rechts in die Nestelbachgasse ab und gelangen so auf den Heiligenstädter Pfarrplatz mit der Pfarrkirche St. Jakob in **Heiligenstadt (2)** (1.45 Std. / 6,2 km).

i *Der Ortsteil **Heiligenstadt** war bis 1892 eine eigenständige Gemeinde und ist seither ein Teil des 19. Wiener Gemeindebezirkes. Die Namensherkunft ist ungeklärt, möglicherweise bezieht sich der Name auf den uralten römischen Friedhof (»locus sanctus«) rund um die alte **Kirche St. Jakob.** Bei dieser relativ kleinen und schlichten romanischen Kirche handelt es sich um einen der ältesten Kirchenbauten Wiens. Im Jahr 1263 wurde ein Hospital neben der Kirche urkundlich erwähnt, das aber nach der Zerstörung durch die Türken 1683 nicht mehr aufgebaut wurde. Am Heiligenstädter Pfarrplatz befindet sich neben der Kirche noch ein altes **Weinhauerhaus,** in dem Ludwig van Beethoven im Sommer 1817 wohnte. Die angrenzende Eroicagasse erinnert an eines der berühmtesten Werke Beethovens, wobei die 3. Symphonie nicht hier komponiert wurde und in keinem Zusammenhang mit diesem Haus steht.*

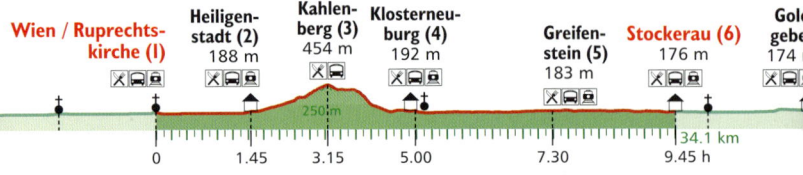

Durch die Eroicagasse gehen wir von der Jakobskirche nach Norden, kreuzen die Kahlenberger Straße und die Zahnradbahnstraße und biegen unmittelbar dahinter nach der Brücke über den Schreiberbach auf einen Fußweg an dessen Ufer bergauf ab. Links jenseits des Baches passieren wir erst einen Spielplatz und dann die »Beethovenruhe« mit Rastbänken. Wir queren die Kahlenberger Straße neuerlich und gehen durch die Wildgrubgasse am Friedhof Heiligenstadt vorbei. Wo der Weg geradeaus mit einem Schranken versperrt ist, wenden wir uns scharf nach rechts weiter auf Asphalt bergauf, einem Wegweiser Richtung Kahlenberg folgend.

400 m weiter steigen wir mit der gelben Markierung steiler links bergauf und treffen wieder auf die Kahlenberger Straße. Hier gehen wir links, der blauen Markierung folgend. Nach 100 m könnte man links der Kahlenberger Straße bergauf folgen, oder man geht gerade weiter blau markiert am Heinz-Werner-Schimanko-Weg, der bald in einen Schotterweg übergeht und wieder auf die Kahlenberger Straße trifft. In beiden Fällen gelangt man durch den Wald hinauf auf die Aussichtsterrasse und zur Kirche St. Joseph am **Kahlenberg (3)** (1.30 Std. / 5,0 km).

> ℹ Der **Kahlenberg** ist einer der schönsten Aussichtsberge über Wien; von ihm aus reicht die Sicht bei klarem Wetter bis zu den Kleinen Karpaten. Von der Spitze der Stefaniewarte kann man auch große Teile des nördlichen Niederösterreich überblicken. Aber hier fand auch ein bedeutendes geschichtliches Ereignis statt. Am 12. September 1683 wurde mit der Schlacht am Kahlenberg durch ein deutsch-polnisches Entsatzheer unter Führung des polnischen Königs Jan III. Sobieski die Belagerung Wiens durch die osmanischen Truppen des Großwesirs Kara Mustafa beendet, die Stadt befreit und der türkische Vormarsch gestoppt. Eine Gedenktafel erinnert an dieses Ereignis, und die kleine barocke, einschiffige **Kirche St. Josef**, die nach der Schlacht wieder aufgebaut wurde, wird bis heute von polnischen Priestern betreut und von Wallfahrern aus Polen besucht.

Wir gehen zum großen Parkplatz am Kahlenberg und folgen rechts von einer Bushaltestelle dem Stadtwanderweg 1a. 200 m weiter nehmen wir einen rot markierten Erdweg halb rechts, kommen über die Elisabethwiese mit Trinkbrunnen und halten uns am anderen Ende der Wiese bei einem Wegweiser Richtung Leopoldsberg, immer noch rot markiert. Nach 100 m treffen wir wieder auf Asphalt und wandern entlang der Höhenstraße zum Parkplatz am **Leopoldsberg** (Abstecher zur Burg und Kirche am Gipfel möglich; schöne Aussicht!).

Am Parkplatz beginnt bei einem WC-Häuschen ein blau-gelb markierter Weg, auf dem wir bergab wandern. Bei der nächsten Gabelung gehen wir schräg links bergab, dem Wegweiser »Klosterneuburg über Kollersteig« folgend. Auf einem teilweise sehr schmalen Erd- und Schotterweg gehen wir, immer wieder mit schönen Ausblicken auf das Donautal, bergab ins Ortsgebiet von **Klosterneuburg**. Auch die Gasse, auf die wir treffen, und die wir rechts bergab gehen, trägt den Namen Kollersteig.

Nach dem Queren der Andreas-Hofer-Straße liegt links die Kirche St. Leopold und dahinter ein Spielplatz mit Trinkwasserbrunnen. Immer noch am Kollersteig kommen wir zur Weidlinger Straße, queren diese und steigen gegenüber die Agnesstraße bergauf. An der Einmündung in die Leopoldstraße queren wir diese und gehen die Pater-Abel-Straße bergab. Die nächste Möglichkeit, den Tutzsteig, links bergauf, bei der folgenden T-Kreuzung rechts durch die Heisslergasse und die Gasse »Schiefergarten« zum Platz vor dem **Stift Klosterneuburg (4)** (1.45 Std. / 5,9 km).

Das Augustiner-Chorherrenstift Klosterneuburg.

i *Das **Augustiner-Chorherrenstift Klosterneuburg** gehört mit zu den bedeutendsten Klöstern Österreichs und geht auf eine Stiftung durch den österreichischen Markgrafen Leopold III. den Heiligen und seine Frau Agnes von Waiblingen Anfang des 12. Jh. zurück. Der Ort wurde zu dieser Zeit als »Neuburg« in den Urkunden genannt; hier befand sich auch die Residenz der Markgrafen. Unter Kaiser Karl VI. war geplant, das Stift Klosterneuburg zu einem »österreichischen Escorial«, also zu einer Klosterresidenz, umzubauen. Die Pläne wurden aber nie verwirklicht, es wurden nur einer von vier geplanten Höfen und zwei von neun Kuppeln fertiggestellt. Durch zahlreiche Um- und Zubauten finden sich im Stift heute unterschiedlichste Baustile von der Romanik bis zum Historismus.*

Am nordwestlichen Ende des Stiftsplatzes nehmen wir eine Treppe hinunter zur Gasse »Hundskehle« und gehen gegenüber durch die Kreutzergasse auf den Stadtplatz. Auf diesem geht es bergab. Vor uns sehen wir schließlich den Bahnhof Klosterneuburg-Kierling und queren links von diesem durch eine Unterführung die Bahn. Auf der anderen Seite folgen wir links dem Wegweiser des Donauradwegs Richtung Greifenstein und Tulln. Der Radweg verläuft entlang des »Durchstichs«, eines von der Donau abzweigenden Kanals. Der Weg wechselt schon bald über eine Brücke ans andere Ufer und verläuft dann immer zwischen Bahn und Durchstich, an den Haltestellen **Unter-Kritzendorf** und **Kritzendorf** vorbei.
10 Min. später entfernt sich die Bahn nach links und wir kommen zum Einlauf des Durchstichs. Rechts passieren wir einen Bootshafen und links den Silbersee. Weiter geht es nun direkt am Donauufer, an dem sich 20 Min. später im Ortsgebiet von **Höflein** auch ein kleiner Strand mit mehreren Rastbänken in der Nähe befindet. Kurz danach biegt sich der Radweg nach links vom Ufer weg, während wir an einem Schranken vorbei gerade weiter am Donauufer gehen, nun auf einem schattigen, teilweise grasbewachsenen Fußweg. 20 Min. später treffen wir beim Strombauamt wieder auf eine Straße. Sie bringt uns zu einem großen Parkplatz für Badegäste am Altarm von **Greifenstein (5)** (2.30 Std. / 8,9 km).

i *Die **Burg Greifenstein** hoch über der Donau wurde um das Jahr 1100 am nordöstlichsten Punkt des Wienerwaldes errichtet und kontrollierte gemeinsam mit der gegenüberliegenden Burg Kreuzenstein den Donaudurchbruch. Nach einem Brand im Jahr 2006 kann sie bis auf Weiteres nicht besichtigt werden. Die direkt oberhalb des Bahnhofs gelegene Pfarr- und Wallfahrtskirche **Maria Sorg** hat zwar ebenfalls wehrhaften, burgähnlichen Charakter, wurde aber erst 1953–1966 errichtet. Das **Donaukraftwerk** Greifenstein mit seiner ca. 450 m langen und 13 m hohen Staumauer wurde 1985 in Betrieb genommen. Es wurde mitten im ehemaligen Auwaldgebiet von Stockerau »im Trockenen« gebaut; der alte **Donauarm** ist heute ein beliebtes Naherholungsgebiet, das zum Baden einlädt.*

Die Fischtreppe am Altarm von Greifenstein.

Über den Damm am unteren Ende des Altarmes direkt beim Parkplatz gehen wir Richtung Donau, überqueren die Fischtreppe und wandern am anderen Ufer links auf Asphalt flussaufwärts zum ehemaligen Gasthaus Jarosch. Unmittelbar dahinter gehen wir rechts dem Radwegweiser Richtung Korneuburg folgend bergauf zum **Donaukraftwerk Greifenstein**, über das wir hinüber ans nördliche Donauufer wechseln. Dort folgen wir der breiten Zufahrtsstraße in einem Bogen nach links und dann wieder nach rechts. Auf einer Brücke wird das Krumpenwasser überquert, dann kreuzt eine geschotterte Forststraße. Bei der zweiten Schotterstraße gibt es einen Radwegweiser Richtung Stockerau, dem wir nach links folgen. 500 m weiter leitet uns die Beschilderung nach rechts, dann nach 250 m am Hauptweg nach links. Wir kommen zu einer T-Kreuzung, gehen rechts und bei der nächsten Möglichkeit dem Radwegweiser folgend Richtung Hausleiten und Sierndorf links. Wir wandern nun am Krumpenwasser entlang und kommen zum **Augasthof** Konrad. Hier wenden wir uns nach rechts und folgen einem schönen Fußweg in einer schmalen Allee, der bei einem großen, alten Forsthaus auf eine Asphaltstraße trifft. Auf dieser verlassen wir den Auwald und kommen zu einem Kreisverkehr, den wir links umgehen. Wir gehen unter der Donauuferautobahn hindurch und erreichen einen weiteren Kreisverkehr. Bei diesem gerade weiter durch die Austraße, über eine alte Betonbrücke und direkt entlang der Bahngleise nach rechts zum Bahnhof Stockerau.

Bei diesem durch die Unterführung auf den Bahnhofsplatz, dort links in die Bahnhofstraße. Auf ihr gelangen wir ins Zentrum der Stadt und gehen gerade weiter durch die Schießstattgasse zur Pfarrkirche von **Stockerau (6)** (2.15 Std. / 7,9 km).

i **Stockerau** *siehe Etappe W5.*

Unterkunft: **Ried am Riederberg** (205 m, 7200 EW): Gasthof Schmid, Tel. +43/2271/2218-0. **Siegersdorf** (208 m, 342 EW): Selbstversorgerhütte für Pilger mit Schlafsack gegen freiwillige Spende, Tel. +43/664/820 70 27.

Die Strecke: Nur am Beginn des Weges in Purkersdorf sowie bei den Ortsdurchquerungen gibt es befestigte Wege, sonst großteils Forststraßen, Feldwege und kleine Waldwege. Nach Regenfällen mühsam zu begehen, da stellenweise sehr matschig. Mehrere etwas anstrengende Anstiege, die aber durch lange ebene Abschnitte unterbrochen werden. Asphaltanteil ca. 30 %.

Höhenunterschied: Rund 700 m im Auf- und Abstieg.

Kritische Stellen: Im Großen und Ganzen ist der Weg durchgehend markiert und beschildert; lediglich an einer Stelle kurz vor der Klosterruine (siehe Tourenbeschreibung) fehlt ein Wegweiser.

Landschaft: Der Wienerwald mit seinen ausgedehnten Beständen an Buchen dominiert diese Etappe. Zwischen Purkersdorf und Ried geht es ständig durch den Wald, wobei man knapp unterhalb des Troppbergs vorbeikommt – ein unbedingt lohnender Abstecher zur dortigen Aussichtswarte eröffnet einen der schönsten Rundblicke des Wienerwaldes. Man durchquert auch eine der Kernzonen des Biosphärenparks und trifft auf die Ruinen eines mittelalterlichen Klosters. Die zweite Hälfte der Tour folgt den Tälern des Elsbachs und der Großen Tulln, wobei wir hauptsächlich über Felder wandern.

Infrastruktur: Riedanleithen ⚔ (nur Sa+So), Ried am Riederberg ⚔ 🚌, Elsbach (221 m, 585 EW) ⚔ 🚌, Sieghartskirchen (205 m, 1800 EW) ⚔ 📧 € 🅰 ✉ 🚌, Siegersdorf 🏠 🚌.

Einkehr: Gasthaus Hochramalpe (mit idyllischem Teich und Bootsverleih, 15 Min. abseits), Jausenstation Hoffmann in Riedanleithen (nur Sa+So, 10 Min. abseits), Gasthof Schmid und Café Poyer in Ried am Riederberg, Gh. Klaghofer in Elsbach, Gh. Kleine Post in Sieghartskirchen. **Trinkwasser** bei der Quelle beim Kloster und beim Jakobsbrunnen in Siegersdorf.

Touristeninformation: Wienerwald Tourismus GmbH, Tel. +43/2231/621 76.

Die Jakobskirche von Purkersdorf.

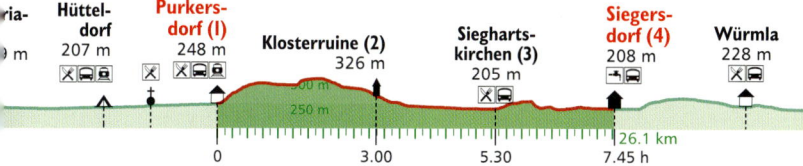

ria-	Hüttel-dorf	Purkers-dorf (I)	Klosterruine (2)	Sieghartskirchen (3)	Siegers-dorf (4)	Würmla
m	207 m	248 m	326 m	205 m	208 m	228 m

300 m
250 m

0   3.00   5.30   7.45 h
26.1 km

Hinter der Pfarrkirche hl. Jakob in **Purkersdorf (1)** gehen wir über den Jako-busplatz, auf dem sich eine Orientierungstafel über den »Jakobsweg, Teil-etappe Troppberg« befindet, und weiter durch die Kaiser-Josef-Straße. Wir folgen einem Wegweiser schräg nach rechts Richtung Ried und Troppberg durch die Berggasse bergauf. Bei einer weiteren Abzweigung schräg nach rechts, gleich ausgeschildert, steiler bergauf und alsbald auf einem Erdweg in den Wald. In diesem nehmen wir die Abzweigung nach links, grün mar-kiert, auf einem Schotterweg. Wir queren eine Forststraße und wandern wei-ter grün markiert bergauf. Kurz geht es bergab, dann gehen wir bei einem Jakobsweg-Wegweiser wieder rechts auf einer Schotterstraße bergauf. Wir passieren eine Abzweigung nach rechts zur Hochramalm und gehen hier gerade weiter Richtung Troppberg. 500 m weiter halten wir uns schräg rechts, immer grün markiert.

Auf einer geschotterten Forststraße gehen wir bergab und kommen 10 Min. später zu einer Stelle, an der ein grün markierter, schmaler, nur zu Beginn verwachsener Erdweg schräg nach links abzweigt. Vor allem bei Regen und Nässe kann man aber auch auf der Forststraße bleiben – beim **Roten Kreuz**, zu dem wir in ca. 10 Min. gelangen, treffen die beiden Varianten wieder zu-sammen. Wenige Meter weiter gibt es wieder einen Wegweiser, bei dem wir schräg rechts die grün markierte Schotterstraße wählen. Nach 500 m weist ein Wegweiser links zur Jausenstation Hoffmann (5 Min. Abstecher); wir blei-ben geradeaus auf dem grün markierten Weg, der bald darauf von der Schot-terstraße abzweigt und am Waldrand entlang bergauf führt. Der Weg trifft kurz danach auf eine Schotterstraße, die wir bergauf gehen. In einer Linkskurve zweigt ein schmälerer Weg ab, auf dem wir steil und steinig bergauf steigen. Etwa 800 m weiter kann man auf einem steilen Weg rechts bergauf einen Abstecher zu den beiden Aussichtswarten am **Troppberg** (eine längst von den Bäumen überragte alte, niedrige Warte aus Stein steht neben einer neu-en, hohen, an einen Hochspannungsmast erinnernden Warte aus Metall) machen. Der beschilderte Jakobsweg führt wenige Meter nach der Abzwei-gung zur Warte wieder zu einer Kreuzung mit Wegweisern, an der wir gerade weitergehen. Kurz danach gibt es eine zweite Abzweigung zur Warte und viele Wegweiser – auch hier gerade weiter bergab Richtung Klosterruine. Der Jakobsweg ist ab jetzt zugleich Weitwanderweg 404, er ist gut beschil-dert und sowohl weiß-rot-weiß als auch rot-weiß-rot markiert.

Der Weg führt zu einer großen Wiese, biegt sich vor dieser nach rechts und verläuft an ihrem Rand entlang, dann entlang von Feldern und über diese. Kurz vor dem nächsten Waldrand gibt es wieder einen etwas versteckten Wegweiser geradeaus. Bei der nächsten Gabelung links, an einer T-Kreuzung abermals links und kurz steil hinunter zu einem Bach, den wir queren. Auf der anderen Seite geht es steil hinauf durch den Wald, bis der Weg auf eine Schotterstraße trifft. Hier gehen wir nach rechts über eine große Wiese. Bevor man wieder in den Wald kommt, zweigt ein Weg nach links Richtung »Klosterruine 30 Min.« ab.

Es geht leicht bergauf durch den Wald. Achtung, 5 Min. nach der Lichtung steht an der Abzweigung eines schmäleren Weges schräg nach rechts kein Wegweiser, und auch die Markierung ist erst einige Meter weiter angebracht. Hier diesen schmäleren Weg nehmen, dann wieder bergab zu einer Kreuzung, bei der wir dem Schild Richtung Klosterruine schräg nach rechts folgen. Ab hier finden wir auch grüne und blaue Markierungen. Letzteren folgen wir nun wenige Meter vor einer querenden Schotterstraße auf einem schmalen Fußweg nach links bergab. Links begleitet uns ein Bächlein; der Weg wird zu einer Forststraße, über die das Wasser fließt. 80 m danach kommen wir zur »Quelle im Paradies« und wenige Meter weiter zur **Klosterruine (2)** (3 Std. / 10,5 km).

> *i* *In einem abgelegenen Tal abseits der Reichsstraße, die schon seit römischer Zeit über den Riederberg führte, entstand Mitte des 15. Jh. das **Franziskanerkloster »Im Paradies«**. Nur etwas mehr als ein halbes Jahrhundert später fiel ein Großteil der Klosteranlage aber bereits einem Brand zum Opfer. 1529 schließlich kamen türkische Soldaten auf ihren Raubzügen rund um Wien auch bis zum Kloster, zerstörten es endgültig und ermordeten die 18 noch hier verbliebenen Ordensbrüder. Heute sind nur mehr die Grundmauern einer kleinen spätgotischen Kirche zu sehen, der Ort strahlt aber immer noch jene Ruhe und Beschaulichkeit aus, wegen der das Kloster ursprünglich an dieser Stelle gegründet worden war.*

Wir folgen weiter der rot-weiß-roten und blauen Markierung auf einem Steg über einen Bach, dann an diesem entlang und am Rand des Waldes über Bretter ans linke Ufer. Ein Jakobsweg-Wegweiser zeigt nach rechts, und über Felder gelangen wir zu einer T-Kreuzung, bei der wir auf Asphalt nach rechts bergab gehen. Ca. 70 m weiter mündet der Weg in die Kirchenstraße, auf der wir zur Pfarrkirche hl. Johannes der Täufer in **Ried am Riederberg** gelangen. Bei der Kirche gibt es eine Jakobsweg-Infotafel und einen Pilgerstempel.

Weiter in der Kirchenstraße kommen wir zu einer T-Kreuzung bei einer kleinen Kapelle mit Heiligenfigur und folgen dem Wegweiser nach links durch die Hauptstraße. Etwa 100 m weiter gehen wir bei einer Gabelung schräg links und verlassen den Ort durch die Hoffeldstraße. Am Ende des Asphalts nehmen wir den ersten abzweigenden Feldweg nach rechts und gleich den nächsten nach links an einem Bach entlang. Der Weg biegt sich nach rechts, danach gehen wir die erste Abzweigung nach links in den Ort **Elsbach**.

Wir folgen der Alten Poststraße, vorbei an einem Bildstock, einem Sportplatz und einer Jausenbank. Bei der nächsten Möglichkeit links in die Rechte Bachgasse, über einen Steg hinüber ans andere Ufer und auf der Linken Bachgasse bis zur Hauptstraße, auf der wir links gehen. Unmittelbar vor der Brücke über den Elsbach können wir einen Abstecher von 50 m nach rechts zur Dorfkapelle zu den heiligen Schutzengeln in Elsbach machen, bevor wir den Bach queren, gleich dahinter rechts abbiegen und dem Jakobsweg-

Das Rote Kreuz bei Purkersdorf.

Wegweiser sowie der Beschilderung des Radwegs 421 erst auf Schotter, dann auf Asphalt folgen. Der Weg biegt sich nach rechts, quert wieder den Bach, danach gehen wir nach links und folgen für eine halbe Stunde dem Bach in den nächsten Ort, **Sieghartskirchen (3)**. Wir betreten den Ort durch die Elsbachgasse, wenden uns über die Brücke der Wassergasse nach links, treffen auf die Pressbaumer Straße und gehen auf ihr rechts, über den Hauptplatz und die Wiener Straße, bis wir die inmitten des Friedhofs gelegene Pfarrkirche erreichen (2.30 Std. / 7,8 km).

*Sieghartskirchen trägt die Kirche schon in seinem Namen, und tatsächlich dürfte es sich um eine Ortschaft handeln, die im Mittelalter an der uralten Reichsstraße Wien–Linz von einem gewissen Sieghard rund um eine wehrhafte, von einer Befestigungsmauer umgebene Kirche gegründet wurde. Die **Pfarrkirche** der hl. Margaretha ist ein romanischer, gotisch überbauter und im Inneren barockisierter Bau. Bereits im 16. Jahrhundert gab es hier eine Poststation, und die Bedeutung des Ortes als letzter Übernachtungsort vor Wien ging erst nach dem Bau der Eisenbahnstrecke über Rekawinkel zurück, die Sieghartskirchen links liegen ließ.*

An der Straßenkreuzung beim Friedhof zweigen schräg nach links und rechts jeweils Straßen von der B 1 ab. Der Jakobsweg – gekennzeichnet durch einen Stein mit Muschel und Pfeil – weist in die Feldgasse nach links. Wir folgen ihm und kommen an einer Rosalienkapelle vorbei. Die Feldgasse setzt sich als asphaltierter Feldweg fort; bei einer kreuzenden Stromleitung nehmen wir einen Feldweg nach rechts bergauf, dann bergab, dann die zweite Möglichkeit wieder links bergauf. Dieser Zickzack-Kurs ist gut mit Jakobsweg-Wegweisern beschildert. Zu unserer Rechten liegt ein Wäldchen, nach einem Rechtsbogen des Weges dann zu unserer Linken. Wir genießen einen schönen Blick auf Abstetten mit der Pfarrkirche hl. Martin, gehen über Felder bergab und kommen für ein Stück auf Asphalt.

Danach gehen wir den ersten Feldweg nach links schräg retour, leicht bergauf, dann wieder bergab. Bei einer T-Kreuzung auf Asphalt nach rechts bergab, die erste Möglichkeit wieder nach links auf Schotter zu einer weiteren T-Kreuzung, an der 30 m nach links das Weiße Kreuz mit schattiger Rastbank liegt. Der Jakobsweg führt hier aber nach rechts und beim nächsten Feldweg wieder nach links. Im Ort **Dietersdorf** stoßen wir auf eine T-Kreuzung, an der wir durch die Steinbruchstraße nach rechts gehen. An der folgenden T-Kreuzung geht es durch die Straße »Lindenhöhe« nach links; wer möchte, kann aber nach rechts über die Schlossstraße und die Kapellenstraße einen Abstecher zur Ortskapelle von Dietersdorf machen.

Die Straße »Lindenhöhe« führt in den Wald und wird zur Schotterstraße. Bei einer Gabelung schräg rechts bergab zum Waldrand, an diesem entlang am Rand der Ortschaft **Plankenberg** weiter. An einem Haus mit einem Gemälde des hl. Christophorus vorbei gehen wir am Ufer der Großen Tulln entlang. Bei einer weiteren Gabelung schräg links durch die Eichbergstraße, weiter am Wandrand entlang, dann über Felder. Wir passieren das »Kreuz am Weg« und kommen über Felder zur T-Kreuzung mit der Hauptstraße von **Siegersdorf (4)** (2.15 Std. / 7,8 km).

*Dass es in **Siegersdorf** einen **Jakobsbrunnen**, eine Selbstversorgerhütte für Pilger und seit 2007 auch noch einen neu errichteten Bildstock mit einer **Jakobusstatue** gibt, ist ein schönes Beispiel dafür, wie die Idee des Jakobsweges von der lokalen Bevölkerung aufgegriffen wird. Historisch betrachtet hat der Ort mit dem Jakobsweg nämlich nichts zu tun; die Reichsstraße verlief mehrere Kilometer weiter nördlich über Streithofen.*

Alte Weinpresse in Siegersdorf.

Unterkunft: Würmla (228 m, 560 EW): Gasthof Kirchenwirt Burger, Tel. +43/2275/8225. **Herzogenburg** (229 m, 2870 EW): Unterkunft im Stift, Tel. +43/2782/831 12-0; Gasthaus Buchsbaum, Tel. +43/2782/832 77.

Die Strecke: Auch auf dieser Etappe dominieren anfangs unbefestigte Wege

und es geht bergauf über einen Bergrücken. Zwischen Würmla und Diendorf wird für etwa 3 km die Straße benützt, dann folgt ein Stück über Feldwege entlang des Perschling-Hochwasserkanals. Nach der Durchquerung von Langmannersdorf folgt wieder ein langer Abschnitt über Feldwege. Der Abstieg zum »Mittelpunkt Niederösterreichs« ist recht steil, dann geht es wieder fast eben weiter, bis schließlich das letzte Stück durch St. Andrä an der Traisen und Herzogenburg wieder auf Asphalt zurückgelegt wird. **Asphaltanteil** ca. 60 %.

Höhenunterschied: Rund 380 m im Auf- und Abstieg.

Kritische Stellen: Bei der Wilhelm-Kisser-Jubiläumswarte nicht dem Wanderweg nach links, sondern unbeschildert geradeaus weitergehen.

Landschaft: Wald und Kulturland wechseln auf dieser Etappe ab. Wir bewegen uns durch die Ausläufer des Wienerwaldes am Südrand des Tullner Beckens und wechseln dabei vom Tal der Großen Tulln zunächst in das breite und flache Perschlingtal und schließlich ins Tal der Traisen. Von der Kisserwarte und der Max-Schubert-Warte am geografischen Mittelpunkt Niederösterreichs hat man jeweils einen schönen Rundblick.

Infrastruktur: Asperhofen (212 m, 570 EW) ⊠ 🖫 € ⊠ 🚌, Würmla 🏠 ⊠ 🖭 🖫 € 🚌, Diendorf (203 m, 100 EW) 🚌, Langmannersdorf (208 m, 360 EW) ⊠ 🚌, Herzogenburg 🏠 🏠 ⊠ 🖭 🖫 🖪 € A ⊠ 🚌 🖪.

Einkehr: Gasthöfe in Asperhofen (500 m abseits), Würmla und Langmannersdorf, mehrere Einkehrmöglichkeiten in Herzogenburg. **Kein Trinkwasser** unterwegs.

Touristeninformation: Stadtgemeinde Herzogenburg, Tel. +43/2782/833 15.

Die Kisserwarte bei Asperhofen.

Wir durchqueren **Siegersdorf (1)** auf der Große-Tulln-Straße, kommen zu einer T-Kreuzung bei einer Traubenpresse und gehen rechts durch die Bachgasse zu einer Brücke über die Große Tulln. Bei der T-Kreuzung nach der Brücke nach links und entlang des Flusses. Vor dem Steg über den in die Große Tulln einmündenden Moosbach zeigt ein JakobswegWegweiser nach rechts auf einen Feldweg entlang des Baches. Der Weg biegt sich nach rechts und führt ca. 100 m an der B 19 entlang. Wir queren die Bundesstraße und gehen gegenüber durch die Altaugasse.

Bei der Kreuzung mit der Hauptstraße von **Asperhofen** diese nach rechts und nach ca. 70 m schräg nach links durch die Birkengasse. Wir bleiben auf dieser, kommen an einem Bildstock vorbei und über Felder hinauf zur **Wilhelm-Kisser-Jubiläumswarte**. Bei dieser zweigt ein Wanderweg nach links ab, der Jakobsweg geht aber – nicht beschildert – geradeaus weiter! Wir wandern über Felder bergauf; wo es wieder bergab geht, weist ein Jakobsweg-Wegweiser geradeaus weiter. Von rechts stößt eine blau-weiß-schwarze Markierung hinzu, die nun auf unserem Weg gerade weiter durch lichten Wald verläuft. Bei der folgenden Gabelung leiten ein Jakobsweg-Wegweiser und die Markierung schräg nach links.

Wir kommen zur Kreuzung bei der »**Bildeiche**« (ein Holzkreuz mit Marienfigur), bei der es eine Orientie-

Die Bildeiche mit dem Pilgerstempel.

rungstafel sowie einen Pilgerstempel gibt. Der Jakobsweg führt auf einem Erdweg nach links weiter durch den Wald und ist neben blau-weiß-schwarz nun auch noch weiß-rot markiert. Wir kommen zur **Eisernen Hand** – einem Holzkreuz, an dem ein Bauer aus Dankbarkeit eine Blechhand anbringen ließ, weil ihm bei einem Unfall ein vollbeladener Holzwagen über die Hand gerollt war, ohne dass er dabei verletzt wurde.

Wir bleiben auf dem Hauptweg, der sich 50 m weiter nach links und dann wieder nach rechts biegt. Bei einer Gabelung nach ca. 5 Min. gehen wir dem Jakobsweg-Wegweiser Richtung Würmla folgend schräg links. Wir kommen aus dem Wald heraus; erst links und dann rechts begleiten uns Felder, und wir kommen am Rand der Ortschaft **Holzleiten** vorbei. Ab hier ist der Weg wieder asphaltiert. In einer Linkskurve gibt es eine Jakobsweg-Orientierungstafel und einen Stempel; wenige Meter weiter folgen wir bei einer T-Kreuzung dem Asphalt nach rechts und gelangen auf dem Holzleitenweg ins Ortsgebiet von Würmla. An der T-Kreuzung mit der Tullner Straße vor dem Friedhof führt der Jakobsweg nach rechts; nach links können wir noch zuvor einen Abstecher durch die Tullner Straße und deren Fortsetzung, die Hauptstraße, zur Pfarrkirche hl. Ulrich in **Würmla (2)** machen (2.15 Std. / 8,5 km); man kann auch noch ein Stück weiter durch die Hauptstraße und am Schlossweg nach rechts zum Schlosspark von Würmla mit Seerosenteich und Spielplatz gehen. Der eigentliche Jakobsweg führt beim Friedhof durch die Tullner Straße nach rechts. Nach 300 m biegen wir an einer Kreuzung mit Wegkreuz nach links ab, dem Straßen-Wegweiser Richtung Diendorf folgend. Auf einer schwach befahrenen Asphaltstraße gehen wir über die Felder. Bei einem Bildstock zwischen Bäumen gibt es eine Abzweigung nach links, wir bleiben aber

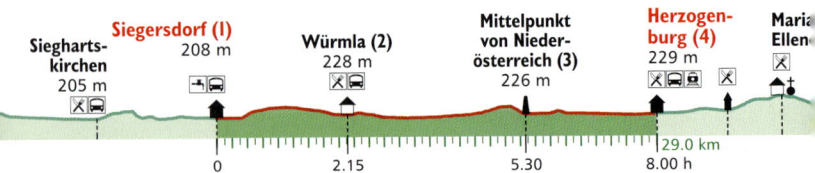

noch für 50 m auf der Asphaltstraße und zweigen dann schräg nach links auf einer Schotterstraße ab. Bei einer T-Kreuzung halten wir uns links und bei der nächsten Möglichkeit rechts, unter der Westbahn hindurch. Dahinter gehen wir bei einem Kreuz nach rechts und die erste Abzweigung wieder nach links, direkt auf die Kirche von **Diendorf** zu. Wir treffen auf die Wiener Straße B 1, gehen auf dieser nach rechts und die nächste Möglichkeit wieder nach links auf der Tautendorfer Straße aus dem Ort hinaus. Nach 200 m queren wir den Perschling-Hochwasserkanal und wenden uns an dessen anderem Ufer nach links. Die nächste gute halbe Stunde wandern wir am Kanal entlang, bis wir wieder auf eine Straße treffen.

Auf der Straße kommen wir, bei einer Brücke die Perschling querend, in den Ort **Langmannersdorf**, in dem wir direkt auf die Dorfkapelle Maria Hilf zugehen. Neben dieser befinden sich auch ein Brunnen mit der Figur des hl. Jakobus und eine Orientierungstafel. Dem Jakobsweg-Wegweiser folgend gehen wir über den Dorfplatz an der Feuerwehr vorbei und nehmen gleich danach die Abzweigung schräg nach rechts in die Barockstraße. Am Ortsende passieren wir ein Kreuz mit Hahn und Werkzeugen, folgen noch kurz weiter der Asphaltstraße zwischen Feldern und nehmen dann die Abzweigung schräg nach links auf einen asphaltierten Feldweg entlang einer Stromleitung.

An der nächsten Kreuzung stehen ein Marterl und ein Wegweiser nach Santiago de Compostela. Hier gehen wir leicht schräg nach rechts weiter, erst noch auf Asphalt, dann auf Schotter, und erreichen einen Wald, an dessen Rand sich der Weg gabelt. Wir gehen links am Wandrand entlang leicht bergauf, dann eben. Der Weg macht eine scharfe Links- und eine Rechtskurve und führt dann bei einem Jakobsweg-Wegweiser in den Wald, an einem Bildbaum vorbei und zu einer Kreuzung, bei der unser Weg nach links abbiegt – rechts käme man laut Wegweiser zum Schloss Heiligenkreuz-Gutenbrunn und zur Wallfahrtskirche Mariä Himmelfahrt. Bergab gehend kommen wir am Waldrand zu einer Kreuzung mit Orientierungstafel und Stempel. Hier noch ca. 150 m weiter auf Asphalt geradeaus bergab, dann biegt der Jakobsweg auf einem geschotterten Feldweg nach rechts ab. Hier lohnt sich aber noch ein Abstecher von ca. 250 m weiter geradeaus zum »**Mittelpunkt von Niederösterreich**« **(3)** (3.15 Std. / 11,7 km) mit Infotafel und der Max-Schubert-Warte.

*Beim **Mittelpunkt Niederösterreichs** handelt es sich genau genommen um den ebenen Flächenschwerpunkt, das heißt, würde man den Umriss des Bundeslandes mit der Laubsäge aus einer Holzplatte ausschneiden und diese an diesem Punkt mit einer Nadel unterstützen, wäre sie im Gleichgewicht. Die Max-Schubert-Warte erinnert mit ihrem Namen an einen bedeutenden Geometer und Zivilingenieur des Landes Niederösterreich und bietet einen schönen Rundblick über das Perschlingtal.*

Weiter auf dem ausgeschilderten Jakobsweg kommen wir zu einer T-Kreuzung, bei der wir wieder rechts auf den Wald zuhalten. Kurz vor diesem neh-

Das Barockstift von Herzogenburg.

men wir den linken von drei Wegen, gehen am Waldrand entlang zu einer T-Kreuzung und bei dieser auf einem Feldweg links bergab zur L 110, auf der wir rechts an einem Marterl vorbeigehen.

300 m nach diesem folgen wir dem Jakobsweg-Wegweiser und dem Radweg 411 nach rechts auf einem Asphaltweg, der gleich in Schotter übergeht. Bei der nächsten Kreuzung auf einem etwas schmäleren

Rastplatz vor Langmannersdorf.

Schotterweg nach links, dann wieder bei einer Orientierungstafel mit Stempel auf einem Feldweg nach rechts. Bei der nächsten Möglichkeit wieder links und nach 250 m bei einem Weinkeller schräg nach rechts bergab in den Ort **Unterwinden**. Der Weg mündet in eine Asphaltstraße, diese gehen wir geradeaus weiter, queren die L 220 und gehen bei der Gabelung kurz danach nach links. Bei der T-Kreuzung bald darauf nehmen wir die Ortsstraße Unterwinden nach rechts, queren den Mühlbach und gelangen in den Ort St. Andrä. Wir folgen der Sankt Andräer Ortsstraße zu einem Platz mit Kriegerdenkmal. Der Jakobsweg biegt hier scharf links in die Birkengasse ab, zuvor kann man aber noch einen Abstecher schräg links zur Pfarrkirche hl. Andreas von **St. Andrä an der Traisen** machen. Es handelt sich um die Kirche eines ehemaligen Augustiner-Chorherrenstifts.

Wir gehen durch die Birkengasse, an einem Marterl am Ortsende vorbei und weiter durch Felder und Waldstücke. Auf einer Brücke queren wir die Traisen; ca. 150 m weiter biegt sich der Weg nach links und nähert sich bald der Kremser Schnellstraße S 33. An dieser entlang gehen wir auf dem »Schrebergartenweg«, bei einer Unterführung unter der S33 hindurch, und kreuzen gleich darauf die Tullnerfelder Bahn. An einem Fußballplatz entlang kommen wir zu einer T-Kreuzung, bei der wir schräg rechts dem Wegweiser »Herzogenburg Stift« folgen. Auf dem Auring und bei der folgenden Kreuzung links auf dem Prandtauer Ring gelangen wir zum Stift von **Herzogenburg (4)** (2 Std. / 8,9 km).

ℹ️ *Wie schon der Name verrät, entstand **Herzogenburg** rund um eine den bayerischen Herzögen unterstehende Befestigungsanlage an der Ostgrenze gegen Mähren. Der Name wird 1014 erstmals beurkundet; damals schenkte Kaiser Heinrich II. dem Bischof von Passau einen Grund zur Errichtung der heutigen Stifts- und Pfarrkirche. Das **Augustiner-Chorherrenstift** besteht seit 1244 und wurde ab 1714 barockisiert, es gehört zu den bedeutendsten Sakralbauten Niederösterreichs und wurde zwischen 2000 und 2012 umfangreich renoviert.*

Unterkunft: Inzersdorf ob der Traisen (260 m, 420 EW): Gasthaus Stelzhammer, Tel. +43/2782/848 07. **Maria Ellend** (395 m): Gasthaus zur Schönen Aussicht, Tel. +43/2736/731. **Paudorf** (257 m, 2500 EW): Pilgerherberge im Hellerhof (vor der Brücke über den Höbenbach 300 m nach links, freie Spende), Tel. +43/664/634 61 76; Gasthaus Grubmüller, Tel. +43/2736/7268; Stift Göttweig (425 m); Pilgerunterkunft im Stift, Tel. +43/2732/855 81-332. **Mautern** (201 m, 2800 EW): mehrere Gasthöfe und Gästezimmer, Info bei der Gemeinde.

Die Strecke: Nach einem ersten Stück auf Asphalt durch Herzogenburg geht es über Feldwege bergauf-bergab nach Walpersdorf. Durch Inzersdorf und Walpersdorf auf Straßen, dann wieder gemächlich über Feldwege hinauf nach Maria Ellend. Wieder bergab ins Tal des Höbenbachs, großteils auf einem asphaltierten Wirtschaftsweg. Es folgt ein steiler Aufstieg über Wanderwege zum Stift Göttweig mit anschließendem noch steilerem Abstieg nach Aigen. Das letzte Stück nach Mautern geht man fast eben über asphaltierte Wirtschaftswege. **Asphaltanteil** ca. 55 %.

Höhenunterschied: Rund 500 m im Auf- und Abstiege.

Kritische Stellen: An der Abzweigung hinter dem Gegenkreuz fehlt ein Jakobsweg-Wegweiser; auch der Aufstieg zum Stift Göttweig ist nicht beschildert.

Landschaft: Bis auf den bewaldeten Göttweiger Berg und kurze Stücke am Waldrand gehen wir auf dieser Etappe ausschließlich über Felder bzw. am Ende durch Weinberge. Trotzdem gehört dieser Weg durch das von vielen als eintönig angesehene Gebiet des Tullner Beckens nicht nur kulturell, sondern auch landschaftlich durchaus zu den reizvolleren Abschnitten. Höhepunkte sind der Göttweiger Berg und die tief eingeschnittenen Hohlwege bei Furth, von denen der Zellergraben mit seinen bis zu 12 m hohen Lösswänden nicht nur der imposanteste ist, sondern wegen seiner Flora und Fauna zum Naturdenkmal erklärt wurde.

Infrastruktur: Walpersdorf ⊠, Inzersdorf ob der Traisen 🏠 ⊠ ☑ € 🚌, Maria Ellend 🏠 ⊠, Paudorf 🏨 🏠 ⊠ 🛒 ☑ € 🚌, Göttweig 🏨 ⊠ 🛒, Mautern 🏠 ⊠ 🛒 € 🅰 ⊠ ℹ 🚌.

Einkehr: Schlossküche Blauenstein in Walpersdorf, Gasthäuser und Heurige in Inzersdorf, Gasthaus zur Schönen Aussicht in Maria Ellend, Gasthaus Grubmüller in Paudorf (500 m abseits), Stiftsrestaurant in Göttweig, zwei Gasthäuser und Pizzeria in Mautern. **Kein Trinkwasser** unterwegs.

Touristeninformation: Stadtgemeinde Mautern, Tel. +43/2732/831 51, stadtgemeinde@mautern-donau.gv.at.

Anmerkungen: Im Gegensatz zu den beiden vorangegangenen Etappen ist diese deutlich kürzer, was einem Zeit für eine ausgiebigere Besichtigung des Stiftes Göttweig gibt.

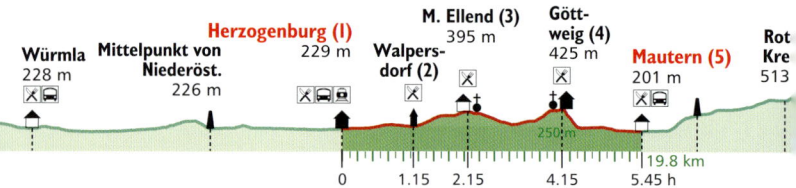

Würmla 228 m — Mittelpunkt von Niederöst. 226 m — Herzogenburg (I) 229 m — Walpersdorf (2) — M. Ellend (3) 395 m — Göttweig (4) 425 m — Mautern (5) 201 m — Rot Kre 513

250 m · 19.8 km

0 · 1.15 · 2.15 · 4.15 · 5.45 h

Stift Göttweig, das »Österreichische Montecassino«.

Vom **Stift Herzogenburg (1)** gehen wir dem Jakobsweg-Wegweiser folgend am Prandtauerring nach links zu einem Kreisverkehr, bei dem wir die gegen den Uhrzeigersinn zweite Abzweigung nach rechts nehmen, ausgeschildert Richtung Krems und Walpersdorf. In der Kremser Straße biegen wir bei einem »30 km«-Verkehrsschild auf einen Asphaltweg nach links ab; der Jakobsweg-Wegweiser ist hier schlecht sichtbar. Der Asphalt endet und wir wandern auf einem Erdweg über Felder. Dieser biegt sich nach links auf ein Haus zu, vor dem wir rechts bergab zur Kapelle von **Wielandsthal** gehen.

Auf der Straße nach rechts durch den Ort und, wo die Häuser auf der linken Straßenseite enden, links auf einem Asphaltweg nach Norden. Dieser biegt sich nach links, dann nach rechts und geht in einen unbefestigten Feldweg über. Wir kommen zu einer Kreuzung mit Rastbank beim Ederdinger Kreuz (Marterl), wo wir rechts abbiegen und schließlich wieder auf Asphalt treffen. Vorbei am Schoderböckkreuz und an einem Straßenschild »Jakobsweg« erreichen wir den Ort Walpersdorf. In diesem bei einer T-Kreuzung rechts, die erste Möglichkeit wieder links zu einer Orientierungstafel mit Jakobswegstempel und danach gleich wieder links zum Eingang von **Schloss Walpersdorf (2)** (1.15 Std. / 4,6 km).

Der Weg führt an Schloss Walpersdorf vorbei.

ℹ️ *Das Renaissanceschloss von* **Walpersdorf** *hat eine bewegte Geschichte hinter sich. Erbaut im Jahr 1571, wechselte es bis 1619 mehrmals den Besitzer, wurde im Zweiten Weltkrieg schwer beschädigt und wieder instandgesetzt und gelangte schließlich in den Besitz des Ordens der Missionsschwestern vom hl. Petrus Claver. 2014 wurde das Schloss vom Missionsorden verkauft und beherbergt seither eine exklusive Möbel- und Interieur-Verkaufsausstellung einschließlich eines Gourmet-Restaurants und diverse Veranstaltungsräume.*

Den Wegweisern folgend gehen wir auf der Schlossstraße nach links, an einer Bushaltestelle vorbei und durch die Straße »Am Ponygarten« nach rechts. Durch einen Torturm gehen wir schräg links, kreuzen eine Umfahrungsstraße und gehen unmittelbar dahinter durch die »Kellergasse« nach links. Auf Asphalt bergauf, an einem Bildstock vorbei und an der T-Kreuzung mit der Dorfstraße von **Anzenberg** links bergauf. 200 m weiter bei einem Bildstock rechts durch den Sonnenweg weiter bergauf. Der Asphalt endet und der Weg flacht ab; kurz darauf kommen wir zum Rampelkreuz, bei dem sich auch eine Orientierungstafel und ein Stempel befinden. Hier rechts und bei der Gabelung nach 20 m schräg links auf einem Schotterweg. Nun geht es bergab, wir kreuzen beim Roten Kreuz einen Asphaltweg und wandern weiter gerade auf Schotter zur Wallfahrtskirche **Maria Ellend (3)** (1 Std. / 3,6 km).

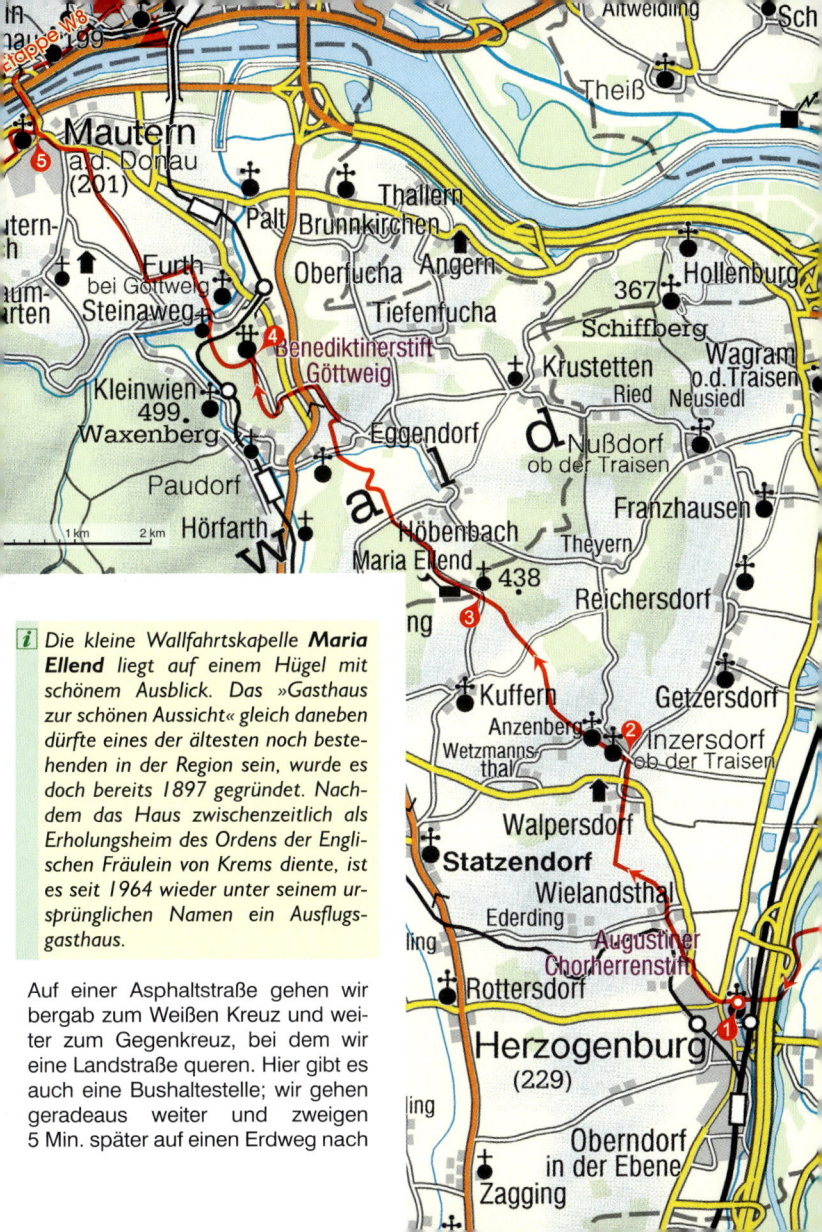

Klappe W8
99

Mautern
a.d. Donau
(201)

Thallern

Palt   Brunnkirchen

Furth
bei Göttweig

Oberfucha   Angern

Steinaweg

Tiefenfucha   Hollenburg

367

Schiffberg

Benediktinerstift
Göttweig   Krustetten

Wagram
o.d.Traisen

Ried   Neusiedl

Kleinwien
499
Waxenberg   Eggendorf

Nußdorf
ob der Traisen

Paudorf

Franzhausen

Hörfarth

Höbenbach   Theyern

Maria Ellend   438

Reichersdorf

Kuffern   Getzersdorf

Anzenberg

Wetzmanns-
thal   Inzersdorf
ob der Traisen

Walpersdorf

Statzendorf

Wielandsthal

Ederding

Augustiner
Chorherrenstift

Rottersdorf

Herzogenburg
(229)

Oberndorf
in der Ebene

Zagging

---

i *Die kleine Wallfahrtskapelle* **Maria Ellend** *liegt auf einem Hügel mit schönem Ausblick. Das »Gasthaus zur schönen Aussicht« gleich daneben dürfte eines der ältesten noch bestehenden in der Region sein, wurde es doch bereits 1897 gegründet. Nachdem das Haus zwischenzeitlich als Erholungsheim des Ordens der Englischen Fräulein von Krems diente, ist es seit 1964 wieder unter seinem ursprünglichen Namen ein Ausflugsgasthaus.*

Auf einer Asphaltstraße gehen wir bergab zum Weißen Kreuz und weiter zum Gegenkreuz, bei dem wir eine Landstraße queren. Hier gibt es auch eine Bushaltestelle; wir gehen geradeaus weiter und zweigen 5 Min. später auf einen Erdweg nach

Bildstock hinter Herzogenburg.

links ab (Wegweiser fehlt!). An der folgenden T-Kreuzung wieder ausgeschildert nach rechts auf Asphalt, dann unbeschildert nach links. Wir gehen bergab, an einer Holzstatue vorbei und kommen wieder zu einer Orientierungstafel. Wir wenden uns nach rechts, kreuzen am Ortsanfang von **Paudorf** eine Landstraße und gehen gerade weiter auf einem Schotterweg. Wieder an Weinkellern vorbei gehen wir kurz auf Asphalt und dann auf einem Erdweg, der scharf nach rechts knickt. 100 m weiter stoßen wir bei einem Marterl auf eine Straße, die wir links bergauf gehen.

Wir kommen zu einer großen Kreuzung ohne Jakobsweg-Wegweiser, an der wir unmittelbar nacheinander eine Haupt- und eine Nebenstraße queren. An der Bushaltestelle »Stift Göttweig Abzweigung« vorbei folgen wir dem Straßenwegweiser zum Stift Göttweig und gehen eine Linkskurve bergauf. In der folgenden Rechtskurve kann man auf der Straße bleiben und kommt so an mehreren Kreuzwegstationen vorbei; schöner ist es, an der Kurvenaußenseite einen kurzen Verbindungsweg zu einem mit dunkelroten Wegweisern ausgeschilderten Waldweg zu gehen. Dieser führt im Zickzack den Berg hinauf und ist durchgehend gut markiert. Bei einem Holzkreuz treffen wir auf Asphalt und gehen auf diesem zum Parkplatz beim **Stift Göttweig (4)** (2 Std. / 6,3 km).

> ℹ️ *Das **Stift Göttweig** wird aufgrund seiner Lage auf einem Hügel gerne als »österreichisches Montecassino« bezeichnet. Die erste Kirche befand sich hier bereits 1072, das Kloster wurde 1083 gegründet. Aus früheren Bauperioden sind nur mehr wenige Gebäudeteile erhalten. Der Großteil der Anlage wurde nach einem Brand 1718 nach Plänen von Johann Lucas von Hildebrandt errichtet. Es wurden aber nur etwa zwei Drittel der ursprünglich geplanten Bauten verwirklicht; als letztes wurden zwischen 1750 und 1755 die Doppeltürme der Stiftskirche errichtet, jedoch ohne die vorgesehenen Turmhelme. Das Stift beherbergt eine Bibliothek mit 140.000 Bänden und die zweitgrößte grafische Sammlung Österreichs mit 30.000 Blättern.*

Am südwestlichen Ende des Parkplatzes folgen wir dem Wegweiser des Jakobsweges Göttweig–Melk auf einem schmalen, geschotterten Fußweg durch den Wald bergab. Bei einer Gabelung ohne Wegweiser folgen wir der gelben und roten Markierung rechts steil und steinig bergab. Wir unterqueren eine Bahnstrecke und kommen in den Ort **Aigen**, wo wir bei der Kapelle einem Jakobsweg-Wegweiser nach links folgen. Die Aignerstraße bringt uns zu einer Gabelung mit einer Säule, wo wir links und gleich rechts auf einem Wirtschaftsweg durch Weingärten in nördlicher Richtung gehen. Bei einer T-Kreuzung biegen wir links ab und wandern durch den tief in den Löss eingeschnittenen **Zellergraben**, an mehreren Infotafeln vorbei.

Wir kommen zu einem Rastplatz, bei dem wir uns rechts halten und immer geradeaus weitergehen. Bei einem Holzkreuz gehen wir auf einem Asphaltweg schräg nach rechts, treffen bei einem Kasernengelände auf die St.-Pöltner-Straße, auf der wir links den Ort Mautern betreten. Beim Kreisverkehr gerade weiter auf der St.-Pöltner-Straße ins Ortszentrum, wo sie sich beim Gasthof zum Grünen Baum nach links biegt. 70 m weiter durch die Kremser Straße nach rechts, am Pfarramt vorbei auf den Kirchenplatz mit der Pfarrkirche von **Mautern (5)** (1.30 Std. / 5,4 km).

i *Mautern siehe Etappe W8.*

Blick zurück zum Stift Göttweig.

Vom Dunkelsteiner Wald bis St. Florian

Kein anderer Abschnitt des Österreichischen Jakobsweges weist eine derartige landschaftliche und auch kulturelle Vielfalt auf wie der folgende. Obwohl wir im Prinzip immer parallel zur Donau gehen, entlang derer schon seit der Römerzeit der wichtigste Verkehrsweg in West-Ost-Richtung verlief, kommen wir in rascher Abfolge durch die unterschiedlichsten Natur- und Kulturlandschaften:

Gleich zu Beginn durchqueren wir den Dunkelsteiner Wald, einen Ausläufer des Granit- und Gneishochlandes, das sich sonst nördlich der Donau erstreckt und durch das der Fluss hier in Form des engen Durchbruchstals der Wachau fließt. Hier bewegen wir uns fast zwei Tage lang abseits jeglicher größerer Ortschaften und kommen an der einsam gelegenen Wallfahrtskirche Maria Langegg, der imposanten Burgruine Aggstein und dem auf einem Felsen über der Donau gelegenen Schloss Schönbühel vorbei, bevor wir in Melk eines der schönsten und größten Barockstifte Österreichs erreichen.

Weiter geht es am Nordufer der Donau, über die sanften Ausläufer des südlichen Waldviertels vorbei am Schloss Artstetten und der Wallfahrtskirche Maria Taferl, bis wir zwischen Marbach und Persenbeug wieder einmal ein Stück direkt am Donauufer entlangwandern. Mit dem historischen Verlauf des Jakobsweges hat dieser Weg kaum etwas zu tun – die Jakobspilger des Mittelalters hätten sicher nicht freiwillig mehrmals die Überfahrt über den Fluss auf sich genommen. Obwohl sich auch am Südufer durchaus schöne Wege abseits der Hauptstraße finden hätten lassen, muss man doch feststellen, dass der Weg am Nordufer landschaftlich wesentlich reizvoller ist.

Zwischen Ybbs und Enns verlief der historische Jakobsweg ohne jeden Zweifel über Blindenmarkt und Amstetten. Die ausgeschilderte »offizielle« Variante (beschrieben in Etappe 13a) verlässt aber die historische Route, zeichnet sich weder durch besondere landschaftliche noch kulturelle Höhepunkte aus und verläuft beschwerlich mit vielen Höhenmetern auf und ab, sodass wir uns entschlossen haben, für diesen Teil eine Alternative (Etappe 13) anzubieten, die näher am historischen Vorbild liegt, praktisch eben verläuft und auch die Stadt Amstetten nicht links liegen lässt. Nach einer gemütlichen Wegstrecke durch die Hügel des Mostviertels erreicht man dann bei Wallsee wieder die Donau.

Zuletzt folgen wir dem Fluss, teils auf alten Wegen durch die Auwälder, teils in den Hügeln oberhalb des Ufers, und erreichen das Bundesland Oberösterreich sowie die direkt an dessen Grenze gelegene älteste Stadt Österreichs, Enns. Von hier ist es nur mehr eine halbe Tagesetappe zum berühmten Barockstift und Wallfahrtsort St. Florian, geweiht dem Landespatron Oberösterreichs.

Typische Mostviertler Kulturlandschaft zwischen Amstetten und Zeillern.

Unterkunft: Mauternbach (201 m, 250 EW): Weinhof am Römerweg, Tel. +43/2732/728 48; Haus Gerlinde, Tel. +43/664/111 69 08.   **Unterbergern** (300 m, 500 EW): Gasthof-Pension zum Goldenen Hirschen, Tel. +43/2714/7201. **Schenkenbrunn** (530 m, 150 EW): Gasthof Brandstätter, Tel. +43/2753/6111. **Maria Langegg** (51 m, 70 EW): Unterkunft im Kloster, Tel. +43/2753/393.

Die Strecke: Auf dieser Etappe kann man sich über den geringsten Anteil an Asphaltwegen und darüber freuen, dass fast ausschließlich schöne, angenehme Forst- und Waldwege zu begehen sind. Nur das erste Stück von Mautern bis Mauternbach führt eben entlang der Straße, dann geht es relativ steil hinauf in den Dunkelsteiner Wald. Hat man einmal das Hochplateau erreicht, geht es zwar immer wieder bergauf und bergab, allerdings nicht mehr so lange am Stück wie zwischen Mauternbach und der Ferdinandswarte. Am gesamten Weg durch den Dunkelsteiner Wald wechseln sich mehr oder weniger breite Forstwege ab. Man geht fast durchwegs im Schatten. **Asphaltanteil** ca. 15 %.

Höhenunterschied: Rund 700 m im Aufstieg und 400 m im Abstieg.

Kritische Stellen: Keine.

Landschaft: Der Dunkelsteiner Wald ist geologisch gesehen ein durch das Durchbruchstal der Wachau abgetrennter Teil des Granit- und Gneis-Hochlandes, und auch die Landschaft und Vegetation erinnert stark an das Waldviertel. Anfangs genießen wir am Aufstieg durch Weingärten schöne Ausblicke aufs Donautal, danach bewegen wir uns durch wunderschöne dichte Wälder fernab der (hier ohnehin nur spärlichen) Ortschaften.

Infrastruktur: Mauternbach ⬔ 🚌, Unterbergern ⬔ 🍴 🚌, Schenkenbrunn ⬔ 🍴 🚌, Maria Langegg ⬔ 🍴 🚌.

Einkehr: Landgasthof Siedler in Mauternbach, Gh. Zum Goldenen Hirschen in Unterbergern (1 km abseits), Gh. Brandstätter in Schenkenbrunn (1 km abseits), Klosterstüberl und Langegger Hof in Maria Langegg. **Kein Trinkwasser** unterwegs.

Touristeninformation: ARGE Dunkelsteiner Wald, Tel. +43/2752/803 78, office@arge-dunkelsteinerwald.at.

Der Schoberstein.

Das Kastlkreuz kurz vor Maria Langegg.

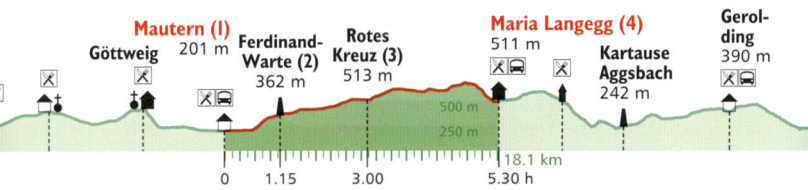

Blick von der Ferdinand-Warte auf die Donau.

In **Mautern (1)** gehen wir vom Portal der Kirche nach rechts und kommen am Römermuseum vorbei, bei dem wir uns nach links wenden und auf einem Holzsteg über eine Ausgrabungsstätte weitergehen. Nun links der Mauer entlang leicht bergauf, bis wir wieder auf einen Wegweiser des Jakobsweges treffen. Ihm folgend auf einem Fußweg zur Straße und auf dieser an Volks- und Hauptschule vorbei am Gehsteig aus dem Ort hinaus. 10 Min. ebenen Weges durch Weingärten später erreichen wir das Ortsschild von Mauternbach. Am Weinhof am Römerweg vorbei gehen wir bergauf zum Kriegerdenkmal, vor dem unter einem großen Kastanienbaum bei einer Kapelle ein Wegweiser rechts zur »Römerstraße Steinplatte« weist.

Durch einen tief eingeschnittenen Hohlweg steigen wir kurz steil an, dann am Rand eines Weingartens rechts und nach wenigen Metern wieder links am Waldrand entlang weiter bergauf. Nach 30 Min. ab dem Kriegerdenkmal treffen wir auf eine Asphaltstraße, der wir nach rechts zu einem Rastplatz folgen; dort halb rechts auf einen Schotterweg. 5 Min. später bietet sich ein lohnender Abstecher zur **Ferdinand-Warte (2)** (1.15 Std. / 3,8 km), einem der

schönsten Aussichtspunkte über den Talausgang der Wachau, an. Wer sich den Ausblick gönnen möchte, kann auch bereits 100 m nach dem Rastplatz auf einem deutlichen, unmarkierten Fußpfad rechts gehen und spart so ca. 300 m.

Von der Aussichtskanzel gehen wir der blauen und gelben Markierung folgend zurück zum Hauptweg, dem wir nun fast eben durch ein flaches Tal folgen. Von links mündet ein weiterer Schotterweg ein; kurz darauf gabelt sich der Weg. Die ausgeschilderte Variante links braucht man nur zu gehen, wenn man in Unterbergern einkehren möchte. Andernfalls bleibt man am Hauptweg geradeaus, der 1 km kürzer ist. Teils am Waldrand, teils im Wald kommen wir zu einem Rastplatz mit Übersichtsplan, dann kurz auf Asphalt zu einer Straßenkreuzung, auf der wir geradeaus auf einer Forststraße weitergehen. Wir passieren eine Schranke und folgen dann immer der Beschilderung, die uns erst über breite Waldwege, dann auf einem schmaleren Fußweg bis zum **Roten Kreuz (3)** (1.45 Std. / 5,7 km) führt, bei dem mehrere Wanderwege zusammentreffen.

Wir wenden uns scharf nach links und folgen den Wegweisern über weitere Forststraßen zur eindrucksvollen Felsformation des Schobersteins. Kurz darauf passieren wir ein kleines Biotop und gelangen zur nächsten Abzweigung, dem sogenannten »Herrenplatzl«, wo wir links gehen. Kurz geht es bergab, dann wieder rechts bergauf. Wir treffen auf eine breite Forststraße, der wir rechts zum **Kreuzberg** (1.30 km / 4,9 km; Marterl) folgen.

Dort nicht geradeaus bergab nach Schenkenbrunn, sondern rechts am Waldrand, dann wieder durch Wald zu einem Rastplatz, an dem sich der

Weg scharf nach links biegt. Ein schöner Fußpfad bringt uns zu einer Schotterstraße, auf der wir rechts bergauf gehen und so 10 Min. später zuerst zu einem Rastplatz neben einem Schranken, dann beim »Kastlkreuz« auf eine Straße gelangen. Auf dieser links, aber schon nach 50 m wieder rechts auf einen steilen Fußweg durch den Wald bergab, der zwar zu den schönsten Abschnitten der Tagesetappe gehört, aber bei Nässe sehr rutschig ist. Schließlich geht es entlang eines Zauns zu den ersten Häusern von **Maria Langegg (4)** (1 Std. / 3,7 km). Links bergab kommen wir zur Straße, die wir kreuzen. Wir halten auf die weithin sichtbare Wallfahrtskirche zu. Am Gasthof Langeggerhof vorbei erreichen wir sie und damit das Ende der Tagesetappe.

*Urkundlich erstmals 1429 als »Langegg« erwähnt, wurde der kleine Ort im Dunkelsteiner Wald ab dem 17. Jahrhundert nach der Errichtung einer Wallfahrtskirche als **Maria Langegg** bezeichnet. Die heutige spätbarocke, direkt an das ehemalige Servitenkloster angebaute Kirche stammt aus den Jahren 1765–1773, von der abgetragenen Vorgängerkirche blieb nur der frühere Altarraum in Form der »Ursprungskapelle« erhalten. In dieser befindet sich heute ein Denkmal für die in den beiden Weltkriegen getöteten Priester. Im von den Serviten 1974 aufgegebenen Kloster ist heute die »Gemeinschaft der Seligpreisungen« ansässig. Seit 2008 befindet sich hier auch ein **Wallfahrtsmuseum**.*

Die Wallfahrtskirche Maria Langegg.

Unterkunft: **Aggsbach-Dorf** (225 m, 420 EW): Gasthof zur Kartause, Tel. +43/2753/8243. **Gerolding** (390 m, 220 EW): Gasthof-Pension Marchhart, Tel. +43/4327/8200, oder Gasthof Hirschenwirt, Tel. +43/2752/8208. **Schönbühel** (210 m, 340 EW): Gasthof und Camping Stumpfer, Tel. +43/2752/8510. **Melk** (213 m, 5200 EW): Jugendherberge »Junges Hotel Melk«, Tel. +43/2752/526 81, zahlreiche weitere Hotels und Privatzimmer, Info beim Wachau-Info-Center.

Die Strecke: Auch die zweite Tagesetappe durch den Dunkelsteiner Wald erfreut durch relativ wenige Asphaltabschnitte. Wegen der zahlreichen Steigungen und einiger steiler Passagen gehört sie aber sicher zu den anspruchsvolleren Tagesetappen. Höhepunkte sind die eindrucksvolle Burgruine Aggstein, das Schloss Schönbühel an der Donau und natürlich das prunkvolle Stift Melk am Ziel der Etappe. **Asphaltanteil** ca. 40 %.

Höhenunterschied: Rund 750 m im Aufstieg und 1050 m im Abstieg.

Kritische Stellen: Der Abstieg von der Burg Aggstein ist sehr steil und bei Nässe nicht zu empfehlen. Man kann ihn aber problemlos umgehen, indem man auf der Zufahrtsstraße bleibt.

Landschaft: Weiterhin geht es anfangs fast ausschließlich durch den Wald, wodurch sich, abgesehen natürlich von der prächtigen Aussicht von der Ruine Agg-

Das ehemalige Kartäuserkloster von Aggsbach.

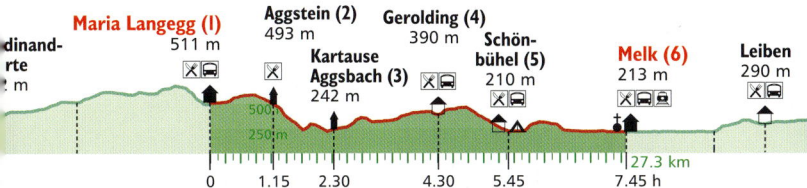

Maria Langegg (1) 511 m · Aggstein (2) 493 m · Geroldung (4) 390 m · Schön- bühel (5) 210 m · Melk (6) 213 m · Leiben 290 m · Kartause Aggsbach (3) 242 m

27.3 km

0   1.15   2.30   4.30   5.45   7.45 h

stein, nur selten Ausblicke ergeben. Erst ab Gerolding werden die offenen Flächen häufiger, man kommt beim schön gelegenen Schloss Schönbühel wieder an die Donau und zuletzt geht es am Fluss Pielach entlang und durchs Stadtgebiet von Melk. Viele schöne Ausblicke auf die Wachau und auf den Nibelungengau erwarten uns.
Infrastruktur: Ruine Aggstein ⚔, Aggstein Ort ⚔, Aggsbach-Dorf 🏠 ⚔ 🚌, Wolfstein 🚌, Gerolding 🏠 ⚔ 🚌, Schönbühel 🏠 🏠 🚌 ⚔, Melk 🏰 🏠 ⚔ 💶 🛏 🍽 💶 🅰 ➕ ✉ 🚌 🚌.
Einkehr: Gasthaus in der Burgruine Aggstein (Eintritt), Aggsteiner Hof (ca. 500 m abseits), Gh. Lechner und Restaurant Domingo in Aggsbach, Gh. Marchhart in Gerolding, Gh. Stumpfer in Schönbühel, zahlreiche Lokale in Melk. **Kein Trink-**

wasser unterwegs.
Touristeninformation: Wachau-Info-Center, Tel. +43/2752/5116, melk@donau.com.
Anmerkung: Im Bereich dieser Etappe macht der ausgeschilderte Jakobsweg zum Teil beträchtliche Umwege, die sich nach Wunsch abkürzen lassen. Wer von der Kartause Aggsbach durch den Ort zum Donauufer geht und dort dem ausgeschilderten Geh- und Radweg nach Schönbühel folgt, spart 7 km und etwa 300 Höhenmeter; wer von dort weiter nach Melk ebenfalls am Donauufer bleibt, spart weitere 5 km und 120 Höhenmeter, ohne auf wesentliche Sehenswürdigkeiten entlang des Weges zu verzichten. Dafür muss man sich den Weg mit den Radfahrern am Donauradweg teilen.

Von der Kirche von **Maria Langegg (1)** gehen wir zunächst auf bekanntem Weg wieder zur Melker Straße zurück, dann aber nicht die Gasse, durch die wir gekommen sind, sondern die nächste Möglichkeit links davon. Wir folgen den Wegweisern Richtung Burgruine Aggstein zu einer Weggabelung, bei der wir den mittleren Weg nehmen. Mehrere Seitentäler ausgehend steigen wir kontinuierlich an. Der Weg ist an allen Gabelungen gut ausgeschildert und führt uns direkt zum Tor der **Burgruine Aggstein (2)** (1.15 Std. / 4,0 km; Besichtigung gegen Eintritt, lohnend).

ℹ *Die 300 m über der Donau gelegene Ruine **Aggstein** ist der Überrest einer Burg, die Anfang des 12. Jh. errichtet wurde und bis Mitte des 14. Jh. im Besitz des Adelsgeschlechts der Kuenringer war. Danach verfiel sie, wurde aber im 15. Jahrhundert wieder aufgebaut und war als Raubritterburg gefürchtet. 1529 wurde sie von den Osmanen niedergebrannt. Ein weiteres Mal wurde sie wieder aufgebaut, bis sie Anfang des 17. Jh. endgültig dem Verfall preisgegeben wurde.*

Kreuz und Bildstock direkt am Weg in Wolfstein.

Über den Parkplatz der Burg gehen wir bergab, dann die erste Möglichkeit rechts. So gelangen wir zum alten Eselsteig, dem historischen Zugang zur Burg, auf dem wir steil durch den Wald, an mehreren der für den Dunkelsteiner Wald typischen Felsformationen vorbei, absteigen. Wir treffen wieder auf die Zufahrtsstraße und gehen sofort wieder links, diese verlassend auf einer Forststraße bergauf. Nach wenigen Metern rechts bergab und auf einem Hohlweg hinab ins Tal. Bei einem weiteren Wegweiser geht es rechts bergab zu einem Parkplatz bzw. in den Ort **Aggstein**, während wir links wieder bergauf wandern. Über eine Wiese, dann durch den Wald steigen wir rund 100 Höhenmeter hinauf auf einen Bergrücken, dann auf einem Feldweg hinunter in Richtung des bereits vor uns sichtbaren Kartäuserklosters. Kurz vor dem Ort folgen wir den Wegweisern nach links, die uns an einem Sportplatz und einem Schwimmbad vorbei zum Gasthof Lechner führen. Wir orientieren uns an der Beschilderung Richtung Gerolding und Melk sowie der rot-weiß-roten Markierung Nr. 653/05 entlang der Straße bergauf zur **Kartause Aggsbach (3)** (1.15 Std. / 4,3 km).

> 🛈 *Das ehemalige Kartäuserkloster von **Aggsbach** wurde 1380 gegründet und 1782 durch Kaiser Joseph II. aufgehoben und in ein Schloss umgewandelt. Die Mönchszellen und der große Kreuzgang wurden abgerissen. Die frühere Klosterkirche, ein einheitlicher gotischer Bau, blieb erhalten. Aus dem Baumaterial der abgebrochenen Teile wurden ein Zubau zur Kirche und ein schlichter Kirchturm errichtet. Das ehemalige Kloster beherbergt heute ein Veranstaltungszentrum und ein Kartäusermuseum.*

Wir folgen weiter der Straße, die nun von Kreuzwegstationen gesäumt wird. Der Kalvarienbergweg zweigt links ab, aber wir bleiben noch auf der Straße. Vor einer Linkskurve knickt der Jakobsweg nach rechts ab, führt über einen Bach und bei der Gabelung gleich danach auf einer geschotterten Forststraße rechts bergauf; beschildert als »Weg zum Roten Kreuz A4« und gelb-weiß-gelb markiert. Zunächst geht es über Felder, dann wieder in den Wald und in diesem bergauf zu einer T-Kreuzung mit einem Schotterweg. Wir folgen dem Jakobsweg-Wegweiser nach links. 10 Min. weiter führt ein schmälerer Weg in einer Rechtskurve gerade weiter, wieder gelb-weiß-gelb markiert. Es geht bergab und wir kommen an einem Schranken vorbei, ab dem der Weg wieder breit ist und zuletzt asphaltiert durch den Ort Gschwendt führt. Nach Querung des Baches treffen wir wieder auf die Landesstraße, auf der wir nach rechts gehen und ein paar Meter weiter die Ortstafel von **Wolfstein** passieren.

Wir durchwandern den Ort auf der Straße, kommen an einer Bushaltestelle vorbei und biegen in Sichtweite der Ortsende-Tafel bei einem

Jakobsweg-Wegweiser rechts auf eine wieder gelb-weiß-gelb markierte Schotterstraße ab.

Kurz hinter einem schönen Kreuz mit rundem Dach zweigt der Jakobsweg schräg nach links ab, passiert einen Schranken und führt dann längere Zeit durch den Wald bergauf. Kurz nachdem wir wieder auf Felder gelangen, liegt ein in einem Gebüsch versteckter Marien-Bildstock mit Ziegeldach. Dahinter geht es wieder bergab, die Landesstraße querend auf Schotter in den Ort Gerolding, in dem wir wieder auf Asphalt treffen. Wir gehen rechts durch die Schulgasse, an einer Orientierungstafel vorbei und passieren wenige Meter weiter auf dem Dorfplatz eine weitere Tafel. Nach links lohnt sich ein kurzer Abstecher zur Wehrkirche von **Gerolding (4)** (2 Std. / 7,1 km).

Der weitere Weg verläuft auf der Hohenwartherstraße (sowohl Jakobsweg-Wegweiser als auch Straßenwegweiser zeigen nach Schönbühel) über Felder, vorbei an zwei »Ave Maria«-Kapellen – je eine vor und hinter dem Ort **Hohenwarth**. Die Straße, die bisher leicht bergauf geführt hat, taucht nun in den Wald ein und geht bergab durch die Ortschaft **Berging**. Kurz vor dem Ortsende zeigt ein Wegweiser des Welterbesteiges Wachau auf einen schräg nach links abzweigenden Erdweg. Der offiziell ausgeschilderte Jakobsweg verläuft hier weiter auf der Straße bergab, überquert auf einer Brücke die B 33 und führt direkt am (in Privatbesitz befindlichen) **Schloss Schönbühel (5)** (1.15 Std. / 4,4 km) vorbei.

Schloss Schönbühel liegt auf einem Felsen über der Donau.

ℹ️ *Das **Schloss Schönbühel** stammt, wie die Burgruine Aggstein, aus dem 12. Jahrhundert und wurde auf einem 40 m hohen Felsen über der Donau errichtet, auf dem vermutlich bereits zur Zeit der Römer eine Festung des Donaulimes bestanden hat. Von 1396 an war es mehr als vier Jahrhunderte im Besitz der Familie Starhemberg, unter der es zuletzt aber verfiel, bis es 1819 verkauft wurde. Unter den neuen Besitzern wurde Schönbühel renoviert und erhielt sein heutiges Aussehen; auch das Plateau und der Park wurden angelegt und die Verbindungsbrücke gebaut. 1930 gelangte es in den Besitz der heutigen Eigentümer, der Familie Seilern-Aspang.*

Weiter der Straße folgend kommen wir zur B 33, kreuzen diese und gelangen nach wenigen Metern zu einer (nicht beschilderten) Abzweigung, an der wir rechts – parallel zur B 33 – gehen. Erst 60 m weiter, an der nächsten T-Kreuzung, gibt es wieder einen Jakobsweg-Wegweiser, der nach links zeigt. Schöner ist es, ab dem Ortsende von Berging dem **Welterbesteig Wachau** zu folgen. Es handelt sich um einen schönen, grasbewachsenen Weg bergab durch Wiesen, Felder und ein kleines Waldstück. Bei den ersten Häusern von Schönbühel geht man links, am Ufer des Rossbaches entlang und trifft bei der oben erwähnten nicht beschilderten Abzweigung (aus unserer Sicht nun wenige Meter vor der B 33) wieder auf den offiziellen Jakobsweg. Hier würde man nun links gehen; wer möchte, kann aber auch noch geradeaus einen Abstecher ans Donauufer bzw. zum Schloss Schönbühel machen.

Nach dem Schloss gehen wir weiter durch Ortsgebiet und queren 500 m weiter den Sicherbach; knapp 150 m danach zweigt ein schmaler Erdweg schräg nach links bergauf ab, der wieder sowohl als Jakobsweg als auch als Welterbesteig ausgeschildert ist. Er führt steil bergauf durch Wald, über Wiesen und Felder zu Häusern und bei diesen weiter geradeaus über Felder. Wir kommen durch ein kurzes Waldstück, dann durch die Ortschaft **Hub**, hinter der der Weg gut beschildert und markiert bergab über Felder verläuft. Danach geht es durch den Wald steiler und zum Teil steinig bergab, bis wir auf eine Schotterstraße treffen und auf dieser links gehen. (Wer sich den Umweg sparen und lieber am Donauufer nach Melk gehen möchte, wendet sich nach rechts, gelangt nach 50 m auf den Radweg entlang der Bundesstraße und geht auf diesem links Richtung Melk.)

Auf einem breiten Schotter- und Erdweg, nur ein kurzes Stück auf schmalem Fußpfad, geht es entlang der Pielach durch den Wald. Mehrere Bänke säumen den Weg, und nachdem der Wald endet, setzt sich der Weg als asphaltierte Straße »Steinwandweg« fort. Wir kommen zu einer T-Kreuzung und wenden uns nach rechts in die Pielachberger Straße, beim Musikverein Melk wieder nach rechts, und folgen einem Fußweg entlang eines Baumpflanzprojekts (»Ich beobachte meinen Baum beim Wachsen«) über eine Brücke über die Pielach. Auf der Spielberger Straße gehen wir nach links durch den Ortsteil **Spielberg**, queren am Ortsende die B 1 und unterqueren eine Um-

Das Benediktinerstift Melk, das größte Barockstift Österreichs.

fahrungsstraße. Die Spielberger Straße mündet in die Wiener Straße, auf der wir uns geradeaus halten und 500 m weiter schräg nach rechts die Abt-Berthold-Dietmayr-Straße hinauf zum Benediktinerstift Melk gehen. Nach dessen Besichtigung nehmen wir die kurz vor dem Stift bergab führende Stiege, dem Wegweiser »Melk Hauptplatz 5 Min.« folgend. Durch die Sechser-Gasse gehen wir an einem Trinkbrunnen vorbei zum Rathausplatz, auf diesem nach rechts und dann immer geradeaus durch die Hauptstraße zum Hauptplatz von **Melk (6)** (2 Std. / 7,6 km).

Melk wurde bereits 831 urkundlich erwähnt und kommt auch im Nibelungenlied unter dem Namen Medelike vor. Von 976 an residierten hier die Babenbergerherzöge; seit 1014 ist der Leichnam des hl. Koloman (siehe Stockerau; Etappe W5) hier beigesetzt. Im Jahr 1089 wurde die Burg Benediktinermönchen aus Lambach übergeben; das **Stift Melk** ist bis heute im Besitz des Benediktinerordens. Das heutige, imposante Barockensemble stammt aus den Jahren 1702–1746 und wurde von Jakob Prandtauer (dessen Geburtshaus in Stanz in Tirol ebenfalls am Jakobsweg liegt) errichtet. Das im Kloster untergebrachte Stiftsgymnasium Melk ist die älteste noch bestehende Schule Österreichs. Heute zählt das Stift, die größte barocke Klosteranlage Österreichs, pro Jahr rund eine halbe Million Besucher.

Unterkunft: Weitenegg (212 m, 34 EW): Wirtshaus Gruber, Tel. +43/2752/700 31. **Leiben** (285 m, 770 EW): Landgasthof Hochstöger, Tel. +43/2752/712 52. **Artstetten** (395 m, 420 EW): Schlossgasthof, Tel. +43/7413/8303; Gästezimmer Blumentalhof, Tel. +43/7413/8289. **Maria Taferl** (443 m, 890 EW): Haus Regina, Tel. +43/7413/266; Gasthof zum Goldenen Löwen, Tel. +43/7413/340; mehrere weitere Unterkunftsmöglichkeiten. **Marbach an der Donau** (219 m, 250 EW): Landgasthof zur Schönen Wienerin, Tel. +43/7413/7077; Radlerpension Loidhold, Tel. +43/7413/343; Camping Marbacher Freizeitzentrum, Tel. +43/7413/207 33. **Gottsdorf** (228 m, 730 EW): Donaurast, Tel. +43/7412/524 38; Gasthaus Zum Goldenen Groschen, Tel. +43/7412/524 43; Privatzimmer Pressl, Tel. +43/676/785 45 40, oder Köck, Tel. +43/7412/528 43. **Persenbeug** (230 m,

1330 EW): Gasthof Böhm, Tel. +43/7412/589 30.

Die Strecke: Sowohl am Anfang als auch am Ende der Etappe folgt man entlang der Donau dem Verlauf des Radwegs; dazwischen wechseln wir wieder über ein Kraftwerk das Ufer. Der mittlere Teil verläuft nach einem kurzen, aber recht steilen Anstieg auf dem Plateau des südlichen Waldviertels parallel zum Fluss über teils asphaltierte, teils geschotterte Feldwege und zum geringen Teil auf Fußwegen. Der Abstieg von der Wallfahrtskirche Maria Taferl nach Marbach erfolgt über Treppen und einen steilen Fußweg, der aber gegebenenfalls auf der Straße umgangen werden kann. **Asphaltanteil** ca. 50 %.

Höhenunterschied: Rund 450 m im Auf- und Abstieg.

Kritische Stellen: Zwischen Losau und Hasling kann man den abzweigenden

Blick von der Terrasse von Maria Taferl auf die Donau.

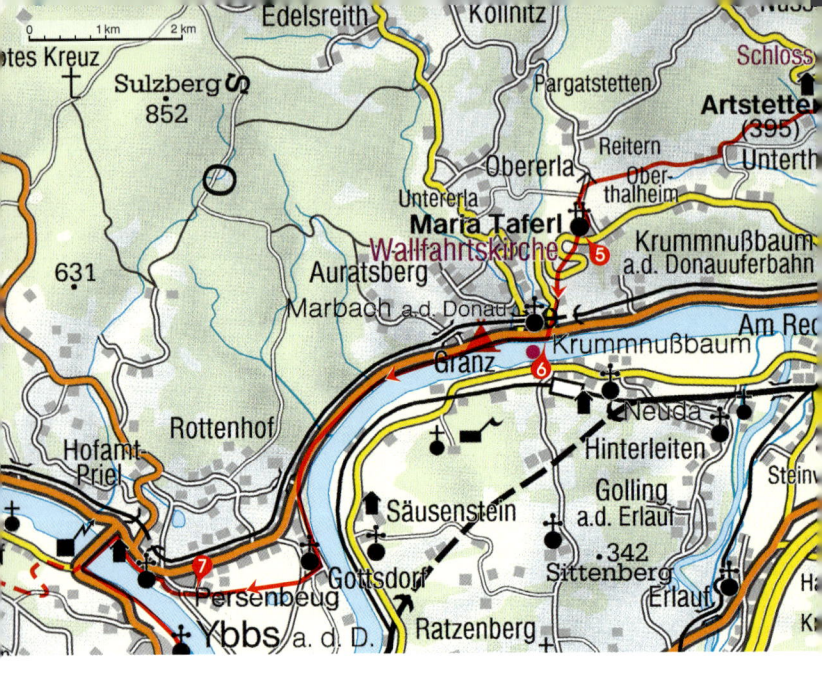

schmalen Weg hinter einer Nordmanntannen-Kultur leicht übersehen.

Landschaft: Während wir uns am Anfang noch entlang der Donau durch Auwälder bewegen, steigen wir danach hinauf ins sanft-hügelige, nur dünn besiedelte Hochland des Waldviertels. Hier
ist die Landschaft von Feldern, Wiesen
und kleineren Waldstücken geprägt,
und immer wieder gibt es schöne Ausblicke zurück Richtung Melk und über
das Alpenvorland hinweg bis zum Öt-
scher. Nach einem eindrucksvollen Ausblick von der Basilika Maria Taferl über
den gesamten Nibelungengau – den Do-
nauabschnitt zwischen Ybbs und Melk –
steigen wir wieder hinunter ans Ufer des
Stromes und folgen diesem für den Rest
der Etappe.

Infrastruktur: Weitenegg 🏠 ⌧ 🚌, Leiben 🏠 ⌧ 🛏 € ✉ 🚌, Artstetten 🏠 ⌧ ✉
🚌, Maria Taferl 🏠 ⌧ 🛏 € ✉ 🚌, Marbach

an der Donau 🏠 ⌧ 🛏 ⛺ € 🅰 ✉ 🚌,
Gottsdorf 🏠 ⌧ 🚌, Persenbeug 🏠 ⌧ 🛏 🛏
€ ✉ 🚌.

Einkehr: Wirtshaus Gruber in Weitenegg
(15 Min. abseits), Landgasthof Hochstöger in Leiben, Schlossgasthof oder Mostheuriger Ziegelstadel in Artstetten, mehrere Lokale in Maria Taferl und Marbach,
Donaurast in Göttsdorf und mehrere Einkehrmöglichkeiten in Persenbeug. **Kein
Trinkwasser** unterwegs.

Touristeninformation: Gemeinde Leiben, Tel. +43/2752/700 42, info@leiben.
gv.at; Gemeinde Artstetten-Pöbring, Tel.
+43/7413/8235, gemeinde@artstetten.
at; Gemeinde Maria Taferl, Tel. +43/7413/
7040, gemeindeamt@maria-taferl.gv.at;
Gemeinde Marbach, Tel. +43/7413/7045,
gemeinde@marbach-donau.gv.at; Gemeinde Persenbeug-Gottsdorf, Tel. +43/
7412/522 06, gemeinde@persenbeug-
gottsdorf.at.

Wir verlassen die Altstadt von **Melk (1)** durch die Kremser Straße, die zum Melk-Fluss hinunterführt, und gehen über die Leopold-Brücke geradeaus in den Auwald hinein. Noch folgen wir den Wegweisern und Markierungen des Welterbesteiges, die uns halb links auf einen Waldweg leiten. Auf ihm hinaus Richtung Donau, dann links parallel zum Fluss. Nicht links bergab auf einen Asphaltweg, sondern immer rechts haltend über einen Fußpfad hinaus auf den Donauradweg, dem wir nun bis zum Kraftwerk Melk folgen. Über dieses gelangen wir ans nördliche Donauufer, an dem wir links (flussaufwärts) gehen. Hier folgen wir den Wegweisern des »Rundwanderwegs Nibelungengau«, die uns 20 Min. nach dem Kraftwerk scharf rechts bergab an den Donaualtarm bringen. Dort biegen wir gleich wieder links auf einen Forstweg ab und gehen nach weiteren 5 Min. rechts über einen hölzernen Steg zur Ortschaft **Urfahr (2)** (1.30 Std. / 5,8 km).

Hier finden wir wieder Jakobsweg-Wegweiser, queren wir die Donau-Bundesstraße und, den Schildern folgend, die aufgelassene Donauuferbahn. Steil wandern wir auf Granitpflaster bergauf zu einem Marterl, dann rechts einem ansteigenden Asphaltweg folgend, der wieder zugleich Weitwanderweg Nibelungengau ist. Es gibt mehrere Rastbänke neben dem Weg, und wenn man sich umdreht, genießt man einen schönen Blick über das Donautal. Schließlich geht es wieder bergab, und wir sehen vor uns schon die Häuser von **Leiben (3)** (1 Std. / 3,4 km).

Im Ort folgen wir den Schildern (links zum Kreisverkehr, dann rechts bergab und wieder links ansteigend ins Ortszentrum). Weiter geht es auf der Straße

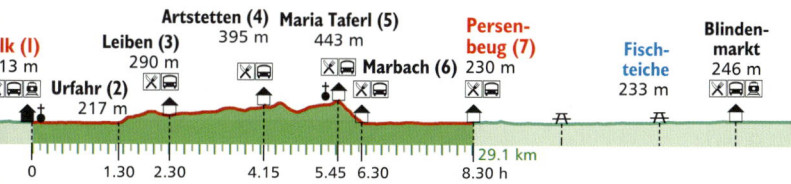

167

Richtung Artstetten (Wegweiser) in den Ort **Losau**. Bei einem Glockentürmchen wenden wir uns nach rechts, 100 m weiter nach links, dann verlassen wir den Ort auf einem Feldweg. Hinter einer Nordmanntannen-Kultur geht es nicht am Hauptweg, sondern halb links auf einem schmalen Fußpfad weiter über ein Bächlein, dann drüben durch den Wald bergauf wieder an den Rand von Feldern hinaus. Wir treffen auf eine Straße, bleiben für 50 m auf ihr und biegen dann links in den Ort **Hasling** ab, der durchquert wird. Auf einem Güterweg geht es in ein Tal hinunter und drüben wieder bergauf nach **Artstetten (4)** (1.45 Std. / 6,1 km).

Hier hat man sich voll auf die Jakobspilger eingestellt – die Straße, durch die wir gehen, wurde in »Am Jakobsweg« umbenannt, und an mehreren Häusern findet man Jakobsmuscheln bzw. ein Schild »Nur noch 98 Tage nach Santiago«. Am Ende der Kirchengasse gelangen wir auf einen Pfad, der durch den Wald führt. Ein Bach wird gequert, und schließlich kommen wir wieder auf Felder hinaus und kurz darauf auf Asphalt. Auf diesem gehen wir durch den Ort Unterthalheim. Auf einem teilweise asphaltierten Feldweg wandern wir westwärts und erkennen vor uns bereits die Wallfahrtskirche von Maria Taferl. Wir kreuzen eine Straße, gehen rechts von einem Golfplatz entlang und die nächste Straße links in Richtung des Ortes steil bergauf zur Basilika von **Maria Taferl (5)** (1.30 Std. / 4,9 km).

Unten: Der Weg führt über das Donaukraftwerk Melk.
Oben rechts: Die Wallfahrtskirche Maria Taferl.

ℹ️ Maria Taferl ist der wichtigste Wallfahrtsort Niederösterreichs und liegt weithin sichtbar am sogenannten Taferlberg hoch über dem Donautal im südlichen Waldviertel. Der Name leitet sich von einem Marienbild ab, das auf einer Tafel an einem Baum befestigt war und dem wundersame Heilungen zugeschrieben wurden. Der Bau der barocken **Wallfahrtskirche** wurde 1660 begonnen und schließlich mit der Fertigstellung der Kuppel durch Jakob Prandtauer, den Baumeister des Stiftes Melk, 1708–1710, abgeschlossen. Ein Stück unterhalb befindet sich auch das **Landesdenkmal** für die Gefallenen der beiden Weltkriege.

Von der Terrasse vor der Kirche gehen wir rechts über Stufen vorbei am »Landesehrenmal« zu einem Parkplatz an der Zufahrtsstraße. Diese kreuzen wir insgesamt zweimal und folgen immer dem markierten »Büßerweg« bis hinunter in den Ort **Marbach an der Donau (6)** (45 Min. / 2,2 km). Durch den malerischen Ort gelangen wir direkt hinaus ans Ufer der Donau, dem wir flussaufwärts auf dem asphaltierten Donauradweg folgen.

Am Ortsbeginn von **Gottsdorf** können wir uns ein Stück Asphalt ersparen, indem wir auf dem hier nicht befestigten Treppelweg direkt am Donauufer bleiben. In Sichtweite der spätgotischen Pfarrkirche der Heiligen Petrus und Paulus treffen wir dann wieder auf die Straße und gehen zum Gotteshaus, vor dem der Jakobsweg nun rechts vom Fluss weg abbiegt. Den Wegweisern folgend kommen wir durch ein Industriegebiet, an einem Supermarkt vorbei und schließlich zu modernen Kirche von **Persenbeug (7)** (2 Std. / 6,7 km).

ℹ️ Der Name **Persenbeug** (= »böse Beuge«) leitet sich von den gefährlichen Strudeln und Untiefen der Donau am Ausgang des Strudengaus ab. Durch die Regulierung der Donau und vor allem den Bau des ältesten Donaukraftwerks Österreichs, der Staustufe Ybbs-Persenbeug, ist heute von diesen Gefahren für die Schifffahrt nichts mehr zu bemerken. Das **Renaissanceschloss** Persenbeug liegt auf einem hohen Felsen, auf dem sich bereits im Mittelalter eine Burg befand, und ist die Geburtsstätte des Kaisers Karl I. von Österreich-Ungarn. Während die heutige Pfarrkirche ein moderner Zweckbau ist, findet man am Marktplatz noch die frühere, den Heiligen Florian und Maximilian geweihte spätgotische Pfarrkirche, die heute als **Marktkapelle** bezeichnet wird.

Unterkunft: Ybbs an der Donau (224 m, 4230 EW): Motel Weinberger (direkt beim Kraftwerk), Tel. +43/7412/545 15; Gasthof Lindenhof, Tel. +43/7412/530 03. **Blindenmarkt** (246 m, 1930 EW): Gasthaus Goldene Sonne, Tel. +43/7473/2330; Privatzimmer Rücklinger, Tel. +43/7473/6979, **Amstetten** (281 m, 15.350 EW): zahlreiche Gasthöfe und Privatzimmer, Info beim Tourismusbüro.

Die Strecke: Nachdem wir die Donau abermals gequert haben, gehen wir am Ufer entlang ein Stück abwärts und biegen dann ins Tal der Ybbs ab. Für den Rest der Etappe folgen wir ihrem Verlauf, mal näher beim Ufer durch Wälder, mal weiter entfernt über Felder und durch Dörfer. Obwohl das gleiche Tal auch von der Autobahn, der B 1 und der Westbahn benutzt wird, sind wir meist weit genug von diesen stark frequentierten Verkehrswegen entfernt, sodass sie uns nur wenig stören. Die Etappe verläuft zur Gänze in der Ebene, es gibt keine merkbaren Steigungen. **Asphaltanteil** ca. 60 %.

Höhenunterschied: Gut 100 m im Aufstieg, Abstieg unter 100 m.

Kritische Stellen: Zwischen den Auseen und Hermannsdorf genau auf die Beschreibung achten; teilweise ist der Verlauf hier etwas unübersichtlich.

Landschaft: Wir verlassen das Tal der Donau und folgen ihrem Nebenfluss, der Ybbs. Der breite und flache Teil des Ybbstals zwischen Amstetten und der Mündung in die Donau wird auch als Ybbsfeld bezeichnet. Zwar wird dieses großteils landwirtschaftlich genutzt, unmittelbar entlang des Flusses gibt es aber einen breiten Auwaldstreifen, in dem wir uns die längste Zeit bewegen. Bis auf die Städte Ybbs und Amstetten am Anfang und Ende der Etappe sowie ein Stück durch die Orte Hubertendorf und Blindenmarkt

wandern wir also hauptsächlich durch Wald, Felder und kleine Dörfer.

Infrastruktur: Ybbs ⌂ ✗ 🖳 ✉ € 🅰 ✚ ✉ 🚌 🖳, Blindenmarkt ⌂ ✗ 🖳 ✉ € 🅰 ✉ 🚌 🖳, Amstetten ⌂ ✗ 🖳 ✉ € 🅰 ✚ ✉ 🚌 🖳.

Einkehr: Imbiss und Café-Konditorei Weinberger beim Donaukraftwerk, zahlreiche Lokale in Ybbs und Blindenmarkt, Landgasthof Danner und Seewirt bei den Auseen, zahlreiche Einkehrmöglichkeiten in Amstetten. **Kein Trinkwasser** unterwegs.

Touristeninformation: Kultur- und Tourismusbüro Amstetten, Tel. +43/7472/ 60 14 54, info@amstetten.at

Anmerkungen: Bis auf das erste Stück bis zum Kraftwerk Ybbs-Persenbeug handelt es sich hier um eine unmarkierte, unbeschilderte Variante des Jakobsweges, die allerdings praktisch eben durchs Tal der Ybbs führt und einen deutlich geringeren Anteil an befahrenen Straßen und weniger Asphalt aufweist als die offizielle Version (siehe Etappe 13a). Außerdem entspricht sie eher dem historischen Jakobs-Pilgerweg, der hier mit ziemlicher

Sicherheit der alten Römerstraße und damit der heutigen B 1 folgte. Die offizielle Beschilderung folgt in diesem Abschnitt der Wegbeschreibung von Peter Lindenthal, der völlig fälschlicherweise von der Annahme ausgegangen ist, das Tal der Ybbs würde »von Bundesstraße, Auto- und Eisenbahn eingenommen« und würde für Wanderer keinen Platz mehr bieten. Wer den Schildern folgen möchte, findet diesen Weg in Etappe 13a beschrieben.

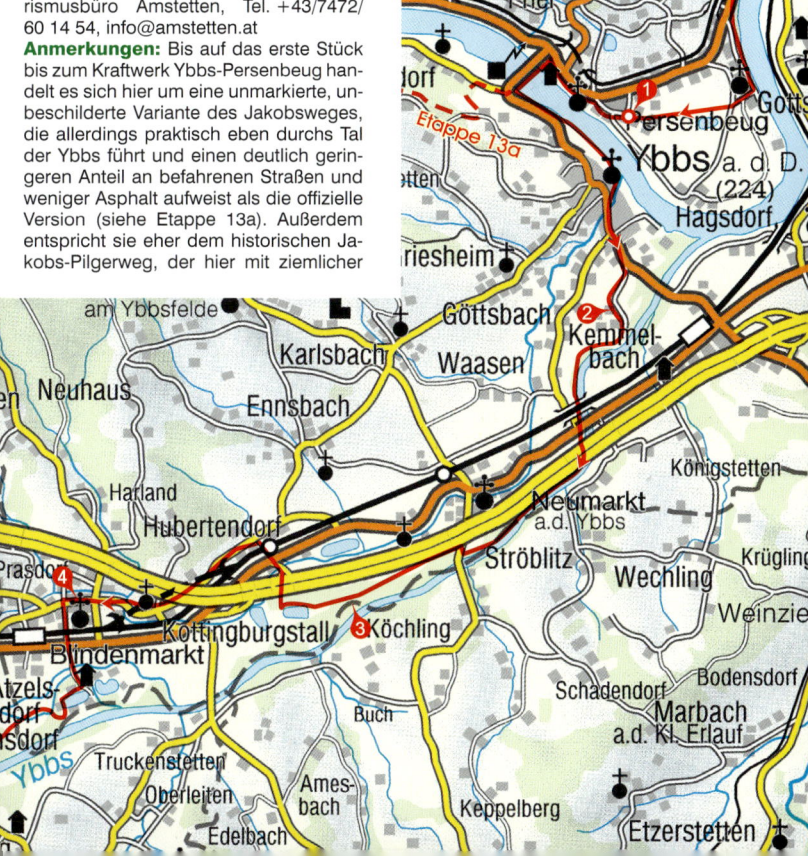

Wir durchqueren den Ort **Persenbeug (1)** und gehen über den Rathausplatz und die Schlossstraße oberhalb des Donauufers Richtung Kraftwerk. Vor dem Schloss wandern wir rechts bergauf unter einer Brücke hindurch zur Bundesstraße. Wir folgen dem Donauradweg bis zur Kraftwerksbrücke, über die wir hinüber ans rechte Donauufer wechseln. Hier geht man rechts auf der Straße Richtung Neustadtl, wenn man der Variante 13a (dem ausgeschilderten Jakobsweg) folgen möchte.

Für die von uns empfohlene, »historische« Route gehen wir hingegen links, am Imbiss vorbei am Donauradweg Richtung Ybbs und folgen zunächst immer den Schildern des »Rundwanderwegs Nibelungengau«. Wir gelangen wieder ans Donauufer und gehen an diesem entlang abwärts. Rechts kann man ins Stadtzentrum von Ybbs gehen bzw. von der Donaulände über Stufen hinauf zur Pfarrkirche St. Lorenz gelangen.

Hängebrücke über einen Seitenarm der Ybbs.

Schloss Hubertendorf am Rand der Ybbsauen.

ℹ️ *Die im Jahr 837 erstmals urkundlich erwähnte Stadt **Ybbs an der Donau** war jahrhundertelang einer der wichtigsten Donauhäfen und ein bedeutender Handelsort. Sie verfügt über eine gut erhaltene **Altstadt** mit zahlreichen kulturhistorisch wertvollen Bauwerken wie das Rathaus aus dem 16. Jahrhundert, einen Turm der ehemaligen Stadtmauer und die frühgotische **Stadtpfarrkirche** St. Lorenz aus dem 15. Jahrhundert. Das Innere der Kirche wurde 1721 barockisiert, ebenso erhielt der Turm einen Zwiebelhelm, der aber 1868 einem Brand zum Opfer fiel und wieder durch eine neugotische Turmspitze ersetzt wurde.*

Wer am Ufer bleibt, geht diesem entlang bis zur Brücke über den Ybbser Mühlbach und hinter dieser rechts von der Donau weg zu einer Wegkreuzung mit der Wiener Straße. Vom Zentrum aus kann man auch direkt dieser Straße folgen. An der Kreuzung weist ein Schild des »Rundwanderwegs Nibelungengau« auf einen Fußweg zwischen Gärten, den wir nehmen und so zu einem Kreisverkehr im Gewerbegebiet gelangen. Nun auf dem Fuß- und Radweg entlang der Bahnhofstraße bis unmittelbar vor dem Sägewerk, wo wir rechts auf die Ybbsflussstraße abbiegen (grüne Wegweiser der Laufstrecke »Ybbser-Au-Runde«). Die Straße biegt sich in einer Wohnsiedlung nach links und führt an einem **Spiel- und Rastplatz** vorbei (2) (1.30 Std. / 5,8 km). 100 m weiter geht die Straße in einen Schotterweg am Hochwasserdamm über, der den Auwald begrenzt. 25 m bevor der Weg nach rechts auf eine

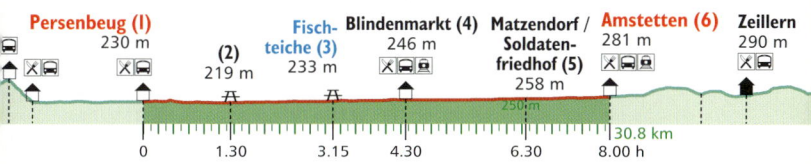

Persenbeug (1)		(2)	Fisch- teiche (3)	Blindenmarkt (4)	Matzendorf / Soldaten- friedhof (5)	Amstetten (6)	Zeillern
230 m		219 m	233 m	246 m	258 m	281 m	290 m

30.8 km

0   1.30   3.15   4.30   6.30   8.00 h

250 m

Siedlung zubiegt, zweigt links ein schmaler Fußweg in den Wald hinein ab, dem wir folgen. Wir kommen zu einem Gerinne in einem tiefen Graben, den wir über Stufen durchqueren können (bei hohem Wasserstand muss man diese Stelle rechts bis zu einer Brücke umgehen). Am Ybbsufer entlang gehen wir nun bis zu einer Eisenbahnbrücke, am Bahndamm entlang rechts und unter der Bahn hindurch zur Bundesstraße 1. Auf dieser 50 m nach links und gleich wieder auf einen Feldweg nach rechts, der wieder am Flussufer entlang und unter der Autobahn hindurchführt.

Wir bleiben immer entlang der Ybbs – der Weg scheint sich auf einer Wiese zu verlieren, wird dann aber wieder deutlicher und biegt sich nach ca. 1 km nach der Autobahn-Unterführung vom Ufer weg; hier gehen wir über einen Damm an einer Schranke vorbei nach links und auf einem etwas verwachsenen, teils sandigen Weg weiter durch die idyllischen Auen. Wir treffen auf eine Straße und folgen ihr nach rechts aus dem Wald hinaus. 200 m weiter wandern wir hinter einer Brücke wieder links über Felder auf einen Durchlass unter der Autobahn zu, den wir aber nicht nehmen; stattdessen gehen wir auf einem Wirtschaftsweg zwischen Au und Autobahn entlang. Bei der folgenden Gabelung rechts auf Asphalt bleiben. Wir umgehen einen leider privaten FKK-Badeteich rechts, um so zu einem **Fischteich** zu gelangen, an dem es mehrere Rastbänke gibt **(3)** (1.45 Std. / 6,7 km).

Hier rechts am Teich entlang und gerade weiter auf einer Forststraße durch eine Kastanienallee. Wir kommen an einer abenteuerlich aussehenden Hängebrücke über einen Flussarm vorbei, gehen gerade weiter und treffen auf die asphaltierte »Schlossallee«, der wir nach rechts unter der Autobahn hindurch Richtung Schloss Hubertendorf (Reiterhof) folgen. Die B 1 und die Westbahn werden unterquert und wir gelangen zur alten Dorfstraße von Hubertendorf, auf der wir links an einer kleinen Kapelle vorbeigehen. Immer der Straße – es handelt sich hier um die alte Reichsstraße und damit den historischen Pilgerweg – folgend kommen wir durch Hubertendorf nach **Kottingburgstall** und weiter nach **Blindenmarkt (4)** (1.15 Std. / 4,8 km).

i *Die Marktgemeinde **Blindenmarkt** liegt seit ihrer Gründung im 13. Jahrhundert an den wichtigsten Ost-West-Verkehrswegen Österreichs – der mittelalterlichen Straßenverbindung Wien–Linz, der späteren Reichsstraße und Bundesstraße 1, der Westautobahn und der Eisenbahnstrecke. Das Schloss **Hubertendorf** wurde 1270 erstmals erwähnt. Die barocke **Pfarrkirche** ist der heiligen Anna geweiht und wurde im Jahr 1772 hauptsächlich aus Spendengeldern errichtet, die auf ungewöhnliche Art gesammelt wurden: Eine Person fuhr in einem kleinen Boot, in dem sich die Statue der hl. Anna befand, den Donauschiffen bei Freyenstein entgegen, um um Spenden zu bitten. Die **Hedwigkapelle** aus dem 16. Jahrhundert wurde dabei in das neue Kirchenbauwerk integriert. Der klassizistische Hauptaltar stammt aus dem Jahr 1833.*

Marterl mit Rastbänken in Matzendorf.

100 m hinter der Kirche St. Anna biegen wir dem Wegweiser »Ybbsfeldweg« folgend links in die Auhofstraße ein und folgen dieser, unter der Bahn und der B 1 hindurch, zu einem Kreisverkehr. Gerade weiter in die Johann-Tiefenbacher-Straße. Am Café-Restaurant Danner vorbei und bei der Gabelung rechts kommen wir zu den **Auseen**, die sich wunderbar für einen kurzen Badestopp eignen (Rastbänke, WC). Wir gehen am Ausee 1 rechts vorbei und dann immer die Straße geradeaus, bis diese scharf nach links knickt. Hier rechts auf einen Fußpfad, der entlang einer Hecke auf den Wald zuführt. Wir queren eine kleine Brücke mit Gittertor und kommen dahinter wieder auf einen Fahrweg, der bei einem Stadl auf Asphalt trifft. Hier links zu einer Kapelle unter zwei riesigen Linden und hinter dieser links auf einen Feldweg. Nach 5 Min. treffen wir auf die Rechtskurve einer Schotterstraße, folgen ihr über eine kleine Brücke und gehen dahinter gleich wieder halb rechts auf einen Fahrweg. Diesen immer gerade weiter, den Waldrand zu unserer Linken. Bei einer Bank mit blau-weißer Markierung nicht dem Hauptweg folgend in den Wald, sondern auf undeutlichem Weg am Waldrand bleiben! Bei den Häusern von **Hermannsdorf** kommen wir wieder auf Asphalt, halten uns zwei-

mal rechts und treffen so in spitzem Winkel auf eine Straße. Gegenüber mündet ein anderer Weg ein, den wir scharf links zurückgehen. Der Asphalt endet bei einem Haus; 100 m danach geht es geradeaus auf einem Feldweg in den Ort **Leutzmannsdorf**. Auf der Dorfstraße rechts zu einer Bushaltestelle, bei dieser links die Straße entlang, bis bei einem Verkehrsspiegel halb rechts der Mitterweg (als Radwanderweg ausgeschildert) abzweigt. Auf ihm immer geradeaus in den Ort **Matzendorf**. Bei der Dorfkapelle links, 200 m weiter rechts bergauf zum sehenswerten **Soldatenfriedhof (5)** aus dem Ersten Weltkrieg (2 Std. / 8,0 km).

Dem Wegverlauf folgend links bergab zu einer T-Kreuzung am Ufer der Ybbs, bei der wir uns nach rechts wenden. 200 m weiter biegt sich die Straße nach rechts, während wir nun teils auf Fahrwegen, teils auf Fußpfaden immer am Rand der Flussauen entlanggehen. Bei einem Bildstock kommen wir wieder auf eine Straße, die uns in den Ort Greimpersdorf hineinbringt. Ab hier folgen wir den Radwegweisern des Ybbstalweges (R 13, R 14), kreuzen eine Straße und queren sofort danach den Mühlbach, um dann einen Spazierweg entlang des Baches rechts in die Stadt Amstetten hineinzugehen.

Auf der anderen Seite des Baches sehen wir schließlich ein großes Parkhaus; direkt dahinter gehen wir rechts über eine Brücke, kommen zur Gschirmbachpassage – einer Fußgängerunterführung unter dem Bahnhof, durch die zugleich ein Bach fließt – und gelangen auf der anderen Seite geradeaus durch die Mühlenstraße. Dann links durch die Wiener Straße zum Hauptplatz oder rechts bis zur Bahnhofstraße und in dieser links zur Herz-Jesu-Kirche von **Amstetten (6)** (1.30 Std. / 5,5 km).

---

i *Wie Blindenmarkt liegt auch **Amstetten** an der uralten römischen Limesstraße, die hier nicht durch das Donautal, sondern wie die spätere B 1 entlang der Ybbs verlief. Besiedlungsspuren reichen bis in die Jungsteinzeit zurück; die erste urkundliche Erwähnung datiert aus dem Jahr 1111. Aus dieser Zeit stammen auch die bei Renovierungsarbeiten gefundenen ältesten Bauteile der gotischen – nur wenig barockisierten – **Pfarrkirche** St. Stephan. Wesentlich jünger ist die neoromanische **Herz-Jesu-Kirche**, die auf Initiative des Amstettner Jubiläums-Kirchen-Vereins von 1899 bis 1931 errichtet wurde. Im Zweiten Weltkrieg wurde sie schwer beschädigt und 1952–1954 in vereinfachter Form wieder aufgebaut. Als dritte Kirche ist die **Klosterkirche** der Schulschwestern des hl. Franz von Assisi zu nennen. Amstetten ist heute ein wichtiges regionales Zentrum und verdankt seine heutige Größe vor allem der Stellung als einer der wichtigsten **Eisenbahnknotenpunkte** Niederösterreichs an der Abzweigung der Bahn ins Ennstal von der Westbahn. Anfang des 20. Jahrhunderts gab es in Amstetten zeitweise bis zu 5000 Menschen, deren Beruf direkt oder indirekt mit dem Bahnhof in Verbindung stand.*

Die Herz-Jesu-Kirche von Amstetten.

Unterkunft: Ybbs an der Donau (224 m, 4230 EW): Motel Weinberger (direkt beim Kraftwerk), Tel. +43/7412/545 15. **Hengstberg** (550 m, 195 EW): Bauernhof Pichelbauer, Tel. +43/7412/537 39. **Neustadtl an der Donau** (507 m, 2100 EW): Gasthaus Rosenthaler, Tel. +43/7471/2755; oder Kirchenwirt Kürner, Tel. +43/7471/2228. **Kollmitzberg** (465 m, 780 EW): Gasthof Alpenblick, Tel. +43/7479/7515. **Ardagger Stift** (280 m, knapp 1100 EW): Bauernhof Baumgartenhof, Tel. +43/ 664/174 13 13. **Zeillern** siehe Etappe 14.

Die Strecke: Viele Steigungen und ein ständiges Bergauf-Bergab kennzeichnen diese Etappe. Zwar gibt es ein paar wenige Waldwege, die zu den schönsten des ganzen Wegabschnittes zählen, andererseits muss man aber auch sehr weite Strecken auf befahrenen Straßen zurücklegen. **Asphaltanteil** ca. 70 %.

Höhenunterschied: Rund 850 m im Aufstieg und 780 m im Abstieg.

Blick vom Kraftwerk zum Schloss Persenbeug.

Kritische Stellen: Der Abstieg von Hengstberg hinunter ins Tal ist an einigen Stellen nicht markiert; hier genau der Beschreibung folgen!

Landschaft: Nachdem wir das Donautal mit schönen Ausblicken zurück hinter uns lassen, wandern wir über die Neustadtler Platte, bei der es sich geologisch wie schon beim Dunkelsteiner Wald um einen Teil des Granit- und Gneishochlandes handelt, der durch den Strudengau, ein weiteres Durchbruchstal der Donau, abgetrennt wurde. Allerdings sind hier nur mehr kleine Reste bewaldet; den Großteil des Hochplateaus nehmen die typischen Mostviertler Streuobstwiesen ein. Einzelgehöfte prägen das Siedlungsbild, die Ortschaften liegen großteils auf Hügelkuppen, und bei klarer Sicht genießt man weite Fernblicke in alle Himmelsrichtungen.

Infrastruktur: Donaukraftwerk Ybbs 🏠

🅿 🚆 🚌, Neustadtl an der Donau 🏠 🅿 🚆 🚌 🚲 € ✉ 🛏, Kollmitzberg 🏠 🅿 🚆, Ardagger Stift 🏠 🅿 🚌, Zeillern 🏛 🏠 🅿 🚆 🚌 🚲 € ✉ 🛏.

Einkehr: Imbiss und Café-Konditorei beim Donaukraftwerk, Hengstberghütte, Gasthöfe in Neustadtl und Kollmitzberg, 4-Sterne-Lokal in Ardagger Stift, mehrere Lokale in Zeillern. **Trinkwasser** kurz nach Neustadtl bei einer Quelle.

Touristeninformation: Mostviertel Tourismus, Tel. +43/7416/52191, office@mostviertel.com.

Anmerkung: Man trifft bereits knapp 3 km vor Zeillern auf die Etappe 14. Der weitere Weg von Zeillern bis Wallsee beträgt dann nur mehr gut 12 km. Wer die insgesamt rund 44 km von Persenbeug bis Wallsee gleichmäßig teilen möchte, für den bietet sich die Übernachtung in Neustadtl (ca. 18,5 und 25,5 km) oder in Kollmitzberg (ca. 22,5 und 21,5 km) an.

Diese Variante – der offizielle Jakobsweg – zweigt an der Westseite des **Kraftwerks Ybbs-Persenbeug** von der Etappe 13 ab; von **Ortszentrum (1)** bis dorthin ist der Weg identisch.

Wir folgen ab dem Kraftwerk dem Straßenwegweiser Richtung Neustadtl etwa 500 m weit und biegen dann links steil bergauf auf einen anfangs asphaltierten Weg ab, der schon nach wenigen Metern in einen Waldweg übergeht. Auf ihm gelangen wir auf eine Wiese, über die wir zu einer Asphaltstraße hinaufgehen. Auf ihr 100 m nach rechts, dann halb rechts auf einen Fahrweg abbiegen, der durch den Wald bergauf führt. Rechts hat man einen schönen Blick aufs Donautal, dann treffen wir wieder auf die Straße. 100 m weiter verlassen wir sie aber schon wieder und nehmen für die nächste Viertelstunde einen wunderschönen Waldweg, der dann auf eine Forststraße stößt. Auf ihr links und die Asphaltstraße kreuzen. Bei der folgenden T-Kreuzung rechts, dann bei einem Haus links auf die Forststraße mit Fahrverbotstafel. Diese gabelt sich nach 50 m; hier nehmen wir den rechten, ansteigenden Weg. Eine knappe Viertelstunde später treffen wir wieder auf die Asphaltstraße, der wir nun folgen. Wir kommen an der Hengstberghütte vorbei und steigen weiter auf der Straße an zum Ort **Hengstberg (2)** am höchsten Punkt der »Moststraße« (2.45 Std. / 9,8 km).

Nach links zweigt ein Weg zu einem Sendemast ab; 5 Min. weiter geht es scharf rechts zu einem Haus. An dieser Stelle wandern wir rechts auf einem Feldweg hinunter auf einen Vierkanthof zu. Bei diesem auf der Zufahrtsstraße wieder links zu einer Kreuzung mit einem Marterl, bei dem wir rechts hin-

Schaltberg
Dornach
Neustadtl
a.d. Donau
Steinödt
Berghof
Felleismühl
465
dagger Markt
(274)
Wallfahrtsk.
Oed
Windpassing
Kollmitzberg
Stiefelberg
Kirchfeld
Ardagger Stift
Reikersdorf
Empfing
Habersdorf
Swing-
golf
Stephanshart
(236)
Viehdorf
Zeitlbach
Obernhof
Etappe 13
Seisenegg
AMSTETTEN
Kirchholz
Eisenreich-
dornach
(281)
Zeillern
Haaberg
St.
Stephan
Hart

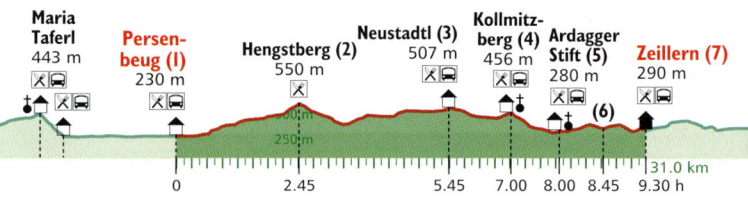

untergehen. Nach 100 m gerade weiter, dann bei der T-Kreuzung rechts. Der Asphalt endet bei einem Bauernhof, hinter dem wir gerade auf einem Feldweg fortsetzen. Etwa 200 m weiter am Ende eines Wäldchens links auf undeutlichen Wegspuren, die wieder auf einen Feldweg treffen, bergab ins Tal. Wir kommen auf eine Straße, die wir rechts hinuntergehen, um sie 500 m weiter wieder steil links bergauf zu verlassen. Auf einer Schotterstraße kommen wir hinauf zu Bauernhäusern auf einem Hügel, bei denen wieder As-

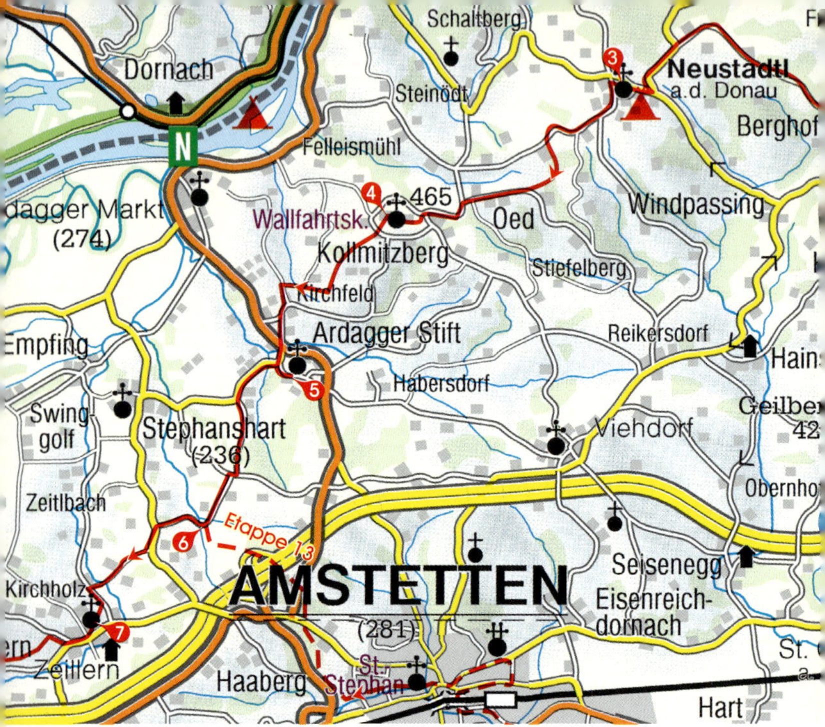

Maria Taferl
443 m
Persenbeug (1)
230 m
Hengstberg (2)
550 m
Neustadtl (3)
507 m
Kollmitzberg (4)
456 m
Ardagger Stift (5)
280 m
(6)
Zeillern (7)
290 m
300 m
250 m
31.0 km
0
2.45
5.45
7.00
8.00
8.45
9.30 h

phalt beginnt. Immer der Straße geradeaus folgend erreichen wir so über typische Mostviertler Hügellandschaft **Neustadtl an der Donau (3)** (3 Std. / 10,8 km).

ℹ️ ***Neustadtl an der Donau*** *liegt trotz dieses Namens nicht an der Donau, sondern auf einem Hochplateau in rund 500 m Höhe. Ebenso wenig lag der Ort jemals an einem wichtigen Verkehrsweg oder gar am historischen Jakobsweg – auch wenn die hiesige* **Pfarrkirche** *dem hl. Jakobus geweiht ist. Es handelt sich um eine schlichte spätgotische Hallenkirche, die Anfang des 16. Jahrhunderts errichtet wurde. In einem touristisch eher vernachlässigten Gebiet hat man aber die Wegführung des »neuen« Jakobsweges mit Begeisterung aufgenommen, eine Straße nach dem hl. Jakobus benannt und einen* **Themenweg** *mit dem Motto »Der Weg ist das Ziel« eingerichtet.*

Wir verlassen den Ort auf der Straße Richtung Kollmitzberg und gehen bei den Sportplätzen links bergab. Den ersten rechts abzweigenden Feldweg nehmen wir – wer hier noch 50 m weiter bergab geht, kommt zu einer Quelle mit Trinkwasser, falls benötigt. Der Feldweg trifft wieder auf eine Straße, der wir nun hinauf in den Ort **Kollmitzberg (4)** folgen (1.15 Std. / 4,3 km).

Die Wallfahrtskirche Kollmitzberg.

i Die Wallfahrtskirche am 469 m hohen **Kollmitzberg** ist der heiligen Ottilia geweiht. Ursprünglich handelt es sich um eine Wehrkirche, die im Jahr 1260 erstmals urkundlich erwähnt wurde. Sie ist seit dem Mittelalter Ziel von Tausenden Pilgern im Jahr, die wegen des angeblich heilkräftigen Ottilienwassers aus einer Quelle am Fuß des Kollmitzbergs hierher kamen. Seit dem 13. Jahrhundert findet hier auch (fast) jedes Jahr ein Kirtag statt – im Jahr 2016 wurde er zum 500. Mal abgehalten –, der bis zu 30.000 Besucher anlockt.

Von der Pfarrkirche gehen wir auf einem Wiesenweg bergab nach Südwesten und treffen auf eine Straße, die wir kreuzen, um gegenüber auf einem asphaltierten Wirtschaftsweg bergab auf einen Wald zuzugehen. Kurz vor diesem endet der Belag, und wir wandern auf einer Forststraße weiter deutlich bergab. 10 Min. später mündet diese bei einem Haus am Waldrand in eine schmale Straße. Ihr folgen wir rechts von einem weiteren Waldstück zu einer T-Kreuzung, an der wir links abbiegen.

Durch ein flaches Tal, an einem Bauernhof vorbei und über eine Bachbrücke kommen wir auf eine Landstraße, auf der wir uns nach rechts wenden. Im Ort Kirchfeld gehen wir links, kreuzen die Bundesstraße und halten auf den Ort **Ardagger Stift** zu. An der nächsten Abzweigung geht es links eine Straße steil bergauf zum Ortszentrum mit dem Schloss und der ehemaligen Stiftskirche **(5)** (1 Std. / 3,4 km).

i Das **Stift Ardagger** wurde bereits 1049 gegründet und bestand bis zu seiner Aufhebung im Jahr 1784 durch Kaiser Josef II. Das im 17. Jahrhundert errichtete Stiftsgebäude wurde in ein Schloss umgewandelt; die Stiftskirche blieb als **Pfarrkirche zur heiligen Margareta** bestehen. Es handelt sich um eine im spätromanisch-frühgotischen Stil im 11. Jahrhundert errichtete dreischiffige Basilika. Mehrmals wurde die Kirche umgebaut und nach Zerstörungen in den Türkenkriegen wieder aufgebaut. Das Innere ist mit einer prächtigen barocken Ausstattung versehen. Am Chorschluss befindet sich das sogenannte Margaretenfenster aus der Zeit um 1230 – eine der ältesten Glasmalereien in Österreich.

Der weitere Weg führt zurück zur Abzweigung unterhalb des Ortes und bei dieser nun links. Durch den Ortsteil **Pfaffenberg**, in dem wir uns links halten, gehen wir stets bergauf, durch ein kurzes Waldstück und zu einer Kreuzung auf freiem Feld. Bei dieser geradeaus, dann über Felder bergab in einen Graben. In diesem stößt von links ein **Feldweg** hinzu, auf dem man von Amstetten kommt, wenn man die andere Wegvariante (Etappe 13) gegangen ist.

Ab hier **(6)** (45 Min. / 3,0 km) folgt man der Beschreibung bei Etappe 14 nach **Zeillern (7)** (45 Min. / 3,0 km).

Die ehemalige Stiftspfarrkirche von Ardagger.

Unterkunft: Zeillern (290 m, 1800 EW): Pilgerherberge im Pfarrhof, Tel. +43/7472/649 75; Gasthof zur Schlossinsel, Tel. +43/7472/649 87; Schlosshotel, Tel. +43/7472/655 01. **Destelberg** (330 m): Zeillerner Ferienhof, Tel. +43/7478/718. **Wallsee-Sindelburg** (275 m, 2175 EW): Mostheuriger Grabenmühle (Campingmöglichkeit), Tel. +43/7433/2383; Gasthof Grünling, Tel. +43/7433/2231; Privatzimmer Haus Feirer, Tel. +43/650/331 30 11; Privatzimmer Hickersberger, Tel. +43/7433/2550.

Die Strecke: Wir verlassen Amstetten am Spazierweg zum Jakobsbrunnen, danach geht es in ständigem Auf und Ab über Hügel und durch Gräben, immer wieder auf Asphalt, aber dazwischen längere Stücke über Feldwege. **Asphaltanteil** ca. 55 %.

Höhenunterschied: Rund 500 m im Auf- und Abstieg.

Kritische Stellen: Zwischen Edla und Schweinberg bei der Querung des Tales keine Wegweiser auf der Wiese, hier genau der Beschreibung folgen.

Landschaft: Nach einem kurzen Stück durch den Wald beim Jakobsbrunnen wechseln für den Rest des Tages Felder, Wiesen und schmale Waldstreifen miteinander ab. Wir bewegen uns durch Mostviertler Bilderbuchlandschaft mit Obstbaumalleen, Streuwiesen und Einzelgehöften dazwischen. Immer wieder genießen wir dabei auch schöne Ausblicke nach Norden Richtung Donau.

Infrastruktur: Zeillern 🏠 🛏 ✕ 🍴 🛒 € ✉ 🚆, Destelberg 🛏, Wallsee 🛏 ⛺ ✕ 🛒 🍴 € ✉ 🚆.

Einkehr: Mehrere Lokale in Zeillern, Mostheuriger Grabenmühle, mehrere Lokale in Wallsee. **Kein Trinkwasser** unterwegs.

Touristeninformation: Mostviertel Tourismus, Tel. +43/7416/521 91, office@mostviertel.com.

Anmerkung: Der erste Abschnitt des Weges ist die Fortsetzung der nicht als Jakobsweg markierten Alternativvariante. Wer den offiziell ausgeschilderten Umweg gegangen ist, beginnt unten bei Wegpunkt 2 zu lesen.

Durch die Hügel des Mostviertels.

Schafweide bei Amstetten.

Von der Herz-Jesu-Kirche in **Amstetten (1)** gehen wir auf der Preinsbacher Straße Richtung Zentrum (Westen) bis zum Hotel Exel, dort schräg links durch die Fußgängerzone zum Hauptplatz. Auf diesem rechts bis zur Statue des »Passauer Wolfs« und dort links in die Rathausstraße. Bei der Klosterkirche der Franziskanerinnen gehen wir rechts zur Pfarrkirche St. Stephan und bei dieser links durch die Kirchenstraße zum alten Friedhof. Dort beginnt ein Fußweg, der »Jakobsbrunnenweg«, auf dem wir an einem Bach entlang an einer Kapelle vorbei in den Wald kommen. Auf einem ebenen Kiesweg mit mehreren Rastbänken wandern wir durch idyllische Landschaft mit Tümpeln und Teichen und mit Wegweisern und Infotafeln des Amstettner »Walderlebnisweges«. Wir kommen am Marienbrunnen vorbei; ein Stück weiter liegt der Dominikbrunnen mit einer Kneippanlage unterhalb; 50 m weiter dann der **Jakobsbrunnen**.
Der Weg verlässt den Wald und wir kommen auf eine Straße, gehen weiter neben Häusern bis kurz vor die B 1 und folgen dann der Markierung des

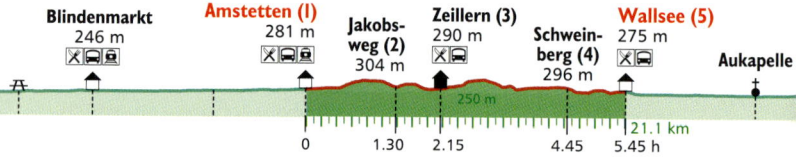

Weitwanderwegs 320 entlang des Waldrands bergauf. Auf einem Wiesenweg erreichen wir ein großes Gehöft auf einer Anhöhe, an dem wir links vorbeigehen. Bei einer Infotafel des Walderlebnisweges (bei Km 2 einer Laufstrecke) wenden wir uns nach links und gehen über Wiesen auf den Waldrand zu und schließlich in den Wald hinein. Unser Pfad kreuzt einen Forstweg, führt wenige Meter steil bergauf und mündet dann in eine Forststraße,
der wir eben durch den Wald folgen. An weiteren Stationen des Walderlebnisweges vorbei kommen wir zur alten Bundesstraße, die wir überqueren,
um gegenüber wieder auf einem Forstweg in den Wald hineinzugehen.
Bei Km 3 der Laufstrecke verlassen wir den markierten Weg Nr. 320 und
wenden uns an einer Y-Kreuzung unmarkiert auf einer Forststraße nach links.
Die Bundesstraße 119 wird gekreuzt; gegenüber geht es auf Asphalt durch
den Wald, dann durch eine Obstbaumallee zu einem typischen Mostviertler
Vierkanthof und 100 m weiter zu einer Gabelung, bei der wir links die Auto-

bahn unterqueren und drüben einem asphaltierten Forstweg bergab folgen. Bei der nächsten Gabelung nehmen wir den linken Weg, der nach wenigen Metern in Schotter übergeht. Wir kommen aus dem Wald hinaus, genießen einen schönen Blick über das Donautal in der Ferne und gehen leicht bergab durch eine Allee auf Häuser zu. Vor dem Haus Gigereith 49 gehen wir links einen Feldweg hinunter ins Tal, wo er sich nach rechts biegt und im Tal zu einer **Asphaltstraße (2)** führt (1.30 Std. / 6,0 km), auf der wir wieder auf die ausgeschilderte **Jakobswegvariante** treffen.

Wir gehen links auf Asphalt bergauf an einem blau-weißen Vierkanthof vorbei. Unser Weg mündet in eine Straße, auf der wir abermals links bergauf wandern und uns nach dem letzten Haus auf der rechten Seite nach rechts bergab wenden. Ein Wirtschaftsweg führt ins Tal hinab; in der Ferne ist bereits Zeillern zu erkennen. Beim Weiler Schörghof treffen wir auf eine Straße und biegen links ab, gehen auf eine Anhöhe und bei einer kleinen gelben Kapelle rechts den Feldweg hinein. Am Feldrand entlang kommen wir in den Ort **Zeillern**, biegen beim Friedhof links ab, gelangen hinunter ins Ortszentrum und rechts auf der Hauptstraße zur Kirche **(3)** (45 Min. / 3,0 km).

i *Wo genau zwischen Strengberg und Amstetten die Römerstraße und spätere Reichsstraße verlief, ist nicht eindeutig geklärt, aber ein Verlauf durch **Zeillern** ist durchaus denkbar. Die dem hl. Jakobus geweihte **Kirche** könnte ein Hinweis darauf sein, dass der Ort am historischen Jakobsweg gelegen war. Die spätgotische Kirche verfügt über einen im 14. Jahrhundert errichteten Turm und wurde nach mehreren Umbauten Ende des 19. Jahrhunderts regotisiert, wobei auch das steile Dach aufgesetzt und das Innere im neugotischen Stil gestaltet wurde.*

Bei der nächsten Abzweigung gehen wir halb rechts am Gasthof zur Schlossinsel vorbei und wieder halb rechts die Pyhrastraße aus dem Ort hinaus. 100 m hinter dem Ortsende-Schild zweigt der Jakobsweg links auf einen Feldweg ab.

Es geht leicht bergab an einem Marterl vorbei und um ein Privatgrundstück herum zu einer Orientierungstafel des Zeillerner Mostweges. Wir folgen weiter den Jakobsweg-Wegweisern und den Markierungen mit der Nummer 453. Der Weg wird wieder asphaltiert und führt auf einen Ort zu; kurz vor diesem biegen wir aber rechts bergauf ab, wo wir schon von Weitem am Rand eines Wäldchens eine Hubertuskapelle sehen. Unmittelbar hinter dieser zweigt der Jakobsweg nach links auf einen Waldweg ab, der zugleich Jakobsweg, »Mostweg« und »Inspirationsweg« ist. An einer Station des Letzteren (»Geborgenheit«) vorbei kommen wir hinaus an den Feldrand, wo die

Marterl mit Rastbank vor Wallsee.

beiden anderen Wege links durch eine Obstbaumallee bergab führen, während sich unser Jakobsweg rechts fortsetzt und 10 m weiter bei einer Gabelung abermals rechts am Waldrand entlang verläuft. Wir queren ein Feld und gehen am gegenüberliegenden Waldrand links, dann schräg rechts in den Wald hinein auf einer Forststraße. Wieder über Felder stoßen wir auf eine Straße, gehen links in den Ort **Edla** und gehen an einer Bushaltestelle vorbei geradeaus die Straße bergab. An zwei Bauernhöfen vorbei kommen wir zu einem Waldrand und gehen an diesem entlang links bergab. Der Weg verliert sich auf einer Wiese; wir gehen geradeaus weiter ins Tal und dort links, um ein Wäldchen herum, hinter dem wir wieder auf einen ansteigenden, zu Häusern führenden Feldweg treffen. An diesen rechts vorbei auf einem Feldweg, der sich gleich wieder gabelt: Hier erst rechts, dann links in ein Tal hinab – der Wegweiser ist hier schon etwas überwachsen.

Im Tal geht es vor einem Bauernhof links über einen Bach und drüben wieder bergauf. Wir kommen auf einen asphaltierten Wirtschaftsweg, gehen links leicht bergauf und treffen beim nächsten Haus auf eine Straße, die wir rechts bergab wandern. In der nächsten Rechtskurve gehen wir links den »Güterweg Pyhradorf« entlang, bergab und wieder bergauf. Die nächste Straße wieder rechts in den Ort **Schweinberg (4)** (2.30 Std. / 8,3 km). Hier die erste Möglichkeit links die Mühlenstraße bergab zu einem Rastplatz bei einem Bildstock, bei dem wir in einem Tal rechts gehen. Wir kommen am Mostheurigen Grabenmühle vorbei, dann führt der Weg links leicht ansteigend aus dem Tal hinaus, trifft auf eine Straße, die wir nur 60 m nach links gehen, um dann hinter einem Haus wieder rechts auf einen Feldweg bergauf abzuzweigen. An einem Marterl auf einer Anhöhe mit Rastbank vorbei kommen wir wieder leicht bergab in den Wald hinein. Wir passieren einen Sendemast und folgen den Wegmarkierungen 426 und 427 zu den ersten Häusern von Wallsee. Dort links bergauf, am Pflegeheim vorbei zur Hauptstraße, auf der wir uns nach rechts wenden und am Rathaus vorbei zum Hauptplatz und zur Kirche von **Wallsee** gelangen **(5)** (1 Std. / 3,7 km).

*Funde aus der Römerzeit belegen, dass sich an der Stelle des heutigen Ortes **Wallsee** bereits zwischen dem 1. und 5. Jahrhundert ein Kastell und Flottenstützpunkt befunden hat; es gibt auch ein sehenswertes Römermuseum. Das größte Bauwerk in Wallsee ist das von einem Park umgebene Schloss nördlich des Ortszentrums, das in verschiedenen Bauphasen vom 14. bis zum 18. Jahrhundert errichtet wurde, einen weithin sichtbaren 40 m hohen Bergfried besitzt und sich in Privatbesitz befindet. Markant ist auch der Turm des Rathauses in der Mitte des Marktplatzes, während die frühbarocke **Kirche der hl. Anna** äußerlich eher unscheinbar wirkt. Wallsee liegt strategisch günstig am oberen Ende des Strudengaus, der von hier bis Persenbeug reicht. 1965 bis 1968 wurde hier das **Donaukraftwerk** Wallsee-Mitterkirchen errichtet und die gefährliche, stark gekrümmte Donauschleife unterhalb von Wallsee entschärft.*

Das Schloss von Wallsee.

Unterkunft: Strengberg (358 m, 570 EW; auf der Variante): Gasthaus Zum Schwarzen Rössl, Tel. +43/7432/2224; Hotel Vösenhuber, Tel. +43/7432/2307. **St. Pantaleon** (242 m, 2530 EW): Landgasthof Winklehner, Tel. +43/7435/7584.

Die Strecke: Vom Ort Wallsee geht es noch auf Asphalt hinunter zum Donaualtarm, dann auf schönen Fußpfaden an diesem entlang. Auf einen längeren Abschnitt über einen Schotterweg folgt wieder ein Stück auf einer kaum befahrenen Nebenstraße. Größere Steigungen gibt es keine, erst am letzten Stück vor St. Pantaleon geht es wieder abwechselnd über Feldwege und Asphalt durch die Hügel. **Asphaltanteil** ca. 40 %.

Höhenunterschied: 170 m im Aufstieg und 200 m im Abstieg (Variante Strengberg 200 m zusätzlich im Auf- und Abstieg).

Kritische Stellen: Wo der Weg nach dem längeren Straßenabschnitt hinter Au bei der Brücke wieder links in den Wald abbiegt, muss man gleich die erste Möglichkeit wieder rechts bergauf an einem alten Stadl vorbeigehen; hier sucht man vergeblich nach einem Wegweiser. Der andere Weg verliert sich unten im Tal.

Landschaft: Der Au-Erlebnisweg entlang des Donaualtarms gehört mit zu den schönsten Abschnitten des Mostviertler Jakobsweges. Danach geht es immer am Rande der Auwälder entlang; die letzte Stunde vor St. Pantaleon genießen wir nochmals die typische Mostviertler Hügellandschaft. Wer die Variante über Strengberg wählt, verlässt die Auwälder schon früher wieder und ist länger im Hügelland unterwegs.

Infrastruktur: Strengberg 🏠 🍴 📺 📋 € ✉ 🚌, St. Pantaleon 🏠 🍴 📺 📋 € 🚌 🏠.

Einkehr: Imbiss am Altarm in Wallsee, Gasthäuser in Strengberg (nur Variante), Gasthaus Reisinger in Erla oder Pizzeria La Storia (500 m abseits), Landgasthof Winklehner in St. Pantaleon. **Kein Trinkwasser** unterwegs.

Touristeninformation: Mostviertel Tourismus, Tel. +43/7416/521 91, office@mostviertel.com.

Variante: Der offizielle Jakobsweg führt gut beschildert über den Ort Strengberg. Wer die rund 6 km bzw. 1.30 Std. Umweg und 200 zusätzliche Höhenmeter nicht scheut und zwei etwa 700 m lange Abschnitte entlang der stark befahrenen B 1 in Kauf nimmt, wird mit einer schönen Aussicht übers Donautal belohnt und kann in Strengberg nicht nur einkehren, sondern kommt auch an einer der beeindruckendsten Landkirchen der Region sowie an schönen Bürgerhäusern vorbei.

In der Mitte des Marktplatzes von **Wallsee (1)** führt links vom Gasthof Sengstbratl ein schmaler Fußweg zwischen Häusern bergab, den wir nehmen. Bei der nächsten Quergasse geht es 10 m nach rechts versetzt weiter steil auf einen Fußweg. Auf der Josefstraße links, dann in einem Rechtsbogen bergab auf die Höhe der Donau und links durch die Altarmstraße zu einem Imbiss bei einer Freizeitanlage mit Sport- und Tennisplätzen. Durch eine Feriensiedlung kommen wir zum Straßenende, wo wir geradeaus auf einem Schotterweg entlang des Altarms weitergehen.

Für die nächsten 2 km folgen wir dem sogenannten »Altarmweg«, einem wunderschönen Spazierweg am Steilufer des alten Donauarmes entlang, und passieren eine Jakobsstatue. Bei einer Infotafel führt der gut ausgeschilderte Jakobsweg links bergauf (siehe Variante), wir empfehlen aber, sich den zusätzlichen Anstieg zu ersparen und hier rechts über die kleine Holzbrücke weiterzugehen.

Weiter am Altarmweg kommen wir kurz hinter Km 3 zu einer kleinen Brücke über ein einmündendes Bächlein und direkt dahinter einer zu Selbstbedienungs-Labestation mit gekühlten Getränken direkt aus dem Bach. Bei einer weiteren Holzbrücke, die rechts über ein Gerinne führt, weist ein Schild zur

Die Selbstbedienungs-Labestation am Altarmweg.

Donau. Wir gehen hier aber gerade weiter, kurz bergauf zu einer schmalen Straße und diese rechts bergab. An deren Ende geht es auf einen Feldweg (Fahrverbot) rechts entlang des Waldes. Bei einer Schranke kommen wir wieder in die Au und wandern auf Schotter, auf einem Hochwasserdamm parallel zur Donau, eine knappe halbe Stunde bis zu einer weiteren Schranke, hinter der wir uns links halten und so bei einem kleinen Bildstock auf Asphalt treffen. Bei der nächsten Kreuzung stoßen wir auf den Donauradweg, dem wir nach links folgen. Dann immer geradeaus weiter in den Weiler **Au**, wo die Aukapelle **Maria Heimsuchung (2)** steht (2.15 Std. / 8,6 km).

Etwa 1 km weiter erreichen wir wieder den markierten Jakobsweg. Bei einem Marterl biegt die Straße nach links, und wir gehen leicht rechts einen asphaltierten Feldweg entlang. Der Weg nähert sich wieder dem Rand der

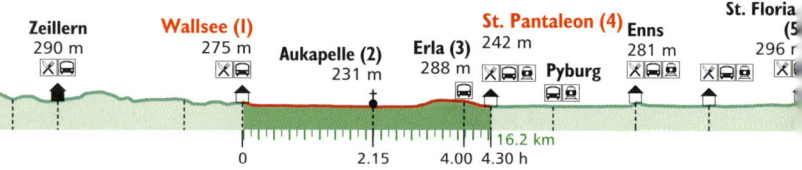

Au und führt an diesem entlang. Wir treffen wieder auf die Straße von vorhin und folgen einem Jakobsweg-Wegweiser nach rechts. Hinter einer Brücke über einen Bach bei einem Marterl unter einem großen Baum verlassen wir die Straße und orientieren uns an der Beschilderung links in den Wald hinein. Sogleich wieder rechts bergauf zu einem alten Holzstadl, nicht geradeaus weiter im Tal! Der Weg steigt leicht an und mündet in eine Schotterstraße, der wir links zu einigen Häusern hinauf folgen. Wir umrunden diese links und zweigen dann zwischen letztem und vorletztem Haus links auf einen Feldweg ab.

Bei den nächsten Häusern kommen wir wieder auf Asphalt, halten uns geradeaus annähernd eben auf einer Höhenstufe über der Donau und erreichen den Ort **Erla (3)** (1.45 Std. / 6,0 km), bereits ein Ortsteil von St. Pantaleon. Bei der Abzweigung nicht rechts, sondern dem Wegweiser folgend zur Kirche und links um diese herum – es lohnt sich aber, auch auf die andere Seite des Gotteshauses zu blicken, wo sich an der Außenmauer noch Reste von Fresken befinden.

*Die dreischiffige spätgotische **Pfarrkirche** St. Peter und Paul von Erla ist die frühere Stiftskirche des um 1130 in der ehemaligen Stammburg der Herren von Erla eingerichteten Benediktinerinnenklosters Erla, des ältesten Frauenklosters Österreichs. Das Kloster wurde um 1583 aufgehoben und das Gebäude vom Königinkloster in Wien verwaltet. Nachdem auch dieses 1782 aufgehoben wurde, ist es seit 1832 wieder als Schloss in Privatbesitz.*

Wir gehen an dem direkt an die Kirche angebauten dreistöckigen Schüttboden des ehemaligen Klosters und einer gewaltigen, uralten Fichte links der Straße vorbei. Die Hauptstraße wird gekreuzt, und gegenüber folgen wir dem Jakobsweg-Wegweiser und dem Schild »Romanisches Dreieck« an einem Fußballplatz vorbei. Hinter diesem rechts; 200 m weiter halb rechts. Am Ortsende endet auch der Asphalt, und es geht auf einem geschotterten Feldweg hinunter Richtung **St. Pantaleon**. Hinter einer kleinen Brücke über einen Bach finden wir schon die Ortstafel und wandern immer geradeaus weiter ins Ortszentrum **(4)** (30 Min. / 1,7 km).

*St. Pantaleon-Erla liegt nahe der Mündung der Enns in die Donau, wo sich auch – im heutigen Ortsteil Albing – ein römisches Legionslager befand. Bis zur Donauregulierung lag der Ort direkt am Strom. Die **Pfarrkirche** ist im spätgotischen Stil errichtet und hat eine neugotische Inneneinrichtung aus dem 19. Jahrhundert. Die Krypta stammt aus dem 12. Jahrhundert. Mitte der 1970er-Jahre war geplant, in St. Pantaleon ein riesiges Industriegebiet einschließlich eines Kernkraftwerks – des zweiten in Österreich vorgesehenen – zu errichten. Die Volksabstimmung gegen das Kraftwerk Zwentendorf beendete aber auch dieses Projekt endgültig.*

Blick nach St. Florian.

Unterkunft: Ennsdorf (250 m, 1830 EW): Gasthof Stöckler, Tel. +43/7223/826 00; Privatzimmer Schmidthaler, Tel. +43/676/524 62 44. **Enns** (281 m, 11.520 EW): zahlreiche Unterkünfte, Auskunft bei der Stadtinfo. **Asten** (255 m, 6230 EW): Gasthof Stögmüller, Tel. +43/7224/661 97; Gasthof Zur Goldenen Krone, Tel. +43/7224/661 22; 24/7 Zimmer, Buchung nur online unter www.zimmer-asten.at. **St. Florian** (296 m, 6000 EW): Gästehaus im Stift, Tel. +43/7224/8902-13; Gasthof Erzherzog Franz Ferdinand, Tel. +43/7224/4254-0; Landgasthof zur Kanne, Tel. +43/7224/4288.

Die Strecke: Asphaltierte Ortsstraßen und schwach befahrene Landstraßen dominieren diesen Abschnitt, nur beim Ennskraftwerk vor Pyburg und kurz nach dem Ort sowie ganz am Ende der Etappe vor St. Florian geht man ein Stück auf unbefestigten Wegen. Kaum Steigungen; lediglich zur auf einem Hügel gelegenen Altstadt von Enns und am Ende der Etappe nach St. Florian geht es kurz, aber steil bergauf. **Asphaltanteil** ca. 85 %.

Höhenunterschied: 120 m im Aufstieg und 70 m im Abstieg.

Kritische Stellen: Im Ortsgebiet von Enns ist der Weg spärlich und stellenweise gar nicht markiert.

Landschaft: Landschaftlich reizvoll ist das Wegstück vor dem Ennskraftwerk, das Wäldchen hinter Pyburg und das letzte Stück vor St. Florian; sonst liegen die Reize dieser Etappe eher im kulturellen Bereich – die älteste Stadt Österreichs, Enns, und das Stift St. Florian sind dabei die unbestrittenen Höhepunkte. Die meiste Zeit geht man im relativ flachen Gelände durch Siedlungen.

Infrastruktur: Pyburg ⬜⬜⬜⬜⬜, Ennsdorf ⬜⬜⬜⬜⬜, Enns ⬜⬜⬜€⬜⬜, Asten ⬜⬜⬜⬜⬜⬜€⬜⬜⬜⬜, St. Florian ⬜⬜⬜⬜⬜€⬜⬜⬜.

Einkehr: Bäckerei Stockinger in Pyburg, jeweils mehrere Einkehrmöglichkeiten in Ennsdorf, Enns, Asten und St. Florian. **Kein Trinkwasser** unterwegs.

Touristeninformation: Tourismusverband Enns, Tel. +43/7223/827 77.

Anmerkung: In Pyburg zweigt eine weitere Jakobsweg-Variante ab, die auf die Nordseite der Donau wechselt, das Stadtgebiet von Linz am Ufer des Stromes durchquert und in einem weiten Bogen über Hörsching wieder zurück nach Süden führt. Da es sich dabei um einen riesigen Umweg handelt – mindestens eine zusätzliche Tagesetappe – verzichten wir hier auf die Beschreibung. Wer die sehenswerte Stadt Linz besuchen möchte, erreicht sie in knapp 20 Min. Fahrzeit per Bahn vom Bahnhof Enns aus.

Von der Kirche von **St. Pantaleon (1)** folgen wir den Wegweisern am Landgasthof Winklehner vorbei über eine kleine Brücke und auf einem Fußweg entlang eines Baches gleich wieder nach links. Bei der Bushaltestelle Moosbachstraße halb links auf der Moosstraße aus dem Ort hinaus. Der Weg verläuft durch den Ortsteil **Marksee**, in diesem links und gleich wieder rechts auf einem asphaltierten Feldweg in den Ortsteil **Arthof**. Dort geradeaus weiter in eine Sackgasse, an deren Ende der Asphalt in einen Wiesenweg am Waldrand entlang übergeht. Dieser führt auf die Freiluftschaltanlage eines Ennskraftwerks zu; einer blau-weißen Markierung folgend umgehen wir das Gelände und kommen an einem breiten Kanal entlang zu einer Straßenbrücke, über die wir links hinübergehen.

Wir erreichen das Ortsschild von **Pyburg (2)** (1 Std. / 4,1 km) und direkt dahinter die Bahnhaltestelle St. Pantaleon. Hier finden wir zwei Jakobsweg-Wegweiser: Einen nach rechts und einen geradeaus – wir nehmen den geraden Weg entlang der B 123; der rechte Weg ist der hier nicht näher beschriebene, mindestens eintägige Umweg am Nordufer der Donau entlang.

Die Stadtpfarrkirche St. Marien von Enns.

Von der Bundesstraße 123 biegen wir links ab und kommen in den nächsten Ort **Windpassing**, wo wir etwa 15 Min. ab der Bahnhaltestelle schräg links in die Waldgasse einbiegen. Diese wird zu einem Feldweg, der am Waldrand entlangführt. An einer Ecke des Waldgebietes rechts, immer am Waldrand bleiben. Wo wir auf einen Güterweg treffen, gehen wir links über ein Bahngleis und kommen wieder auf Asphalt. Wir unterqueren die Bundesstraße 1 und die neue Westbahnstrecke. Der Weg biegt sich dann links, unterquert auch die alte Westbahnstrecke und führt danach rechts auf die schon in der Ferne sichtbare Stadt Enns zu.

Wir kommen in den Ort **Ennsdorf** und treffen auf die Hauptstraße. Auf dieser gehen wir an einer Bushaltestellte vorbei nach links bis zur zweiten Ampel, bei der wir nach rechts abbiegen. Wir überschreiten die Ennsbrücke und verlassen damit Niederösterreich. Auf der oberösterreichischen Seite gehen wir auf einem Fußweg rechts neben der Straße bergab, an einem Gehege mit Eseln vorbei und halb links eine steile Gasse bergauf. Diese trifft auf die Wiener Straße. Rechts käme man zum Hauptplatz; wir gehen schräg links über Stufen hinauf zur St.-Marien-Kirche von **Enns (3)** (1.30 Std. / 5,5 km).

> ℹ️ **Enns** bezeichnet sich selbst als »älteste Stadt Österreichs«, obwohl es zwar schon in der Römerzeit städtische Siedlungen gab und vermutlich auch im Mittelalter ältere Stadtgründungen, allerdings ist Enns die älteste Stadt, deren Stadtrechtsurkunde – aus dem Jahr 1212 – bis heute erhalten ist. Funde bezeugen eine Besiedelung durch Kelten ab 400 v. Chr.; die Römer errichteten hier ihr Lager Lauriacum im heutigen Stadtteil Lorch (siehe rechts). Im Jahr 304 wurde der heilige Florian der Legende nach hier als Märtyrer in der Enns ertränkt. Heute sind in Enns noch die Reste der **Stadtbefestigung** aus dem Mittelalter zu sehen. Das Stadtbild ist durch eine Vielzahl erhaltener Bauten aus der Renaissancezeit und aus dem Barock geprägt. Wahrzeichen ist der **Stadtturm** aus dem Jahr 1568. Die Stadtpfarrkirche St. Marien aus dem 13. Jahrhundert ist die ehemalige Kirche des 1784 aufgelassenen Franziskanerklosters und gilt als eines der kunsthistorisch bedeutendsten Bauwerke der Gotik in Oberösterreich.

Am Platz vor der Kirche folgen wir der Beschilderung des »Donausteiges« durch die Kirchengasse und die Pfarrgasse. Wir kommen am Gasthaus Poststüberl vorbei und gehen am Dingolfinger Platz über Stufen hinunter

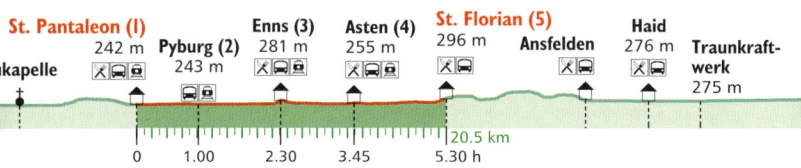

zum Bahnhofweg, wo wir wieder Jakobsweg-Zeichen finden. Bei einem Bildstock des hl. Severin queren wir einen Bach zu unserer Linken und halten uns am anderen Ufer entlang nordwärts. Durch die Basilikastraße gehen wir links auf die Kirche St. Laurenz zu und vor dieser rechts durch die Lauriacumstraße zum Bahnhof von Enns.

> ℹ️ **Lorch** *ist der Stadtteil von Enns, an dessen Stelle sich das römische Lauriacum befand. Lorch war Wirkungsstätte der Heiligen Florian und Severin. Die **Kirche St. Lorenz**, die auch als Lorcher Basilika bezeichnet wird, steht auf den Mauerresten römischer Vorgängerbauten; die älteste, frühchristliche Kirche befand sich hier schon vom 5. Jahrhundert bis zum Jahr 1290. Bei Grabungen im Inneren der Kirche im Jahr 1960 konnte eine 1800-jährige Baugeschichte nachgewiesen werden. Die heute bestehende gotische Kirche stammt aus dem 13. Jahrhundert; im Inneren sind noch einzelne Kunstgegenstände aus dem 14. Jahrhundert erhalten, wie die Lorcher Madonna oder vier gotische Fenstergemälde. Der Turmhelm stammt aus der Barockzeit.*

Auf der Straße davor links, am Lagerhaussilo vorbei entlang der Gleise zu einer Unterführung, durch die wir auf die andere Seite der Bahn wechseln. 100 m weiter gehen wir links über zwei kleine Brücken und kommen an der

Ortsende-Tafel von Enns vorbei auf die Landesstraße 1402, neben der wir am Gehsteig nach links gehen. 500 m weiter biegt sich die Straße nach links, um unter der Bahn hindurchzuführen, während wir halb rechts auf dem Erlenweg, einem asphaltierten Wirtschaftsweg, weiterwandern. Wir kommen am Biobauernhof Eglseergut vorbei, gehen auf der Straße parallel zur neuen Westbahn und dann in einem Linksbogen unter der alten Westbahn hindurch in den Ort **Asten (4)** (1.15 Std. / 4,7 km).

Wir passieren den Bahnhof und den Sportplatz, gehen immer geradeaus durch den Ortsteil Fisching, an der Volksschule und einem Café vorbei und kommen auf die Wiener Straße, auf der wir uns nach rechts wenden. Weiter geht es über eine kleine Brücke und direkt dahinter beim Gasthof zur Goldenen Krone nach links auf einem Fußweg entlang des Flüsschens. Wir folgen der Ipfbachstraße, wechseln bei der nächsten Brücke ans andere Ufer, gehen weiter am Wasser entlang und kommen bei einer Unterführung unter der Autobahn hindurch. Unser Weg ist hier identisch mit dem Radwanderweg R14 und führt am Freilichtmuseum Sumerauerhof vorbei.

Auf einem Asphaltweg zwischen alten Häusern geht es am Waldrand entlang Richtung St. Florian. Bei einer T-Kreuzung gehen wir links, nach etwa 5 Min. wieder rechts auf das bereits deutlich vor uns sichtbare Stift St. Florian zu.

Wir kreuzen die Landesstraße und wandern auf der anderen Seite einen schönen, schräg auf das Stift zuführenden Fußweg entlang. Ein Bach wird gequert, und 10 Min. später gehen wir entlang einer Hecke nach rechts. Am ehemaligen Bahnhof der stillgelegten Florianerbahn vorbei kommen wir in den Ort hinein und gehen immer auf das Stift zu. Am Marktplatz wenden wir uns nach links, folgen den Wegweisern bergauf an mehreren Gasthöfen vorbei und gelangen schließlich durch ein Tor in den Innenhof des Stiftes **St. Florian (5)** (1.45 Std. / 6,2 km).

ℹ️ *Das Augustiner-Chorherrenstift* **St. Florian** *ist nicht nur eines der bedeutendsten Klöster Oberösterreichs, sondern mit seiner praktisch unverändert erhaltenen Architektur ein Musterbeispiel für den sakralen Baustil der Barockzeit. Errichtet wurde es in den Jahren 1686 bis 1750 unter den Baumeistern Carlo Antonio Carlone, Jakob Prandtauer und Johann Gotthard Hayberger. Das Kloster wurde im 11. Jahrhundert an der Stelle gegründet, an der nach der Legende der im Jahr 304 in Enns getötete heilige Florian bestattet wurde. Das Stift beherbergt eine bedeutende Kunstsammlung und eine 140.000 Bände umfassende Bibliothek. In der* **Stiftsbasilika,** *die Maria Himmelfahrt geweiht ist, befindet sich die 1774 erbaute sogenannte Brucknerorgel – der berühmte Komponist Anton Bruckner wirkte hier von 1848 bis 1855 als Organist.*

Das Hauptportal des Stifts St. Florian.

Durchs Alpenvorland von St. Florian bis Salzburg

Nachdem wir die Donau hinter uns gelassen haben, folgen wir entlang ihrer Nebenflüsse Traun, Ager und Vöckla einem uralten Verkehrsweg, der durch das Alpenvorland Richtung Salzburg führt. Schon zur Zeit der Römer existierte eine Reichsstraße, die von Lauriacum (Enns) über Ovilava (Wels) nach Iuvavum (Salzburg) führte, und vielerorts beziehen sich auch noch Straßennamen auf diese Römerstraße. Allerdings entspricht ihr Verlauf hier in vielen Teilen den heutigen breit ausgebauten Bundesstraßen, die durch dicht besiedeltes und industrialisiertes Gebiet führen.

Glücklicherweise können wir im ersten Teil dieses Abschnittes weitgehend auf angenehm zu begehende Rad- und Fußwege direkt am Ufer der Flüsse ausweichen. Dadurch werden die größeren Ortschaften auf diesem Abschnitt – Traun, Marchtrenk und Wels – umgangen; wir bewegen uns großteils durch Wälder und Aulandschaften. Bei Lambach, wo sich ein seit dem 11. Jahrhundert bestehendes Benediktinerkloster befindet, das sicherlich eine wichtige Station für Pilger darstellte, treffen wir wieder auf die Reichsstraße und gehen fortan einmal links, einmal rechts davon etwas abseits durch Wälder und über Felder.

Am Ufer des Wallersees.

An der Traun bei Lambach.

Die leicht hügelige, durch die letzte Eiszeit geformte Endmoränenlandschaft des Alpenvorlandes begleitet uns; in der Ferne im Süden können wir bei klarer Sicht die ersten hohen Alpengipfel sehen: Der markante Traunstein und die zackigen Umrisse der Dachsteingruppe machen bereits Appetit auf die kommenden Abschnitte, die uns mitten durch alpine Landschaften führen werden. Noch ist es aber nicht so weit.

Wir überqueren die Wasserscheide zwischen Traun und Salzach und damit auch die Grenze zum Bundesland Salzburg. Hier gelangen wir an den größten See des Salzburger Alpenvorlandes, den rund 6 km² großen Wallersee, an dessen Ufer wir entlangwandern. Obwohl die Wege hier, wie im größten Teil dieses Wegabschnittes, asphaltiert sind, sind sie doch angenehm zu begehen und verlaufen abseits befahrener Straßen. Wir erreichen die bereits im Einzugsgebiet der Stadt Salzburg gelegenen Orte Eugendorf und Hallwang, bevor wir schließlich von der Wallfahrtskirche von Maria Plain aus den Blick auf unser Etappenziel Salzburg, eine der kulturhistorisch bedeutendsten Städte Österreichs, genießen können.

Unterkunft: **Ansfelden** (289 m, 1790 EW): Gasthof zur Post / Ansfeldnerhof, Tel. +43/7229/870 04-0; Gasthof Hotel Stockinger, Tel. +43/7229/88 321. **Haid bei Ansfelden** (276 m, 7200 EW): Motel Haid, Tel. +43/7229/873 38. **Marchtrenk** (294 m, 12.600 EW): mehrere Unterkünfte im Ortszentrum (ca. 2 km abseits).

Die Strecke: Im ersten Teil der Strecke gehen wir auf Wald- und Feldwegen über zwei Hügelrücken vom Tal des Ipfbachs hinüber ins Tal der Traun nach Ansfelden. Danach geht es eben großteils durch bebautes Gebiet auf Asphalt nach Haid. Erst durch Industriegebiete, dann durch die Traunauen gelangen wir weiterhin ohne jede Steigung zum Traunkraftwerk Pucking. Entlang der Traun wandern wir dann immer noch eben auf dem Uferweg bis zum Ziel der Tagesetappe. **Asphaltanteil** ca. 75 %.

Höhenunterschied: Rund 200 m im Auf- und Abstieg.

Kritische Stellen: Im Ortsgebiet von Haid ist die Markierung sehr undeutlich bzw. fehlt stellenweise völlig.

Landschaft: Der Abschnitt von St. Florian bis Ansfelden verläuft teilweise im Wald, teilweise am Waldrand über Felder.

Wir befinden uns im hügeligen Traun-Enns-Riedelland, und immer wieder genießen wir weite Ausblicke über das Tal des Flusses Traun und das Welser Becken. Nach einem Abschnitt durch verbautes Gebiet kommen wir am Ende der Etappe wieder für längere Zeit ins Grüne, wo wir fernab der Ortschaften durch die Auwälder entlang der Traun flussaufwärts wandern.

Infrastruktur: Ansfelden 🚆 🍴 🛏 🛒 🔧 € A ✉ 🚌, Haid 🚆 🍴 🛏 🛒 € A 🚌 🚲, Au an der Traun 🚆 🍴 A 🛒, Marchtrenk (2 km abseits) 🚆 🍴 🛏 🛒 🔧 € A ✉ 🚌.

Einkehr: Mehrere Einkehrmöglichkeiten in Ansfelden, Gasthof-Hotel Stockinger in Kremsdorf, mehrere Lokale in Haid, Gasthof Ufermann in Marchtrenk. **Trinkwasser** bei der Kirche in Ansfelden.

Touristeninformation: Stadtgemeinde Ansfelden, Tel. +43/7229/840, stadtgemeinde@ansfelden.at; Gemeindeamt Marchtrenk, Tel. +43/7243/5520, gemeindeamt@marchtrenk.com.

Anmerkung: Diese Etappe endet nicht in einer Ortschaft, sondern bei einer Kapelle außerhalb – die nächste Übernachtungsmöglichkeit liegt aber nur 200 m entfernt; in den Ort Marchtrenk gelangt man zu Fuß in einer halben Stunde.

Vom Hauptportal des Stiftes **St. Florian (1)** gehen wir durch den Innenhof am Friedhof vorbei und dem Jakobsweg-Wegweiser folgend durch die Schlagerstraße, die ansteigend in einen geschotterten Feldweg übergeht. Nach etwa 100 m biegen wir links bergauf ab. Unser Weg ist hier auch zugleich – deutlicher als die Jakobsweg-Beschilderung – als Anton-Bruckner-Symphoniewanderweg ausgeschildert. Wir kommen zu Häusern und gehen am Rand der Siedlung geradeaus weiter. An der Ölbergkapelle – rechts ein Wegweiser zum Gasthof Zur Hölle – wandern wir die Brucknerstraße bergauf und zweigen dann rechts erst auf die Waldstraße und dann abermals rechts auf einen Waldweg ab, der deutlich bergab zu einer weiteren Siedlung führt. In dieser halten wir uns links, dann auf der Wolferner Straße abermals links. Gerade weiter auf einem Geh- und Radweg, der sich einer Landstraße nähert und dann neben dieser verläuft. In Sichtweite eines Kreisverkehrs kreuzen wir die Straße, folgen wieder den Bruckner-Wegweisern und gehen in einem Graben auf einem schönen Feldweg bergauf. Am Bergrücken treffen wir auf eine Schotterstraße, der wir eben nach links folgen. Nach kurzer Zeit kommen wir wieder auf Asphalt, stoßen auf eine schwach befahrene Landstraße und gehen auf dieser nach rechts.

Kurz hinter der 6. Station des Symphoniewanderwegs biegen wir rechts auf eine Forststraße ab. Bei der 5. Station nehmen wir den geradeaus steil bergab führenden Weg, verlassen den Wald und kommen durch eine Senke zu Häusern. Kurz ist der Weg asphaltiert, dann kreuzen wir eine Straße und gehen gegenüber auf einem Feldweg zwischen Obstbäumen bergauf, an einer Rastbank vorbei. Wir gelangen auf einen Bergrücken und sehen links

Die Kirche von Ansfelden.

von uns einen Richtfunkturm. Immer dem Bruckner-Wanderweg folgend erreichen wir **Ansfelden**. Beim Ortsschild kommen wir auf Asphalt, gehen steil eine Straße bergab und gelangen direkt zur Kirche **(2)** (2.30 Std. / 9,0 km) und zum Anton-Bruckner-Zentrum.

i *Ansfelden* *ist der Heimatort des Komponisten Anton Bruckner, der hier 1824 geboren wurde und seine Jugend verbrachte. Ihm zu Ehren wurde im Jahr 1996 zur Erinnerung an seinen 100. Todestag das ABC (Anton Bruckner Centrum) errichtet – die Schreibweise mit dem »C« und die Abkürzung sind als Anspielung darauf zu verstehen, dass Bruckner nicht nur Komponist und Organist, sondern auch Lehrer war. Das Geburtshaus steht ganz in der Nähe oberhalb der Kirche. Die dem hl. Valentin geweihte* **Pfarrkirche** *wurde Anfang des 18. Jahrhunderts barockisiert, beinhaltet aber noch Bauelemente aus gotischer und teilweise sogar romanischer Zeit. Wann hier die erste Kirche gegründet wurde, ist nicht bekannt.*

Wir gehen rechts und gleich wieder links durch die Haider Straße bis zum Dorfcafé und dahinter wieder links durch die Laaher Straße, auf der wir Ansfelden verlassen. Auf Asphalt kommen wir nach Kremsdorf, halten uns an

einer Gabelung links und 200 m weiter rechts bergab zur Ritzhofstraße, die wir nach links auf einem Rad- und Fußweg entlangwandern. Kurz nach der Kremsbrücke gehen wir bei einer Bushaltestelle die Nestroystraße rechts hinauf, dann links in die Enzianstraße, an deren Ende die Route vor einer Lärmschutzwand zu enden scheint – es führt aber direkt davor ein Weg rechts entlang der Gleise zu einer Unterführung. Durch diese auf die andere Seite der Bahnstrecke und an dieser entlang unter der Autobahn hindurch in den Ort Haid, in dem wir auf der Dr.-Adolf-Schärf-Straße links gehen. So erreichen wir das Ortszentrum von **Haid (3)** (1.15 Std. / 4,3 km).

> *i* *Haid entstand Ende der 1950er-Jahre aus einer Barackensiedlung für Heimatvertriebene nach dem Zweiten Weltkrieg, die ihrerseits auf einem ehemaligen Arbeitslager der Wehrmacht errichtet worden war. Nach und nach wurden die Holzbaracken durch Wohnbauten ersetzt; es entstand ein komplett neuer Stadtteil, für den auch eine eigene Kirche errichtet werden sollte. »Kirche kennenlernen im Vorbeifahren« – das war die Idee hinter der* **»Autobahnkirche Haid«***, die in den Jahren 1960–1964 erbaut wurde. Der moderne Bau mit seinen markanten Glasfenstern und dem 42 m hohen Turm sollte von der Autobahn aus sichtbar sein und die Lenker zu einem Zwischenstopp bei dem Gotteshaus einladen – ein Konzept, das nicht wirklich funktionierte; außerdem ist mittlerweile die Autobahn mit Lärmschutzwänden versehen und der Ortsteil Haid so weit verbaut, dass die Kirche überhaupt nicht mehr zu sehen ist.*

Am Hauptplatz wenden wir uns nach links, bei der Tankstelle wieder rechts und an der nächsten Straße abermals links und wieder rechts auf einen asphaltierten Fahrweg. Wir kommen durch ein Industriegebiet und verlassen

Haid auf einem Schotterweg, der nach einer Viertelstunde wieder zu einer Häusergruppe führt und auf eine Straße trifft, entlang der wir am Geh- und Radweg nach links gehen. Wir queren die Sipbachbrücke und folgen direkt dahinter nach rechts dem Wegweiser auf einer Straße zum **Kraftwerk (4)** (1 Std. / 3,5 km).

Bei diesem queren wir die Traun auf einem Holzsteg unterhalb der Staumauer, gelangen drüben auf einen Radweg und folgen ihm flussaufwärts durch die Traunauen. Schon nach 60 m können wir den Asphalt wieder verlassen und hinauf auf einen Schotterweg direkt am Ufer des aufgestauten Flusses wandern –

Am Uferweg entlang der Traun.

dieser ist angenehmer zu gehen und man muss ihn nicht mit zahllosen Radfahrern und Skatern teilen. Einzig an sehr sonnigen Tagen kann der asphaltierte, etwas schattigere Weg angenehmer sein.

Für die nächsten 2 Std. bleiben wir immer an der Traun entlang. Wir passieren eine Kläranlage, und eine Viertelstunde später kommen wir zur Brücke der Marchtrenker Straße, unter der wir hindurchgehen. Wenige Meter dahinter liegt die **Fischerkapelle** von **Marchtrenk (5)** (2.15 Std. / 9,0 km).

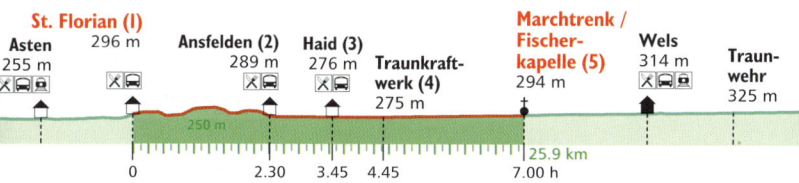

Unterkunft: Wels (317 m, 60.000 EW): Zahlreiche Übernachtungsmöglichkeiten, Info beim Tourismusverband. **Thalheim bei Wels:** Gasthof Rathner, Tel. +43/7242/418 74. **Lambach** (367 m, 3350 EW): Pilgerherberge im Stift, Tel. +43/7245/217 10; Gasthof Eitzinger, Tel. +43/7245/289 63; Café-Konditorei Obermair, Tel. +43/7245/288 67.

Die Strecke: Bis nach Wels gehen wir auf dem Uferweg entlang der Traun noch großteils auf Asphalt, dann folgen schmale, unbefestigte Fußwege bis kurz vor Lambach, wo wir wieder ins Ortsgebiet kommen. Keine Steigungen (außer einem kurzen Anstieg zur Altstadt von Lambach). **Asphaltanteil** ca. 50 %.

Höhenunterschied: Unter 100 m.

Kritische Stellen: Bei der zweiten Schranke hinter dem Traunwehr genau der Beschreibung folgen. Im gesamten Abschnitt zwischen Wels und Lambach finden sich kaum Hinweise auf den Jakobsweg.

Landschaft: Während praktisch der gesamten Etappe befinden wir uns am Ufer der Traun, wobei bis kurz nach Wels Häuser und Industriegebiete den Fluss begleiten. Danach folgt ein Abschnitt abseits der Ortschaften durch dichte Auwälder; gegen Ende kommen wir bei Lambach wieder ins Ortsgebiet.

Infrastruktur: Wels 🏠🏠🗙🍴🛒🛏🚆€ A ✚ ✉ ℹ 🚐🚌🌐, Thalheim bei Wels 🏠🗙, Lambach 🏠🏠🗙🛒🛏🚆€ A ✉🚌🚆🚐.

Einkehr: Mehrere Lokale in Wels, Gh. Rathner in Thalheim (über den Museumssteg 100 m abseits), mehrere Lokale in Lambach. Das auf manchen Karten eingezeichnete Restaurant Traunwehr ist seit 2013 geschlossen. **Trinkwasser** beim Spielplatz an der Traunpromenade in Wels.

Touristeninformation: Tourismusverband Wels, Tel. +43/7242/677 22-0, info@wels-info.at; Gemeindeamt Lambach, Tel. +43/7245/283 55 14, gemeinde@lambach.ooe.gv.at.

Anmerkungen: Vor allem im Sommer, wenn die Brennnesseln auf einzelnen Abschnitten des Uferweges mannshoch wachsen, sind lange Hosen und Ärmel dringend zu empfehlen. Alternativ kann man bereits ab der Autobahnbrücke den Wegweisern des Radweges folgen und so die verwachsenen Abschnitte umgehen.

Das Traunwehr zwischen Wels und Lambach.

Von der **Fischerkapelle** von **Marchtrenk (1)** folgen wir einer schmalen Asphaltstraße am Traunufer aufwärts. Nach 150 m unterqueren wir die Welser Autobahn und kommen eine Viertelstunde später zu einem Wasserkraftwerk, bei dem eine Rad- und Fußwegbrücke ans andere Ufer der Traun führt. Wir bleiben aber auf unserer Seite, entfernen uns etwas vom Ufer und gehen leicht bergauf. Hinter dem Kraftwerk können wir wieder vom stark befahrenen asphaltierten Radweg auf den geschotterten Treppelweg auf der Dammkrone links von uns ausweichen, und zwar für die nächsten 3 km.

Rechts weichen die Auwälder nach und nach einem Gewerbegebiet und Wohnsiedlungen, woran wir erkennen, dass wir uns bereits der Stadt Wels nähern. Wir unterqueren die Brücke der Pyhrnpass-Bundesstraße und gehen am asphaltierten Uferweg weiter. Kurz hinter einem Steg, der nach links über den Fluss führt, gibt es einen Spielplatz und einen Trinkbrunnen; 100 m weiter kann man rechts über die Adlerstraße in weniger als 10 Min. ins Stadtzentrum von **Wels (2)** gelangen (2 Std. / 7,6 km).

Zaun in Lambach.

Besiedelt ist das Gebiet von **Wels**, wie Funde belegen, schon seit der Jungsteinzeit; unter dem Namen Ovilava war es zur Römerzeit eine der wichtigsten Städte
nördlich der Alpen und Verwaltungssitz der gesamten Provinz Ufer-Noricum.
Durch die Einfälle der Germanen und Vandalen wurde Ovilava von den Römern
aufgegeben und Wels erlangte erst im Mittelalter ab dem 11. Jahrhundert wieder
an Bedeutung. Um 1140 wurde eine Brücke über die Traun errichtet, für die Wels
das Mautrecht besaß, 1222 folgte das Stadtrecht. Kaiser Maximilian I. besaß hier
ein Jagdschloss und starb auch in Wels. Heute gibt es in Wels noch eine große An-

zahl unter Denkmalschutz stehender Häuser; sehenswert ist auch das archäologische Museum im ehemaligen Minoritenkloster. Wahrzeichen der Stadt ist der letzte erhaltene ***Stadtturm****, der Ledererturm. Die* ***Stadtpfarrkirche*** *ist dem hl. Johannes Evangelist geweiht. Sie ist ein ursprünglich romanisches Bauwerk aus dem 13. Jahrhundert, das bereits 100 Jahre später gotisiert wurde; Westportal und Turm erfuhren in der Barockzeit eine neuerliche Umgestaltung.*

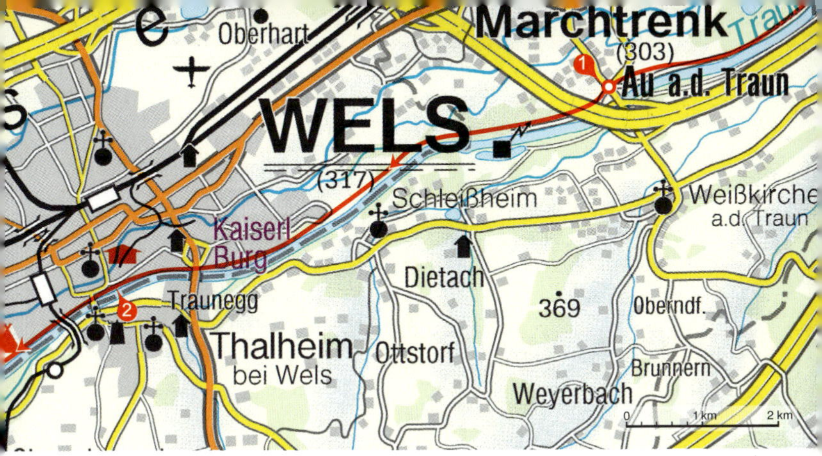

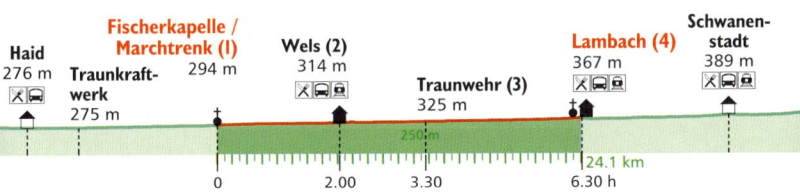

Weiterhin dem Weg am Ufer der Traun entlang folgend kommen wir am über den Fluss gebauten Café Isola Bella vorbei. Wir unterqueren eine Straßen- und eine Eisenbahnbrücke, gehen zwischen Welser Messegelände und Traun entlang und sehen dann rechts von uns das Freizeitgelände »Welldorado«. Wir kommen an zwei weiteren Einkehrmöglichkeiten (Radlertreff Zauner und Gasthaus Landgraef) vorbei und wandern 70 m weiter, wo der Radweg nach rechts abbiegt, auf einem vorerst noch asphaltierten, schmalen Spazierweg am Ufer entlang durch den Wald weiter. Nach 250 m endet der Belag, und es geht auf einem schönen, idyllischen Kiesweg weiter. Wir passieren eine Jausenbank sowie weitere Rastbänke. Die Welser Autobahn wird unterquert – hier treffen wir kurz wieder auf den von rechts kommenden

Sandstrand an der Traun.

und gleich hinter der Brücke wieder rechts abbiegenden Radweg – und wir halten uns weiter auf einem Fußweg am Ufer entlang, von dem immer wieder kleine Wege abzweigen. Nach Passieren einer Pferdekoppel, hinter der der Weg ziemlich schmal und verwachsen ist, queren wir auf einer Holzbrücke ein einmündendes Gewässer und kommen etwa 15 Min. später zum **Traunwehr (3)** (1.30 Std. / 5,6 km).

Wir treffen auf eine asphaltierte Zufahrtsstraße zu einem ehemaligen Gasthaus, das wir rechts umgehen – hier findet sich zum ersten Mal seit Wels wieder ein Hinweis auf den Jakobsweg in Form eines Aufklebers auf einer Stange. Auf einem mit einer Schranke gesperrten geschotterten Fahrweg gehen wir nun entlang eines Hochwasserdammes weiter über Felder und an Häusern vorbei. Bei einer weiteren Schranke treffen wir auf das Ende einer Straße. Hier gehen wir links etwa 20 m auf einem Schotterweg, der sich dann weiter nach links biegt. Wir gehen aber geradeaus weiter, auf einem sehr schmalen Weglein auf das Ufer der Traun zu. Nach weiteren 20 m gabelt sich der Weg und wir nehmen den rechten (der gerade Weg führt nur ans Ufer) Fußpfad, der zu einem sandigen Badestrand in einer kleinen Flachwasserbucht führt. Nun weiter, direkt am Ufer entlang, mal auf Sandboden, dann wieder auf uralten Resten von Asphalt. Waldstücke und Abschnitte über offenes Gelände wechseln ab; auch die Breite des Weges variiert.

Wir kommen an einem Pegel vorbei, von dem aus wir bereits die Straßenbrücke der Sattledter Straße über die Traun sehen. Diese unterqueren wir – oben an der Straße ist das Ortsschild von Edt bei Lambach zu sehen – und wandern zwischen dem Ufer und einer Gartensiedlung entlang. Nach den letzten Häusern führt ein Weg links zum Ufer, während wir schräg rechts gehen und einem der auf dieser Etappe seltenen Wegweiser mit Jakobsmuschel in den Wald folgen. Der Fußpfad trifft 300 m weiter auf einen geschotterten Waldweg, auf dem wir links gehen und dem wir für ca. 15 Min. folgen. Ein Feld wird gequert, dann kommen wir wieder in den Wald. Kurz bevor der Weg nach rechts neuerlich hinaus auf ein Feld führt, zweigen wir auf einen Weg links ab. Dieser gabelt sich nach wenigen Metern; links ginge es zum Ufer, während wir uns rechts halten. 500 m weiter treffen wir kurz vor einer Eisenbahnbrücke auf Asphalt; wir unterqueren die Bahn und nehmen dahinter gleich einen halb rechts abzweigenden Fußpfad. Er trifft in einer Kehre wieder auf eine Asphaltstraße, die uns bergab, weiter parallel zum Fluss, traunaufwärts zu den ersten Häusern von Lambach bringt. Am Ortsbeginn links auf einer Brücke über einen einmündenden Bach, dann beim Stopp-schild wieder links zurück ans Ufer der Traun bei einem Kraftwerk. Am Traunufer entlang zu einem Parkplatz, denn auf Schotter am Internat des Agrarbildungszentrums vorbei wieder zu einer Asphaltstraße, der wir am Ufer entlang folgen. Wir kommen zur Traunbrücke und gehen neben der Straße auf einem Fußweg rechts bergauf zum Platz vor dem **Stift Lambach (4)** (3 Std. / 10,6 km).

> *i* **Lambach** liegt auf dem historisch bedeutsamen Handelsweg, auf dem schon im Mittelalter Salz aus Gmunden Richtung Donau transportiert wurde. Der Ort wur-de im Jahr 798 erstmals erwähnt; das Benediktinerstift wurde bereits 1056 ge-gründet. Beim Einfall der Bayern 1233 wurde die Klosteranlage großteils zerstört und danach wieder instandgesetzt. Die heutigen Bauten stammen aber großteils aus der Barockzeit; die Stiftskirche wurde 1652–1656 errichtet. Einzelne Reste romanischer Bauteile sind erhalten, u.a. mit den ältesten Fresken des süddeut-schen Raumes aus dem 11. Jahrhundert. Das Stift beinhaltet heute auch ein Mu-seum, eine umfangreiche Bibliothek, eine Musiksammlung und das einzige noch bestehende Klostertheater Österreichs.

Blick auf Stift Lambach vom Traunufer.

Unterkunft: **Schwanenstadt** (389 m, 4050 EW): Gasthaus Gruber, Tel. +43/7673/2254, oder Gasthof Hofbauer, Tel. +43/7673/2250. **Attnang-Puchheim** (416 m, 8800 EW): Pilgerquartier im Kloster Puchheim, Tel. +43/7674/623 34. **Vöcklabruck** (433 m, 12.000 EW): Mutterhaus der Franziskanerinnen, Tel. +43/7672/726 67; Seminarhaus St. Klara, Tel. +43/7672/277 32-280; Hotel Auerhahn, Tel. +43/7672/234 56, oder Lindner Tel. +43/7672/727 270.

Die Strecke: Weiterhin eben geht es für die ersten 8 km auf geschotterten Wegen entlang der Ager. Der Ort Schwanenstadt wird auf Asphaltstraßen durchquert, dann folgen wieder abwechselnd geschotterte und asphaltierte Feld- und Wirtschaftswege. Zwischen Redlham und Attnang geht es kurz etwas steiler auf einem Waldweg bergauf, dann wieder hinab nach Attnang, das auf Nebenstraßen durchquert wird. Das letzte Stück nach Vöcklabruck wird auf Fußwegen, Wirtschaftswegen und schwach befahrenen Straßen zurückgelegt. **Asphaltanteil** ca. 65 %.

Höhenunterschied: Rund 250 m im Aufstieg und 180 m im Abstieg.

Kritische Stellen: Keine speziellen, allerdings sind die Wegweiser und Markierungen spärlich und kleine Aufkleber mit Muschelsymbol oft leicht zu übersehen.

Landschaft: Wir verlassen das Tal der Traun und folgen durch Auwälder dem Ufer ihres Nebenflusses, der Ager, bis Schwanenstadt. Über Felder geht es nach Redlham, dann wieder durch ein kleines Waldstück über einen Hügel nach Attnang. Von dort wandern wir zwischen Siedlungen und dem Sonnleithenwald, einem Ausläufer des Hausruckwaldes, das letzte Stück nach Vöcklabruck.

Infrastruktur: Schwanenstadt 🏠 🍴 💻 ✉ € 🏧 ⊠ 🚌 📞, Attnang-Puchheim 🏠 🛏 🏠 🍴 💻 🏧 ⊠ 🚌 📞, Vöcklabruck 🏠 🛏 🍴 💻 ✉ € 🏧 ✚ ⊠ 🚌 📞.

Einkehr: Imbiss beim Freibad in Lambach, Wirt in der Fischerau, mehrere Lokale in Schwanenstadt, Gasthaus Ahamer in Redlham (400 m Umweg), zahlreiche Möglichkeiten in Attnang und Vöcklabruck. **Kein Trinkwasser** unterwegs.

Touristeninformation: Tourismusverband Schwanenstadt, Tel. +43/7673/2255-22, info@schwanenstadt.at; Stadtgemeinde Attnang-Puchheim, Tel. +43/7674/615-0, stadtamt@attnang-puchheim.ooe.gv.at; Tourismusverband Vöcklabruck, Tel. +43/7672/760-0, stadtamt@voecklabruck.at.

Vom Haupttor des Stiftes **Lambach (1)** folgen wir den Jakobsweg-Wegweisern über eine Fußgänger-brücke hinüber zum Marktplatz, an dessen Südseite wir entlanggehen und dann einen Fußweg nehmen, der halb links abzweigt. An einem Zaun, der aus Gewehrläufen der Franzosenkriege gefertigt wurde, gehen wir vorbei und die Badgasse hinunter zum Freibad von Lambach, bei dem wir wieder ans Ufer der Traun treffen. An diesem entlang wandern wir nun flussaufwärts auf einem geschotter-ten Fuß- und Radweg durch die Fischerau. Infotafeln und Rastbänke säumen den Weg; auch an einer höl-zernen Beobachtungsplattform an einem Altwasser kommen wir vor-bei. Dahinter führt der Weg in einem Linksbogen wieder ans Flussufer, al-lerdings nicht mehr an das der Traun, sondern an das der hier einmünden-den Ager, die uns die nächsten ein-einhalb Stunden begleiten wird.

Der Stadtturm von Schwanenstadt.

Dann gehen wir unter einer Straßenbrücke hindurch und unmittelbar danach rechts hinauf auf die Straße, dann am Straßenrand entlang durch eine Unter-führung unter der Umfahrung von Schwanenstadt hindurch. Wir passieren das Ortsschild von **Staig** und folgen der Kaufingerstraße. Diese trifft auf die Straße »Graben«, der wir rechts zur Wiener Bundesstraße folgen. Auf dieser links zum Hauptplatz im Zentrum von **Schwanenstadt (2)** (2.45 Std. / 9,7 km).

> ℹ️ *Auch **Schwanenstadt** war bereits zu keltischer Zeit bewohnt und wurde von den Römern zu einer wichtigen Poststation an der Straße von Ovilava (Wels) nach luvavum (Salzburg) ausgebaut. Als Markt Schwans wurde der Ort 1326 erstmals erwähnt, 1627 zur Stadt erhoben. Vom 17. bis ins 19. Jahrhundert gab es zwei Tortürme, von denen der in Richtung Linz im Jahr 1846 abgerissen wurde. Der **Stadtturm** Richtung Salzburg ist nach mehreren Umbauten und Wiederaufbau-ten bis heute erhalten und gilt als Wahrzeichen von Schwanenstadt. Die **Pfarr-kirche** St. Michael ist ein neugotischer Bau vom Anfang des 20. Jahrhunderts.*

Die Ager ist ein typischer Flachlandfluss.

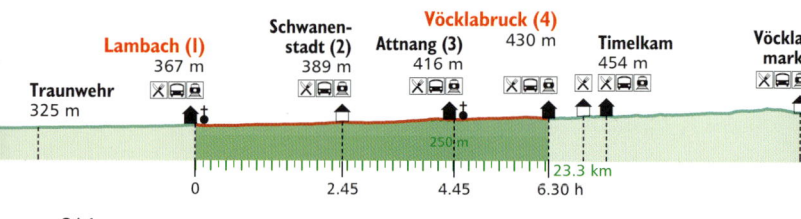

Wir verlassen das Ortszentrum von Schwanenstadt durch den markanten Stadtturm und folgen weiter der Wiener Straße bis zur Krankenhausstraße, in die wir links einbiegen. Auf ihr gelangen wir zum Friedhof, gehen an dessen Mauer entlang rechts und auf der Hainprechtingerstraße wieder nach links.

Wir überqueren auf einer Brücke die Umfahrungsstraße und gehen leicht bergab auf den Ortsteil **Hainprechting** zu. Bei einer Gabelung halb rechts und dann wieder halb links auf einem Weg mit Fahrverbotstafel »ausgenommen Anrainer und Radfahrer«. Der Asphalt endet, und auf einem Schotterweg gelangen wir zu einem Bach, der auf einem Fußgängersteg überquert wird. Auch drüben wieder auf Schotter, an einem großen Gutshof vorbei in den Ortsteil **Fisching**, in dem wir wieder auf Asphalt rechts abbiegen und den Wegweisern folgen.

Bei einer Kreuzung mit Verkehrsspiegel leicht links versetzt weiter, auf einem Wirtschaftsweg an der Ortstafel von **Redlham** vorbei. Wir halten uns rechts am Rand der Siedlung, kommen an einer Kapelle unter zwei großen Bäumen vorbei zu einem Stoppschild, bei dem wir rechts auf ein Trafohäuschen zugehen. Bei diesem geradeaus weiter auf einen Wiesenweg. Bei einem Haus kommen wir nochmals kurz auf Asphalt, biegen gleich links ab und gehen

auf einem Feldweg auf einer Brücke über einen kleinen Bach. Der Weg führt in einem Rechtsbogen in den Wald und in diesem steil bergauf auf eine Anhöhe mit einer Pferdekoppel und einem Hundeplatz.

Wir queren eine Lichtung, gehen dann wieder – jetzt fast eben – durch den Wald und kommen zu einem Sportplatz sowie zu mehreren Stationen eines Fitnesspfades. Bei einem Schwimmbad gelangen wir auf einen großen Parkplatz, über den wir den Wegweisern folgend rechts hinab in den Ort Attnang-Puchheim gehen. Auf der Badgasse geht es immer geradeaus weiter zum Bahnhof von **Attnang-Puchheim (3)** (2 Std. / 7,1 km).

Pilgrim von Weng, der Gründer des Hospizes von Vöcklabruck.

i *Obwohl auch **Attnang-Puchheim** an der alten Römerstraße liegt, entwickelten sich Siedlungen hier erst im Mittelalter – Puchheim wurde 1135, Attnang 1242 erstmals urkundlich erwähnt. Der Aufstieg des Ortes zu einem wichtigen Verkehrsknotenpunkt und Industriestandort begann aber erst mit der Eröffnung der Westbahn im Jahr 1860 und der Salzkammergutbahn im Jahr 1877. Seither ist Attnang-Puchheim Kreuzungspunkt der Strecken nach Wien, Salzburg, ins Salzkammergut und nach Schärding und gilt als ausgesprochene »Eisenbahnerstadt«. Diese strategisch wichtige Rolle wurde aber vom Segen zum Fluch, als am Ende des Zweiten Weltkriegs der Ort durch 2340 amerikanische Bomben praktisch dem Erdboden gleichgemacht wurde. Auch die **Pfarrkirche hl. Geist** von Attnang stammt erst aus der Zeit des Wiederaufbaus im Jahr 1951, während die Basilika und Wallfahrtskirche **Maria Puchheim** aus dem 19. Jahrhundert etwa 2 km abseits des Jakobsweges liegt.*

Beim Bahnhof weiter geradeaus über den Platz mit dem Busbahnhof kommen wir an einem Haus mit Jakobsmuschel vorbei, gehen zum Europaplatz und auf diesem rechts zur Bundesstraße hinauf. Die Beschilderung führt uns über eine Rampe zu einer Brücke über die Bahn; die Bundesstraße wird bei einer Unterführung unterquert, dann geht es über die Bahn und drüben links bergab in ein Industriegebiet. Die erste Möglichkeit rechts, einen erst asphaltierten, dann geschotterten Weg auf den Waldrand zu. Der Weg biegt sich wieder nach links, wir gehen durch eine Siedlung und dann bei einer Kreuzung halb rechts auf einen Geh- und Radweg. Hier gibt es auch eine Orientierungstafel mit Prospektfach. Der Rad- und Fußweg verläuft jetzt durchgehend asphaltiert oberhalb der Häuser, dann wieder bergab und entlang der Siedlung Sonnleiten immer am Waldrand entlang. Die Jakobsweg-Wegweiser und die Schilder des Radwegs R6 weisen uns den Weg. An einer Gabelung am Waldrand geht es zuerst links, dann wieder rechts. An den Häusern sind mehrmals Jakobsmuscheln zu sehen.

Wir verlassen Attnang-Puchheim und gehen auf einem asphaltierten Güterweg parallel zur Bahn im Tal weiter. Die Straße biegt sich nach links, führt an einem Wirtschaftshof vorbei und knickt direkt vor der Bahn wieder nach rechts, auf die Häuser von Vöcklabruck zu. Immer geradeaus kommen wir an einer Brücke nach links über die Bahn vorbei; wir gehen gerade an der Ortstafel von Vöcklabruck vorbei. Kurz darauf finden wir bei der nächsten Abzweigung wieder einen Jakobsweg-Wegweiser. Wir bleiben auf dieser Seite der Bahn und halten uns weiter geradeaus, bis wir bei einer Fußgängerunterführung unter der Bahn hindurchkommen. Diese passieren wir, gehen an ihrem Ende rechts zu einem Kreisverkehr und bei diesem gleich wieder links ins Stadtzentrum von **Vöcklabruck (4)** (1.45 Std. / 6,5 km) hinein. Wir kommen an der Dorfkirche und am Pfarrhof vorbei, queren auf einer Brücke die Vöckla und gehen gerade weiter durch einen Stadtturm ins Stadtzentrum auf den Hauptplatz mit seinen schönen Bürgerhäusern.

Auwälder am Zusammenfluss von Ager und Traun.

Ein römischer Meilenstein – einer der wenigen erhaltenen – von der Straße Ovilava–luvavum steht heute vor dem Heimatmuseum in **Vöcklabruck**, und im 12. Jahrhundert wurde hier das erste Hospiz in Oberösterreich und drittälteste im deutschen Sprachraum errichtet. Das Zentrum der heutigen Stadt bildet ein vermutlich aus babenbergischer Zeit stammender Stadtplatz, der an beiden Enden von **Wappentürmen** abgeschlossen wird, die das Wahrzeichen von Vöcklabruck sind. Die älteste Kirche der Stadt, die Maria Himmelfahrt geweihte **Wallfahrtskirche** in Schöndorf, wurde 823 erstmals urkundlich erwähnt und liegt etwa 800 m südlich des Jakobsweges auf dem Schöndorfer Plateau. Das eigentümliche Bauwerk mit zwei hintereinander angeordneten Türmen – der schlankere sollte nach Fertigstellung des mächtigen Westturms abgerissen werden, dieser blieb aber immer unvollendet – ist im gotischen Stil errichtet. Die spätgotische **Stadtpfarrkirche** St. Ulrich wurde nach dem Bau der Stadtmauer im 15. Jahrhundert unter Einbeziehung einer früheren Ulrichskapelle errichtet, weil die bestehenden Kirchen außerhalb der Mauern lagen.

Unterkunft: Oberthalheim (450 m, 100 EW): Gasthof Fruhstorfer, Tel. +43/7672/728 34. **Timelkam** (454 m, 3100 EW): Pilgerherberge bei den Salesianern Don Boscos, Tel. +43/7672/728 67; weitere Quartiere, Information beim Gemeindeamt. **Gampern** (509 m, 2750 EW): Privatquartier Drach im Ortsteil Hörgattern (10 Min. abseits), Tel. +43/7682/8317. **Vöcklamarkt** (488 m, 4750 EW, 1 km abseits): Gasthof-Pension Riedl, Tel. +43/7682/6380; Pension Maria, Tel. +43/7682/696 48. **Frankenmarkt** (536 m, 3650 EW): Pilgerrast (offene Hütte, Notquartier mit Schlafsack und Unterlagsmatte) kurz vor dem Ort; mehrere Gasthäuser im Ort, Information beim Tourismusverband.

Die Strecke: Wie im gesamten oberösterreichischen Abschnitt des Jakobsweges dominiert auch hier Asphalt. Bis Timelkam wandern wir großteils auf Dorfstraßen, dann über Feldwege und Wirtschaftswege fast eben den Flüssen Vöckla und Dürre Ager entlang. Danach geht es leicht bergauf auf einen Rücken und wieder hinab ins Vöcklatal nach Vöcklamarkt. Das letzte Stück nach Frankenmarkt geht dann wieder über Hügel südlich des Tales, parallel zur Vöckla nach Frankenmarkt. **Asphaltanteil** ca. 70 %.

Höhenunterschied: Rund 250 m im Aufstieg und 150 m im Abstieg.

Kritische Stellen: In Höading muss man die erste Abzweigung nach der Ortstafel nach links nehmen. Der Wegweiser ist von Gebüsch überwachsen; ein paar Meter weiter ist bei der Abzweigung nach rechts der Muschelaufkleber auf einem niedrigen Telefonschaltkasten ebenfalls leicht zu übersehen.

Landschaft: Dörfer und Siedlungen prägen das erste Drittel des Weges; dann wechseln sich Wald, Wiesen und Felder ab. Wir wandern durch das Vöckla-Ager-Hügelland, eine durch geringen Waldanteil von knapp 15 % und vorwiegend landwirtschaftlich genutzte Flächen dominierte Moränenlandschaft.

Infrastruktur: Oberthalheim ☖ ☒, Timelkam ☗ ☖ ☒ ▣ ☑ € A ☒ ☐, Gampern ☖ ☒, Vöcklamarkt ☖ ☒ ▣ ☑ ☞ € A ☒ ☐, Frankenmarkt ☖ ☒ ▣ ☑ ☞ € A ☒ ☐.

Einkehr: Gasthof Fruhstorfer in Oberthalheim, mehrere Lokale in Timelkam, Gasthaus Lachinger in Witzling, Bahngasthof Fellner in Vöcklamarkt und weitere Lokale im Ortszentrum (ca. 1 km abseits), mehrere Gasthäuser in Frankenmarkt. **Kein Trinkwasser** unterwegs.

Touristeninformation: Marktgemeinde Timelkam, Tel. +43/7672/951 05, marktgemeinde@timelkam.at; Marktgemeinde Vöcklamarkt, Tel. +43/7682/2655-25, gemeinde@voecklamarkt.ooe.gv.at; Tourismusverband Frankenmarkt, Tel. +43/7684/6255-13, office@frankenmarkt.net.

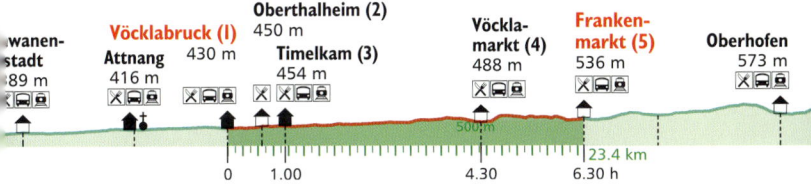

wanen-
stadt
389 m

Vöcklabruck (1)
Attnang   430 m
416 m

Oberthalheim (2)
450 m
Timelkam (3)
454 m

Vöckla-
markt (4)
488 m

Franken-
markt (5)
536 m

Oberhofen
573 m

500 m

23.4 km

0   1.00   4.30   6.30 h

Wir verlassen den Hauptplatz von **Vöcklabruck (1)** durch das westliche
Stadttor, gehen dahinter gleich rechts die Straße entlang und dann an der
nächsten Abzeigung links am Kloster St. Klara vorbei bis zur Bezirkshaupt-
mannschaft. Dort rechts, dann halb links am Ortsendeschild von Vöcklabruck vorbei. Immer auf Asphalt kommen wir zu einer T-Kreuzung, an der es
rechts zu einer Bahnunterführung geht; wir bleiben aber südlich der Bahn
und gehen links in den Ort **Oberthalheim (2)** (40 Min. / 2,1 km).

> *Der Ort **Oberthalheim** gehört heute zu Timelkam. Hier befand sich von 1497 bis
> 1784 das älteste Paulanerkloster im deutschen Sprachraum. Die der hl. Anna ge-
> weihte ehemalige Klosterkirche wurde 1495 im spätgotischen Stil errichtet und im
> 17. Jahrhundert barockisiert. Der Turm mit dem Zwiebelhelm und weitere Zu-
> und Umbauten stammen aus dem 19. Jahrhundert.*

Am Gasthof Fruhstorfer vorbei, dann rechts und eine Stiege hinauf, am Ju-
gendheim Don Bosco vorbei zur Kirche St. Anna. Wir queren den Platz vor
der Kirche, gehen am Friedhof vorbei und dann geradeaus auf einem Radweg, der Richtung Timelkam führt. Bei einem Bahnübergang kreuzen wir
eine Straße und passieren die Bahnhaltestelle Oberthalheim-Timelkam auf

einem Geh- und Radweg. Immer geradeaus haltend durchqueren wir den Ort **Timelkam (3)** (20 Min. / 1,4 km) und kommen an der evangelischen Kirche vorbei durch die Hauptstraße zum Marktturm.

i *Timelkam wurde erst 1399 erstmals urkundlich erwähnt und 1512 zum Markt erhoben. Der Marktturm, das Wahrzeichen der Stadt, wurde 1610 errichtet und war bis 1919 als Mautturm in Verwendung. Die am Weg gelegene **Johanneskirche** stammt aus dem Jahr 1733 und war bis 1965 katholisch; seither dient sie der evangelischen Gemeinde als Pfarrkirche. Ein Stück abseits des Weges befindet sich im ehemaligen Kohle- und heutigen Gas- und Biomassekraftwerk die »**Erlebniswelt Energie**«. Auf der Bahnstrecke, auf der 1922–1995 Braunkohle aus dem Hausruck zum Kraftwerk transportiert wurde, verkehren jetzt an mehreren Wochenenden im Sommer **Museumszüge** mit Dampflokomotiven.*

Hinter der Brücke über die Dürre Ager wenden wir uns nach links, folgen der Aderstraße aus dem Ort hinaus und unterqueren die Umfahrungsstraße bei einer Unterführung mit Jakobsmuschel. Wir folgen dem Straßenwegweiser »Ader 3, 4 u. 5« sowie Muschelaufklebern auf den Verkehrszeichenstangen. Links auf einen Feldweg, gleich darauf schräg rechts und bei der nächsten Gabelung wieder rechts über Felder ans Ufer der Dürren Ager, die wir queren, um auf einem Fußpfad flussaufwärts zu gehen. Wir treffen auf eine Asphaltstraße, halten uns auf ihr rechts und kommen nach wenigen Metern zu einer Jausenbank mit Infotafel über den Jakobsweg und den Römerweg.
100 m weiter folgen wir dem Wegweiser rechts über den Weißböck-Steg auf die andere Flussseite und gehen dann links, auf einem sich vom Fluss entfernenden Asphaltweg über Felder nach **Haunolding**, das wir durchqueren. Geradeaus weiter kommen wir nach **Witzling**, wo wir beim Gasthaus Lachinger die L 11274 queren und dahinter gleich links einen Güterweg nehmen, der uns zurück an die Dürre Ager und in den Ort **Egning** bringt. Dort schräg rechts bergauf auf Asphalt nach Unteralberting und weiter nach **Hörading**. Hier gleich die erste Möglichkeit links und gleich wieder halb rechts auf einem Schotterweg, der in einen Feldweg übergeht. Durch ein Waldstück kommen wir nach Haid, wo wir auf der Asphaltstraße (zugleich Radweg R6 und R100) nach rechts gehen.
Die B 1 wird überquert, dann folgen wir einem Schotterweg und weiter einer Wegspur über eine Wiese nach Gründberg, wo wir wieder auf Asphalt treffen. Den Jakobsweg-Wegweisern sowie den Radwegweisern Nr. 6 und Nr. 100 folgend kommen wir zur Frankenburger Straße, die wir unterqueren. Dahinter gehen wir links parallel zur Westbahnstrecke zum Bahnhof **Vöcklamarkt (4)** (3.30 Std. / 12,9 km). Einen Abstecher ins Zentrum kann man durch die Unterführung beim Bahnhof hindurch machen.

Hochzeitsfeier in Oberthalheim.

i
Vöcklamarkt war zur Römerzeit ab ca. 15 n. Chr. besiedelt, wovon heute noch ein Meilenstein der ehemaligen Römerstraße nahe der Kirche zeugt. Die erste urkundliche Erwähnung datiert aus 1075 unter dem Namen Vechelsdorf. 1489 erhielt der Ort das Marktrecht und führt seither den heutigen Namen. Die ältesten Teile der spätgotischen **Pfarrkirche**, die auch als »Dom des Vöcklatales« bezeichnet wird, stammen aus dem 15. Jahrhundert, der Turm mit seiner charakteristischen Doppelzwiebel wurde im 18. Jahrhundert errichtet.

Weiter der Bahn entlang, bis der Wegweiser nach links in den Güterweg Mösendorf weist. Nach 20 m schräg rechts bergauf an der Pestkapelle vorbei, ca. 100 m weiter auf einem Erdweg schräg über Wiesen und dann schräg rechts in den Wald hinein. In diesem bergauf, dann wieder über Felder bergab. Der Weg mündet in eine Asphaltstraße, die uns schräg nach links in den Ort **Mösendorf** bringt. Im Ort folgen wir dem Jakobsweg-Wegweiser links zur B 1, neben der wir nach rechts gehen.

Nach 5 Min. gehen wir auf der L 1278 nach links Richtung Attersee und zweigen in der nächsten Linkskurve schräg rechts auf den Güterweg Asten ab. In **Asten** bei der Gabelung rechts, an der T-Kreuzung links (beide Abzweigungen ohne Wegweiser!) und gleich wieder rechts. Wenige Meter dahinter

An der Dürren Ager.

Die Pilgerrast vor Frankenmarkt.

schräg rechts über Felder – hier wieder mit Wegweiser. Wir kommen an einem Kreuz und einer Bank unter Birken vorbei, queren einen Bach auf einem Steg und erreichen dann bergauf am Waldrand entlang an einem weiteren Kreuz mit Bank vorbei die **Pilgerrast**, eine kleine Holzhütte mit Pilgerbuch, in der man zur Not auch übernachten könnte. Hier treffen wir auf eine Asphaltstraße, auf der wir rechts bergab gehen und zu einer Unterführung unter der Bahn gelangen. Hier finden wir zwei Jakobsweg-Wegweiser: Rechts unter der Bahn hindurch gibt es eine Variante durch Frankenmarkt hindurch, während der Hauptweg links der Bahn bleibt und an dieser entlang zum Bahnhof **Frankenmarkt (5)** führt (2 Std. / 6,6 km).

*Im Jahr 1007 machte Kaiser Heinrich II. dem Stift Bamberg seine Hofmark im Norden des Attergaus mit der Auflage einer raschen Besiedelung und Kultivierung durch Franken zum Geschenk. Kurz danach dürfte auch die erste Kirche erbaut worden sein, die dem hl. Michael und später dem hl. Kilian geweiht war. Der Ort **Frankenmarkt** erhielt im Jahr 1236 das Marktrecht und entwickelte sich zu einem regionalen Zentrum. Die heutige **Pfarrkirche St. Nikolaus** stammt vermutlich aus dem 16. Jahrhundert; das heutige Aussehen erhielt sie durch den barocken Wiederaufbau nach einem Blitzschlag im Jahr 1759, der bis 1790 dauerte.*

Unterkunft: Oberhofen am Irrsee (573 m, 1400 EW): mehrere Privatquartiere, Auskunft bei der Tourismusinformation. **Pfongau** (565 m, 400 EW): Greischbergerhof, Tel. +43/6216/6053. **Neumarkt am Wallersee** (4100 EW, 2 km abseits): mehrere Unterkunftsmöglichkeiten, Information beim Stadtamt.

Die Strecke: Wie zuletzt sind immer nur kurze Stücke des Weges nicht asphaltiert, der Großteil wird auf Wirtschaftswegen und Ortsstraßen zurückgelegt. Von Frankenmarkt nach Schwaigern geht es über einen Hügelrücken, dann wieder bergab an die Vöckla, die gequert wird. Anschließend längerer sanfter Anstieg nach Hochfeld. Oberhofen liegt wieder im Tal, danach geht es nochmals bergauf über die Ausläufer des Irrsbergs, über die Landesgrenze nach Salzburg und wieder bergab nach Pfongau. Asphaltanteil ca. 85 %.

Höhenunterschied: Knapp 450 m im Aufstieg und gut 400 m im Abstieg.

Kritische Stellen: Keine im Speziellen, allerdings ist die gesamte Etappe nur mäßig gut markiert bzw. beschildert.

Wegweiser finden sich nur an den zum Teil weit auseinanderliegenden Abzweigungen.

Landschaft: Weiterhin begleitet uns die sanft-hügelige Moränenlandschaft des Alpenvorlandes. Zwischen Schwaigern und Hochfeld geht es einmal für etwa eine halbe Stunde durchgehend durch Wald, ansonsten gibt es nur kleine Waldstücke, der Großteil des Weges wird wieder durch Kulturland zurückgelegt. Stellenweise schöne Ausblicke.

Infrastruktur: Oberhofen 🏠 🍴 🛒 🖂 🚏 € ✉ 🚌 🏧, Pfongau 🏠 🍴, Neumarkt am Wallersee 🏠 🍴 🛒 🖂 🚏 € 🅰 ✉ 🚌 🏧.

Einkehr: Wirtshaus zur Westbahn, Gasthaus Beim Erich und Bauernschenke Troadkasten in Oberhofen, Greischbergerhof in Pfongau. **Kein Trinkwasser** unterwegs.

Touristeninformation: Tourismusverband Oberhofen am Irrsee, Tel. +43/6213/8215-13, gemeinde@oberhofen-irrsee.ooe.gv.at; Stadtamt Neumarkt am Wallersee, Tel. +43/6216/5212, stadt@neumarkt.at.

Blick zurück auf den Irrsee vom Irrsberg-Weg.

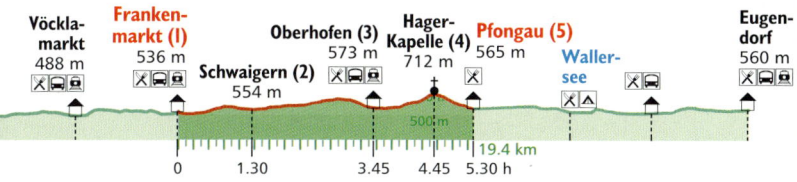

Vöckla-
markt
488 m

Franken-
markt (1)
536 m

Schwaigern (2)
554 m

Oberhofen (3)
573 m

Hager-
Kapelle (4)
712 m

Pfongau (5)
565 m

Waller-
see

Eugen-
dorf
560 m

500 m

19.4 km

0   1.30   3.45   4.45   5.30 h

Vom Bahnhof **Frankenmarkt (1)** gehen wir entlang der Bahngleise nach Westen und kommen an einer Unterführung unter der Bahn vorbei, hinter der die Straße nach links biegt. An der nächsten Kreuzung gehen wir dem Jakobsweg-Wegweiser und dem Radweg 100a folgend rechts, überqueren einen Bach und gleich dahinter eine Bezirksstraße und setzen den Weg geradeaus am Güterweg Kühschinken fort. Wir kommen durch den gleichnamigen Ort, gehen an dessen Ende auf Asphalt am Waldrand entlang und stoßen auf eine T-Kreuzung vor einer Erdgasanlage, wo wir links auf einer Schotterstraße erst über Felder und dann durch den Wald gehen. Immer am Hauptweg wandern wir bergab und kommen vor einigen Häusern zu einer Asphaltstraße, auf der wir nach rechts gehen. Die Straße biegt sich nach links, führt an einem Verkehrsspiegel mit Jakobsweg-Wegweiser und überquert auf einer Brücke die Vöckla. Direkt dahinter queren wir die Vöcklatal-Landesstraße und gehen gerade weiter in den Ort **Schwaigern (2)** (1.30 Std. / 4,9 km), in dem wir einen überdachten Unterstand mit Jakobsweg-Stempel finden.

Bei diesem gehen wir scharf links, verlassen den Ort auf Asphalt und gehen dann auf einem Schotterweg weiter, der sich der Bahnstrecke nähert. Am Waldrand weist ein gelber Pfeil auf einem Baum schräg nach links in den Wald. Darin halten wir uns immer geradeaus, die Abzweigung eines Wanderweges und einer Forststraße nach rechts ignorierend. Auf einer Lichtung bei einem Haus treffen wir auf Asphalt, gehen links noch eine Weile durch den Wald und dann über Felder in den Ort **Zagling**.

Bei einer T-Kreuzung links und gleich wieder dem Wegweiser folgend nach rechts auf einer Asphaltstraße über Wiesen. Wir passieren ein Kreuz mit Rastbank daneben, sehen etwas rechts von uns den Ort Winkl und treffen dann auf eine Landesstraße, auf der wir links in den Ort Hochfeld gehen. Bei der Bushaltestelle scharf rechts, dann an der nächsten Gabelung abermals rechts auf Asphalt über Wiesen bergab. Bei der folgenden T-Kreuzung wieder links erst auf Asphalt, dann auf Schotter auf den Ort Oberhofen zu. An dessen Rand kommen wir an einer Kapelle rechts des Weges vorbei, treffen auf eine Straße parallel zur B 154 und gehen auf dieser rechts zu einer Unterführung, bei der wir die Bundesstraße unterqueren und parallel zur Westbahn zur Bahnhaltestelle **Oberhofen-Zell am Moos (3)** gelangen (2.15 Std. / 8,0 km).

Von hier folgen wir dem Jakobsweg-Wegweiser schräg nach links bergab in den Ort Rabenschwand. Hinter dem Haus Nr. 61 gehen wir rechts, 200 m weiter auf dem Güterweg Haslach abermals rechts. Auf Asphalt wandern wir erst bergauf und dann wieder bergab nach **Haslach**, wo wir dem Wegweiser »Irrsberg 1 Std. 15 Min.« nach links bergauf folgen. Nach dem Ortsende kommen wir auf einen Schotterweg, der sich nach links biegt und über Wiesen und durch ein Waldstück verläuft. Am Ortsanfang des Weilers Höhenroith zweigt der Irrsberg-Weg schräg nach rechts ab, während der Jakobsweg gerade weiterführt. Erst am Ende der Häusergruppe biegen wir rechts bergauf auf Asphalt ab und halten uns am Waldrand neuerlich rechts auf einem Schotterweg, von dem aus man zurückblickend den Irrsee sehen kann. Bei einem Hof mit Pferdekoppel und Brunnen passieren wir endgültig die Grenze zum Bundesland Salzburg – zwischen Schwaigern und Oberhofen hatten wir die Grenze bereits einmal hin und wieder zurück überquert – und kommen kurz darauf auf eine Asphaltstraße, auf der wir geradeaus weitergehen. Über Wiesen gelangen wir zur rechts am Waldrand gelegenen **Hager-Kapelle (4)** (1 Std. / 4,0 km).

> *i* *Wenige Kulturdenkmäler entlang des Österreichischen Jakobsweges haben einen derart starken Bezug zur Wallfahrt nach Santiago de Compostela wie die kleine, unscheinbare **Jakobskapelle** bei Lengroid. Der Bauer Jakob Hager gelobte 1738 nach seiner Rettung aus einer Lehmgrube, in der er verschüttet war, eine Pilgerfahrt nach Santiago und errichtete nach seiner glücklichen Rückkehr diese Kapelle. In der nach ihm benannten »**Hager-Kapelle**« finden sich ein Pilgerbuch und ein Stempel sowie Informationen über den Salzburger Jakobsweg.*

Für das letzte Stück bis zum Etappenziel folgen wir weiter der Asphaltstraße bergab in den Ort Lengroid. Hier biegt sich die Asphaltstraße nach rechts; wir orientieren uns am Wegweiser »Pfongau Jakobsweg« und kommen weiter bergab durch Wiesen gehend an einem Wegkreuz vorbei durch ein kurzes Waldstück. Schließlich geht es wieder über Wiesen hinunter in den Ort **Pfongau (5)** (45 Min. / 2,5 km).

i *Pfongau* ist ein Ortsteil der Gemeinde Neumarkt am Wallersee und erlangte im Jahr 2008 durch einen Fund aus der Römerzeit überregionale Bekanntheit: Bei Ausgrabungen eines römischen Gehöfts wurde die gut erhaltene 10 cm große Bronzestatue der »Venus von Pfongau« entdeckt. Die **Kirche** von Pfongau mit ihren Fundamenten aus dem 8. Jahrhundert ist dem hl. Martin geweiht, im spätgotischen Stil errichtet und beherbergt ein Pilgerbuch und einen Pilgerstempel.

Die Hager-Kapelle bei Lengroid.

Die Martinskirche in Pfongau.

In der Kirche von Eugendorf.

Unterkunft: Neumarkt am Wallersee – Ostbucht (507 m, 35 EW): Seecamp Wallersee, Tel. +43/6216/208 60. **Fenning** (510 m, 190 EW): Camping Fenningerspitz, Tel. +43/6214/8443; Privatzimmer Hofbauer Fam. Schwaiger, Tel. +43/6214/7331. **Fischtagging** (527 m, 250 EW): Landgut Gasthof Fischtagging, Tel. +43/6212/2328. **Eugendorf** (560 m, 6800 EW): zahlreiche Gasthöfe und Privatzimmer, Information beim Tourismusverband.

Die Strecke: Mit nur geringen Steigungen nähern wir uns auf Asphaltstraßen und Wirtschaftswegen dem Wallersee, an dessen Ufer wir dann eben, teils auf asphaltierten, teils auf geschotterten Wegen entlanggehen. Im letzten Drittel des Weges geht es dann wieder leicht bergauf, durch hügelige Landschaft wieder auf Straßen und Wirtschaftswegen nach Eugendorf. **Asphaltanteil** ca. 90 %.

Höhenunterschied: Rund 300 m im Auf- und Abstieg.

Kritische Stellen: Keine im Speziellen, allerdings ist auch diese Etappe nur spärlich markiert bzw. beschildert.

Landschaft: Auch wenn die Silhouette der Alpen langsam näherrückt, befinden wir uns auch auf dieser Etappe nach wie vor in der hügeligen Moränenlandschaft des Salzburger Seenlandes. Der lang gestreckte Wallersee begleitet uns dabei für einen großen Teil des Tages, wobei es auch an seinem Ufer nur ein Stückchen durch Wald geht; den Rest der Etappe bewegen wir uns durch Siedlungen und über Felder. Auf den Abschnitten vor und nach dem See immer wieder schöne Ausblicke über die Hügellandschaft.

Infrastruktur: Wallersee-Ostbucht ⚔️ ⛺, Fenning 🏠 ⚔️ 🖼️ 🏧 € 🅰️ ✉️ 🚌, Eugendorf 🏠 ⚔️ 🖥️ 🗞️ 🏧 € 🅰️ ✉️ 🚌 🚆.

Einkehr: Seewirt Strandbad Wallersee-Ostbucht, Restaurant Weyringer und Gasthaus Fenningerspitz in Fenning, Landgut Gasthof Fischtagging, zahlreiche Einkehrmöglichkeiten in Eugendorf. **Kein Trinkwasser** unterwegs.

Touristeninformation: Salzburger Seenland Tourismus, Tel. +43/6217/202 20, info@salzburger-seenland.at; Tourismusverband Eugendorf, Tel. +43/6225/8424, info@eugendorf.com.

Anmerkungen: Zwischen Haslach und Neufahrn kann man sich ein Stück Asphalt und einen Umweg ersparen, indem man nach der Schottergrube den Weg nach rechts nimmt, der ebenfalls nach Neufahrn direkt zur Kirche führt.

Der Jakobsweg führt direkt bei der Kirche von **Pfongau (1)** nach Süden und wir verlassen den Ort auf einem asphaltierten Feldweg, der auch als Radweg »Zuckmayer-Runde« beschildert ist. Wir kommen in den nächsten Ort **Wertheim**, an dessen Ende wir uns schräg nach links halten. Der Asphaltweg nähert sich dem Steinbach und wir gehen bei erster Gelegenheit rechts über eine Brücke zur Ortstafel von **Haslach**, das wir durchqueren, um auf dem weiterhin asphaltierten Güterweg Kierlberg weiterzugehen. Gleich nach dem Ortsende liegt rechts eine Schottergrube; 150 m weiter zweigt ein Schotterweg nach rechts ab (siehe »Anmerkung«). Wir kommen an einem Bildstock vorbei und kreuzen 150 m weiter einen Asphaltweg, in den wir nach rechts einbiegen. Er führt uns an den Statzenbach, den wir links haltend queren. Anschließend gelangen wir in den Ort **Neufahrn**, in dem wir rechts zur Filialkirche der heiligen Maria Magdalena gehen.

Bei dieser schräg links und 70 m weiter schräg rechts, unter der B 1 hindurch. Gleich dahinter an der Straßenkreuzung rechts, der alten Bundesstraße folgend Richtung Neumarkt am Wallersee bis zur Bushaltestelle »Neumarkt Abzw. Strand«. Bei dieser links bergab, durch den Ort Matzing hindurch, wo das Landschaftsschutzgebiet Wallersee beginnt, und auf den See zu. Bei der ersten Abzweigung nach rechts weist ein Schild des »Wallersee-Rundwegs« zum Strandbad in der **Wallersee-Ostbucht (2)** (1.45 Std. / 6,5 km; Bademöglichkeit); wir gehen hier geradeaus weiter auf der geschotterten Rupertistraße oberhalb des Seeufers.

Die Ufer des Wallersees laden zum Baden ein.

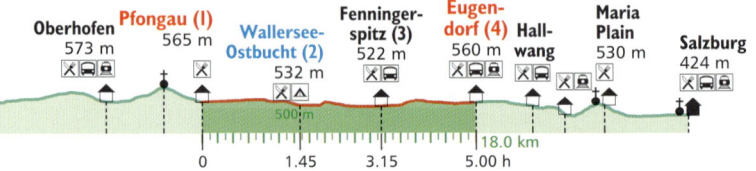

Oberhofen
573 m
Pfongau (1)
565 m
Wallersee-
Ostbucht (2)
532 m
Fenninger-
spitz (3)
522 m
Eugen-
dorf (4)
560 m
Hall-
wang
Maria
Plain
530 m
Salzburg
424 m
500 m
18.0 km
0
1.45
3.15
5.00 h

i *Der **Wallersee** ist der flächenmäßig größte See des Bundeslandes Salzburg, und dies, obwohl sein Wasserspiegel bereits im Jahr 1883 durch künstliche Eintiefung seines Abflusses, der Fischach, um zwei Meter abgesenkt wurde. Dadurch wurden viele Randgebiete trockengelegt und es entstanden breite Schilfgürtel. Im 20. Jahrhundert wurde der Wasserspiegel schrittweise um einen weiteren Meter gesenkt, was aber die Wasserqualität und den Fischbestand massiv beeinträchtigte, sodass der Seespiegel in den letzten Jahren allmählich wieder angehoben wurde. Teile des Seeufers sind Naturschutzgebiet und bieten zahlreichen Vögeln Nistplätze. Die Wasserqualität ist wieder ausgezeichnet; der Wallersee ist ein beliebter Badesee mit mehreren Strandbädern entlang der Ufer.*

Die Zwei Linden in Henndorf.

NATURDENKMAL
Zwei Linden in Henndorf

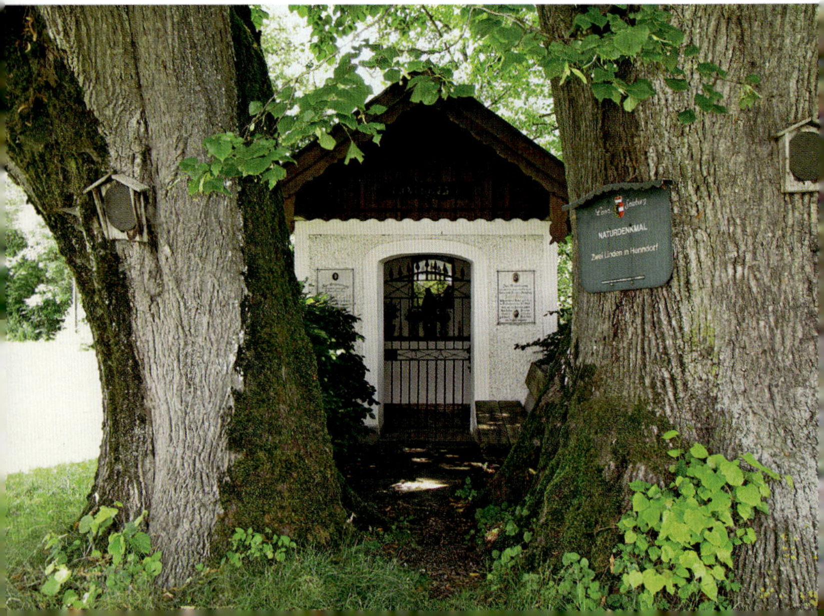

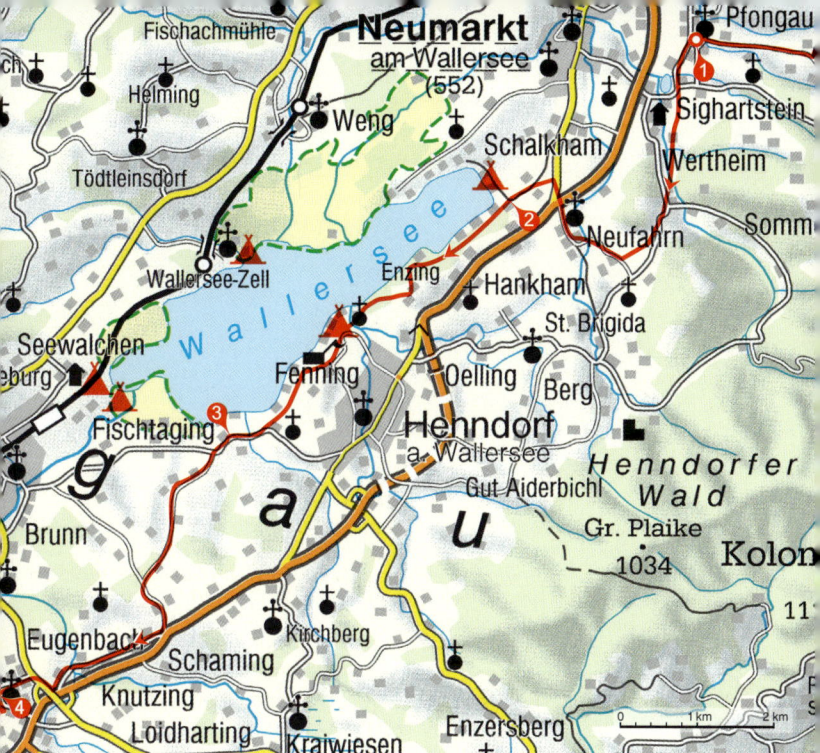

Immer wieder gibt es Zugänge zum See. Wir kommen an einer Halbinsel (»Marieninsel«) vorbei, die rechts von uns in den See hineinragt und auf die Wege hinausführen. Wir folgen dem Jakobsweg gerade weiter, jetzt wieder auf Asphalt. Der Weg entfernt sich vom Ufer und zieht steil bergauf in den Wald, dann wieder bergab nach **Enzing**, wo wir rechts gehen und dem Jakobsweg-Wegweiser und der Beschilderung des Wallersee-Rundweges folgen. Wir kommen an der Sägmühlkapelle beim Naturdenkmal »Zwei Linden in Henndorf« (Infotafeln) vorbei nach **Seebrunn** und zum Eingang des Freibades von Henndorf. Dort kommen wir auf einen Schotterweg und kurz darauf wieder in den Wald; wo wir wieder auf Asphalt treffen, rechts und gleich darauf wieder links auf der Asphaltstraße »Uferweg«. Diese führt hinter einer Schranke in den Wald und passiert rechter Hand den Campingplatz **Fenningerspitz (3)** (1.30 Std. / 5,2 km).

Einige Meter weiter stoßen wir auf eine Landesstraße, auf der wir rechts bergab gehen. Wir passieren eine Kapelle bei einer Häusergruppe und wen-

Blick zurück zum Wallersee.

den uns knapp 200 m danach auf einem asphaltierten Güterweg über Wiesen links bergauf. Wer sich umwendet, hat einen schönen Blick auf den Wallersee. Eine halbe Stunde später kommen wir zu einer T-Kreuzung, bei der wir den Wegweisern des Jakobsweges und der »Salz- und Seen-Tour Wallerseerunde« bergab nach **Unterhaging** folgen.

Wir erreichen die B 1 und gehen vor dieser am Begleitweg rechts, ausgeschildert Richtung Eugendorf. 75 m hinter der Ortstafel von Eugendorf passieren wir eine weitere Kapelle neben dem Landhotel Gschirnwirt. Weiter auf der alten Wienerstraße an den Häusern von Eugenbach vorbei. Kurz vor der an der B 1 stehenden Ortstafel von Eugendorf gehen wir auf dem Santnerweg rechts, unterqueren die Landesstraße und halten direkt auf die Pfarrkirche St. Martin von **Eugendorf (4)** (1.45 Std. / 6,3 km) zu.

ℹ️ *Eugendorf* liegt bereits im unmittelbaren Einzugsgebiet der Stadt Salzburg. Der Ort wird 736 erstmals als »Jupindorf« erwähnt; die Form »Eugendorf« findet sich erstmals 1326. Seit 1987 ist Eugendorf Marktgemeinde. Eine *Kirche* im Ort wird bereits 788 erwähnt; das heutige, dem hl. Martin von Tours geweihte Gotteshaus in der Ortsmitte ist nach wie vor von einem Friedhof umgeben und ist in seinem Kern im gotischen Stil errichtet. 1692 wurde der massive rechteckige Turm aus Steinmauerwerk mit einem achteckigen Aufsatz erhöht und mit einem barocken Turmhelm versehen. Das Langhaus entstand unter Einbeziehung gotischer Elemente des Vorgängerbaus 1736–1737.

Im Ortsteil *Unzing*, ca. eine halbe Stunde abseits des ausgeschilderten Jakobsweges, liegt eine weitere Kirche, die dem heiligen Jakobus geweiht ist. Man vermutet, dass es sich um die romanische Kapelle einer heute nicht mehr erhaltenen Burg gehandelt hat, die zu einer einfachen einschiffigen Kirche umgebaut wurde.

Unterkunft: Hallwang (524 m, 1230 EW): Landgasthof Kirchbichl, Tel. +43/662/66 59 00. **Salzburg-Kasern** (438 m): Jägerwirt, Tel. +43/662/45 21 77; Camping Kasern, Tel. +43/662/45 05 76. **Maria Plain** (530 m): Hotel Gasthof Maria Plain, Tel. +43/662/450 70 10. **Salzburg** (424 m, 147.000 EW): Jugendherberge Eduard-Heinrich-Haus, Tel. +43/662/62 59 76; Gästehaus im Priesterseminar, Tel. +43/662/87 74 95 10; Kolpinghaus Salzburg, Tel. +43/662/466 15 13; zahlreiche weitere Unterkünfte, Information bei der Tourismusorganisation.

Die Strecke: Eine eher kurze Etappe, sodass noch Zeit für eine Besichtigung von Salzburg bleibt. Leider bewegt man sich auch hier – bis auf einen kurzen Waldweg vor Maria Plain – fast ausschließlich auf Asphalt dahin, dafür wieder nur mit kurzen Steigungen und flott zu begehen. Anfangs geht es in leichtem Auf und Ab, dann steiler bergab zur Bahnhaltestelle Salzburg-Kasern. Es folgt ein kurzer, aber steiler Aufstieg zur Wallfahrtskirche Maria Plain, dann ein ebenso steiler Abstieg über den Kalvarienberg in die Stadt Salzburg. Diese wird eben, erst entlang der Salzach und der Uferpromenade, dann durch Altstadtgassen, durchquert. **Asphaltanteil** ca. 95 %.

Höhenunterschied: Rund 250 m im Aufstieg und 380 m im Abstieg.

Kritische Stellen: Kein Wegweiser an der Abzweigung des Wanderweges 810 nach Maria Plain, hier genau an die Tourenbeschreibung halten.

Landschaft: Von Eugendorf bis Berg geht es über Felder und am Waldrand entlang, dann durch eine lange, unter Naturschutz stehende Allee ins Industriegebiet von Kasern. Über den bewaldeten Plainberg erreichen wir die Wallfahrtskirche Maria Plain, von der sich ein fantastischer Blick über die Stadt Salzburg und die südlich davon gelegenen Alpen bietet. Danach spaziert man beschaulich am Flussufer der Salzach entlang und zuletzt zwischen den Sehenswürdigkeiten der Salzburger Altstadt über den Alten Markt zum Salzburger Dom.

Infrastruktur: Hallwang 🏠 🍴 🖥 📧 🚌, Salzburg-Kasern 🏠 🍴 🖥, Maria Plain 🏠 🍴 🖥 📧 🏠, Salzburg alles.

Einkehr: Gasthöfe in Hallwang und Kasern, mehrere Einkehrmöglichkeiten in Maria Plain und diverse Lokale in der Stadt Salzburg. **Kein Trinkwasser** unterwegs.

Touristeninformation: Tourismusverband Bergheim, Tel. +43/662/45 45 05, info@bergheim-tourismus.at; Tourismus Salzburg GmbH, Tel. +43/662/889 87-0, tourist@salzburg.info.

Anmerkungen: Für die Durchquerung der Stadt Salzburg stellt die beschriebene Route nur eine von vielen Möglichkeiten dar. Wer öffentliche Verkehrsmittel benützen will, kann an der Itzlinger Hauptstraße links gehen und gelangt nach 60 m zur Haltestelle Plainbrücke der Buslinie 6, mit der man zum Hauptbahnhof fahren kann. Wer Salzburg schon kennt und auf den Besuch der Altstadt verzichtet, kann vom Hauptbahnhof direkt mit der Buslinie 27 nach Viehhausen fahren (siehe Etappe 24), erreicht dadurch noch am gleichen Tag Bad Reichenhall und kann somit einen kompletten Tag einsparen.

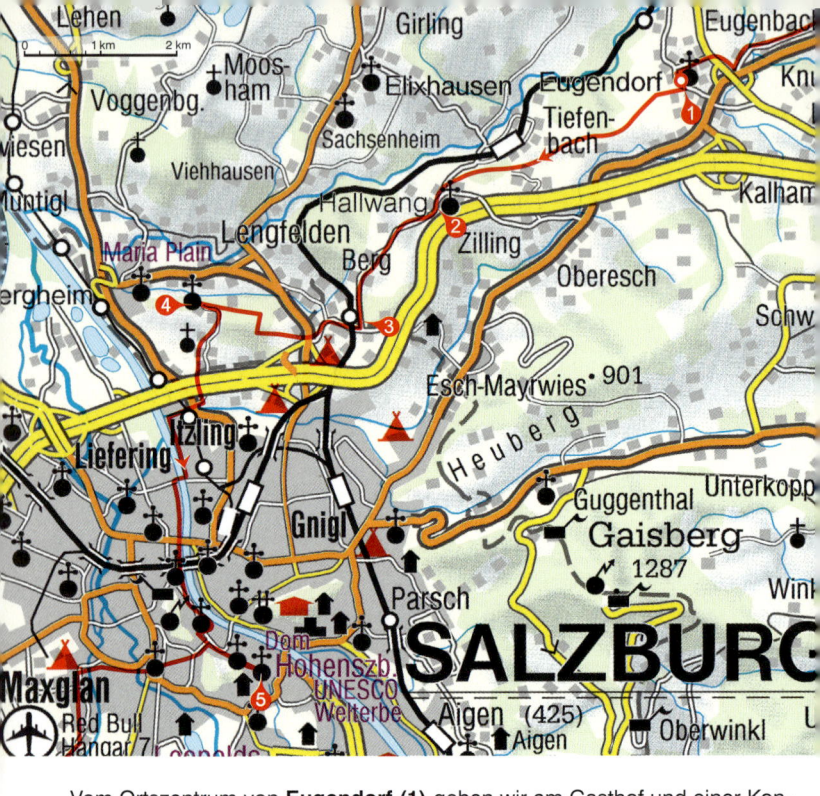

Vom Ortszentrum von **Eugendorf (1)** gehen wir am Gasthof und einer Konditorei vorbei bergab und dann rechts durch die Konrad-Seyde-Gasse aus
dem Ort hinaus. Hinter dem Kindergarten halb links auf einem Asphaltweg
auf ein weithin sichtbares Marterl auf der nächsten Anhöhe zu. Erst leicht,
dann steiler bergauf zu einem Bauernhaus auf einer Kuppe, dann wieder
leicht bergab an einer Pferdekoppel vorbei. Weiter bergab zu einer Kreuzung, wo wir halb rechts den Einleitenweg nehmen und an den Waldrand
gelangen. An diesem entlang, auf eine Siedlung zu. Immer geradeaus –
rechts zweigt ein Weg durch den Wald zur Bahnhaltestelle Hallwang-Elix-
hausen ab – am Ortsschild von **Hallwang (2)** (1 Std. / 3,7 km) vorbei. Wir
passieren das Gemeindeamt, treffen auf die Hauptstraße und gehen gleich
wieder halb links am Pfarramt vorbei zur Kirche St. Martin.

Auf der Kirchenstraße bergab, die Landesstraße queren und gegenüber weiter auf der Bergstraße aus dem Ort hinaus. Auf Asphalt wandern wir hinauf
zum Weiler Berg, wo sich am Ortsanfang unter einem Baum eine Rastbank

234

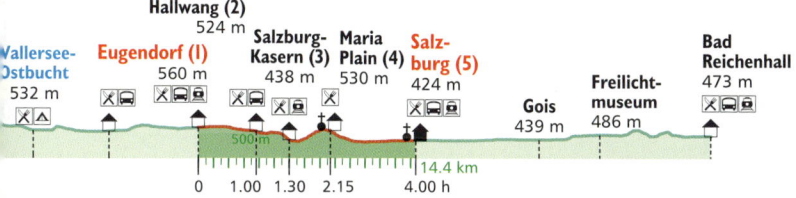

Wallersee-Ostbucht
532 m

Eugendorf (1)
560 m

Hallwang (2)
524 m

Salzburg-Kasern (3)
438 m

Maria Plain (4)
530 m

Salzburg (5)
424 m

Gois
439 m

Freilicht-museum
486 m

Bad Reichenhall
473 m

500 m

14.4 km

0   1.00 1.30 2.15   4.00 h

befindet. Sobald es wieder bergab geht, öffnet sich vor uns das herrliche Panorama des Talbeckens von Salzburg mit der prächtigen Bergkulisse der Berchtesgadener Alpen dahinter. Der Straße weiter bergab folgend erreichen wir die Bahnhaltestelle **Salzburg-Kasern (3)** (30 Min. / 2,1 km), bei der wir die Gleise auf einer Brücke überqueren.

Vom Bahnsteig Richtung Salzburg gleich wieder scharf rechts durch die Wickenburgallee, eine schöne Lindenallee, Richtung Maria Plain (Wegweiser). Wir durchqueren ein Industriegebiet und nehmen vor dem Gasthof Jägerwirt einen schmalen Fußweg zwischen zwei Häusern hindurch, der als geschotterter Spazierweg durch eine Unterführung unter der Bundesstraße weiterführt. Danach rechts, dem Wegweiser folgend zwischen Häusern hindurch auf einen Fußweg, der am Hang entlang verläuft. An einer Weide von Hochlandrindern vorbei kommen wir zu einer schmalen Asphaltstraße, auf der wir rechts in den Wald hineingehen. Nach ca. 300 m mündet von links hinten ein Forstweg ein, und 10 m weiter nehmen wir einen Waldweg rechts bergauf.

An der Abzweigung selbst gibt es keinen Wegweiser, sehr wohl aber im weiteren Verlauf rot-weiß-rote Markierungen mit der Nummer 810, denen wir folgen. Gleich nachdem wir eine Forststraße gekreuzt haben, gehen wir nicht geradeaus, sondern schräg rechts durch den Wald weiter. Wir treffen wieder auf eine Schotterstraße, die uns zu einem Parkplatz bei der Ursprungskapelle Maria Plain führt. Über Stufen gehen wir von hier aus hinauf zur Wallfahrtskirche **Maria Plain (4)** (45 Min. / 2,7 km), von deren Vorplatz wir einen herrlichen Ausblick über die Stadt Salzburg genießen.

Am Weg nach Maria Plain.

Wallfahrtskirche Maria Plain.

Ein Stück zurück, an einem Souvenirladen vorbei und dann rechts über den Kalvarienberg hinunter zur Zufahrtsstraße, die wir kreuzen, um auf einem Fußweg links parallel zu ihr weiter ins Tal zu gehen. Am Gasthof zur Plainlinde vorbei immer am Hauptweg, zwischen Häusern leicht bergab und unter der Autobahn hindurch – unmittelbar vor der Unterführung steht das Ortsschild von Salzburg. Wir treffen auf den Alterbach, gehen hier bei einem Bildstock links bergab und dann scharf rechts auf einem Spazierweg am Ufer. Die Itzlinger Hauptstraße wird unterquert, dann gehen wir immer geradeaus weiter am Fernheizwerk vorbei zur Salzachpromenade.

Ob man die Salzach am Traklsteg oder beim Kraftwerk Lehen oder beim Pioniersteg überquert, ist im Grunde egal – am anderen Ufer gibt es aber einen reinen Fußweg, den man sich nicht mit den Radfahrern teilen muss. Wir bleiben immer am Ufer; wer die Salzach vorerst nicht überquert, muss dies spätestens bei der Staatsbrücke tun. Bei dieser gehen wir in die Altstadt hinein, über den Alten Markt und den Residenzplatz direkt zu unserem Etappenziel, dem Dom von **Salzburg (5)** (1.45 Std. / 5,8 km).

war der Salzhandel. Als eigenständiges Fürsterzbistum innerhalb des hl. Römischen Reiches zählte Salzburg zu den reichsten Ländern Europas. Der heutige **Altstadtkern** stammt großteils aus dem 17. Jahrhundert, liegt zwischen dem Salzachufer, dem Festungs- und dem Mönchsberg und seit 1996 Teil des UNESCO-Weltkulturerbes. Weltweit bekannt sind die **Getreidegasse** mit dem Geburtshaus von Wolfgang Amadeus Mozart, die mittelalterliche Festung Hohensalzburg, das älteste bestehende Kloster im deutschen Sprachraum St. Peter und natürlich der **Salzburger Dom** aus den Jahren 1614 bis 1628 – die erste Barockkirche nördlich der Alpen. Sämtliche weiteren Sehenswürdigkeiten der Mozartstadt aufzuzählen, würde den Rahmen dieses Buches sprengen. Höhepunkt des Veranstaltungsjahres sind natürlich die seit 1920 im Juli und August stattfindenden **Salzburger Festspiele**.

Ob wohl auch Jakobspilger hier ein Schloss hinterlassen haben?

Durch die Nordalpen
von Salzburg nach Innsbruck

Schon seit mehreren Tagen waren die hohen Berggipfel der Alpen auf dem Jakobsweg unsere ständigen Begleiter – doch bildeten sie in Form von Traunstein oder Dachstein bislang nur eine in mehr oder weniger großer Ferne liegende Gebirgskulisse, während wir uns noch durch die Hügel- und

Moränenlandschaft des Voralpenlandes bewegten. Hinter Salzburg aber nehmen uns die mächtigen Gebirgsstöcke der Steinberge, des Wilden Kaisers, der Kitzbüheler Alpen und in weiterer Folge des Rofan- und Karwendelgebirges förmlich zwischen sich gefangen. Wir wandern zwar weiterhin weitgehend in den Tallagen und überschreiten nirgends die 900-Meter-Grenze, aber links und rechts von uns ragen Berggipfel jenseits der 2000er-Marke auf, von denen die eindrucksvollsten sicherlich die Felszacken des Wilden Kaisers sind.

Dadurch ändert sich nun der gesamte Charakter des Jakobsweges: Felder und Äcker begegnen uns kaum mehr, dafür Wiesen und Weideland; statt langsam dahinfließender Flachlandflüsse wie Traun und Ager begleiten uns nun Gebirgsflüsse wie Saalach oder Großache. Auch die Siedlungs- und Dorfstrukturen ändern sich, ebenso das Erscheinungsbild der Häuser und Kirchen. Verwaltungstechnisch gese-

Die Pfarrkirche von Arzl nahe Innsbruck.

hen bewegen wir uns für den Großteil dieses Abschnittes – abgesehen von den ersten beiden Tagesetappen, die uns durch Salzburg und übers »kleine Deutsche Eck« in Bayern führen – durchs »Heilige Land Tirol«. Dessen wechselvolle Geschichte zwischen Unabhängigkeit und Fremdherrschaft wird uns immer wieder in Form von Denkmälern begegnen, die an Schlachten und Kämpfe vor allem im »Tiroler Freiheitskampf« unter Andreas Hofer erinnern.

Dass wir uns am historischen Jakobsweg befinden, merken wir nicht nur an einer großen Zahl von Jakobskirchen, deren größte und bedeutendste uns am Ende des Abschnittes in Form des Doms St. Jakob zu Innsbruck erwartet. Auch die Tatsache, dass wir immer wieder Wege benützen, die bis heute als »Römerweg« oder »Römerstraße« bezeichnet werden, weist darauf hin – denn diese von den Römern errichteten Verkehrswege waren noch für die Pilger des Mittelalters die wichtigsten, oft sogar die einzigen verfügbaren Straßen.

Nachdem wir bei Wörgl das Inntal erreicht haben und im Tiroler Unterland flussaufwärts gewandert sind, stößt auch eine weitere Jakobsweg-Variante zu uns; jene, die aus dem oberbayerischen Raum entlang des Inn verläuft. Am weiteren Weg Richtung Innsbruck weichen wir immer wieder auf die Mittelgebirgsterrassen aus, die das Inntal im Norden begleiten. Nicht nur, weil davon auszugehen ist, dass auch die Pilger früherer Zeiten dies immer wieder taten, da der Talgrund des Inntals früher oft überschwemmt und schwer passierbar war, sondern vor allem, weil dieser heute von Autobahn, Gewerbegebieten und Eisenbahn-Hochleistungsstrecken eingenommen wird. Belohnt werden wir dadurch mit herrlichen Ausblicken über das Unterland und einer Vielzahl interessanter und sehenswerter kleiner Ortschaften mit liebevoll gepflegten Häusern und Kirchen.

Gebirgsflüsse wie die Saalach begleiten unseren Weg.

Unterkunft: Wals-Siezenheim (ca. 1 km entfernt, 446 m, 12.700 EW): Jugendherberge Wals, nur Juli und August geöffnet, Tel. +43/662/85 13 77. **Bad Reichenhall** (439 m, 17.100 EW): Camping Staufeneck, Tel. +49/8651/2134; zahlreiche weitere Quartiere, Information beim Tourismusverband.

Die Strecke: Am Anfang der Etappe geht man durch das Stadtgebiet von Salzburg, wobei man die Altstadt durch einen Tunnel unter dem Mönchsberg verlässt. Durch die Vororte Viehhausen und Gois geht es leicht ansteigend auf den Wartberg, wo man am Salzburger Freilichtmuseum vorbeikommt. Leicht bergab überschreitet man die Grenze nach Marzoll in Bayern; bis hierher durchgehend auf Asphalt. Auf Wald- und Feldwegen weiter zum Kloster St. Zeno in Bad Reichenhall, ab hier wieder auf Ortsstraßen ins Zentrum. **Asphaltanteil:** ca. 80 %.

Höhenunterschied: Rund 300 m im Aufstieg und 240 m im Abstieg.

Kritische Stellen: Im Stadtgebiet von Salzburg keine Wegweiser; auch am Ufer der Glan fehlt die Beschilderung. Ab Marzoll nur mehr kleine, unauffällige Holzwegweiser und keine gelben Jakobsweg-Wegweiser.

Landschaft: Aus der Altstadt von Salzburg geht es durch den Mönchsbergtunnel ans Ufer der Glan, der wir am Flughafen vorbei folgen. Durch ein kleines Waldstück wandern wir hinüber in den Ort Viehhausen und unter der Autobahn hindurch nach Gois. Danach geht es abwechselnd durch Wald über Felder nach Marzoll und von hier fast durchgehend im Wald bis St. Zeno.

Infrastruktur: Viehhausen 🚏, Marzoll (474 m, 3400 EW) 🚏, Bad Reichenhall 🚡 🏕 🚠 🍴 🛏 €🅰 ✉ 🛒 🏧.

Einkehr: Zahlreiche Lokale am Weg aus der Altstadt von Salzburg, Stiegl-Brauwelt, Hasingers Bauernstube in Viehhausen, Gasthof Obermühle in Weißbach, zahlreiche Lokale in Bad Reichenhall. **Kein Trinkwasser** unterwegs.

Touristeninformation: Tourismusverband Großgmain, Tel. +43/6247/827 80, Tourist-Info Bad Reichenhall, Tel. +49/8651/606-0, info@bad-reichenhall.de.

Anmerkung: Wer Salzburg mit öffentlichen Verkehrsmitteln verlassen möchte, um sich den Weg durch die Stadt zu ersparen, geht am besten zurück zum Salzachufer und nimmt von der Bushaltestelle Hanuschplatz die Linie 27 bis Viehhausen Ortsmitte – die dortige Bushaltestelle liegt direkt am Jakobsweg.

Brunnen in Viehhausen.

Das Rathaus von Bad Reichenhall.

Vom Domplatz in **Salzburg (1)** gehen wir durch die Franziskanergasse und die Hofstallgasse zum Herbert-von-Karajan-Platz. Hier halten wir uns links und gehen durch das »Neutor«, den aus dem 18. Jahrhundert stammenden, 130 m langen ältesten Straßentunnel Österreichs durch den Mönchsberg, hinüber auf den Hidmannplatz. Nun folgen wir der Neutorstraße und deren Verlängerung, der Bräuhausstraße, an der Stieglbrauerei vorbei. Hinter dieser setzen wir auf dem Schließelbergerweg fort, einem Fuß- und Radweg, und gelangen ans Ufer der Glan. Wir überqueren sie aber nicht, sondern gehen hier auf dem rot-weiß-rot markierten Weg Nr. 404 flussaufwärts nach links. Immer am Treppelweg entlang des regulierten Gewässers bis zum Salzburger **Flughafen**, vor dem sich unser Weg nach links biegt und das Areal entlang des Zaunes umgeht. Dann führt der Weg wieder ans Ufer der Glan zurück. Die Brücke an dieser Stelle wird nicht gequert, sondern man bleibt noch am diesseitigen Ufer.

Erst bei der nächsten Brücke zeigt der Wegweiser nach rechts und gleich wieder am anderen Ufer links durch den Kräutlerweg und die Glansiedlung (man kann aber – schöner – auch noch hier am Geh- und Radweg bleiben und erst 10 Min. weiter bei der nächsten Brücke die Glan überqueren). An deren Ende rechts auf der Waldstraße – hier ist zusätzlich zum Jakobs-

weg auch der Tauernradweg ausgeschildert – durch ein kurzes Waldstück.
Wir kreuzen die Laschenskystraße, an der es sowohl einen Wegweiser nach
links als auch einen Pfeil geradeaus weiter gibt. Man kann beide Wege nehmen – entweder links durch die Laschenskystraße bis zur Kreuzung mit der
Viehhauserstraße beim Feuerwehrhaus, wo die beiden Varianten wieder zu-

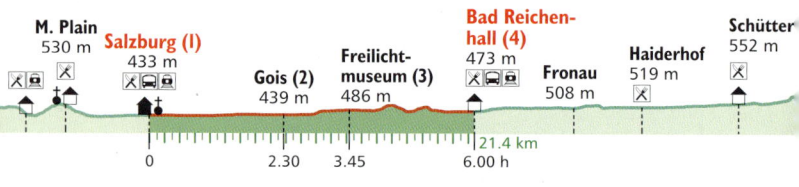

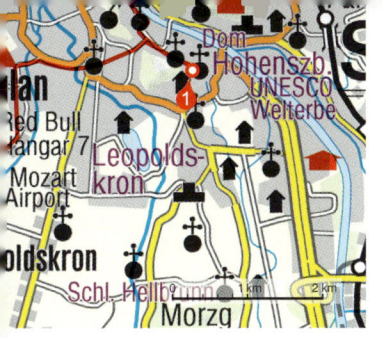

sammentreffen, oder gerade weiter auf dem asphaltierten Kapellenweg über Felder zur Dreifaltigkeitskapelle in Viehhausen und dort links durch die Viehhauserstraße (vorbei an der Bushaltestelle **Viehhausen-Ortsmitte**, siehe »Anmerkung«) zum Feuerwehrhaus.

Wir unterqueren die Westautobahn und biegen 60 m danach links ab, den Jakobsweg-Wegweisern und der Beschilderung des Tauernradwegs Richtung Großgmain folgend. Auf der Goiser Straße kommen wir in den Ort **Gois (2)** (2.30 Std. / 8,8 km), in dem wir den Höllerweg nach rechts nehmen und über Felder und zuletzt über Stiegen direkt zur Filialkirche des heiligen Jakobus des Älteren gelangen.

*Die **Jakobskirche** von **Gois** liegt markant auf einem Hügel, der schon früh auch zu Verteidigungszwecken genutzt wurde, wie Bausteste zeigen. Die im Grunde romanische Kirche wurde 1242 erstmals erwähnt, dürfte aber noch deutlich älter sein. Die ursprüngliche Kirche wies eine flache Decke auf, die Gewölbe und der Chor stammen aus dem 15. Jahrhundert. Der Turm stammt vom Anfang des 16. Jahrhunderts, stand ursprünglich frei und wurde nachträglich mit der Kirche verbunden; er beherbergt noch eine originale Glocke aus dem Jahr 1544.*

Über Stufen gehen wir hinunter auf den Kirchenplatz, treffen auf die Goiser Straße und gehen auf ihr wenige Meter nach links und auf dem Moosweg wieder nach rechts. 100 m weiter schräg rechts auf den Salzweg, dem wir neuerlich unter der Westautobahn hindurch folgen. Nach der Unterführung geht es, einem Wegweiser Richtung Freilichtmuseum folgend, nach rechts. Auf einem asphaltierten Feldweg wan-

Die Jakobskirche von Gois.

dern wir durch Felder, Wiesen und ein Waldstück und treffen auf die Salzburger Straße L 114, neben der wir uns auf einem Fuß- und Radweg nach links halten. Kurz nach der Bushaltestelle »Großgmain, Reiterhaindlgut« weist ein Schild nach links zum Freilichtmuseum, wir bleiben aber noch auf der Salzburger Straße und kommen 10 Min. später zu einem weiteren Wegweiser, bei dem man einen lohnenden Abstecher zum **Freilichtmuseum (3)** (1.15 Std. / 4,4 km) machen kann.

> ℹ️ *Das **Salzburger Freilichtmuseum** in Großgmain gehört mit seinen 50 ha Areal zu den größten derartigen Einrichtungen und ist mit über 100.000 Besuchern pro Jahr das besucherstärkste Freilichtmuseum Österreichs. Insgesamt können hier über 100 Gebäude, von Wohnhäusern über Wirtschafts- und Nebengebäude bis hin zu Almhütten, besichtigt werden. Sogar eine 1,7 km lange Schmalspurbahn befördert die Besucher durch das Gelände, das thematisch entsprechend den fünf Salzburger Landesteilen Flachgau, Lungau, Pinzgau, Pongau und Tennengau aufgeteilt ist. Das Museum ist von März bis Oktober geöffnet.*

15 Min. nach dem Wegweiser teilt sich der Jakobsweg an der Kreuzung der Salzburger Straße mit der Fürstenbrunner Straße. Geradeaus könnte man weiter der Straße entlang nach Großgmain gehen; wir empfehlen aber die rechte Variante (Wegweiser »Marzoll Burgenweg 15 Min.«). Auf einer Asphaltstraße gehen wir bergab, überqueren die Staatsgrenze nach Deutschland und gelangen an der Schule vorbei in den Ort **Marzoll** mit der Pfarrkirche St. Valentin und dem Schloss. An der Abzweigung dahinter gehen wir links, den Wegweisern Richtung Bad Reichenhall folgend. Zunächst am Schlossteich entlang, dann auf einem Feldweg in den Wald, über eine kleine Brücke und über Stufen bergauf zu einer Wiese, auf der sich ein alter Grenzstein befindet. Eben durch den Wald kommen wir zu einer Kreuzung mit Wegweisern, an der wir schräg rechts bergab Richtung Obermühle gehen. Wir passieren eine kleine Kapelle mit Kreuz und Steinmanderl daneben, gehen gerade weiter auf einem geschotterten Waldweg und folgen an den nächsten Abzweigungen immer den Wegweisern Richtung Bad Reichenhall und St. Zeno: erst geradeaus, 100 m weiter nach links und gleich darauf rechts über einen Bach zu einem Haus, wo zwei echte Jakobsmuscheln den Weg weisen. Geradeaus weiter in den Wald, dann an einer T-Kreuzung links Richtung Bad Reichenhall Stadtmitte. Entlang eines militärischen Bereichs wandern wir erst bergauf, dann eben und dann wieder bergab. An einer dreifachen Gabelung nehmen wir den mittleren Weg, kommen an einer Nische mit Jesusbild vorbei und zu einem Wegweiser, auf dem jemand neben dem Pfeil nach St. Zeno eine Jakobsmuschel dazugemalt hat.

Ein Stufenweg führt rechts steil Richtung St. Zeno; wir nehmen aber erst die zweite Abzweigung dorthin 5 Min. später und gelangen so direkt zur Kirche **St. Zeno**, die dem Schutzpatron gegen Überschwemmungen geweiht ist.

Direkt westlich der Kirche verläuft die Salzburger Straße, auf der wir uns nach links wenden und so entlang des Karlsparks links von uns in die Fußgängerzone gelangen. Hier gehen wir immer geradeaus weiter durch die Ludwigstraße zum Rathausplatz im Zentrum von **Bad Reichenhall (4)** (2.15 Std. / 8,2 km).

*Die Geschichte der Kurstadt **Bad Reichenhall** im Landkreis Berchtesgadener Land ist vom Anbeginn bis heute immer eng mit dem Salz und dessen Verarbeitung verknüpft. Schon in keltischer Zeit wurde hier Salz gewonnen, auch zur Römerzeit lässt der Ortsname »Ad Salinas« die Bedeutung des »weißen Goldes« erahnen. Unter den Römern wurde Bad Reichenhall zur bedeutendsten Salzgewinnungsstätte des Alpenraumes ausgebaut. Die erste Erwähnung unter dem Namen Reichenhall stammt aus dem Jahr 1373; 1846 wurde die Stadt zum Kur- und Badeort und seit 1890 führt sie den heutigen Namen Bad Reichenhall. In dieser Zeit entstanden auch viele Hotels, Villen, Kurhäuser und Parkanlagen, die das Ortsbild bis heute prägen. Unter den zahlreichen Kirchen Bad Reichenhalls sind die romanische **Basilika St. Nikolaus** aus dem 12. Jahrhundert, die ebenfalls romanische **Spitalskirche** St. Johannes und die gotische **Ägidiuskirche** hervorzuheben.*

Im Salzburger Freilichtmuseum.

Unterkunft: **Unterjettenberg** (500 m, 220 EW): Privatpension Haus Mayer, Tel. +49/8651/633 41.   **Schneizlreuth** (511 m, 400 EW, 500 m abseits): Gasthaus Schneizlreuth, Tel. +49 8651/4165; Wurznwirt, Tel. +49/8651/717 21 44. **Unken** (564 m, 1900 EW): Camping am Steinpass, Tel. +43/664/524 07 76; Pension Dorfcafé, Tel. +43/6589/7156. **Lofer** (626 m, 1100 EW): zahlreiche Übernachtungsmöglichkeiten, Info beim Tourismusverband. Campingplatz in **St. Martin** ca. 1 km abseits, Tel. +43/6588/823 70.

Die Strecke: Auf der ersten echten »Alpenetappe« herrschen schöne, nicht asphaltierte Wanderwege vor. Die Route führt meist am Ufer der Saalach entlang, immer wieder sind aber auch stärkere Steigungen zu bewältigen, wo der Weg sich vom Ufer entfernt und seitlich am Hang entlangführt. Die Orte Schneizlreuth und Unken werden umgangen, die stark befahrene Bundesstraße verläuft meist am anderen Ufer, und das Rauschen des Flusses übertönt den Verkehrslärm. Zwischen Unken und Lofer ist der Weg teilweise sogar klammartig an die Felswand gebaut. **Asphaltanteil** ca. 35 %.

Höhenunterschied: Rund 450 m im Aufstieg und 300 m im Abstieg.

Kritische Stellen: Von der Beschilderung her unklarer Wegverlauf in Unterjettenberg; hier der Tourenbeschreibung folgen.

Landschaft: Das Engtal der Saalach

Am Saalachsee.

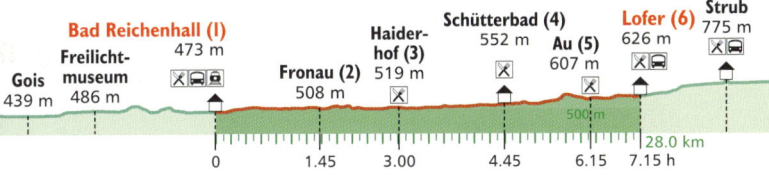

Die Saalachbrücke bei Unterjettenberg.

zwischen Bad Reichenhall und Lofer gehört zu den landschaftlich schönsten Abschnitten des Österreichischen Jakobsweges. Zwischen steilen, bewaldeten Berghängen, mit Blick auf die Loferer Steinberge vor uns, gehen wir – kurz nachdem wir Bad Reichenhall verlassen haben – erst ein längeres Stück entlang des idyllischen Saalachsees. Die Saalach begleitet uns während der gesamten Etappe; meist geht es durch unbewohnte Naturlandschaften direkt am Ufer, teilweise durch Wiesen und Weideland etwas oberhalb des Tals.

Infrastruktur: Unterjettenberg ⌂ 🚌, Schneizlreuth ⌂ ✖, Unken ⌂ ✖ ▣ ☑ ✉ € ✉ 🚌, Reith 🚌, Lofer ⌂ ▣ △ ✖ ▣ ☑ ✉ € △ 🚌.

Einkehr: Gasthaus Wurznwirt oder Schneizlreuth (500 m abseits), Brotzeitgarten Haiderhof in Oberjettenberg, Dorfcafé und Kirchenwirt in Unken, Hotel Schütterbad (Pilgermenü), Gasthof in Au, mehrere Lokale in Lofer. **Trinkwasser** in Reith und in Lofer.

Touristeninformation: Tourismusverband Salzburger Saalachtal, Tel. +43/6588/8321, info@lofer.com.

Vom Stadtzentrum von **Bad Reichenhall (1)** gehen wir durch die Fußgängerzone und vorbei an der Kirche St. Aegyd die Salinenstraße bis zu deren Ende, dann bei der T-Kreuzung nach rechts hinaus zur Hauptstraße und durch eine Fußgängerunterführung unter dieser hindurch. Am anderen Ende überqueren wir die Saalachbrücke und folgen nach links dem Wegweiser zur Predigtstuhlbahn. An der Talstation der Seilbahn vorbei auf einen kurz dahinter beginnenden Schotterweg entlang der Saalachau. Wir orientieren uns am Wegweiser Richtung »Schneizlreuth über Saalachsee«. Ein wunderschöner Wanderweg am Steilufer entlang folgt, teilweise mit Holzgeländern gesichert.

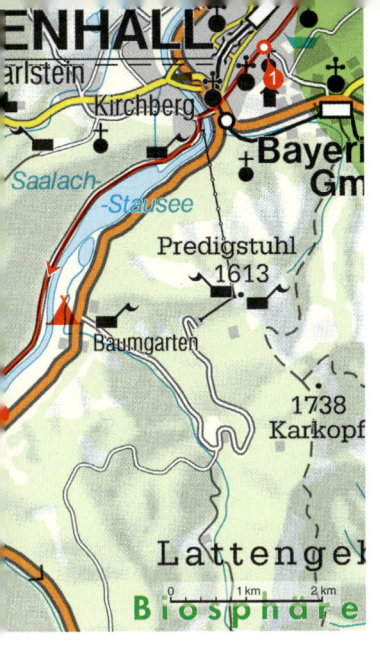

Wir treffen wieder auf eine Asphaltstraße, die wir links bergab gehen, um so an den **Saalachsee** zu gelangen.

i *Der **Saalachsee** ist ein künstlicher Stausee, der in den Jahren 1910–1913 für den Bau des Saalachkraftwerks angelegt wurde. Die Stauhöhe beträgt 9,6 m, die Länge des Staudamms 13,6 m. Der See ist 1,3 km lang, bis zu 400 m breit und hat eine Fläche von 50 ha. Vom Einlaufbauwerk nördlich der Staumauer wird das Wasser durch einen knapp 600 m langen Stollen zum Kraftwerk geleitet. Der erzeugte Strom wurde für die damals neu elektrifizierte Bahnstrecke Freilassing–Bad Reichenhall–Berchtesgaden benötigt; beim Saalachkraftwerk handelt es sich um eines der ältesten noch in Betrieb befindlichen Bahnstromkraftwerke Deutschlands, das bis heute auch zu einem Teil die Stadt Bad Reichenhall mit Strom versorgt.*

An einer Pizzeria mit Biergarten vorbei kommen wir auf einen geschotterten, praktisch ebenen Weg entlang des Ufers. Steile Felswände ragen über uns auf; links liegt zuerst der See und dann ein Altwasser. Hinter einer Trafostation kommen wir wieder zu Häusern, und weiterhin eben erreichen wir den Ort **Fronau (2)** (1.45 Std. / 6,9 km), den wir durchqueren. Vor dem Gast-

Bild oben: Durch die Saalachklamm geht es auf einem Holzsteg entlang der Felsen.

249

haus Saalachtalhof wechseln wir links über eine Holzbrücke hinüber zur Bundesstraße, auf der wir etwa 100 m nach rechts gehen und dann links auf die Straße Richtung Berchtesgaden und Ramsau einbiegen (der markierte Weg macht einen unnötigen Umweg links durch den Ort **Unterjettenberg**). Rechts zweigt gleich wieder ein als Jakobsweg beschilderter Schotterweg ab, dem wir folgen. Er verläuft am Saalachufer entlang, steigt dann kurz steil an und führt danach ebenso steil wieder bergab. Von rechts stößt über eine Fußgängerbrücke ein schmaler Asphaltweg zu uns, dem wir flussaufwärts folgen (links über die Brücke kommt man nach **Schneizlreuth**; Einkehr- und Übernachtungsmöglichkeit). Der Asphalt wird immer schlechter und geht schließlich in Schotter über. Das Tal weitet sich und wir kommen über eine Wiese leicht bergauf zum **Haiderhof (3)** (1.15 Std. / 5,2 km) mit Brotzeitgarten. Direkt davor geht es rechts bergab und dann in ein kleines Tal hinein, in dem ein Bächlein auf einer Holzbrücke gequert wird; dahinter über Wiesen und an Bauernhäusern vorbei. Der Feldweg wird zu einer Schotterstraße, die durch ein Kieswerk hindurchführt. Auf Asphalt kommen wir zu Häusern, die bereits zur Ortschaft Unken gehören – wir haben unbemerkt wieder Österreich erreicht. Über die Saalach führt die Straße ans orografisch linke Ufer, und gleich nach der Brücke halten wir uns den Wegweisern folgend links am Flussufer entlang durch die Josefsallee. Am Ufer gibt es hier einen sandigen

Weg durch den Weiler Au mit der Antoniuskirche.

Naturbadestrand, der zum Erfrischen im kristallklaren Wasser einlädt. Der Weg führt durch drei Viehgatter hindurch, dann geht es links über eine kleine Brücke auf einem geschotterten Fußweg am Ufer entlang. Wir treffen auf die alte Straße nach **Unken**, unterqueren die Schnellstraße und biegen 50 m hinter der Brücke wieder links auf einen Fußweg ab. Beim Familien-Erlebnishotel Zur Post erreichen wir die alte Ortsstraße (Bushaltestelle) und gehen am Gehsteig nach links. Nach 60 m links auf einen schmalen Asphaltweg, der wieder auf die Straße trifft. Auf Höhe der Pfarrkirche – zu dieser führt rechts ein Abstecher von 400 m pro Richtung – dann über die Achner Brücke wieder ans rechte Ufer.

i *Unken liegt in einem kleinen Talkessel an der Saalach am Fuß des Steinpasses. Die Straße verläuft von Schneizlreuth kommend parallel zum Saalachtal über den Pass, weil die früher durch die Saalachklamm führenden Wege und Stege immer wieder durch Hochwasser zerstört wurden. Im Süden liegt zwischen Unken und Lofer als weitere Engstelle der Kniepass. Der Ort befindet sich am historischen Jakobsweg und die äußerlich schlichte, im Inneren prunkvoll im Stil des späten Barock ausgestattete Pfarrkirche ist dem hl. Jakobus d. Älteren geweiht.*

Der Wegweiser leitet auf der Straße nach rechts, man kann sich aber 200 m Asphalt ersparen, indem man gleich hinter der Brücke einen Fußpfad am Flussufer entlang nimmt. Beim Sportplatz endet dieser, hier weiter auf der Straße und wieder unter der Schnellstraße hindurch. Auf der schmalen Asphaltstraße, den Wanderwegweisern Richtung Hotel **Schütterbad (4)** (1.45 Std. / 6,9 km; Pilgermenü!) folgend. Das Hotel wird links umgangen, und wir durchschreiten einen Elektrozaun, immer den Wegweisern Richtung Au und Lofer folgend. Nach einem weiteren Gatter geht es erst steil bergab, dann auf einem zum Teil mit Geländer gesicherten Weg mit mehreren Rastbänken am Saalachufer durchs immer schluchtartigere Tal. Über Holzstege kommen wir zu einer Abzweigung, bei der wir uns rechts halten.
Am unteren Ende einer Klamm vorbei bleiben wir immer am Flussufer; ein Fußweg führt uns in den Ort **Reith**. Links bergauf gehen wir auf der Dorfstraße zu einer kleinen Kirche und bei dieser rechts, zunächst auf Asphalt und, wo dieser sich zu einem Haus biegt, geradeaus weiter auf einem Feldweg an einem Marterl und einem Heuschober vorbei. Wir kommen zu einem Gatter und zwei alten Grenzsteinen. Bei der folgenden Abzweigung nehmen wir den oberen Weg Richtung Au, dann bei der nächsten Gabelung den Hauptweg nach links. Unterhalb eines Bergsattels orientieren wir uns an den Wegweisern der Saalachtalroute nach rechts. Wir kommen in ein Hochtal und wandern auf einem traumhaften Waldweg, zwischen moosüberwachsenen Steinen, wieder hinaus auf Weideland. Vor uns liegt die atemberaubende Kulisse der Loferer Steinberge. Durch ein Viehgatter stoßen wir auf eine Schotterstraße und dann bei einem Haus wieder auf Asphalt.

Die Pfarrkirche von Lofer.

An mehreren Häusern vorbei kommen wir zu einer Asphaltkreuzung, bei der wir rechts bergab den Wegweisern Richtung Lofer folgen. Unten im Tal queren wir einen Bach, wenden uns nach rechts und gehen bei der nächsten Abzweigung Richtung Au. Im Ort **Au (5)** (1.30 Std. / 5,7 km) passieren wir die kleine Kirche des heiligen Antonius von Padua und dann einen Gasthof.

100 m unterhalb zweigen wir links auf eine Forststraße ab, auf der wir auf einer Höhenstufe oberhalb der Saalach bleiben. Im folgenden Wald kommen wir an den Bahnen eines »Wandergolf-Parcours« vorbei. Immer gerade weiter geht es durch einen Reiterhof hindurch und dann auf einer Asphaltstraße Richtung Lofer-Zentrum. Bei der nächsten Möglichkeit halb rechts in den Wald hinein Richtung Wandergolf-Bahnen 8 und 9 (Schild).

Der Markierung folgend geht es nun über die Saalach und auf Holzstegen durch die **Teufelsschlucht**. Wir wandern rechts bergauf über die Bundesstraße und geradeaus weiter ins Ortszentrum. Hinter der Friedhofsmauer vorbei kommen wir direkt zur Kirche von **Lofer (6)** (1 Std. / 3,3 km), wo sich auf dem Platz vor dem Rathaus mehrere Lokale und ein Brunnen mit bestem Trinkwasser befinden.

ℹ️ *Vor der eindrucksvollen Bergkulisse der Loferer und Reither Steinberge (oder Reiter Alm) liegt der Ort **Lofer** in einem breiteren Teil des Saalachtals. Urkundlich erwähnt wurde Lofer erstmals anfangs des 15. Jh., allerdings stellte man bei Grabungen im Zuge der Renovierung der gotischen **Pfarrkirche** der Heiligen Maria und Leonhard fest, dass sich an deren Stelle bereits im 14. Jh. eine Kirche befunden haben muss. Im Inneren der Kirche finden sich schöne Fresken und eine Madonna mit Kind aus dem 15. Jh.; über dem Eingang ist das Wappen des Erzbischofs von Salzburg angebracht. Das heutige Aussehen erhielt die Kirche im 17. Jh., als die bis dahin einschiffige Kirche durch den Anbau zweier Seitenschiffe deutlich vergrößert wurde. Ein wunderschönes Ensemble bildet auch der **Dorfplatz** im Zentrum des Ortes mit seiner **Pestsäule** und einem schönen Brunnen.*

Unterkunft: Strub (775 m): Pension Gasthof Strub, Tel. +43/676/941 09 45. **Waidring** (778 m, 2000 EW): Gasthof Waldwirt, Tel. +43/5353/201 09; weitere Hotels und Privatunterkünfte, Vermittlung bei der Tourismusinformation; Camping Steinplatte, Tel. +43/5353/5345. **Erpfendorf** (635 m, 1150 EW) und **Kirchdorf in Tirol** (641 m, 2700 EW): Vermittlung über den Tourismusverband. **St. Johann in Tirol** (659 m, 8900 EW): zahlreiche Hotels und Privatunterkünfte, Vermittlung bei der Tourismusinformation; Sonnencamping Michelnhof, Tel. +43/5352/625 84.

Die Strecke: Leicht ansteigend verlassen wir Lofer entlang des Loferbaches und gelangen teils auf Asphalt, teils auf Schotter hinauf zum Pass Strub, wo wir die Grenze zu Tirol überqueren. Ein Stück gehen wir auf der alten, für den Verkehr gesperrten Landstraße nach Strub, dann wieder auf einem Fußweg entlang des Baches nach Waidring, das auf Dorfstraßen durchquert wird. Danach führen uns Fußwege, Schotter- und Feldwege immer auf der Schattenseite des Tals bis Erpfendorf; das letzte Stück nach St. Johann gehen wir dann auf dem Rad- und Fußweg am Ufer der Großache. **Asphaltanteil** ca. 65 %.

Höhenunterschied: Rund 250 m im Aufstieg und 220 m im Abstieg.

Kritische Stellen: Keine bzw. mangelhafte Beschilderung im Ortsgebiet von St. Johann in Tirol.

Landschaft: Dichte Wälder zu beiden Seiten des engen Tales begleiten uns hinauf auf den Pass Strub mit seinen Überresten einer eindrucksvollen Festung. Im weiteren Verlauf wird das Tal wieder breiter, wir gehen hauptsächlich am Waldrand und haben dadurch auch schöne Blicke in Richtung der Steinplatte in den

Die Nepomukkapelle in Lofer.

Chiemgauer Alpen rechts von uns und auf das Massiv des Wilden Kaisers vor uns. Ab Erpfendorf geht es fast eben am flachen, breiten Talgrund entlang der in einem breiten Schotterbett dahinfließenden Großache.

Infrastruktur: Strub ⬛ ✖ 🚌, **Waidring** ⬛ ▲ ✖ ⬛ 🖉 ➜ € ⬛, **Erpfendorf** € ✉ 🚌, **Kirchdorf in Tirol** € Ⓐ ✉ 🚌, **St. Johann in Tirol** ⬛ ▲ ✖ ⬛ 🖉 ➜ € Ⓐ ✚ ✉ 🚌 🚉.

Einkehr: Gasthof Strub, mehrere Lokale in Waidring, Gasthaus Schredfeld und Gasthof Alpenrose in Erpfendorf, mehrere Gasthäuser in Kirchdorf in Tirol sowie zahlreiche Lokale aller Art in St. Johann in Tirol. **Trinkwasser** am Pass Strub.

Touristeninformation: Kitzbüheler Alpen Marketing GmbH, Tel. +43/5356/647 48, info@kitzalps.com; Tourismusverband Kirchdorf, Tel. +43/5352/8150, info@erpfendorf.at; Tourismusverband St. Johann, Tel. +43/5332/633 35, info@st.johann.tirol.at.

Wir verlassen das Ortszentrum von **Lofer (1)** auf der alten Dorfstraße (Fußgängerzone) und nehmen einen schmalen Fußweg neben der Schlosserei nach rechts. Er bringt uns zur Augustenpromenade, auf der wir, wieder als Jakobsweg ausgeschildert, links gehen. Auf Asphalt kommen wir an einer Nepomukkapelle vorbei, dann beginnt ein geschotterter Spazierweg, auf dem wir entlang des Loferbaches weiterwandern. Durch den Jubiläumspark kommen wir zu einigen Häusern, dann zu einer Kreuzung am Flussufer, von der wir auf einem geschotterten Radweg wieder rechts am Wasser entlang gehen. Wir unterqueren eine Brücke der Umfahrungsstraße und können nach links über eine Brücke einen Abstecher zur Burgruine am **Pass Strub** machen, wo es auch einen Trinkbrunnen und einen Rastplatz gibt.

*Der Talpass **Pass Strub** an der Grenze zwischen Salzburg und Tirol war bereits Anfang des 17. Jahrhunderts befestigt und wurde im Dreißigjährigen Krieg mit Palisaden und Toren weiter ausgebaut. Sowohl in den Napoleonischen Kriegen als auch während des Tiroler Volksaufstandes war der Pass schwer umkämpft. Nach der Kapitulation der Tiroler Schützen wurde der Großteil der **Befestigungsanlagen** abgerissen; bis heute erhalten sind ein Wachthaus und Teile der Mauern. Ein Denkmal erinnert an die verlustreichen Kämpfe gegen Bayern und Franzosen; die Georgskapelle am Pass wurde 1809 abgebrochen und 1830 neu errichtet.*

100 m weiter sind Jakobsweg-Varianten für Fußgänger und Radfahrer getrennt ausgeschildert; wir nehmen den linken Weg direkt am Wasser ent-

lang, treffen aber schon bald wieder auf die Schotterstraße, auf der die Radweg-Variante verläuft. Wir überqueren die Gemeindegrenze von Lofer nach Waidring und gelangen damit von Salzburg nach Tirol, was wir an einer Infotafel über den Jakobsweg Tirol erkennen können. Der Weg berührt die Straße; wir wenden uns gleich wieder rechts bergauf, queren den Fluss auf einem Holzsteg und gehen am Denkmal für die Tiroler Freiheitskämpfer vorbei. Es geht weiter bergauf, großteils auf Schotter, kurze Stücke auf Asphalt. Der Weg wird flacher, dann unterqueren wir die Bundesstraße und folgen einem asphaltierten Geh- und Radweg parallel zu dieser. Rechts von uns liegen eindrucksvolle Felswände; nachdem die neue Straße über eine Brücke ans andere Ufer wechselt, gehen wir auf der alten Straße weiter zu einer Schranke, hinter der ein asphaltierter Güterweg über eine Wiese eben in den Ort **Strub (2)** (1.15 Std. / 5,6 km) führt.

Beim gleichnamigen Gasthof setzt sich der ausgeschilderte Weg auf Asphalt fort; wesentlich schöner und von uns empfohlen ist es, hier rechts und unmittelbar vor der Brücke links über Stufen hinunter auf den »Bachweg nach Waidring« zu gehen. Dieser quert über eine Holzbrücke den Seisenbach und verläuft dann auf einem Dammweg auf Schotter weiter. Wir kreuzen eine Asphaltstraße; kurz darauf ist der Damm mit einer Schranke versperrt und wir gehen links vom Damm hinunter und in den Ort **Waidring (3)** (1.15 Std. / 4,9 km) hinein.

Auf der Hauptstraße gelangen wir in die Ortsmitte, wo sich der Jakobsweg an der Kreuzung bei der Pizzeria Alte Schmiede in zwei Varianten aufteilt. Wir folgen der Hauptvariante geradeaus weiter durch den Ort bis 10 m hinter der

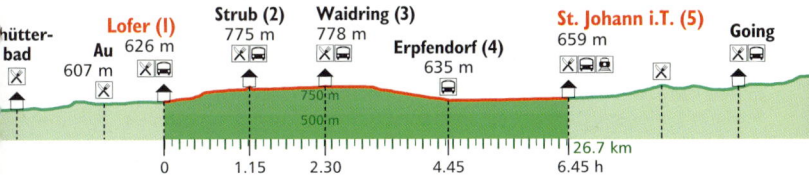

255

Der Pass Strub bildet die Grenze zu Tirol.

Bushaltestelle »Abzweigung Gondelbahn«, wo unser Weg links abzweigt und hinter den Häusern vorbei verläuft. Der Asphalt endet, und wir gehen über einen Wiesenweg weiter. Kurz rechts bergab, dann gleich wieder links auf einen Heustadl zu, entlang eines Zaunes, über eine kleine Holzbrücke und wieder an einem Zaun entlang auf die nächste Häusergruppe zu. Wir kreuzen einen geschotterten Feldweg zwischen zwei Zäunen bei einem Marterl und einem Friedensdenkmal. Der Wegweiser zeigt links bergauf, man kann sich aber einen unnötigen Anstieg und Umweg sparen, indem man einfach gerade auf einem Wiesenweg weitergeht.

Wir treffen auf eine von links oben kommende Forststraße und erreichen gleich darauf eine Waldkapelle, hinter der wir den linken Weg am Waldrand entlang nehmen. Einem Wegweiser »Wanderweg« folgen wir links auf einen kleinen Fußweg, der wieder auf einen Feldweg trifft. Auf diesem Richtung Erpfendorf bergauf, dann wieder auf gleicher Höhe über dem Tal weiter. Beim Wegweiser »Erpfendorf« rechts bergab zu einigen Häusern, dann wieder dem Wanderweg folgend entlang eines Grabens bergab. Bei einem Haus treffen wir auf Asphalt, gehen auf diesem rechts hinunter und kommen zur Hauptstraße. Neben dieser entlang, nicht durch die Unterführung, sondern Richtung Fieberbrunn. Der Weg verläuft zunächst parallel zur Straße und ist geschottert, dann entfernt er sich und führt durch den Wald. Neben einem fallweise trockenen Bachbett entlang – die Straße befindet sich auf der anderen Seite – gehen wir am Radweg Richtung St. Johann in Tirol, der hinter einem Bergbaugelände die Flussseite wechselt. Bei der Zufahrtsstraße zum Ferienhotel Lärchenhof kommen wir neuerlich auf Asphalt und wechseln wieder ans linke Ufer des Baches. Wir passieren einen Golfplatz, hinter dem der Asphalt endet. Auf Schotter geht es zum Parkplatz der Grießbachklamm, dort auf Asphalt links und gleich wieder rechts in den Ort **Erpfendorf (4)** (2.15 Std. / 8,2 km).

Links zur Kirche hinauf, weiter dem Radweg Richtung Fieberbrunn folgen und ein Stück weiter halb rechts Richtung Saubrandkapelle. Kurz vor dem Ortsende liegt links ein markanter Felsen mit einem Marterl darauf, dann unterqueren wir die Bundesstraße und gelangen auf einen geschotterten Dammweg entlang der Großache, wo sich auch ein Rastplatz befindet.

Am Ortsanfang von **Kirchdorf** gibt es eine sehr hübsche Kapelle; dahinter gehen wir über die Brücke Richtung Ortszentrum (möglicher Abstecher). Der weitere Jakobsweg verläuft aber gleich nach der Brücke wieder links, dem Damm am anderen Ufer folgend. Immer am Fluss entlang kommen wir auf Schotter schließlich nach St. Johann in Tirol, wo wir die Bundesstraße entlang des Flusses unterqueren und dahinter einem Spazierweg am Fluss folgen. Bei der zweiten Brücke biegen wir links ins Zentrum des Ortes ab und gelangen über den Neubauweg zur Maria-Himmelfahrts-Kirche von **St. Johann in Tirol (5)** (2 Std. / 7,9 km). Wer das Ortszentrum nicht besuchen möchte, kann auch gleich am Ufer der Großache bleiben und der Jakobswegbeschilderung durch St. Johann hindurch folgen.

*Am Zusammenfluss der Kitzbüheler, Reither und Fieberbrunner Ache zur Großache ist die Stadt **St. Johann in Tirol** ein wichtiger Verkehrsknotenpunkt. Der Ort war seit dem 4. Jahrhundert vor Christus von Kelten besiedelt; bereits im 8. Jahrhundert soll hier eine von Missionaren gegründete, Johannes dem Täufer geweihte Kirche gestanden haben, von der sich der Ortsname ableitet. Die heutige **Dechanatspfarrkirche** ist neben Johannes dem Täufer auch noch Maria Himmelfahrt, Johannes dem Evangelisten und der heiligen Katharina geweiht. Der frühbarocke Bau gehört mit seinen mächtigen Doppeltürmen zu den größten Kirchen des Tiroler Unterlandes. Seine Errichtung erfolgte in den Jahren 1723–1732 an Stelle eines romanischen Vorgängerbaus, von dem einige Kunstgegenstände wie eine Madonna aus dem Jahr 1450 übernommen wurden. Während viele Glocken in den beiden Weltkriegen eingeschmolzen wurden, ist die größte der fünf Glocken des Geläuts noch original aus dem Jahr 1773 erhalten: Mit 1,8 m Durchmesser war die 3,8 Tonnen schwere Glocke so groß, dass sie nicht durch die Fenster passte und man hatte Bedenken, dass ein Aufbrechen der Fenster den Turm zum Einsturz bringen könnte.*

Unterkunft: Rettenbach (885 m): Gasthof Römerhof, Tel. +43/5352/635 16. **Going am Wilden Kaiser** (772 m, 1900 EW): Gh. Landhaus Seerose, Tel. +43/5358/2133; zahlreiche weitere Quartiere im Ortszentrum, Auskunft beim Infobüro. **Ellmau** (820 m, 2700 EW) und **Scheffau** (745 m, 1350 EW): zahlreiche Quartiere, Info beim Tourismusverband. **Söll** (703 m, 3500 EW): Unterkunft bei der Pfarre im Haus St. Jakob, Tel. +43/5333/5308, und zahlreiche weitere Quartiere, Info beim Tourismusverband.

Die Strecke: Auf einem Fußweg entlang der Kitzbüheler und Aschauer Ache verlassen wir St. Johann und steigen dann auf dem »Römerweg« im Tal des Rettenbaches auf Asphalt bergauf und hinab nach Going. Ein Stück geht es auf einem Schotterweg am Ufer des Goinger Baches, dann wieder auf Ortsstraßen in leichtem Bergauf-Bergab weiter nach Ellmau am Wilden Kaiser. Vorbei am Bergdoktor-Haus wandern wir bergauf auf der Schattseite des Tales, erst auf asphaltierten Straßen, dann auf einem Pfad durch den Öderberggraben hinab nach Scheffau. Nach neuerlichem Anstieg folgen wir dem »Schattseitweg« teils auf Ortsstraßen, teils auf Feldwegen hoch über dem Tal und erreichen erst kurz vor dem Etappenziel in Söll wieder den Talgrund. **Asphaltanteil** ca. 70 %.

Höhenunterschied: Rund 600 m im Auf- und Abstieg.

Kritische Stellen: Der gesamte Jakobsweg ist in diesem Bereich eher spärlich beschildert, aber problemlos zu finden.

Das »Bergdoktor-Haus« in Ellmau.

Steg über die Kitzbüheler Ache in St. Johann.

Landschaft: Die atemberaubende Gebirgskulisse des Wilden Kaisers beherrscht die gesamte Etappe. Wir gehen zwar viel auf Asphalt, jedoch sehr abwechslungsreich durch Wälder, Streusiedlungen und über Weideland; auch das Hochmoor Steinbichlmoos gehört zu den landschaftlichen Schönheiten dieses Wegabschnittes.

Infrastruktur: Rettenbach (Ortsteil von St. Johann) 🏠 🍴, Going am Wilden Kaiser 🏠 🍴 🛏 🖎 🛒 € ✉ 🚌 🚉, Ellmau 🏠 🍴 🛏 🖎 🛒 🏧 € 🅰 ✉ 🚌 🚉 €, Scheffau 🏠 🍴 🛏 🖎 🛒 🏥 € 🅰 ✉ 🚌 🚉, Söll 🏠 🏔 🍴 🍴 🛏 🖎 🛒 🏥 € 🅰 ✉ 🚌 🚉.

Einkehr: McDonald's im Gewerbegebiet von St. Johann, Rettenbachstüberl in Rettenbach, Römerhof, Landhaus Seerose, mehrere Einkehrmöglichkeiten in Going und Ellmau, Jausenstation Oberleiten (500 m abseits), mehrere Lokale in Scheffau und Söll. Mehrere Trinkwasserquellen entlang des Schattseitweges.

Touristeninformation: Tourismusverband Wilder Kaiser, Tel. +43/505 09, office@wilderkaiser.info.

Anmerkung: Zwischen Scheffau und Söll empfehlen wir wieder einmal, nicht der offiziellen Beschilderung zu folgen, sondern ein längeres Stück auf Asphalt über den wunderschönen Schattseitweg über Wiesen und am Waldrand entlang zu umgehen. Die offizielle Variante des Jakobsweges ist nur etwa 10–15 Min. kürzer.

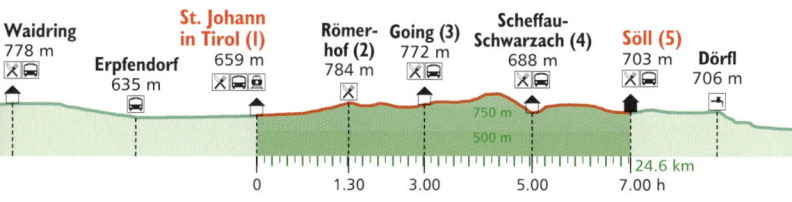

Waidring 778 m	Erpfendorf 635 m	St. Johann in Tirol (I) 659 m	Römerhof (2) 784 m	Going (3) 772 m	Scheffau-Schwarzach (4) 688 m	Söll (5) 703 m	Dörfl 706 m

750 m
500 m

24.6 km

| 0 | 1.30 | 3.00 | 5.00 | 7.00 h |

Vom Ortszentrum von **St. Johann in Tirol (1)** gehen wir über den Hauptplatz und die Kaiserstraße zurück zum Ufer der Großache und auf dem Promenadenweg am anderen Ufer entlang in südlicher Richtung. Der Weg ist noch kurz asphaltiert und führt dann als Schotterweg hinter dem Schwimmbad von St. Johann und einem Gewerbegebiet vorbei. Kurz nach der Einmündung der Aschauer Ache in die Großache wird die Bundesstraße unterquert, dahinter bleiben wir noch für etwa 20 Min. am Fluss entlang und folgen dann dem Wegverlauf in einem Rechtsbogen zu einer Straße, die wir überqueren. Auf der anderen Seite geht es halb rechts, einem Jakobsweg-Schild folgend, auf einem erst asphaltierten, dann wieder geschotterten Weg leicht bergauf. Er wird zu einem Fußpfad entlang eines Baches und trifft bei einer Brücke wieder auf Asphalt.

Hier rechts und gleich wieder links den Wegweisern u.a. Richtung Going und Römerhof folgen. Auf einer schmalen Asphaltstraße geht es in ein idyllisches Seitental hinein. Wir kommen zum Weiler **Vordergrandern**, folgen immer dem asphaltierten Hauptweg und gehen Richtung Römerhof in den Wald hinein. Wir passieren den **Gasthof Römerhof (2)** (1.30 Std. / 5,9 km) und den Moorspielplatz und kommen kurz darauf über einen flachen Sattel, hinter dem sich der Weg wieder bergab senkt.

> *Die alte **Römerstraße**, die von St. Johann in Tirol Richtung Westen führte, verlief nicht im engen Tal der Aschauer Ache, sondern nördlich davon: Der Gasthof Römerhof bezieht sich mit seinem Namen auf diese alte Straßenverbindung, der wir am Jakobsweg folgen. Ganz in der Nähe liegen die **Moore** am Fuß des Wilden Kaisers, die seit einigen Jahren durch mehrere Wanderwege mit Informationstafeln und Erlebnisstationen, die »Moor & More-Erlebniswelt«, erschlossen werden. Wer etwas Zeit erübrigen will, kann den Markierungen und Schildern folgend einen kurzen Abstecher in die faszinierende Moorlandschaft machen.*

Nach wenigen Metern zweigt links ein als Jakobsweg markierter, geschotterter Radwanderweg steil bergab ab. Wir queren zwei Bäche, es geht wieder leicht bergauf, und wir sehen links unter uns einen Badesee. Oberhalb von diesem bei einer Abzweigung links bergab und an einer Abzweigung mit Brunnen geradeaus weiter hinunter zur Bundesstraße, die wir beim Gasthof Stanglwirt queren. Auf der anderen Seite links hinunter zum Bach, über eine Brücke und am anderen Ufer wieder aufwärts. Wir kommen am Gelände des Eisstockschützenvereins vorbei, dahinter über eine Brücke hinüber zur alten Bundesstraße und an dieser entlang nach links, dann beim Dorfwirt abermals links bergauf ins Ortszentrum von **Going (3)** (1.30 Std. / 5,1 km).

An der Kirche, vor der sich auch ein Brunnen befindet, und am Gasthof Wilder Kaiser vorbei; hinter diesem links leicht bergauf durch den Ort. Der Weg geht in einen Feldweg über, der wieder auf Asphalt trifft. Ein Privatgrundstück wird umgangen, dann erreichen wir die Talstation des Astberg-Sesselliftes, auf dessen Parkplatz wir rechts bergab gehen, um dann wieder links abzubiegen. So kommen wir in den Nachbarort von Going, **Ellmau am Wilden Kaiser** (zahlreiche Einkehr- und Einkaufsmöglichkeiten).

> *i* **Ellmau** *liegt genau am höchsten Punkt des flachen Sattels, der die Wasserscheide zwischen Inn und Großache bildet; der Dorfbach im Osten der Gemeinde fließt noch Richtung St. Johann in Tirol, während die Weißache bereits Richtung Westen fließt und knapp oberhalb von Kufstein in den Inn mündet. Die Lage Ellmaus, das heute hauptsächlich vom Tourismus lebt, unterhalb der prächtigen Bergkulisse des Wilden Kaisers macht den Ort zu einem der schönstgelegenen Alpendörfer – was man sich nicht zuletzt zunutze gemacht hat, um hier die bekannte Fernsehserie »Der Bergdoktor« zu drehen. Die* **Pfarrkirche** *des Ortes, St. Michael geweiht, wurde im Stil des Barocks in den Jahren 1740–1746 anstelle einer früheren gotischen Kirche errichtet.*

Beim Gemeindeamt wenden wir uns links hinauf zur Kirche, bei der wir wieder rechts auf der Straße Richtung Söll gehen. Immer dem Wegverlauf folgend kommen wir zum Bergdoktor-Haus, dem Drehort der gleichnamigen Serie. Ein Stück geht es fast eben dahin, dann wieder steil bergauf auf ein Hochplateau, auf dem wir neben einer Stromleitung am Waldrand entlanggehen. Bei der nächsten Abzweigung links, dann wieder rechts auf einer leicht abschüssigen Straße Richtung Scheffau. Kurz geht es steil bergab, dann biegen wir, bevor der Weg wieder flacher wird, links auf einem Fußweg entlang des Waldrandes ab. Ein herrlicher Waldweg führt uns steil bergab entlang eines Baches, den wir einmal auf einer Holzbrücke queren. Beim Zusammenfluss zweier Bäche überqueren wir den linken und treffen auf eine Asphaltstraße, der wir bergab folgen. So kommen wir in den Scheffauer Ortsteil **Schwarzach (4)** (2 Std. / 6,9 km), in dem wir bis fast zur Bundesstraße hinuntergehen und kurz davor – nach einer Brücke – einen Schotterweg entlang der Weißache nehmen.

Wir gehen hinter einer Tankstelle vorbei, dann links auf den Parkplatz der Scheffauer Bergbahnen. Auf diesem wieder links und hinter der Bergstation die Rampe zum Parkdeck hinauf. Ein steiler, schmaler Fußpfad führt von hier in Serpentinen einen steilen Hang hinauf und trifft auf eine Lichtung, auf der wir unter der Seilbahn hindurchgehen. Am Waldrand wenden wir uns nach links, neben einem Graben bergauf, der auf halber Höhe nach rechts gequert wird. Weiter ansteigend wandern wir auf einem schönen, rot-weiß-rot markierten Waldweg und stoßen auf eine Forststraße, auf der wir dann eben dahingehen. Bei einer Häusergruppe treffen wir wieder auf Asphalt, gehen bei der Brücke »Bärbichl« nicht rechts bergab, sondern eben geradeaus weiter. Beim Haus »Am Wildbach« endet der Asphalt, und wir gehen auf Schotter links oberhalb vorbei.

Der Weiler **Bocking** wird auf Asphalt durchquert. Wir bleiben immer geradeaus und kommen unter einer Scheunenzufahrt hindurch auf einen geschotterten Feldweg, der uns über eine Wiese zwischen zwei Zäunen in den Wald hineinführt. Wieder kommen wir zu Häusern, treffen dort abermals auf Asphalt und gehen bergab zur Auhäuslbrücke, hinter der wir links einen Schotterweg bergauf nehmen. (Der offizielle Jakobsweg verläuft von hier bergab, durchgehend auf Asphalt nach Söll.)

Am Weg nach Scheffau.

Blick von der »Schattseite« auf Söll.

Am oberen Ende einer Wiese halten wir uns rechts. An einer Kreuzung mit einem Feldweg gibt es einen Trinkbrunnen, dann geht es über die nächste Wiese wieder auf eine Schotterstraße. Wo man dann auf Asphalt trifft, rechts bergab, nochmals rechts und 100 m weiter links auf den »Schattseitweg«, dem wir (gut beschildert und markiert) folgen. Ein letztes Mal kommen wir auf Asphalt und gehen auf diesem rechts bergab auf die bereits in der Ferne sichtbare Kirche von Söll zu. Bei einem weiteren Wegweiser nun nicht mehr links dem Schattseitweg folgen, sondern rechts Richtung »Söll-Dorf« bis zu einer Brücke, über die wir nach links gehen. Hier finden wir auch wieder einen Jakobsweg-Wegweiser. Am Hotel Gänsleit vorbei kommen wir ins Zentrum von **Söll (5)** (2 Std. / 6,7 km).

*ℹ️ Das Gebiet um **Söll** dürfte bereits seit dem 7. Jahrhundert besiedelt sein; der Ort wurde um 1217 als »Sel« erstmals urkundlich erwähnt. Die **Pfarrkirche** St. Peter und Paul von Söll, der »Söllandler Bauerndom«, wurde in der Zeit des Spätbarocks zwischen 1764 und 1771 errichtet und zählt mit seiner prunkvollen Ausstattung, zahlreichen Fresken, einem eindrucksvollen Hauptaltar und vier Seitenaltären zu den prächtigsten Kirchen im Alpenraum.*

Unterkunft: Itter (703 m, 1150 EW): Frühstückspension Schipflinger, Tel. +43/5335/2694; Maurerhof, Tel. +43/5335/2693. **Wörgl** (513 m, 13.000 EW): mehrere Unterkünfte, Info beim Tourismusverband. **Angerberg** (650 m, 1800 EW): Gasthof Blick ins Inntal, Tel. +43/5332/563 89. **Breitenbach am Inn** (510 m, 3350 EW): Tischlerhof, Tel. +43/5338/7168.

Die Strecke: Leicht ansteigend überqueren wir auf schmalen Asphaltstraßen einen flachen Sattel hinüber zum Brixental, steigen aber noch nicht in dieses ab, sondern gehen teils auf Schotter, teils auf Asphalt eben hinüber zum Hochplateau von Itter. Dort auf Waldwegen hinunter nach Obing und immer am Ufer der Brixentaler Ache über Bruckhäusl nach Wörgl. Hier erreichen wir den Inn, gehen ein Stück an dessen Ufer aufwärts und dann über einen Fußgängersteg hinüber ans Nordufer, an dem wir teils über Straßen, teils über Pfade auf ein Hochplateau etwa 150 m über dem Fluss hinaufsteigen. Mit schönem Blick über das Unterinntal wandern wir dann auf Straßen und kurze Stücke auf Fußpfaden hinunter nach Breitenbach, wo wir wieder das Innufer berühren. **Asphaltanteil** ca. 70 %.

Im Tal der Brixentaler Ache.

Höhenunterschied: Rund 350 m im Aufstieg und 550 m im Abstieg.

Kritische Stellen: Zwischen Kleinsöll und Breitenbach bei der Überquerung einer Wiese eher leicht bergab halten, um den weiteren Weg am gegenüberliegenden Waldrand zu finden.

Landschaft: Die weiten Trogtäler des Tiroler Unterlandes und die Terrassen des Tiroler Mittelgebirges dominieren diese und die folgenden beiden Etappen. Der dicht besiedelte, zum Teil stark industrialisierte Talboden mit dem Verkehrsknotenpunkt Wörgl wird dabei so weit wie möglich gemieden; teils gehen wir auf den Plateaus oberhalb des Tales, teils folgen wir den Flüssen und umgehen dabei ebenfalls die Ortszentren. Immer wieder bieten sich schöne weite Ausblicke über das Tal.

Infrastruktur: Itter ⌂ ⚔ ⬅, Bruckhäusl ⬜ 🚌, Wörgl ⌂ ⚔ ⬜ ⬅ € 🅰 ✚ ⬜ 🚌, Angerberg ⌂ ⚔, Breitenbach ⌂ ⚔ ⬜ ⬜ € ⬅ ✉ ⬜ 🚌

Einkehr: Jausenstation Lederer kurz nach Söll, Gasthof Grattenbrücke, zahlreiche Einkehrmöglichkeiten in Wörgl (siehe Anmerkung), Gasthaus Kramerl in Kleinsöll, mehrere Gasthäuser in Breitenbach am Inn. **Trinkwasser** in Dörfl und in Kleinsöll.

Touristeninformation: Ferienregion Hohe Salve – Infobüro Wörgl, Tel. +43/5332/760 07, info@hohe-salve.com; Ferienregion Alpbachtal & Tiroler Seenland,

Die Pirchmooser-Kapelle in Söll.

Ortsinformation Breitenbach am Inn, Tel. +43/5338/7738, breitenbach@alpbachtal-seenland.at.

Anmerkung: Wer ins Stadtzentrum von Wörgl gehen möchte, kann den Jakobsweg auch bereits vor der Brücke der Unterinntalbahn verlassen und links durch einen Fußgängertunnel gehen. Dahinter geradeaus weiter auf dem Angather Weg zum Bahnhof und links auf der Bahnhofstraße zur Ortsmitte.

Von der Kirche von **Söll (1)** gehen wir bergab am Gasthof Feldwebel vorbei und dem Straßenverlauf folgend immer gut ausgeschildert auf die andere Talseite. Leicht bergauf erreichen wir die kleine Pirchmoos-Kapelle, vor der wir links abbiegen, um auf einer Asphaltstraße eben am Hang entlang weiterzugehen. Bei der Jausenstation Lederer kommen wir auf die Bundesstraße; an dieser entlang weiter. Wo rechts eine Straße in den Ortsteil Steinerbach hineinführt, kreuzen wir die Bundesstraße, gehen auf der anderen Seite parallel zu ihr 50 m nach rechts und dann halb links am Haus Steinerbach 3 vorbei. Auf einem Feldweg wandern wir über Wiesen oberhalb der Straße und erreichen bei einem Baum eine Infotafel über den Ort Itter. Kurz darauf kommen wir auf Asphalt zum Maurerhof (Pilgerherberge) und weiter bergauf in den Ortsteil **Dörfl (2)** (1.30 Std. / 5,6 km) mit einem schönen Trinkbrunnen.

Kapelle in Thal.

Wir gehen halb rechts auf einem Asphaltweg bergab, dann links auf einer geschotterten Forststraße. 100 m weiter zweigt links der Rosenweg ab, wir bleiben aber auf der Forststraße und gehen immer bergab, den Wegweisern Richtung Kirchbichl und Wörgl folgend. Im Tal treffen wir auf Asphalt, queren die Bundesstraße und gehen drüben weiter auf Asphalt zu einer Wiese, die wir queren; so kommen wir beim Biohof Steger vorbei in den Ort **Obing**. In diesem links Richtung Kirchbichl. Der Weg führt durch den Ort und dann wieder links bergab zur alten Bundesstraße, die wir etwa 100 m entlanggehen, um sie dann nach links zu verlassen.

Wir kommen auf einen teils geschotterten, teils asphaltierten Fußweg an der Brixentaler Ache. Nach etwa 40 Min. wechseln wir ans andere Flussufer und gehen dort erst zwischen Wasser und Schnellstraße und – nachdem Letztere über uns hinwegführt – zwischen Fluss und Eisenbahntrasse entlang. Wir unterqueren die Unterinntalbahn, treffen bei einer Brücke dahinter auf eine Straße und gehen in einer Siedlung erst rechts unter der Schnellstraße und dann 5 Min. später links unter der Inntalautobahn hindurch. Wir gelangen ans Ufer des Inn und folgen diesem aufwärts, am Skaterplatz vorbei. Auf einem Schotterweg neben dem Fluss kommen wir zum Innsteg von **Wörgl (3)** (2.15 Std. / 8,5 km, links Abstecher in die Stadt möglich), den wir überqueren.

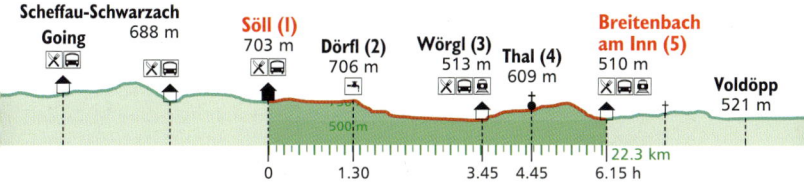

Scheffau-Schwarzach
Going · 688 m

Söll (1) · 703 m · **Dörfl (2)** · 706 m · **Wörgl (3)** · 513 m · **Thal (4)** · 609 m · **Breitenbach am Inn (5)** · 510 m · **Voldöpp** · 521 m

500 m

0 · 1.30 · 3.45 · 4.45 · 6.15 h · 22.3 km

> ℹ️ *Die Stadt **Wörgl** ist einer der wichtigsten Verkehrsknotenpunkte in Tirol und Schnittpunkt der historischen Straße entlang des Inn mit den aus Richtung Salzburg und Kitzbühel kommenden Verbindungswegen. Heute ist Wörgl nach Innsbruck auch das zweitwichtigste Handelszentrum von Tirol. Das Gebiet ist nachweislich seit mindestens 1000 v. Chr. besiedelt und auch in römischer Zeit gab es hier eine Siedlung. Die entscheidende Schlacht von Wörgl im Tiroler Freiheitskampf 1809 unter Andreas Hofer fand hier statt. International bekannt wurde der Ort auch in den 1930er-Jahren, als hier erfolgreich der »Wörgler Schilling«, ein umlaufgesichertes Freigeld, zur Bekämpfung der Wirtschaftskrise ausgegeben wurde.*

Drüben gehen wir auf einem Schotterweg flussaufwärts, der sich nach wenigen Metern landeinwärts biegt und bergauf in den Ort **Angerberg** führt, wo wir auf Asphalt treffen und links eben dahingehen. Wo sich die Straße wieder senkt, zweigt auf einer Wiese nach rechts ein beschilderter Feldweg ab. Über Wiesen kommen wir hinauf zu einem Bauernhof, den wir durchqueren. Dahinter auf Ashalt links bergauf; am alten Bauernhaus Achleiten 149 links vorbei, eine Forststraße in den Wald hinein. Diese führt erst bergab, dann in einem Graben an mehreren Fischteichen vorbei bergab. Wir kommen auf eine Asphaltstraße und gehen links in den Ortsteil **Thal (4)** (1 Std. / 3,3 km), wo sich eine hübsche Kapelle mit Jahreszahl 1975 befindet.

Weiter folgen wir der Straße bergauf durch ein Waldstück und finden an einer T-Kreuzung eine Infotafel über Breitenbach am Inn. Bald darauf kommen wir in den Ortsteil Glatzham, wo wir auf eine Landstraße treffen und auf dieser leicht bergab gehen. An der nächsten Kreuzung aber nochmals rechts und wenige Meter dahinter links eine ansteigende schmale Straße in den Ortsteil **Bergl** hinauf. Schöne Ausblicke über das Unterinntal begleiten uns, nachdem wir den höchsten Punkt des Weges überschritten haben, und wir kommen an einer frei stehenden Eiche vorbei, an der sich ein Kästchen mit Pilgerstempel befindet. Ein Stück dahinter links auf Asphalt bergab (Warnschild »18 % Gefälle«). Wir kreuzen die Straße von zuvor, gehen auf die Kirche von Kleinsöll zu und biegen kurz vor dieser bei einem Brunnentrog rechts ab. Vorbei an einem Trinkwasserbrunnen folgen wir dem Wegweiser Richtung **Kleinsöll**. Der Asphalt endet, und auf einem Wiesenweg geht es auf ein Waldstück zu. Der Weg verliert sich auf der Wiese, und am gegenüberliegenden Waldrand muss man etwas suchen, um den weiteren Pfad im Wald zu finden. Dieser führt dann steil im Zickzack bergab und wir erreichen den Ort Breitenbach. Dort folgen wir dem Dorfbach, über den zweimal überdachte Holzbrücken nach links führen; wir bleiben aber am nördlichen Ufer auf einem schmalen Asphaltweg, der uns direkt zur Kirche von **Breitenbach am Inn (5)** (1.30 Std. / 5,0 km) bringt.

Im Pilgerkästchen wartet eine spirituelle Labung.

Unterkunft: Kramsach (520 m, 4700 EW): drei Campingplätze am Reintalersee, 1–2 km vom Bauernhausmuseum. **Voldöpp** (521 m, 3200 EW): Haus Hubertus, Tel. +43/5337/623 43. **Radfeld** (512 m, 2300 EW, 1 km abseits): Pension Michaelerhof, Tel. 43/5337/645 74; Brizelerhof, Tel. +43/5337/647 91. **Brixlegg** (534 m, 2850 EW): Pfarrhof, Tel. +43/5337/624 68; Pension Haberl (1 km abseits), Tel. +43/5337/644 95. **Reith im Alpbachtal/Sankt Gertraudi** (540 m, 2100 EW): Gh. Kammerlander, Tel. +43/5337/622 41; Café Martha, Tel. +43/5337/635 17. **Strass im Zillertal** (523 m, 830 EW): Schleicherhof, Tel. +43/5244/621 81; Premhof, Tel. +43/5244/621 65, zahlreiche weitere Übernachtungsmöglichkeiten.

Die Strecke: Am Beginn der Etappe steigen wir nochmals vom Innufer ins Mittelgebirge auf, überqueren auf Fußpfaden den Bergrücken, der das Inntal von den Kramsacher Seen trennt, umgehen das Museum Tiroler Bauernhöfe und steigen dann wieder an den Inn nach Voldöpp ab. Hier wechseln wir wieder ans südliche Innufer, gehen auf Asphalt mitten durchs Zentrum der historischen Stadt Rattenberg und danach eben auf einem Rad- und Fußweg am Innufer nach St. Gertraudi. Auch das letzte Stück auf asphaltierten Nebenstraßen und Wirtschaftswegen nach Strass im Zillertal verläuft komplett eben. Asphaltanteil ca. 75 %.

Höhenunterschied: Rund 300 m im Auf- und Abstieg.

Kritische Stellen: Schlechte Markierung und Beschilderung zwischen Paisslberg und Bauernhofmuseum.

Landschaft: Wir bewegen uns weiterhin durchs Unterinntal im Tiroler Unterland, wobei wir die ersten beiden Stunden durch Wälder und Wiesen an den Nordhängen des Tales mit schönen Ausblicken hinab auf die Orte Kundl, St. Leonhard, Radfeld und Rattenberg wandern. Die historische Stadt Rattenberg mit dem darüber gelegenen Schlossberg bietet eine willkommene Abwechslung, bevor wir etwa eine Stunde lang am Ufer des Inn mit Blick auf die vor uns liegende Ruine Kropfsberg entlanggehen. Zuletzt wandern wir durch Felder und Ortschaften an der Einmündung des breiten, trogförmigen Zillertals ins Inntal vorbei nach Strass.

Infrastruktur: Kramsach 🏠 ⛰ Ⓐ ✉ 🏤, Radfeld 🏠 🍴, Rattenberg 🍴 🚆 ⛴ 🏤 € Ⓐ ✉ 🚌 🏧, Brixlegg ⛪ 🍴 🚆 ⛴, St. Gertraudi 🏠 🍴 🚆, Strass im Zillertal 🏠 🍴 🚆 ⛴ 🏤 € 🚌 🏧.

Einkehr: Wirtshaus Rohrerhof beim Museum Tiroler Bauernhöfe in Angerberg, mehrere Lokale in Rattenberg, Pizzeria in Brixlegg, Gasthaus Kammerlander und Café Martha in St. Gertraudi, mehrere Einkehrmöglichkeiten in Strass im Zillertal. **Kein Trinkwasser.**

Touristeninformation: Ferienregion Alpbachtal & Tiroler Seenland, Ortsinformation Brixlegg, Tel. +43/5337/644 95, brixlegg@alpbachtal-seenland.at; Gemeinde Strass im Zillertal, Tel. +43/5244/621 06, gemeinde@strass.tirol.gv.at.

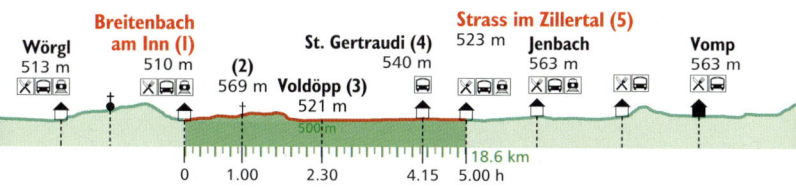

| **Wörgl** 513 m | **Breitenbach am Inn (1)** 510 m | (2) 569 m | **Voldöpp (3)** 521 m | **St. Gertraudi (4)** 540 m | **Strass im Zillertal (5)** 523 m | **Jenbach** 563 m | **Vomp** 563 m |

500 m

18.6 km

0   1.00   2.30   4.15   5.00 h

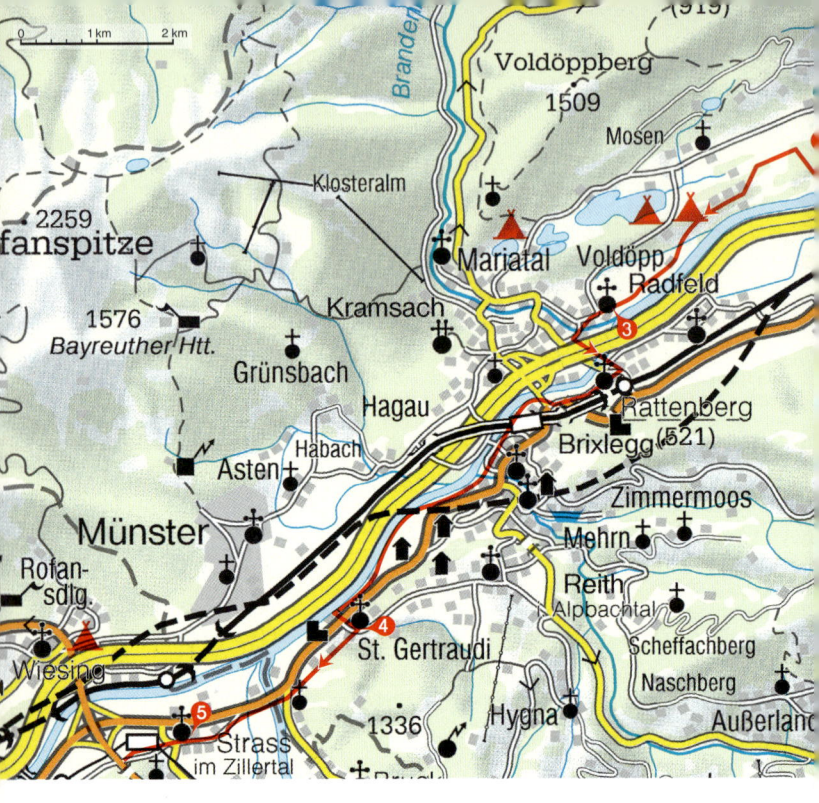

Von der Kirche von **Breitenbach (1)** auf der Straße bergauf, an zwei Gasthäusern vorbei und bei einer kleinen Kapelle links auf einem anfangs asphaltierten, dann geschotterten Feldweg bergauf. Oben auf der Anhöhe nicht am Hauptweg links, sondern rechts auf einem schmalen Wiesenweg bergab. Wir treffen auf einen Wanderweg, dem wir bergauf in den Wald folgen. Fast eben geht es weiter; der Weg wird zu einer Forststraße und trifft im Ortsteil Außerdorf auf eine Straße, auf der wir uns nach rechts wenden. Vor einer Bushaltestelle gehen wir links in den Ortsteil Paisslberg. An einer Wegkreuzung finden wir einen **Bildstock (2)** (1 Std. / 3,7 km) mit dem heiligen Jakob und der Aufschrift »1688 km bis Santiago« (was sich aber auf die reine Luftlinie bezieht!). Bei der nächsten Möglichkeit geht es wieder rechts auf Asphalt hinauf zu einem Bauernhof und bei diesem links, dann vor einem Zaun rechts hinauf zu einem Wiesenweg am Waldrand und auf diesem an einem Marterl vorbei rechts. Ein Stück wandern wir weglos über eine Wiese, dann treffen wir wie-

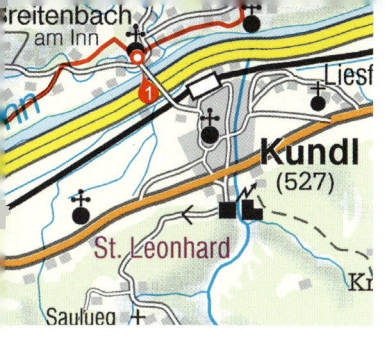

der auf einen Fahrweg, der über die Lichtung weiterführt. Wo die Wiese deutlich abzufallen beginnt, gehen wir rechts einen Waldweg. Wir überqueren einen Bergrücken und steigen auf der anderen Seite einen Schotterweg steil bergab. Durch den Wald kommen wir in ein Tal, in dem wir einen Schotterweg treffen und auf diesem links gehen. Wo sich dieser nach rechts biegt, gehen wir auf einem Fußweg weiter Richtung »Museum Tiroler Bauernhöfe«. Wir kommen ans Gelände des Freilichtmuseums, das wir nach links umgehen. Bei den folgenden Gabelungen halten wir uns immer links Richtung Kramsach, wandern wieder über den Bergrücken zurück ins Inntal und treffen bei einem Bauernhof auf Asphalt. Gleich dahinter biegen wir aber wieder links auf einen Feldweg ab, gehen steil über Wiesen bergab und kommen bei einem Haus abermals auf Asphalt. Auf der schmalen Straße steuern wir geradewegs auf die Kirche von **Voldöpp (3)** (1.30 Std. / 5,3 km) zu.

Bei dieser links bergab und bei der nächsten T-Kreuzung der Jakobswegbeschilderung folgend Richtung Rattenberg. Beim »Haus Tirol« gehen wir links über die Brücke der Brandenburger Ache zur **Weidachkapelle**, dann links haltend auf dem Fußweg nach Rattenberg. Wir unterqueren die Autobahn, gehen zwischen Gärten weiter und treffen auf eine Straße, auf der wir links die Innbrücke überqueren.

Blick auf Rattenberg von der Innbrücke.

Wir gehen rechts in die Altstadt von **Rattenberg** hinein und durchqueren diese auf der Fußgängerzone.

Links von einem großen Parkplatz queren wir die Bundesstraße auf einer Fußgängerbrücke neben der Bahntrasse. Unser Fußweg endet vor einem Kreisverkehr, an dem wir im Uhrzeigersinn links vorbei zur nächsten Straße gehen und neben dieser zurück zum Innufer. Unmittelbar vor der Brücke gehen wir links auf einen geschotterten Promenadenweg am Inn hinunter und folgen ihm flussaufwärts. Wir kommen kurz auf Asphalt, unterqueren die Eisenbahn und wandern weiter am Ufer entlang wieder auf einem Schotterweg – die Straße verlässt uns nach rechts über eine Brücke. Wir kommen an der

Blick zum Schloss Matzen bei Brixlegg.

»Rad-Rast« der Gemeinde **Brixlegg** vorbei und gehen kurz wieder auf Asphalt, der aber schon kurz darauf wieder von Schotter abgelöst wird. Wir bleiben am Innufer, bis wir links die Kirche von St. Gertraudi sehen. Hier gabelt sich der Weg; eine ausgeschilderte Wegvariante führt zur Kirche – man kann aber auch immer geradeaus am Innufer weitergehen. An der Kirche von **St. Gertraudi (4)** (1.45 Std. / 6,7 km) befindet sich an der Außenwand eine »Jakobsnische«; oberhalb der Kirche folgen wir der Wegvariante nach rechts.

Die »Jakobsnische« von St. Gertraudi.

Wir stoßen auf eine Straße, halten uns dort links und gleich wieder rechts. Dem Wegverlauf folgend treffen wir auf die Bundesstraße, gehen parallel zu dieser weiter zum ehemaligen Gasthof Landhaus (jetzt Flüchtlingsunterkunft), hinter dem wir auf einer Brücke die Ziller überqueren. (Hier stieße man dazu, wenn man nicht nach St. Gertraudi gehen, sondern auf der Innpromenade bleiben würde).

Nach der Zillerbrücke nehmen wir wieder einen Weg links neben der Bundesstraße, der erst parallel zu dieser verläuft und sich dann auf den Ort **Strass im Zillertal (5)** (45 Min. / 2,9 km) zubiegt. In diesem immer geradeaus zur Pfarrkirche.

i *Wie Rattenberg war auch **Strass im Zillertal** lange Zeit Grenzort zwischen dem zu Bayern gehörenden Inntal und dem zu Salzburg gehörenden Zillertal. Hier finden wir auch wieder eine dem **heiligen Jakobus** geweihte Kirche; der Heilige ziert auch das Wappen des Ortes. Die Pfarrkirche mit ihrem auffallend hohen, schlanken Turmhelm wurde im 14. Jahrhundert erstmals erwähnt.*

Die Jakobskirche von Strass.

Unterkunft: Stans (563 m, 1900 EW): Hotel-Pension Kastner, Tel. +43/699/11 49 21 13. **Vomp** (563 m, 4700 EW): Pfarrwidum, Tel. +43/5242/644 81. **Gnadenwald** (879 m, 750 EW): Koglerhof, Tel. +43/5223/481 17; Kloster St. Martin, Tel. +43/5223/525 28.

Die Strecke: Die erste Hälfte der abwechslungsreichen Etappe verläuft fast eben erst auf asphaltierten Wegen nach Jenbach und durch die Stadt hindurch bis kurz vor Tratzberg, dann auf einer Schotterstraße kurz bergauf zum Schlosswirt; kurz wieder auf Asphalt, dann auf einem Fußweg entlang eines Bachs nach Stans. Nun steil bergauf und auf einem Forstweg wieder hinab nach Fiecht, von wo es wieder praktisch eben, zuletzt nur kurz ansteigend bis Terfens geht. Ab hier durchgehender, aber wenig steiler Anstieg über einen Fußpfad, dann über Forstwege hinauf nach Gnadenwald. **Asphaltanteil** ca. 55 %.

Höhenunterschied: Rund 650 m im Aufstieg und 300 m im Abstieg.

Kritische Stellen: Die Wegweiser beim Schloss Rotholz sind mangelhaft und verwirrend. Der beschriebene Weg über die Notburga-Brücke ist aber leicht zu finden; ab Jenbach ist alles wieder eindeutig.

Landschaft: Gleich zu Beginn erwartet uns mit der fast 1,5 km langen Lindenallee von Strass nach Rotholz ein besonde-

Die Lindenallee von Strass zum Schloss Rotholz.

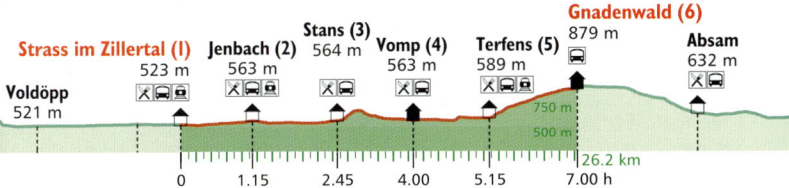

Strass im Zillertal (l) 523 m

Voldöpp 521 m

Jenbach (2) 563 m

Stans (3) 564 m

Vomp (4) 563 m

Terfens (5) 589 m

Gnadenwald (6) 879 m

Absam 632 m

750 m
500 m

26.2 km

0   1.15   2.45   4.00   5.15   7.00 h

res Naturjuwel. Danach durchqueren wir die Stadt Jenbach und wandern an der Sonnseite des Unterinntals am Waldrand nach Tratzberg und entlang eines Baches weiter nach Stans. Von hier nach Fiecht geht es durch schönen Wald, dann wieder für etwa 2 Std. durch Kulturland. Höhepunkt der Etappe ist der Anstieg durch das enge Tal des Grandlbachs nach Maria Larch und weiter durch Wälder und über Weiden hinauf auf die nördliche Inntalterrasse nach Gnadenwald am Fuß des Karwendelgebirges.

Infrastruktur: Jenbach (563 m, 7000 EW) 🍴 🚆 📮 📬 ⛽ € 🅰 ✉ 📬 🚉, Tratzberg 🍴 🚉, Stans 🏠 🍴 🚆 📮 📬 ⛽ € ➕ 🚉, Vomp

🏠 🏠 🍴 🚆 📮 📬 € 🅰 ✉ 🚉, Terfens 🏠 🍴 🚆 📮 📬 ⛽ € ✉ 📬 🚉, Gnadenwald 🏠 🏠 🍴 🚆 📮 📬 🚉.

Einkehr: Mehrere Lokale in Jenbach, Schlosswirt in Tratzberg, mehrere Gasthäuser in Stans, Klostergasthaus in Fiecht, Dorfcafé in Terfens. **Trinkwasser** an der Tratzbergstraße vor Stans, in Stans, hinter Stans am Waldrand, in Fiecht, in Vomp und zwei Quellen am Aufstieg von Terfens nach Gnadenwald.

Touristeninformation: Tourismusverband Silberregion-Karwendel, Tel. +43 5242/632 40; Tourismusverband Region Hall-Wattens, Tel. +43/5223/45 54 40, office@hall-wattens.at.

Wir verlassen **Strass im Zillertal (1)** auf der alten Ortsstraße Richtung Bahnhof, kreuzen die Gleise der Zillertalbahn und biegen 100 m weiter rechts ab. Wir überqueren gleich nochmals die Schienen und halten uns, 50 m bevor wir auf die Bundesstraße treffen würden, links. Die Zillertal-Bundesstraße wird unterquert, und dahinter gehen wir schnurgerade durch die wunderschöne Lindenallee auf das Schloss **Rotholz** zu. Direkt vor diesem treffen wir nochmals auf die Zillertalbahn (Haltestelle Rotholz), queren diese und umgehen das Schloss auf der rechten Seite, dem Straßenverlauf folgend. Hinter dem Schlossareal kommen wir zu einer Fußgängerunterführung, zu der wir links hinabgehen müssen, um dann nach rechts unter der Bundesstraße hindurch ans Innufer zu gelangen.

ℹ️ *Der **Notburga-Steg** über den Inn befindet sich an der Stelle, an der der Legende nach der Ochsenkarren mit dem Leichnam der heiligen Notburga den Inn überquert haben soll. Notburga von Rattenberg wird als Schutzpatronin der Landwirtschaft und der Dienstmägde verehrt. Sie stand zu Lebzeiten im Dienst der Herren von Rottenburg und verteilte die Speisereste der Burg an die Armen und Bedürftigen. Ihr werden mehrere Wunder zugeschrieben; sie gehört zu den meistverehrten Heiligen in Tirol, Teilen Bayerns, der Steiermark und Sloweniens.*

Beim **Notburga-Steg** überqueren wir den Inn, gehen am anderen Ufer unter der Autobahn hindurch und dann links in den Ort Jenbach hinein. Bei einem Wegweiser rechts auf einem Weg unter der Eisenbahn hindurch, dann auf der Rotholzergasse nach links. Die Gleise der Achensee-Zahnradbahn werden gekreuzt, und geradeaus der Gasse folgend kommen wir zu einem Kreisverkehr, bei dem wir rechts hinauf ins Ortszentrum gelangen. Wir gehen hinauf zur Kirche von **Jenbach (2)** (1.15 Std. / 4,9 km) und folgen von dieser dem Jakobweg-Wegweiser auf der Tratzbergstraße Richtung Stans.

> *ℹ️ Die Stadt **Jenbach** verdankt ihr Entstehen vor allem der Ansiedlung von Schmelz-hütten für die nahe gelegenen Silber- und Kupferbergwerke bei Schwaz und ist bis heute ein bedeutender Industriestandort. Die **Pfarrkirche St. Wolfgang** ist vor allem deshalb bemerkenswert, weil sie zwar vom Bischof genehmigt, aber fast ausschließlich von den Knappen, Arbeitern und Handwerkern aus der Gemeinde selbst durch Spenden finanziert und errichtet wurde – immer, wenn genug Geld zusammengekommen war, wurde ein Stück daran weitergebaut: Die Grundstein-legung erfolgte 1487, aber um 1500 war die Kirche immer noch ein Provisorium mit unvollendetem Turm und flach eingedecktem Langhaus. Erst um 1550 wurde die Kanzel vollendet, um 1610 das Dach und das letzte Turmgeschoß erst um 1650. Erst um 1735 wurde die Kirche barockisiert und erhielt damit ihr heutiges Aussehen. Die prunkvollen Arkaden am Friedhof stammen aus dem 19. Jh.*

Wo der Gehsteig endet, können wir rechts oberhalb auf eine Ortsstraße aus-weichen, die sich hinter einer kleinen Kapelle wieder zur Tratzbergstraße ab-senkt. Auf dieser noch ein Stück entlang, das Achenseekraftwerk passie-rend. Der Wegweiser des Jakobsweges Richtung Auhof nach links 100 m

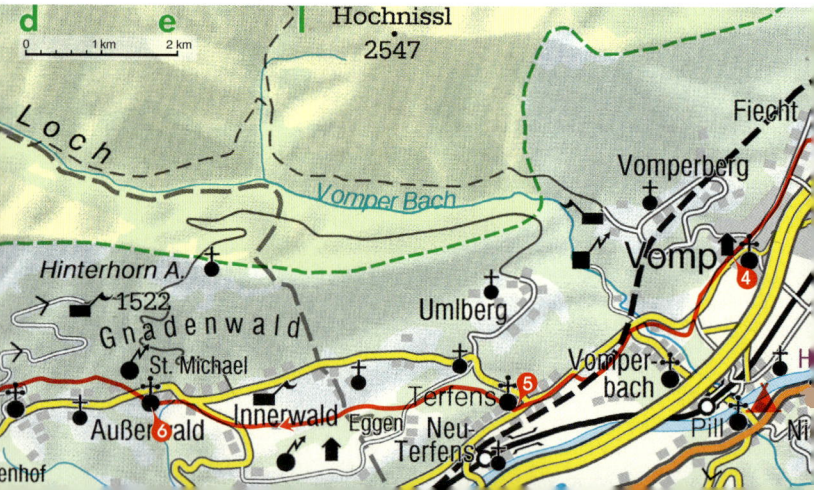

weiter führt über einen Umweg, der bei Nässe schlecht zu begehen ist und nur wenige Meter Asphalt spart; man kann hier getrost auf der Tratzbergstraße bleiben. Wer ihn trotzdem gehen will: Bei der nächsten Abzweigung rechts, an einem Rastplatz bei einer großen Trauerweide vorbei geradeaus auf einem Feldweg; wo man auf eine Wiese kommt, rechts auf einem Holzsteg über einen kleinen Graben und über eine Wiese zurück zur Tratzbergstraße. Links, dann halb rechts eine Schotterstraße mit Fahrverbotsschild bergauf zum Seminarzentrum **Schloss Tratzberg**.

Am Schlosswirt vorbei gehen wir über den Parkplatz wieder bergab, kreuzen die Straße, folgen einem Holzwegweiser »Fußweg Stans« und wandern auf einem schönen Fußweg entlang eines Baches. Der Weg stößt auf die Straße und führt parallel dazu zu einer kleinen Brücke; über diese wechseln wir ans andere Ufer und gehen wieder auf einem Fußweg bachaufwärts. Wir treffen auf einen Teerweg, auf dem wir wenige Meter nach rechts zu einem Rastplatz mit Brunnen an einer Straße gehen, die wir queren. Wir halten hier auf

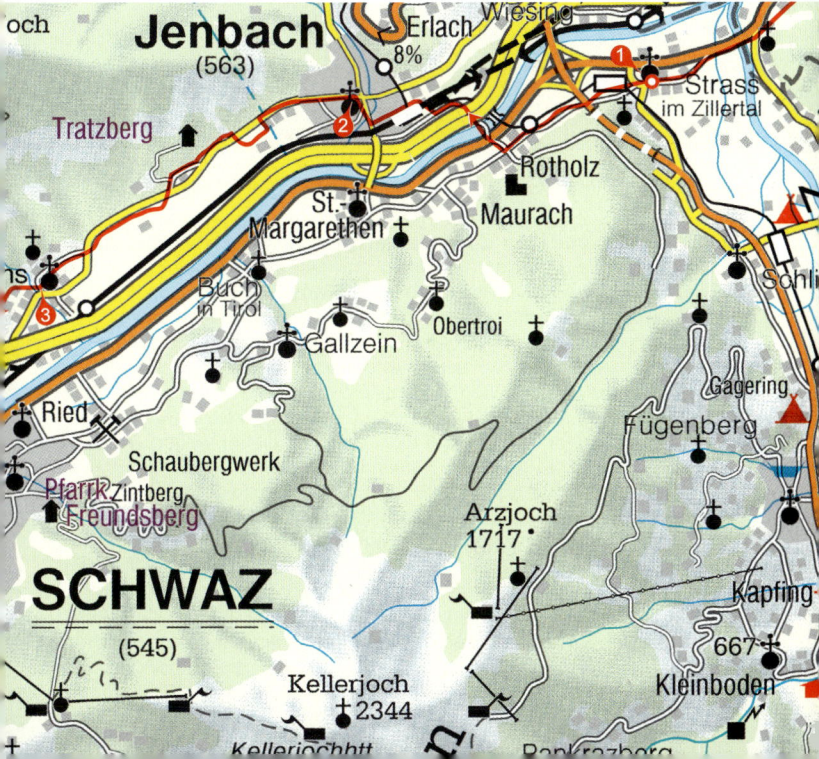

Die Laurentiuskirche von Stans.

Bildstock am Wegrand in Vomp.

das Ortsschild von Stans zu. Geradeaus kommen wir direkt zur Laurentiuskirche, gehen daran vorbei und links die nächste Gasse hinab an einem Brunnen vorbei zur Herz-Jesu-Kirche von **Stans (3)** (1.30 Std. / 5,8 km). Vor dieser am Friedhof entlang auf eine Straße, auf dieser rechts bergauf und dann dem Straßenwegweiser Richtung Vomp folgend nach links. Hinter dem Familienbad gehen wir bei einem weiteren Brunnen rechts entlang einer Siedlung bergauf und kommen bei einer Skipiste auf Schotter. Auf einer Forststraße neben der Piste steil bergauf, bis nach links eine fast eben verlaufende Forststraße in den Wald abzweigt. Auf dieser weiter; wo der Weg anzusteigen beginnt und etwas verwachsen wird, zweigt links ein Fußweg mit Wegweiser Richtung Fiecht ab, den wir steil in zwei Serpentinen durch den Wald hinuntergehen, um wieder auf eine Forststraße zu treffen. Wir kommen auf Asphalt und schließlich bei einer T-Kreuzung mit Brunnen in den Ort. Links bergab erreichen wir am Klostergasthof vorbei das Stift **Fiecht**. Wieder einem Wegweiser folgend gehen wir rechts oberhalb der Kirche vorbei auf einem Geh- und Radweg, der uns direkt in den Ort **Vomp (4)** (1.15 Std. / 4,8 km) bringt. Diesen durchqueren wir, an einem Gasthof vorbei, links haltend zur Kirche, bei der wir uns nach rechts wenden, um am

Seniorenheim vorbei erst auf Asphalt, dann auf einem Feldweg den Ort wieder hinter uns zu lassen. Bei der ersten Möglichkeit wenden wir uns links hinab zum Friedhof und dort rechts auf einen Wirtschaftsweg parallel zur Autobahn. Er mündet in eine Straße, auf der wir links bergab zu einem Kreisverkehr gehen. Diesen nach rechts verlassend halten wir uns Richtung Vomperbach, umgehen den Ort aber und kommen bei einer Abzweigung hinter einem Kieswerk zu einer Infotafel über Terfens. Links auf der Straße auf eine Anhöhe hinauf. Dem Wegweiser »Ulmbergrunde« nach links und nach 300 m rechts folgend kann man sich das weitere Stück auf der Straße ersparen und trifft erst kurz vor **Terfens (5)** (1.15 Std. / 5,0 km) wieder auf diese.

 *In der der heiligen Juliana geweihten gotischen Pfarrkirche von **Terfens** finden wir einen über 500 Jahre alten Taufstein und schöne Fresken. Bekannt ist der Ort aber vor allem für seine kleine Wallfahrtsstätte **Maria Larch** am Weg nach Gnadenwald. Sie ist ein Beispiel dafür, wie ein heidnisches Quellen- und Baumheiligtum durch das Anbringen eines Marienbildes »christianisiert« wurde. Heute befinden sich an dieser Stelle eine Wallfahrtskapelle und ein barockes Brunnenhäuschen mit einer Statue des heiligen Florian. Dem Wasser wird eine heilsame Wirkung zugeschrieben; im 18. Jahrhundert soll ein stummes Mädchen dadurch geheilt worden sein.*

Wir gehen in den Ort hinein und können entweder den Wegweisern nach rechts folgen (bei Nässe empfehlenswert) oder wir gehen – schöner – bis zum Dorfplatz hinunter (Abstecher zur Kirche geradeaus) und dort rechts in ein Tal hinein. Hier beginnt der sogenannte »Besinnungsweg«, der über Stufen rechts am Hang bergauf führt. Er ist stellenweise mit Geländern gesichert und schmal, trifft aber nach ca. 200 m auf die Straße, der der offizielle Jakobsweg folgt. Nach ca. 150 m zweigt hinter einem Haus links ein Waldweg Richtung Maria Larch ab. Wir kommen an einer Quelle und einem nach links abzweigenden Holzsteg vorbei, gehen hier aber geradeaus weiter.

Der Brunnen von Maria Larch.

Nur noch wenige Schritte bis Gnadenwald.

Nach 400 m zweigt nach rechts ein Stufenweg ab, der zum Maria-Larch-Brunnen und zur **Maria-Larch-Kapelle** führt. Diesen steigen wir hinauf und gehen dann auf einer schmalen Asphaltstraße nach links, an der Erscheinungskapelle vorbei. Kurz darauf biegen wir rechts auf einen Schotterweg ab, passieren einen Damm und ein Rückhaltebecken und wandern weiter durch das Tal bergauf. Wir kommen an einem Ziegenstall vorbei zu einer Gabelung mit Infotafel über Gnadenwald, wo wir links gehen. Dann kreuzen wir einen anderen Weg, gehen an einem Marterl vorbei dem Waldrand entlang und kommen in ein Hochtal, in dem wir bei einem Wasserbehälter wieder auf Asphalt treffen. Die schmale Straße führt uns nach **Gnadenwald (6)** (1.45 Std. / 5,7 km), wo wir hinauf bis zu einer Straßenkreuzung gehen, dann entlang der Landesstraße eben nach links auf die Kirche zu. Wo der Gehweg endet, biegen wir links ab und halten durch einen Graben direkt auf die Kirche St. Michael zu.

*Der Ort **Gnadenwald** liegt auf einer sonnigen Terrasse im Mittelgebirge nördlich des Inn und ist entsprechenden Funden nach zu schließen schon seit vorgeschichtlicher Zeit besiedelt. Die gotische **Pfarrkirche** zum heiligen Michael wurde im 14. Jahrhundert urkundlich erwähnt, im 18. Jahrhundert barockisiert und noch im 19. Jahrhundert vergrößert, wobei aber das gotische Erscheinungsbild erhalten blieb. Der Baum vor der Kirche, eine große **Linde**, erinnert an das 60. Jubiläum der Thronbesteigung durch Kaiser Franz Josef I. im Jahr 1908.*

Unterkunft: Absam (632 m, 6750 EW): mehrere Unterkünfte, Info beim Tourismusbüro. **Arzl** (642 m, 10.500 EW): Info beim Tourismusbüro Innsbruck. **Innsbruck** (574 m, 125.000 EW): Pilgerherberge beim Dom, Tel. +43/676/684 18 49 (geöffnet Juli bis September); Jugendherberge Volkshaus Innsbruck (2 km abseits), Tel. +43/512/34 10 86; Jugendherberge Schwedenhaus (direkt am Weg, nur Juli und August geöffnet), Tel. +43/512/58 58 14.

Die Strecke: Dieser Wegabschnitt ist durch den Abstieg vom nördlichen Inntalplateau hinab in die Landeshauptstadt gekennzeichnet, der uns anfangs am Berghang entlang auf schönen Wanderwegen bis zum Ortsrand von Absam führt. Von hier geht es hauptsächlich auf Asphalt ins Ortszentrum bergab, dann wieder auf einem Feldweg fast eben nach Thaur. Dieses und der folgende Ort Rum werden auf Asphalt durchquert, dazwischen und danach gibt es wieder Feldwege. Ab Arzl, einem Vorort von Innsbruck, wandern wir durchgehend durch verbautes Gebiet in die Stadt hinein, zuletzt über die Innbrücke und an der Uferpromenade entlang ins Zentrum. **Asphaltanteil** ca. 55 %.

Höhenunterschied: Rund 200 m im Aufstieg und 520 m im Abstieg.

Kritische Stellen: Auf den Ortsdurchquerungen und vor allem im Stadtgebiet von Innsbruck sind Markierungen und Wegweiser sehr spärlich bzw. ab der Innpromenade nicht mehr vorhanden. Hier genau auf die Beschreibung achten!

Landschaft: Der wunderschöne »Besinnungsweg« durch den Wald oberhalb des Inntals gehört zu den Höhepunkten des Tiroler Jakobsweges, während der folgende allmähliche Abstieg ins Becken von Innsbruck vor allem wegen des grandiosen Panoramas der Landeshauptstadt besticht. Teils geht man zwar durch verbautes Gebiet, dazwischen aber auch immer wieder über Felder und Wiesen mit schönen Blicken auf die Nordkette und hinüber auf die Tuxer Alpen mit dem Patscherkofel.

Infrastruktur: Absam 🏠 🍴 🖥 🛒 🏧 € 🅰 ➕ ✉ 🚌, Thaur 🍴 🖥 🛒 🏧 € ✉ 🚌, Arzl 🏠 🍴 🖥 🛒 🏧 € 🚌, Innsbruck alles.

Einkehr: Absam Burger in Absam, zwei Gasthäuser und Konditorei in Thaur, Gasthof Koreth in Mühlau und zahlreiche Einkehrmöglichkeiten in Innsbruck. **Trinkwasser** bei zwei Quellen am Besinnungsweg und in Arzl.

Touristeninformation: Tourismusbüro Absam, Tel. +43/5223/531 90, office@hall-wattens.at; Tourismusverband Innsbruck und seine Feriendörfer, Tel. +43/512/598 50, office@innsbruck.info.

Rastbank am Weg nach Rum.

Die Wallfahrtskirche im hübschen Ort Absam.

In **Gnadenwald (1)** gehen wir dem Jakobsweg-Schild folgend von der Kirche bergauf zur Hauptstraße. Wo wir auf diese treffen, verläuft ein breiter Forstweg mit Wanderwegweisern halb rechts; wir nehmen aber einen etwas weniger deutlichen Weg, der halb links, also auf der anderen Straßenseite hinter den Häusern bergauf führt. Zunächst steil kommen wir zu einem Sendemast, wo ein fast ebener Wanderweg beginnt, der über eine Holzbrücke am Hang entlangführt. Wegweiser nach St. Martin leiten uns. Wir umgehen ein Rückhaltebecken links auf einem Damm, überqueren ein Brücklein und gehen dann wieder auf einem breiteren Weg leicht bergab.

Bei einem Haus nähern wir uns der Straße, gehen aber gleich wieder leicht ansteigend in den Wald hinauf. Wir kommen hinter der Kirche **St. Martin** vorbei, gehen nochmals leicht bergauf und treffen auf eine Asphaltstraße, die wir ca. 50 m weit links bergab gehen. Dann biegen wir wieder rechts auf eine geschotterte Forststraße ab, die durch das Bett eines Wildbaches führt. Wegweiser des sogenannten »Besinnungsweges« zeigen Richtung Absam. Wir passieren Tafeln mit Sinnsprüchen, die »Lebensquelle« und einen kleinen Tümpel. Immer mehr oder weniger bergab wandernd queren wir noch einen Wildbach. Mehrere kleine Weglein zweigen ab und von rechts oberhalb mündet ein anderer Schotterweg ein; wir gehen noch kurz bergab und biegen dann wieder rechts, den Jakobswegschildern folgend, auf einen Weg oberhalb der Straße ein, zu der mehrmals Wege hinunterführen. Wir kommen in ein Tal und queren einen Bach auf einer Brücke.

Auf der schmalen Asphaltstraße gehen wir links und dann auf einem Fußweg rechts parallel dazu, der

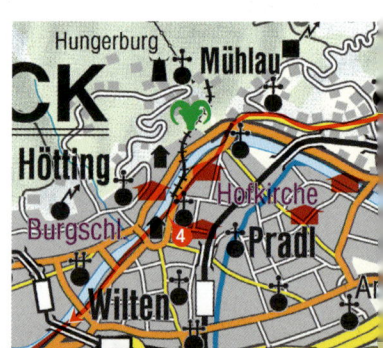

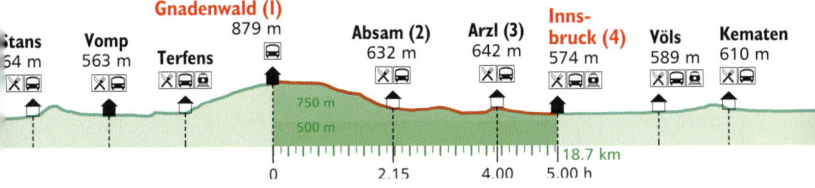

uns an einem Spielplatz mit Trinkbrunnen vorbeiführt. Auf einem geschotterten Weg erreichen wir eine Straße, auf der wir zwischen Häusern bergab gehen. Wir kommen an einem Imbiss vorbei und gehen weiter geradeaus bergab, mit schönem Blick auf das Talbecken von Innsbruck. An der nächsten Kreuzung halten wir uns links bergab, treffen auf eine Straße und gehen rechts auf die Kirche von **Absam (2)** (2.15 Std. / 7,9 km) zu.

> *ℹ* **Absam** ist seit einer Marienerscheinung im Jahr 1797 einer der bedeutendsten Wallfahrtsorte Tirols. Die Pfarrkirche des heiligen Michael, die im Jahr 2000 zur Basilika erhoben wurde, stammt aus dem 15. Jahrhundert und wurde im spätgotischen Stil als dreischiffige Hallenkirche errichtet. Im 18. Jahrhundert wurde das Innere barockisiert und mit prächtigen Fresken bemalt. Das verehrte Gnadenbild der Muttergottes befindet sich im rechten Seitenaltar.

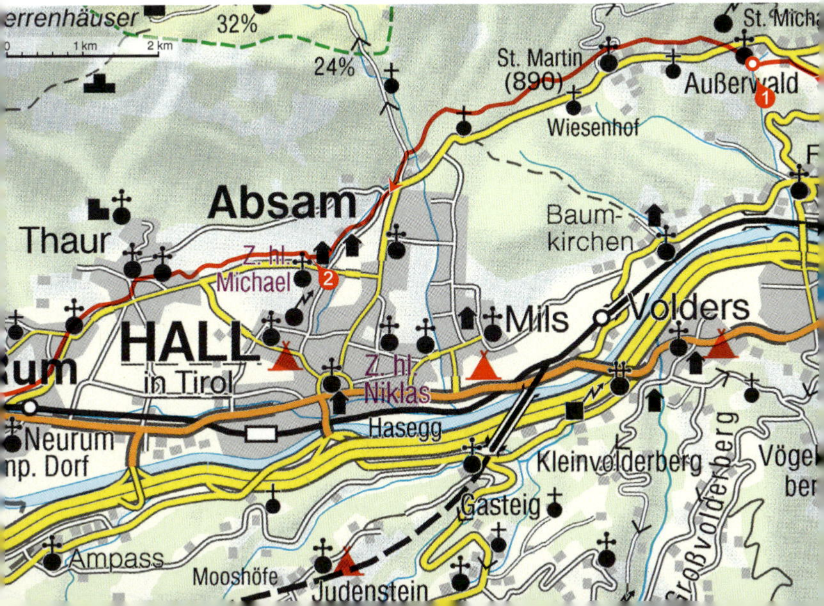

An der Kirche und am Kultur- und Veranstaltungzentrum vorbei, dann rechts eine Straße hinauf und gleich wieder links auf einen asphaltierten Feldweg. Der Weg schwenkt erst nach links und dann wieder nach rechts, dann gehen wir bei einer Gabelung rechts hinunter zu einem Wäldchen, bei dem der Asphalt endet. Ein kurzes Stück Fußweg führt an einem Bildstock der hl. Notburga vorbei in ein Tal und auf dessen anderer Seite zu einem weithin sichtbaren Marterl auf einer Anhöhe bei einer Obstbaumkultur hinauf. Auf einem Feldweg gehen wir am Rand einer Höhenstufe mit schönem Ausblick über das Inntal auf den nächsten Ort und auf zwei Kirchen zu. Wir erreichen die Häuser von **Thaur** und passieren die Kirche St. Vigil (davor ein Brunnen mit Heiligenfigur).

i *In der Gemeinde **Thaur** gibt es gleich fünf Kirchen: Die **Vigilkirche** wurde bereits im 14. Jahrhundert urkundlich erwähnt, wobei das heutige Gebäude von Beamten der Saline in Hall in Tirol errichtet wurde. Die spätgotische **Pfarrkirche** ist Mariä Himmelfahrt geweiht. Die Ulrichskirche war ursprünglich romanisch und weist eine schöne hölzerne Kassettokdecke aus dem 16. Jahrhundert auf. Daneben gibt es noch eine Lorettokapelle im Tal und die Schlosskirche Peter und Paul, die auf einem Hügel oberhalb des Ortes steht. Hier befand sich auch das Schloss Thaur, ehemals die größte Burganlage Tirols, von der nur mehr Ruinen erhalten sind.*

Am unter Denkmalschutz stehenden Gasthof Purner vorbei gehen wir geradeaus durch den Ort. Am Dorfplatz beim Gasthof Stangl wenden wir uns nach rechts bergauf – hier kann man einen Abstecher zur zweiten der Kirchen, der Pfarrkirche, nach rechts machen oder die dritte, die Ulrichskirche, nach 250 m nach links erreichen – und gehen die nächste Möglichkeit wieder links über den Rumer Weg, der in einen geschotterten Feldweg übergeht. Wir halten uns leicht rechts bergauf und dann bei der nächsten Wegkreuzung bei einem Marterl halb links entlang eines Zaunes bergab.
So kommen wir direkt zur Kirche St. Georg in Rum, umrunden diese halb nach rechts, gehen auf dem St.s-Georgs-Weg rechts und vor dem Hotel Huberhof links einen Weg hinunter. Durch Kirchgasse und Schulgasse gehen wir bergab, kreuzen eine Straße und gehen an der Hauptschule vorbei zu einer Straßenbiegung mit Bildstock, bei der wir auf einem Feldweg fortsetzen. Links unter uns liegt eine Plattenbausiedlung. An der nächsten Feldwegkreuzung rechts, dann rechts-links auf die Kalvarienbergkirche von Arzl zu. Wir treffen auf eine Straße, die uns in den Ort **Arzl (3)** (1.45 Std. / 6,8 km) bringt. Über die Johannesgasse gehen wir zur Kirche, die wir umrunden. Vor dem Kirchenportal rechts, am Gasthaus Stern vorbei links und gleich wieder rechts durch die Alois-Schrott-Straße. Wir treffen auf die Arzler Straße, der wir nach rechts in den Ort **Mühlau** – mit einem Trinkbrunnen am Hauptplatz – folgen. Beim Gasthaus Koreth gehen wir links bergab durch die Anton-Rauch-Straße und kommen zu einer Brücke über den Inn, die wir überqueren. Am anderen

Blick zur Kalvarienbergkirche von Arzl, die Nordkette im Hintergrund.

Ufer halten wir uns scharf rechts; an der alten Talstation der Hungerbergbahn auf die Innpromenade. Auf dieser bleiben wir nun, durchqueren am Innufer den Englischen Garten und passieren das Kongresshaus. Dahinter beim ersten Zebrastreifen links über die Straße in die Herrengasse und gleich nach 50 m durch einen Fußgängerdurchgang rechts direkt auf den Domplatz vor dem Dom St. Jakob zu **Innsbruck (4)** (1 Std. / 4,0 km).

i *Die Landeshauptstadt **Innsbruck**, gelegen am Schnittpunkt mehrerer wichtiger Verkehrswege und seit der Jungsteinzeit besiedelt, ist reich an Sehenswürdigkeiten und Kulturdenkmälern – wie dem Goldenen Dachl, dem Helblinghaus oder der Triumphpforte –, deren komplette Auflistung den Rahmen dieses Buches sprengen würde. Für Jakobspilger am bedeutendsten ist selbstverständlich der **Innsbrucker Dom**, der dem heiligen Jakobus dem Älteren geweiht ist. Eine Jakobskirche in Innsbruck wurde 1270 erstmals urkundlich erwähnt, die frühere gotische Kirche wurde 1689 bei einem Erdbeben schwer beschädigt und 1717–1724 durch den heutigen Bau im barocken Stil ersetzt. Nicht nur, dass der Dom dem heiligen Jakob geweiht ist: In Innsbruck vereinigen sich der von Salzburg kommende Hauptast des Jakobsweges und die südösterreichische Variante (Slowenien–Kärnten–Südtirol–Brenner–Innsbruck); die Stadt ist auch Sitz der Jakobsgemeinschaft Tirol, die beim Dom eine Pilgerherberge betreibt.*

Über den Arlberg von Innsbruck nach Feldkirch oder Rankweil

Der letzte große Abschnitt des Österreichischen Jakobsweges stellt in gewisser Weise die Krönung und zugleich einen würdigen Abschluss dar. Obwohl man berechtigte Zweifel daran äußern kann, dass der Hauptstrom der Pilger früherer Zeiten ausgerechnet den gefährlichen, mit rund 1800 m Höhe bis heute eindrucksvollen Arlbergpass als Route wählte, anstatt den Weg über das südbayrische Alpenvorland an den Bodensee zu nehmen, so steht hingegen außer Zweifel, dass zumindest ein Teil der Pilger diesen Weg durchaus benutzte. Dass der letzte Ort vor der Passhöhe, St. Jakob am Arlberg, ausgerechnet den Namen des Pilgerheiligen trägt, ist sicher kein Zufall. Westlich von Innsbruck ändert sich der Charakter des Inntals deutlich: Immer näher rücken die Berge heran, immer schmäler wird das Tal, bis am Talgrund kaum mehr Platz für Straße und Eisenbahn bleibt. Von Innsbruck bis Stams bewegen wir uns immer etwas oberhalb des südlichen Innufers. Hier verlief auch die ehemalige Salzstraße, die schon im Mittelalter einen wichtigen Verkehrsweg darstellte. Das Zisterzienserstift Stams war sicherlich eine wichtige Zwischenstation für die Pilger und gehört kulturell zu den Höhepunkten des Wegabschnittes. Danach wechseln wir ans andere Ufer des Inn und gehen auf diesem bis Roppen, dann wieder am Südufer über den Wallfahrtsort Kronburg nach Zams.

Spätestens ab Stams dominieren eindeutig die »Wanderwegabschnitte« durch Wälder und abseits der Ortschaften. Asphaltierte Abschnitte bleiben nun deutlich in der Minderheit. Nachdem wir bei Zams das Inntal verlassen, gehen wir auf der Sonnenseite des Tales hoch über dem Fluss Rosanna teilweise auf Straßen, die ihren Ursprung noch in der Römerzeit haben, und berühren erst bei Flirsch wieder den Talboden des Stanzertals. Die Wintersportorte

Am alten Fußweg über den Arlberg.

Der Weg ins Stanzertal zwischen Grins und Pians.

am Arlberg werden durchquert, und wenn wir schließlich beim traditionsreichen Hospiz auf der Passhöhe stehen, wissen wir, dass zwischen hier und Santiago de Compostela kein höherer Punkt mehr auf unserem Weg liegt. Auch das Klostertal auf der Vorarlberger Seite gehört zu den landschaftlich reizvollsten Abschnitten des Österreichischen Jakobsweges; auch hier sind wir meist abseits der Ortschaften unterwegs. Bei Bludenz schließlich weitet sich das Tal wieder; an den sonnseitigen Abhängen des Walgaus gehen wir auf der letzten Tagesetappe entlang, bis wir uns wenige Kilometer vor der Grenze zur Schweiz oder zu Liechtenstein entscheiden müssen:

Die Wegvariante nach Rankweil bietet sich für alle an, die auf dem Appenzeller Weg nach Einsiedeln in der Schweiz weitergehen möchten (siehe Rother-Wanderführer »Jakobswege Schweiz«). Die Variante nach Feldkirch hingegen sollte man wählen, wenn man entweder den weiteren Weg über Liechtenstein gehen will – oder aber, wenn man per Bahn an den Ausgangsort der Pilgerfahrt zurückkehren möchte: Feldkirch ist Schnellzug-Bahnhof und bietet stündliche Verbindungen über Innsbruck zurück in den Osten Österreichs.

Unterkunft: Völs (589 m, 6600 EW): Camping Stigger, Tel. +43/512/30 35 33. **Inzing** (616 m, 3600 EW): Pfarramt, Tel. +43/676/87 30 74 53; mehrere Privatquartiere, Info beim Tourismusverband. **Hatting** (616 m, 1200 EW), **Polling** (615 m, 1000 EW), **Flaurling** (675 m, 1250 EW) und **Oberhofen** (622 m, 1700 EW): Informationen im Tourismusbüro. **Pfaffenhofen** (642 m, 1050 EW): Privatpension Schnegg, Tel. +43/5262/624 69; Traudi Wieser, Tel. +43/5262/670 00.

Die Strecke: Innsbruck wird auf dem Fuß- und Radweg am Innufer verlassen, dann geht es auf schmalen Gassen durch den Ort Völs und abwechselnd auf Fuß-, Feld- und Asphaltwegen an der Schattseite des Inntales entlang bis Zirl, wo wir wieder auf den Inntalradweg treffen. Auf diesem weiter bis Inzing und von hier bis zum Ende der Etappe wieder im gleichen Wechsel wie zuvor am Berghang entlang durch die Dörfer der Schattseite. Nur geringe Steigungen; die gesamte Etappe hat den Charakter einer Talwanderung. Asphaltanteil ca. 65 %.

Höhenunterschied: Rund 400 m im Aufstieg und 340 m im Abstieg.

Kritische Stellen: Sowohl die Abzweigung von der Innpromenade nach Völs als auch der Weg durch den Ort sind nicht beschildert, aber mit unten stehender Beschreibung problemlos zu finden.

Landschaft: Wir verlassen das Innsbrucker Becken und das Unterinntal und wandern für die folgenden Tage durch das wesentlich engere Oberinntal. Diese Etappe ist vor allem durch schöne Blicke auf die im Norden gelegenen Berggipfel der zum Karwendelgebirge gehörenden Innsbrucker Nordkette und auf die eindrucksvolle 600 m hohe Martinswand gegenüber von Kematen geprägt.

Infrastruktur: Völs 🏠 ▲ 🍴 🛒 € A ✉ 🚌 🚻, Kematen 🍴 🛒 🛒 € A ✉ 🚌 🚻, Zirl € ➕ 🏠 🛒 ▲ 🍴 🛒 🛒 ✳ 🚌 🚻, Inzing 🏠 ▲ 🛒 🍴 🛒 🚌 🚻, Hatting 🏠 🛒 🍴 € ✉ 🚌 🚻, Polling 🏠 🚌, Flaurling 🏠 🍴 🛒 € 🚌 🚻, Oberhofen 🏠 🛒 🚌 🚻, Pfaffenhofen 🍴 € 🚌 🚻.

Einkehr: Pizzeria und Gasthaus in Völs, mehrere Lokale in Kematen, Café im Gewerbepark bei Zirl, Bäckerei und Gasthaus in Inzing, Gasthöfe in Flaurling und Pfaffenhofen. Trinkwasser bei Brunnen am Innufer, in Kematen, Inzing und Toblaten.

Touristeninformation: Tourismusverband Völs/Kematen, Tel. +43/5232/2434, voels@innsbruck.info; Tourismusverband tirolmitte, Tel. +43/5262/622 45, info@tirolmitte.at.

Anmerkung: Auch im Bereich Innsbruck gibt es eine zweite Wegvariante, die am nördlichen Innufer verläuft und erst westlich von Völs den Inn überquert. Will man dann allerdings den schönen Weg von Völs nach Kematen gehen, so muss man einen Umweg wieder zurück ins Ortszentrum von Völs in Kauf nehmen oder aber ein längeres Stück auf Asphalt weitergehen, sodass wir diese Route hier nicht beschreiben.

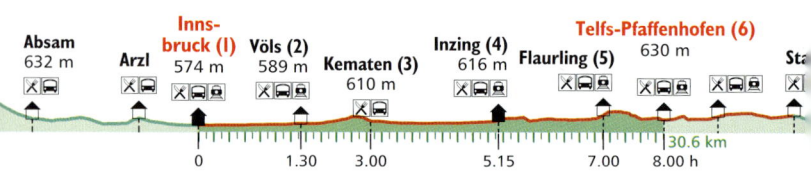

Im Inntal bei Kematen.

Vom Domplatz von **Innsbruck (1)** gehen wir einem grünen Wegweiser »Pilgerweg« folgend durch die Pfarrgasse zum Goldenen Dachl, bei dem wir rechts durch die Herzog-Friedrich-Straße wieder zurück ans Ufer des Inn gelangen. An diesem entlang links, flussaufwärts, wo wir nach einiger Zeit auch wieder Jakobsweg-Schilder finden. Wir bleiben immer am Inntalradweg, bis dieser bei einer Betonsperre nach links knickt. Vor der Brücke über den einmündenden Axamer Bach, bei einem Rastplatz mit Trinkbrunnen, gehen wir durch eine Unterführung unter der Autobahn, Bundesstraße und Arlbergbahn hindurch, in Richtung auf die Kirche von **Völs (2)** (1.30 Std. / 6,2 km) zu.

Völs besitzt zwei Kirchen, die in unmittelbarer Nähe zu beiden Seiten des Friedhofs liegen: Die den Heiligen Jodok und Lucia geweihte, aus dem Ende des 15. Jahrhunderts stammende spätgotische alte Pfarrkirche wurde im 18. Jahrhundert barockisiert. Sie ist vom Friedhof umgeben und dient seit dem Bau der neuen Pfarrkirche als Friedhofskapelle.
Wer sich für moderne Architektur interessiert, der sollte einen Abstecher über den Friedhof zur neuen, 1965–1967 vom Architekten Josef Lackner errichteten Kirche zu Ehren Jesu Christi in Emmaus machen. Das quadratische Gebäude aus Beton und Holz ist durch seine kronenartige Form mit einem nach innen hängenden Dach einzigartig und weithin bekannt.

Hier finden sich keine Wegweiser; erst direkt vor der Kirche gibt es rechts durch die Kirchgasse ein hölzernes Schild. An der Konditorei Alt-Völs vorbei kommen wir auf die Bahnhofsstraße, folgen ihr 200 m bergab und biegen dann links auf die Seestraße ein, die später zum Seeweg wird. Auf Schotter gehen wir hinter den Häusern, am Waldrand entlang, zu einem Sportplatz. Geradeaus, hinter dem Platz und dem Völser Teich vorbei auf einem geschotterten Spazierweg. Bei einer Scheune führt der Weg unter einer Rampe hindurch; wir gehen vor dieser steil links einen Fußweg bergauf und kommen auf eine asphaltierte Straße.

An einer Infotafel über den Ort Kematen vorbei wandern wir geradeaus weiter nach **Afling**. 500 m hinter der Kirche Maria Schnee aus dem 18. Jahrhundert gibt es ein »Pilgerkastl« mit Stempel und Gästebuch. Am Ortsende bei einem Erdbeerfeld rechts auf einen Schotterweg abbiegen – am Asphalt steht mit gelber Farbe »Camino di Santiago« angeschrieben. Auf einem schönen Weg geht es zwischen Feldern und Waldrand an mehreren Rastbänken vorbei. Wir nehmen einen rechts bergab abzweigenden Fußweg, der auf einen Asphaltweg trifft. Auf diesem kurz links zur Axamer Straße und vor dieser rechts auf einem Fußpfad parallel zur Straße bergab. So kommen wir zu einer kleinen Kapelle (Brunnen dort hat kein Trinkwasser) und gehen durch die Gasse bergab. Bei einem weiteren Wegweiser kann man geradeaus einen Abstecher zur Kirche und ins Ortszentrum von **Kematen (3)** (1.30 Std. / 5,1 km) machen; der Jakobsweg verläuft links.

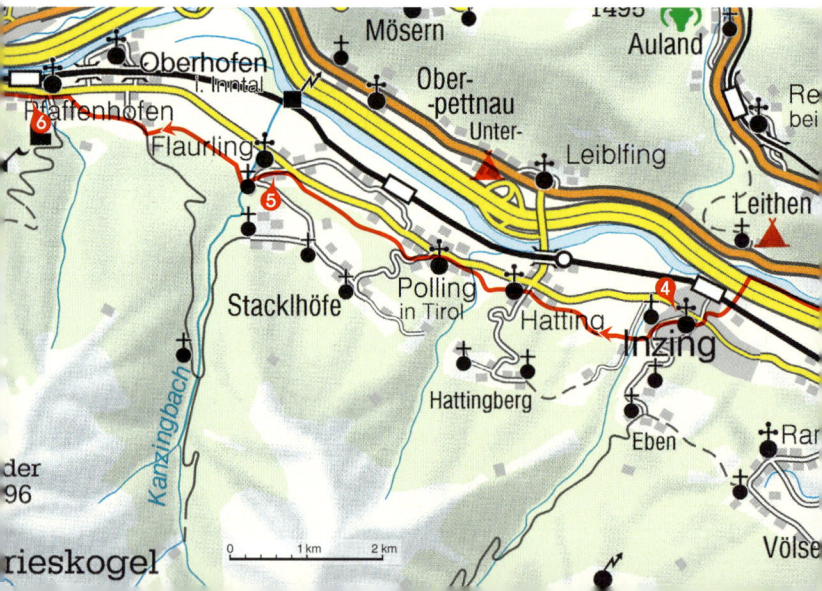

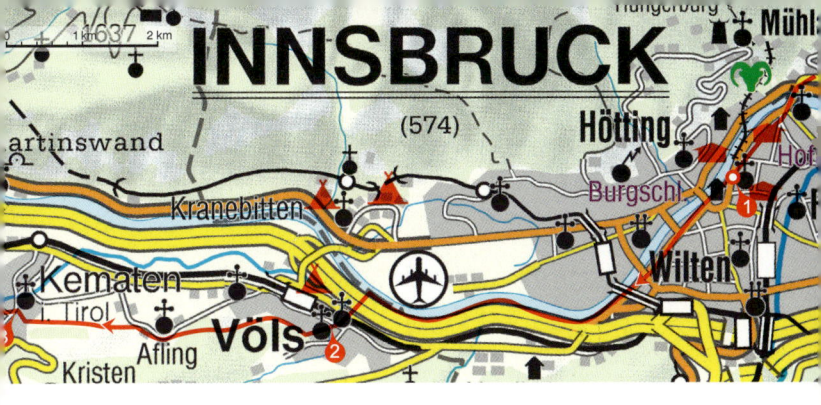

Auf der Oberinntalstraße gehen wir bis hinter einen Kreisverkehr. Kurz dahinter über einen Bach und schöner, wenn auch nicht ausgeschildert, rechts auf der Bachpromenade bergab. Alte Eichen (Naturdenkmäler) säumen den Weg, der uns zum Bahndamm bringt; an diesem entlang links, dann unter der Bahn hindurch und auf der anderen Seite weiter dem Damm folgen. Der Feldweg trifft wieder auf Asphalt; hier rechts unter der Autobahn hindurch (wieder markiert) zum Inntalradweg.

Auf diesem gehen wir links zwischen Fluss und Lärmschutzwand der Autobahn entlang. Wir kreuzen die Bahnhofstraße von **Zirl** (links Supermarkt mit Café) und gehen geradeaus weiter auf einem Wiesenweg (Wegweiser Innauen, Inzing). Nach etwas mehr als einem Kilometer ab Bahnhofstraße treffen wir wieder auf den Radweg und gehen auf ihm rechts, an einem Rastplatz mit mehreren Bänken und Tischen vorbei. Links sieht man durch einen Zaun einen Autobahnrastplatz; 10 Min. weiter biegen wir bei einer Scheune links ab

Oben: Schlösschen in Inzing.
Unten: Bildstock bei Alfing.

und gehen wieder unter Autobahn und Eisenbahn hindurch.

Wir kommen in den Ort **Inzing (4)** (2.15 Std. / 8,6 km), gehen auf der Hauptstraße rechts zum Gasthof Tyrolerhof und bei diesem links zur Kirche hinauf. Der Weg führt durch den Friedhof hindurch zum Hauptportal (Trinkbrunnen davor), an einem alten Schlösschen mit Turm links vorbei, dann wieder rechts haltend zu einem Kindergarten und einem Freibad.

Bei diesem links aus dem Ort hinaus, dann immer geradeaus über Wiesen zum nächsten Dorf **Hatting**. Am Ortsanfang gleich links hinauf zum Waldrand und an diesem rechts zur Friedrichslinde. Der Ort wird geradeaus durchquert, bei einer Infotafel gehen wir gerade auf einem Wiesenweg bergab. Wir kommen zur Kirche St. Aegidius, biegen vor dieser links ab und nehmen gleich wieder die erste Möglichkeit rechts, aus dem Ort hinaus. Auf einem Feldweg kommen wir zum Spielplatz von **Polling**; 100 m dahinter wählen wir den linken, oberen Weg.

Wir durchqueren eine Siedlung, gehen an einer T-Kreuzung rechts bergab, unten kurz links bergauf und halb rechts auf eine Scheune zu über Felder. Der Fahrweg setzt sich als Wiesenweg am Waldrand fort und führt über einen hölzernen Steg. Kurz bevor er sich zur Straße nach rechts biegt, wenden wir uns nach links auf einem Steg in den Wald hinein, in diesem weiter bergab. In Sichtweite des Dorfes Flaurling treffen wir schließlich auf die Straße und folgen dieser links in den Ort hinein. Hier gibt es einen Gasthof und gegenüber einen Trinkbrunnen. Wir gehen weiter auf der Hauptstraße am Gemeindeamt vorbei und hinter diesem links hinauf zur Kirche von **Flaurling (5)** (1.45 Std. / 7,0 km).

Ein Stück weiter zweigt bei einer großen Linde ein Weg zum Kalvarienberg ab (Abstecher), wir gehen an der Linde und an einem Marterl vorbei in ein Tal hinein. Bei einer Kapelle wenden wir uns rechts bergab, gehen am Bach entlang wieder ein Stück zurück talauswärts und queren diesen dann auf einem Metallsteg (wer bei der Kapelle geradeaus noch ein Stück ins Tal hineingeht, kann sich an einer schönen Stelle am Bach bei einem Wehr etwas abkühlen). Drüben geht es auf einem Wiesenweg am Waldrand entlang weiter, dann für etwa 1 km im schattigen Wald.

Wir erreichen Oberhofen und gehen dort bergab. Wo der Wegweiser nach links weist, gehen wir geradeaus weiter bergab, dann vor einer Stromleitung die erste Möglichkeit nach links. Beim »Achtung Kinder«-Schild rechts, dann geradeaus am Fuß einer Höhenstufe. Vorbei am Waldspielplatz gehen wir leicht bergauf, dann geradeaus weiter auf einem Fußpfad (der Fahrweg biegt nach rechts) und schließlich durch eine Siedlungsstraße direkt auf die Kirche zu. Auch vor dieser gibt es einen Trinkbrunnen. Wir gehen die Hauptstraße bergab und sehen nach wenigen Minuten rechts von uns den Bahnhof **Telfs-Pfaffenhofen (6)** (1 Std. / 3,7 km).

Die Pfarrkirche hl. Margaretha in Flaurling.

Unterkunft: Rietz (685 m, 2200 EW): Informationen beim Tourismusverband. **Stams** (672 m, 1300 EW): Zisterzienserstift Stams, Tel. +43/5263/6242-0; Gästehaus Possard, Tel. +43/699/11 90 79 89; Camping Eichenwald, Tel. +43/699/11 90 79 31. **Mötz** (654 m, 1250 EW) **und Silz** (654 m, 2600 EW; an der Variante): Informationen im Tourismusbüro. **Haiming** (670 m, 2400 EW, 1 km abseits): Otto Habicher, Tel. +43/5266/888 65; Fremdenheim Elfriede, Tel. +43/5266/883 03 oder 874 26. **Ötztal-Bahnhof** (675 m, 1400 EW, 1 km abseits): Gästehaus Prünster, Tel. +43/5266/884 85. **Roppen** (724 m, 1700 EW): Thalerhof, Tel. +43/699/ 10 48 51 64.

Die Strecke: Der erste Teil der Etappe führt großteils über Feld- und Wiesenwege an der Schattseite des Inntales entlang, dann ab Rietz wieder großteils auf schmalen Asphaltstraßen durch Stams hindurch nach Mötz, wo wir ans nördliche Innufer wechseln. Hier geht es auf schmalen Asphaltstraßen weiter, dann auf einem Schotterweg. Die zweite Hälfte des Weges verläuft großteils auf Spazierwegen entlang des weitgehend naturbelassenen Innufers. **Asphaltanteil** ca. 60 %.
Höhenunterschied: Rund 450 m im Aufstieg und 380 m im Abstieg.
Kritische Stellen: Keine.
Landschaft: Im enger werdenden Inntal gehen wir zunächst noch über Wiesen und Kulturland auf der südlichen Uferterrasse, teilweise auch direkt am Waldrand, mit schönem Blick auf die Berge im Norden des Tales. Bei Mötz ändert sich die Landschaft: Wir wechseln ans steile Nordufer, wo zwischen Berghang und Fluss nur wenig Platz bleibt; der Weg führt großteils durch Wald und vorbei an Sandbänken am schönen, zum Baden einladenden Ufer. Die Inntalautobahn verläuft hier über weite Strecken im Tunnel, sodass sich der Verkehrslärm in Grenzen hält.
Infrastruktur: Rietz ⌂ ⚊ ⚊ € ✉ ⚊, Stams ⚊ ⌂ ⚊ ⚊ ⚊ ⚊ € ⚊ ⚊, Mötz ⌂ ⚊ ⚊ ⚊ € ⚊ ⚊, Roppen ⌂ ⚊ ⚊ ⚊ ⚊ € ⚊ ⚊.
Einkehr: Mehrere Lokale in Stams und in Mötz sowie Gasthöfe in Rietz und Roppen. **Trinkwasser** bei mehreren Wasserstellen in Rietz, Brunnen in Mötz und in Schlierenzau; Quelle bei der Kneippanlage »Römerbad«.
Touristeninformation: Tourismusverband Tirol Mitte, Tel. +43/5262/622 45, info@tirolmitte.at.
Variante: Es gibt auch eine (ebenfalls ausgeschilderte) Wegvariante, die am südlichen Innufer verbleibt und auf der alten Bundesstraße vor dem Bojenweg die Flussseite wechselt.

Von der Kirche von **Pfaffenhofen (1)** gehen wir über den Dorfplatz und durch die Lehngasse Richtung Westen. Wenige Meter hinter der Zufahrt zum Bahnhof nehmen wir die links abzweigende Gasse »Aue«, die durch eine Siedlung und dann entlang eines Werksgeländes auf eine Kapelle zuführt. Bei dieser links zur Lagerhalle eines Sägewerks und dort halb links auf einem Feldweg, dann auf einer Wegspur am Waldrand bergauf. Ein Graben wird auf einer hölzernen Brücke gequert, dann kommen wir wieder auf Asphalt. Wieder ein Stück auf Schotter, dann auf Asphalt am Fuß eines Hangs entlang. Rechts passieren wir mehrere Gewerbegrundstücke, dann treffen wir auf eine Straße, neben der wir links auf einem Fußweg bergauf in den Ort **Rietz (2)** (1 Std. / 3,8 km) gehen.

In einem Autobus-Wartehäuschen gibt es einen Orientierungsplan. Wir gehen geradeaus durch den Ort und kommen an zwei Brunnen (der zweite davon mit Jakobusstatue) vorbei. Auch ein Gasthaus gibt es im Ort. Bei einem Brunnen mit drei Auslaufhähnen gehen wir bergab, dann links, immer auf Asphalt hoch über dem Talboden. Der Weg führt bergab und am Waldrand entlang (Rastbank bei einem Marterl) in Richtung des weithin sichtbaren Stiftes Stams. Am Ortsanfang passieren wir einen Campingplatz, dann sehen wir auch schon rechts die Mauer des Stiftsareals.

Unten: Das Zisterzienserstift von Stams.
Links: Ecce-Homo-Bildstock bei Mötz.

Das 1273 vom Tiroler Grafen Meinhard II. gegründete **Zisterzienserstift Stams** ist das geistliche Zentrum des Oberinntals. Die 1284 geweihte, ursprünglich romanische Stiftskirche wurde in der ersten Hälfte des 18. Jahrhunderts im hochbarocken Stil umgestaltet. Das Stift Stams beherbergt heute nicht nur ein Museum, einen Klosterladen und eine Schnapsbrennerei, sondern ist auch Träger des Gymnasiums Meinhardinum und des weit über die Region hinaus bekannten Skigymnasiums Stams.

Baugeschichtlich interessant ist auch die **Pfarrkirche Johannes der Täufer** von Stams mit ihrem mächtigen Kirchturm, die als erstes Beispiel reifer Gotik in Tirol gilt und Anfang des 14. Jahrhunderts errichtet wurde. Sie wurde Mitte des 18. Jahrhunderts barockisiert, wobei aber die Außenmauern und der Turm unverändert erhalten geblieben sind.

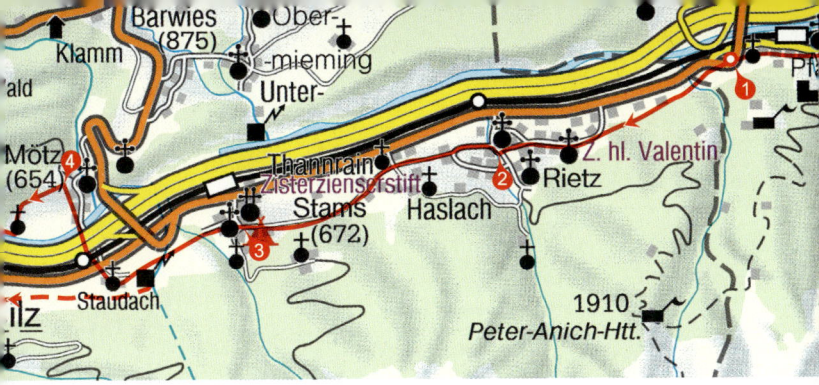

Gegenüber vom **Stift Stams (3)** (1.15 Std. / 4,9 km) über einen Platz (Café, Gasthaus) aus dem Ort hinaus. Wir durchqueren ein kurzes Waldstück und kommen über eine Brücke, vorbei am Sportplatz, zum Abfluss des Kraftwerks. Hier wendet sich der Hauptast des Jakobsweges nach links, während wir geradeaus auf der »Wegvariante Mötz« weitergehen. Bei der nächsten Kreuzung, am Ortsanfang von Staudach, wenden wir uns nach rechts, gehen durch die Unterführung bei der Bahnhaltestelle Mötz und folgen danach einer schwach befahrenen Straße auf einer Brücke über den Inn. Weiter hinauf ins Ortszentrum von **Mötz (4)** (1 Std. / 3,2 km) an zwei Gasthöfen vorbei zur Kirche Maria Schnee (Trinkbrunnen am Platz schräg gegenüber). Wir gehen, dem Wegweiser »Kalkofen« folgend, nach links. Bei einer Gabelung mit drei Wegen nehmen wir den oberen und erreichen, vorbei an einem kleinen Bildstock, den großen, zweistöckigen Ecce-Homo-Bildstock. Hier links bergab, zur Birgele-Kreuzkapelle, bei der wir auf den Radweg treffen. Auf diesem rechts, unterhalb mächtiger Felsen und an einem Steinbruch vorbei. Links von uns wechselt die Autobahn über den Inn auf unsere Seite; wir gehen auf dem Weg zwischen dieser und dem Berghang weiter. Wo der Radweg die Autobahn quert, biegen wir rechts auf einen Schotterweg (Fahrverbotsschild) ab. Als schöner Forstweg führt er durch den Föhrenwald weiter. Immer wieder merken wir für längere Zeit überhaupt nichts von der Autobahn, weil diese genau unter uns in einer Folge mehrerer Lawinenschutztunnel verläuft. Auf dem dritten Tunnel gehen wir bei einer Gabelung rechts (andernfalls würden wir auf den asphaltierten Radweg treffen).

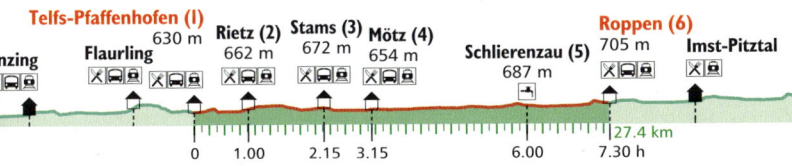

Wildwasser beim »Römerbad« von Roppen.

Erst oberhalb des fünften Tunnels wenden wir uns nach links, kommen auf die alte Bundesstraße (wer die Hauptvariante des Jakobsweges gegangen ist, stößt hier wieder dazu) und gehen auf dieser nur ein paar Meter nach rechts, dann links hinab auf einen Parkplatz, unterhalb dessen sich ein Startpunkt für Kanufahrer befindet. Wir folgen dem Wegweiser zum »Bojenweg«, einem wunderschönen Spazierweg am Ufer des Inn entlang, der an besonders engen Stellen sogar mit einem Geländer gesichert ist. Wieder bergauf wandernd treffen auf die alte Straße, bleiben auf dieser aber nur knapp 200 m und gehen bei der nächsten Abzweigung wieder links bergab in den Ort **Schlierenzau (5)** (2.45 Std. / 9,9 km; mit Brunnen und kleiner Kirche). Dort folgen wir dem Radweg nach rechts, verlassen nach dem Überqueren einer Weide hinter einem Gatter den Asphalt und gehen links, an einem Wegkreuz vorbei auf einem Fußpfad in den Wald. Wir treffen auf den Radweg und folgen ihm bis unterhalb der Brücke eines Autobahnzubringers. Dort halb links, unter der Brücke hinab zum Innufer und auf einem schönen Fußpfad an diesem entlang. Vor der Brücke über einen Wildbach stoßen wir wieder auf den Radweg. Eine Viertelstunde weiter sehen wir in einer Flussbiegung links von uns einen richtigen Sandstrand am Innufer, nach weiteren 15 Min. nochmals eine kleine Badebucht. Dann kommen wir zu einer Abzweigung, bei der der Radweg über eine Brücke hinüber nach Roppen führt. Wir bleiben aber noch auf unserer Flussseite auf einem Schotterweg, der am »Römerbad« (einer frei zugänglichen Kneippanlage) vorbeiführt.

i *Mit den Römern hat die heute bestehende Kneippanlage »**Römerbad**« nur inso-*
fern zu tun, als an dieser Stelle eine alte Römerstraße mit deutlich erkennbaren
Wagenfurchen vorbeiführte, die allerdings beim Bau der Inntalautobahn zerstört
wurde. Da es sich aber um eine der wenigen dauernd Wasser führenden Quellen
in diesem Gebiet handelt, ist es wahrscheinlich, dass die Quelle schon von den
Römern genutzt wurde – um nur die Pferde zu tränken oder tatsächlich zu baden,
ist nicht bekannt. Tatsache ist, dass das Wasser stark mineralhaltig ist und ganz-
jährig eine Temperatur von 12–13 Grad aufweist. Bevor im Jahr 2000 hier die of-
fene Säulenhalle mit der Kneippanlage errichtet wurde, befand sich an der glei-
chen Stelle ein teilweise überdachter Wassertrog, das sogenannte »Badhäusl«, das
sowohl als Viehtränke als auch – besonders bei der Jugend von Roppen – zum
Baden diente.

Dahinter führt der Weg kurz bergauf; bei der nächsten Gabelung gehen wir
links und kommen unterhalb der auf einem Hügel gelegenen Bruder-Klaus-
Kapelle vorbei. Wir treffen auf eine Straße und halten uns links, auf der ausgeschilderten »Wegvariante« bergab. Zuletzt queren wir den Inn auf einer
Holzbrücke und kommen zu einer Unterführung, die die Bahngleise direkt
bei der Haltestelle **Roppen (6)** (1.30 Std. / 5,6 km) unterquert.

Am idyllischen »Bojenweg« entlang des Inn.

Unterkunft: Imst/Karrösten (ca. 700–918 m, 700 EW): Romedihof Backpacker-Hostel, ca. 500 m abseits, Tel. +43/664/222 12 10; Gasthof Neuner, ca. 800 m abseits, Tel. +43/5412/633 32. **Imsterberg:** Gasthaus Alpenrose, Tel. +43/5412/641 19. **Kronburg** (740 m): Geistliches Zentrum Kronburg, Tel. +43/5442/633 45. **Zams** (767 m, 3300 EW): mehrere Über-nachtungsmöglichkeiten, Info beim Tourismusverband. **Landeck** (817 m, 7800 EW): Camping Riffler, Tel. +43/5442/64 89 84; zahlreiche weitere Übernachtungsmöglichkeiten, Info beim Tourismusverband.

Die Strecke: Eine sehr angenehm zu begehende Etappe, auf der die Asphaltstrecken erstmals seit mehreren Tagen wie-

der in der Minderheit bleiben. Anfangs, bis zum Bahnhof Imst-Pitztal, geht es über Nebenstraßen und einen geteeren Rad- und Fußweg, dann dominieren Wald- und Forstwege. Zum Teil sind in diesem Wegabschnitt auch enge Fußpfade zu bewältigen, die bei Nässe rutschig sein können. Der sehr steile Anstieg nach St. Vigil und der Abstieg nach Zams können bei Bedarf umgangen werden. **Asphaltteil** ca. 45 %.

Höhenunterschied: Rund 700 m im Aufstieg und 650 m im Abstieg.

Kritische Stellen: Keine; der Weg ist durchgehend gut (als Wegvariante des Jakobsweges) beschildert.

Landschaft: Hinter Roppen wandelt sich das Oberinntal endgültig zu einem engen, schmalen Gebirgstal, und zwischen Waldele und dem Bahnhof Imst-Pitztal durchqueren wir als einen der landschaftlichen Höhepunkte die Innschlucht mit der Einmündung der Pitze in den Inn. Auch der weitere Weg führt großteils durch wunderschöne Wälder an den Hängen oberhalb des Tals, vorbei an der fantastischen Kronburger Schlucht. Herrliche Bergpanoramen begleiten uns auf der gesamten Etappe.

Infrastruktur: Bhf. Imst-Pitztal 🏠🏠🚌🏠, Imsterberg 🏠🍴🚌🏠, Obsaurs 🍴, Kronburg 🏠🍴, Zams 🏠🏠⛺🍴🛒🏠🍴€🅰 ➕✉🚌🏠.

Einkehr: Gasthof Alpenrose in Imsterberg, Gasthof Kronburg, Gasthof Kreuz in Rifenal und mehrere Lokale in Zams.

Trinkwasser bei Quellen in Obbruck und Waldele, beim Kraftwerk Imst, bei der Kirche St. Vigil, in Kronburg, in Rifenal und in Zams.

Touristeninformation: Tourismusverband TirolWest, Tel. +43/5442/656-00, info@tirolwest.at.

Anmerkung: Der hier beschriebene Weg entspricht zwischen Roppen und dem Bahnhof Imst-Pitztal der angenehmer zu begehenden Jakobsweg-Variante südlich des Inn. Es gibt eine weitere, ebenfalls gut beschilderte Variante, die am Nordufer über die Orte Karres und Karrösten führt und einen Umweg von 45 Min. und gut 250 zusätzliche Höhenmeter bedeutet.

Von der Bahnhaltestelle **Roppen (1)** wandern wir auf einer schmalen Asphaltstraße links der Bahngleise hinauf in den Ort Obbruck. Wir kommen an einer alten Kapelle und einem Brunnen vorbei, dann geht es wieder bergab an der Mariahilfkapelle vorbei und über eine Brücke nach **Waldele**. Am Ortsende wenden wir uns rechts bergab und gehen auf einem geteerten Rad- und Fußweg in die enge Innschlucht hinein, in der zwischen Fluss und Bahn nur wenig Platz für unseren Weg bleibt. Links und rechts ragen hohe Felsen auf. In der Mitte des Engtals zweigt links ein Wanderweg ab, wir bleiben aber am Ufer, queren die Pitze auf einer Brücke und kommen dann am Bahnhof **Imst-Pitztal (2)** (1.30 Std. / 5,2 km) vorbei.

Hinter diesem links auf der alten Pitztalstraße (die neue führt hoch über uns über eine Brücke) bergauf. In einer Linkskurve rechts auf eine Forststraße Richtung Imsterau, die zunächst hoch über dem Tal durch den Wald und dann wieder bergab verläuft. Zunächst queren wir den Abfluss des Kraftwerks Imst, dann umgehen wir das Umspannwerk. Vor einem Viehrost wenden wir uns nach links auf einen Fußweg, der erst parallel zur Asphaltstraße, dann hinter den Hausgärten vorbei nach **Imsterau** führt. Wir passieren einen Fischteich, dann treffen wir wieder auf Asphalt. Nach links geht es in den Ort,

Die Kirche St. Vigil in Obsaurs gehört zu den Höhepunkten der Etappe.

den Wegweisern folgend, über einen kleinen Fußweg zum Gasthof Alpenrose direkt bei der Bahnhaltestelle Imsterberg. Danach auf einem Fahrweg neben der Bahn weiter. Dieser wird zum Fußpfad, steigt in den Wald hinein an und führt wieder an einer Kapelle vorbei. Am Ortsanfang des Weilers Ried gehen wir links hinauf, dann am Waldrand rechts. Bei einer Kreuzung zieht ein (anfangs sehr steiler) Fußpfad links den Hang hinauf. Wir folgen ihm (bei Nässe sehr rutschig!) hinauf zur uralten, idyllisch gelegenen Kirche St. Vigil in **Obsaurs (3)** (2.30 Std. / 9 km; Pilgerstempel, Trinkwasser).

> *Sicherlich eine der am schönsten gelegenen und urtümlichsten Kirchen des Oberinntals ist **St. Vigil in Obsaurs**. Der spätgotische, mit zahlreichen Fresken verzierte Saalbau aus dem 15. Jahrhundert mit seiner offenen Vorhalle besitzt keinen eigenen Glockenturm – das Geläut ist im etwas oberhalb stehenden*

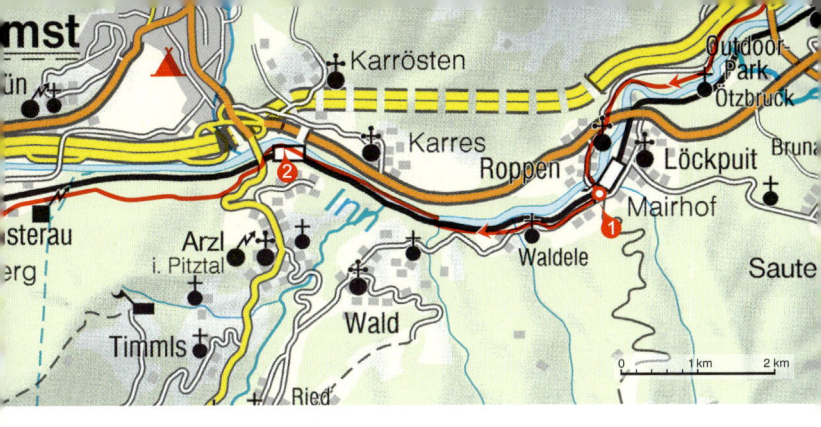

»Römerturm« untergebracht. Auch sonst weist die Kirche einige Besonderheiten auf: Nicht nur, dass sie dem heiligen Vigil, Bischof von Meran, geweiht ist, der sonst vor allem in Südtirol verehrt wird; im Inneren befindet sich auch die weit und breit einzige Darstellung der (niemals offiziell heiliggesprochenen) »Heiligen Jungfrauen« Ambett, Gwerbett und Wilbett, bei denen es sich vermutlich um heidnische Gottheiten handelt, die einfach ins christliche Glaubensbild integriert wurden. Und schließlich gibt es noch eine für Jakobspilger ganz besondere Sehenswürdigkeit: Ein Jakobspilger hat sich hier zu Beginn des 17. Jahrhunderts im Kircheninneren mit Rötelstift verewigt und eine Jakobsmuschel und zwei gekreuzte Pilgerstäbe an die Wand gemalt. Den Schlüssel zur Besichtigung der Kirche kann man bei der Familie Pohl in einem oberhalb der Kirche gelegenen Haus ausleihen.

Auf einer schmalen Asphaltstraße oberhalb der Kirche rechts zur Serpentine einer breiteren Straße (dort treffen Wege aus fünf Richtungen zusammen). Dem Straßenverlauf folgend halb rechts (nicht rechts zurück!) bergab und nach 50 m links auf einen Zufahrtsweg zu einem Gehöft hinauf abbiegen. Man kommt an einer weiteren Kapelle vorbei, dann am Bauernhof, und folgt dahinter einem Fahrweg wieder in den Wald. Zuerst leicht bergauf, dann eine Weile eben, dann wieder leicht bergab und schließlich steil bergauf

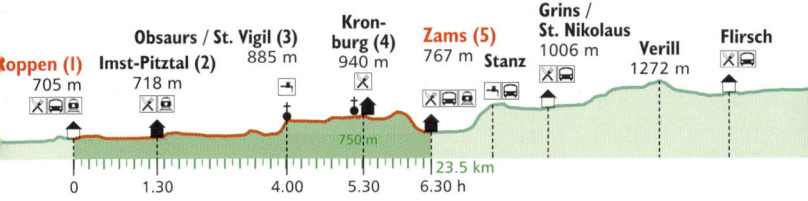

kommen wir 5 Min. nach dem höchsten Punkt zu einer Gabelung, bei der wir recht bergab gehen. Nach weiteren 5 Min. nehmen wir einen Fußweg links bergauf Richtung Kronburg. Völlig unvermittelt queren wir auf einem schmalen Steg die tief ins Gestein eingeschnittene Kronburger Schlucht, dann geht es bergab zur Zufahrtsstraße des Wallfahrtsortes und auf dieser steil links bergauf. Links liegt die Wallfahrtskirche **Kronburg (4)** (1.30 Std. / 5,0 km), rechts der Gasthof, ein Trinkbrunnen und ein Weg, der zur Burgruine hinaufführt (möglicher Abstecher).

*Ein ganz besonderer Ort der Besinnung und der Ruhe hoch über den Verkehrswegen des Oberinntals ist **Kronburg**. Die Burg auf der steilen Klippe zwischen Zams und Schönwies wurde um 1380 errichtet und ab 1766 dem Verfall preisgegeben. Stattdessen war bereits 1715 eine barocke Wallfahrtskirche am Sattel unterhalb der Burg errichtet worden, neben der 1845 ein Kloster erbaut wurde. Heute befinden sich Burgruine und Kloster im Besitz der Barmherzigen Schwestern von Zams, und es gibt nicht nur die Möglichkeit, im viel besuchten Gasthof mit angeschlossenem Seminarzentrum gut zu essen und zu übernachten, sondern auch den einen oder anderen Tag im Kloster zu verbringen.*

Wir gehen in Verlängerung der Straße auf einem Forstweg weiter, nun wieder bergab durch den Wald und kurz bergauf in den Weiler **Rifenal**. An einem Spielplatz, einem Gasthof und einem weiteren Trinkbrunnen vorbei wandern wir bergab. Hinter der Sesselliftstation erreichen wir den Ortsanfang von Anreit, wo wir einen Fußweg rechts bergab nehmen, der eine Serpentine der Straße abschneidet. Wieder auf der Straße bergab, dann beim ersten (und weit und breit einzigen) Haus auf der rechten Straßenseite abermals rechts hinab. Wir kommen am Schützenhaus und Schießstand

Blick in die Kronburger Schlucht.

Das alte Hospiz von Kronburg ist heute ein Gasthof.

vorbei hinab zum Krankenhaus St. Vinzenz, gehen an diesem vorbei hinab in den Ort **Zams (5)** (1 Std. / 4,3 km) und gelangen geradewegs zur Kirche. (Den Bahnhof Landeck-Zams erreicht man von dort in 20 Min. entlang der Hauptstraße.)

> *Von alters her ist* **Zams** *ein wichtiger Verkehrsknotenpunkt, an dem sich schon in römischer Zeit die Verkehrswege durch das Inntal Richtung Reschenpass und über den Arlberg schieden. Gemeinsam mit Landeck liegt Zams in einem weiten, einst von den drei Burgen Kronburg, Landeck und Schrofenstein beherrschten Talkessel des Oberinntals am Zusammenfluss von Inn und Sanna. Die beiden Orte sind nur 2 km voneinander entfernt; der Bahnhof Landeck-Zams befindet sich am schmalen Südufer des Inn genau zwischen den Ortszentren. Eine Besonderheit und das Wahrzeichen von Zams ist der frei stehende* **Kirchturm**, *bei dem es sich um den letzten Überrest eines 1911 bei einem Brand zerstörten Gotteshauses handelt – die neue, wie der Vorgängerbau dem Apostel Andreas geweihte Kirche wurde wegen der beengten Platzverhältnisse 50 m entfernt errichtet und 1913 eingeweiht. Sie ist im Stil dem Barock nachempfunden.*

Unterkunft: Grins (1006 m, 1400 EW): Spisshof, Tel. +43/5442/663 28; Haus Prantner Anna, Tel. +43/5442/653 54. **Pians** (856 m, 800 EW): Privatzimmer Bären, Tel. +43/5442/620 19. **Flirsch** (1154 m, 950 EW): Haus Wechner, Tel. +43/5447/5780. **Pettneu** (1222 m, 1450 EW): Gasthof Traube, Tel. +43/5448/8354; Rudighof, Tel. +43/5448/8680; Roman Falch, Tel. +43/5448/8234; Camping Arlberglife, Tel. +43/5448/8352, oder Camping Arlberg, Tel. +43/5448/222 66-0. **St. Jakob am Arlberg** (1297 m, 650 EW): zahlreiche Pensionen und Privatzimmer, Info beim Tourismusbüro St. Anton.

Die Strecke: Zams wird auf einem Fußweg entlang des Inn verlassen, dann steigen wir auch schon auf einem schönen, aber steilen Waldweg hoch hinauf auf das Hochplateau von Stanz. In einem Wechsel von asphaltierten Ortsstraßen und Feldwegen geht es in leichtem Auf und Ab bis Pians, dann erst ansteigend auf einem Forstweg durch den Wald weiter, dann wieder bergab nach Flirsch. Nach einem kurzen Stück auf Asphalt wechselt man auf den geschotterten Begleitweg des Rosanna-Flusses, dann geht es auf einem schönen Wiesenweg nach Pettneu. Das letzte Stück nach St. Jakob verläuft mit kaum merklicher Steigung großteils auf Asphalt (eine nicht befestigte Umgehung am Waldrand ist nur auf einem kurzen Stück möglich, stellt aber einen Umweg dar). **Asphaltanteil** ca. 45 %.
Höhenunterschied: Rund 950 m im Aufstieg und 430 m im Abstieg.
Kritische Stellen: Die Abzweigung des »Pfaffenwegs« gleich zu Anfang der Etappe ist nicht beschildert und leicht zu übersehen. Sie befindet sich etwa 50 m bevor der Inn einen 90°-Bogen beschreibt.
Landschaft: Wir verlassen das Inntal und steigen auf einem steilen Waldweg auf das Hochplateau hinauf, das im Norden oberhalb des Tals der Sanna liegt und auf dem wir, mit schönem Blick auf die prächtige Bergwelt der Zentralalpen, durch die Orte Stanz und Grins wandern. Weiter durch herrliche Wälder ins Tal der Rosanna, in dem wir bei Flirsch den unbewaldeten Talgrund erreichen. Am Flussufer entlang und über schöne Wiesen kommen wir nach Pettneu, und durch den Ort und über weitere Wiesen nach Sankt Jakob.
Infrastruktur: Stanz 🚐 🚌, Grins 🏠 🍴 € 🚌, Pians 🏠 🍴 € 🚌, Flirsch 🏠 🍴 🛒 🚐 €

Die Heilquelle in Grins.

Morgenstimmung über dem Inntal mit der Kronburg im Hintergrund.

✉ 🚐, Pettneu ⌂ ⛰ 🍴 🍽 🚠 € ✚ 🚐, Gand ⌂ 🚐, St. Jakob am Arlberg ⌂ 🍴 🖥 🍽 🚠 🚐.

Einkehr: Dorfwirt in Stanz, Café in Grins, mehrere Einkehrmöglichkeiten in Flirsch, Autobahn-Raststätte bei Schnann, Gasthof Pettneuerhof in Pettneu und Café in St. Jakob. **Trinkwasser** gibt es reichlich in allen Orten entlang des Weges bei zahlreichen Brunnen.

Touristeninformation: Tourismusverband TirolWest, Tel. +43/5442/656 00, info@tirolwest.at; Tourismusverband St. Anton am Arlberg, Tel. +43/5446/2269, info@stantonamarlberg.com.

Anmerkung: Auf dieser Etappe bewegen wir uns tatsächlich die meiste Zeit auf den alten Wegen, die zum Teil noch aus der Römerzeit stammen, fernab der heutigen Hauptverkehrswege. Dadurch sind allerdings auch Einkehr- und Einkaufsmöglichkeiten eher rar. Man sollte dies berücksichtigen und sich evtl. noch in Zams mit ausreichend Proviant eindecken.

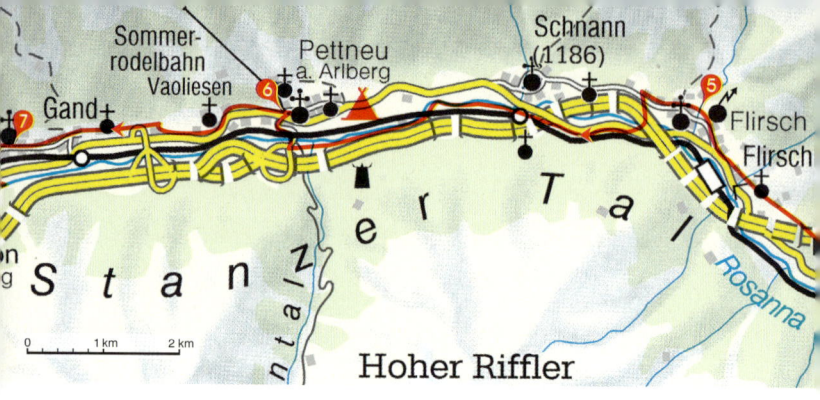

Von der Kirche in **Zams (1)** gehen wir 100 m zurück Richtung St. Vinzenz und dann links durch eine Gasse hinaus Richtung Inn. Diesen queren wir auf einem Fußgängersteg und gehen drüben sofort links am Ufer entlang. Eine Straßenbrücke wird unterquert, dahinter liegt gleich links wieder eine hübsche Kapelle. Die Straße entlang des Inn biegt sich nach rechts unter der Autobahn hindurch zu einem Steinbruch, während wir geradeaus auf einem Fußweg weitergehen. 500 m weiter leitet ein Weg scharf rechts hinauf zu einem Spielplatz. Vor diesem wieder scharf links auf einen Fußpfad, den sogenannten Pfaffensteig, der durch den Wald, dann hinter Hausgärten vorbeiführt.

Den Wegweisern folgend biegen wir steil rechts bergauf ab, gehen im Zickzack durch den Wald und kommen bei einem Heuschober hinaus auf eine Wiese. Ein Bächlein wird gequert, dahinter geht es auf Asphalt hinein in den Ort **Stanz (2)** (1.15 Std. / 4,1 km). An der Kirche und am Jakob-Prandtauer-Geburtshaus vorbei (Brunnen). Bei einem zweiten Brunnen gibt es einen überdachten Rastplatz, es folgt auch noch ein dritter – wer interessiert sich bei so viel köstlichem Nass noch für die vielen Schnäpse und Edelbrände, die in diesem Dorf erzeugt und angeboten werden?

ℹ️ *Als »Dorf der Schnapsbrenner« ist **Stanz** heute weithin bekannt. Die über 60 Brennereien verdanken ihre Existenz dem sonnigen Klima auf der bereits nachweislich seit 2000 v. Chr. besiedelten Mittelgebirgsterrasse über dem Zusammenfluss von Inn und Sanna, wodurch hier die »Stanzer Zwetschke« (eine Pflaumenart) bestens gedeiht. Stanz ist aber auch die Mutterpfarre – und namensgebend – für das gesamte Stanzertal, das wir von hier bis St. Anton am Arlberg durchwandern werden. Das Dorf, das um 1150 erstmals beurkundet ist, ist auch der Geburtsort des berühmten Barockbaumeisters Jakob Prandtauer, dessen Hauptwerk, das Stift Melk, wir ja bereits gesehen haben und der auch an der Gestaltung der ebenfalls am Jakobsweg gelegenen Stifte Herzogenburg und St. Florian beteiligt war.*

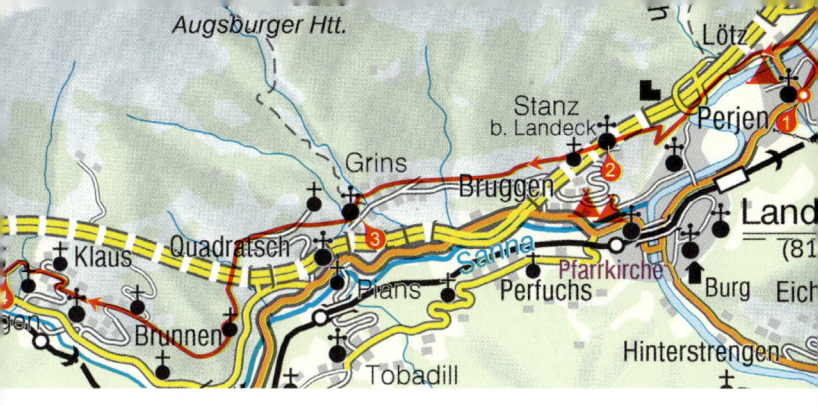

Am Dorfgasthaus vorbei bergab, dann auf einem geschotterten Feldweg eben entlang zu einer Kapelle, hinter der es wieder leicht bergab in ein Tal geht. Hier kommen wir wieder an einer Kneippanlage vorbei, wo man die müden Füße kühlen kann. Der Ort **Grins** wird auf Asphalt durchquert; wir kommen über die »Römerbrücke«, gehen dahinter bergauf zum Gemeindeamt, vor dem sich ein Brunnen befindet, aus dem sowohl Trinkwasser als auch das Grinser Heilwasser fließt. Kurz darauf passieren wir die Kirche **St. Nikolaus (3)** (1 Std. / 3,7 km).

Grins liegt, wie auch die anderen Orte auf der Terrasse über dem Tal der Sanna, an der früheren Römerstraße, die aber im 14. Jahrhundert durch den Bau einer Straße am Talgrund an Bedeutung verlor. Die erst im 16. Jahrhundert errichtete »Römerbrücke« über den Mühlbach im Zentrum von Grins hat ihren Namen von der alten Straße; ob es in früherer Zeit bereits einen Vorgängerbau gab, ist nicht bekannt. Fest steht aber, dass der Ort bereits in frühgeschichtlicher Zeit bewohnt war, was Funde aus der Jungsteinzeit belegen. Die erste urkundliche Erwähnung des Dorfes datiert aus 1288. Die Pfarrkirche aus dem späten Barock wurde 1779 anstelle eines älteren Gotteshauses errichtet und immer wieder umgebaut und umgestaltet.

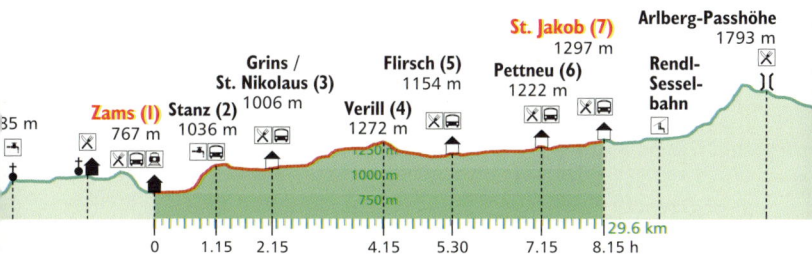

Blick vom »Wiesenweg« zurück auf Pettneu im Stanzertal.

Ein weiteres enges Tal wird ausgegangen (bergab, über eine Brücke und dann wieder bergauf), und bei der nächsten Abzweigung halten wir uns links. Der Asphalt endet bei einem Jakobsweg-Informationsschild der Gemeinde **Pians**, bei dem wir uns rechts bergauf wenden. Auf einem schönen Kreuzweg durch den Wald gelangen wir hinauf zur Lärchkapelle; ab dieser wandern wir auf einem anderen Kreuzweg wieder bergab. Am Beginn desselben liegt eine weitere Kapelle, dann gehen wir hinab in die oberen Ausläufer des Ortes Strengen. Wir durchqueren den Ortsteil Weiher, halten uns immer geradeaus, kommen auf einen Feldweg und dann im Ortsteil Unterweg wieder auf Asphalt. Die Straße führt in einer Serpentine bergauf, durch ein schluchtartiges Tal (davor und dahinter Absperrschranken bei Lawinengefahr) hinauf nach **Verill (4)** (2 Std. / 7,5 km).

Weiter der Straße folgend nun steil bergab neben einer Stromleitung zu einer Kehre in einem Tal, bei der wir rechts bergauf abzweigen. Bei der nächsten Kehre gehen wir halb links bergab zu mehreren Häusern. In einer Spitzkehre des asphaltierten Zufahrtsweges gehen wir geradeaus weiter, oberhalb eines Zauns und eines Heuschobers über eine Wiese. Ein wunderschöner Waldweg – ein Teil des sogenannten »Römerwegs« beginnt. Wir kreuzen eine Forststraße, dann geht es auf einem Feldweg bergab zur Bundesstraße. Neben dieser erreichen wir rechts den Ort **Flirsch (5)** (1.15 Std. / 4,4 km); bei einem Brunnen rechts der Straße halb rechts ins Zentrum.

Wir folgen kurz der alten Bundesstraße und biegen, bevor diese in den Wald hineinführt, links auf den Rosannaweg ein. Auf diesem bergab und entlang des Flussufers Richtung Pettneu. Der Weg quert die Rosanna und verläuft entlang der Bahn auf einem Feldweg weiter. Bei einer Gabelung gehen wir links (rechts käme man in den Ort Schnann), über das Areal einer Raststätte. Direkt rechts neben der Ausfahrt beginnt ein schmaler, erst asphaltierter, dann geschotterter Fahrweg. Wir gehen zwischen Schnellstraße und Bahn (die beide teilweise in einem Lawinentunnel verlaufen) weiter. Bei einem Umspannwerk folgen wir nicht der Markierung nach links unter der Straße durch, sondern halten uns geradeaus am Rosannaufer. Ein schöner Wiesenweg bringt uns Richtung Pettneu. Am Ortsanfang treffen wir wieder auf Asphalt, gehen gleich rechts über einen Fußgängersteg über den Fluss und dann unter der Bahn hindurch bergauf ins Ortszentrum von **Pettneu (6)** (1.45 Std. / 5,9 km; Einkaufsmöglichkeit, zwei Trinkbrunnen, Kirche).

Dem Wegweiser »Wiesenwanderweg Steinig – St. Jakob – St. Anton« folgend unterqueren wir die Bundesstraße. Am Gasthof Pettneuerhof vorbei und die Bundesstraße diesmal kreuzen. Erst auf Asphalt, dann auf einem Feldweg kommen wir in den Ort **Gand**. Die Markierung führt hier unnötigerweise bergauf und am Waldrand weiter; man erspart sich mit diesem Umweg von einer halben Stunde gerade einmal 500 m auf Asphalt. Wir gehen geradeaus weiter und gelangen so direkt ins Ortszentrum und zur Kirche von **St. Jakob am Arlberg (7)** (1 Std. / 4,1 km).

Es ist sicher kein Zufall, dass der letzte Ort im oberen Stanzertal, St. Jakob, den Namen des Schutzheiligen aller Pilger trägt. Die dem heiligen Jakobus d.Ä. geweihte Pfarrkirche wurde bereits 1275 urkundlich erwähnt. Der heutige Barockbau wurde 1778 geweiht. Von der Vorgängerkirche, die auf dem heutigen Friedhof stand, wurde lediglich der Turm übernommen und mit einem neuen Helm versehen. An der Außenwand der Kirche befindet sich ein großes Gemälde mit dem heiligen Christophorus, dem Schutzpatron aller Reisenden, was ebenfalls die Bedeutung des Ortes als letzte Station vor dem früher gefährlichen Arlbergpass unterstreicht.

Die Pfarrkirche St. Jakob.

Unterkunft: **St. Anton am Arlberg** (1284 m, 1850 EW): Widum (Pfarrhof), Tel. +43/5446/2238; Haus Zentral, Tel. +43/5446/2506; Haus Burger, Tel. +43/664/459 61 91. **St. Christoph am Arlberg** (1765 m, unter 100 EW): Hospiz, 5-Sterne-Hotel mit günstiger Unterkunft für Pilger, Tel. +43/5446/2611. **Stuben** (1409 m, unter 100 EW) und **Klösterle** (1073 m, 660 EW): mehrere Quartiere aller Preisklassen, Info beim jeweiligen Tourismusbüro. Kurz vor Klösterle offene Unterstandshütte, Übernachtung mit Schlafsack möglich.

Die Strecke: Die wahre »Königsetappe« des Österreichischen Jakobsweges, in jeder Beziehung: Wir erreichen beim Maiensee am Arlbergpass den höchsten Punkt des gesamten Weges, überwinden die meisten Höhenmeter und haben dabei einen der niedrigsten Asphaltanteile aller Wegabschnitte. Am Anfang geht es noch bequem am Ufer der Rosanna entlang von St. Jakob nach St. Anton, dann auf einem schönen Wanderpfad hinauf zur Passhöhe. Der Großteil des Aufstiegs vollzieht sich in Serpentinen und mit mäßigen Steigungen. Der Abstieg nach Stuben und weiter nach Langen folgt dann zum Teil dem alten historischen Saumpfad, wobei auch hier nur kurze Stücke auf Asphalt – der alten Arlbergstraße – zurückgelegt werden. Zuletzt geht man auf der Trasse der alten Arlbergbahn und auf einem Fußpfad hinunter in den Ort Klösterle. **Asphaltanteil** ca. 35 %.

Höhenunterschied: Rund 750 m im Aufstieg und 970 m im Abstieg.

Kritische Stellen: Auf dem Abschnitt zwischen Passhöhe und Alpe Rauz sind die Markierungen sehr undeutlich und der Talgrund sehr nass und sumpfig. Man kann hier evtl. auch auf der Straße bleiben, bis der Wanderweg diese wieder kreuzt.

Landschaft: Atemberaubende Bergkulissen erwarten uns auf dieser Etappe.

Nach einem beschaulichen Abschnitt am Flussufer entlang geht es durch die enge Rosannaschlucht, dann durch Wald hinauf über die Baumgrenze am Arlbergpass. Wir passieren den idyllischen Maiensee, gehen dann über Almwiesen und entlang von einem Gebirgsbach mit Wasserfällen und schließlich mit schönem Ausblick über das Klostertal hoch oben den Talgrund auf der ehemaligen Bahntrasse.

Infrastruktur: St. Anton am Arlberg 🏨 🏠 🍴 🛒 🍞 🏧 € A ✉ 🚌 🚆, St. Christoph am Arlberg 🏠 🍴, Stuben 🏠 🍴 € 🚌, Langen 🏠 🍴 🚌 🚆, Klösterle 🏠 🍴 🛒 🍞 🏧 € ✉ ℹ 🚌.

Einkehr: Zahlreiche Lokale im Zentrum von St. Anton und Imbiss im Bahnhof, Hospiz-Alm, Hospiz (Pilgermenü), Raststation (überteuert) und Imbiss auf der Passhöhe in St. Christoph, Rasthaus Valvagehr an der Abzweigung der Flexenstraße, mehrere Lokale in Stuben, Gasthaus Engel in Klösterle. **Trinkwasser** bei mehreren Quellen unterwegs sowie in den Bahnhöfen St. Anton und Stuben.

Touristeninformation: Tourismusverband St. Anton am Arlberg, Tel. +43/5446/2269, info@stantonamarlberg.com; Tourismusbüro Stuben, Tel. +43/5582/399, info@stuben.com; Tourismusbüro Klösterle, Tel. +43/5582/777, info@kloesterle.com.

Anmerkungen: Das erste Wegstück von St. Jakob nach St. Anton ist nicht als Jakobsweg ausgeschildert, aber schöner als die offizielle Variante. – Der Abschnitt von St. Anton nach Langen ist der einzige wirklich »hochalpine« Abschnitt des Österreichischen Jakobsweges und sollte deshalb unter keinen Umständen bei Schlechtwetter (Gewitter, Kaltfront) begangen werden! So schön der Weg auch ist – wenn es die Sicherheit nicht zulässt, ist es besser, entweder Wetterbesserung abzuwarten oder für eine Station die Bahn zu benützen!

Von der Kirche von **St. Jakob (1)** gehen wir auf der Dorfstraße weiter und nehmen die erste Gasse links bergab. Hat der markierte Weg östlich des Ortes einen weiten Bogen in Kauf genommen, nur um sich ein kurzes Stück Asphalt zu ersparen, so verläuft er ab hier bis St. Anton auf der Straße – was wir uns aber ersparen möchten: Wir queren die Bundesstraße und nehmen einen Fußweg, der kurz an der Rosanna entlang abwärts verläuft. Über einen Steg ans andere Ufer und auf diesem wieder flussaufwärts.

Am Ortsbeginn von **St. Anton am Arlberg** gehen wir nicht rechts über die Brücke, sondern nehmen einen Weg, der sich leicht bergauf vom Ufer entfernt und zum Friedhof hinaufführt. Von dort halb rechts bergab zum anlässlich der Ski-WM 2001 errichteten neuen, scherzhaft als »St. Beton am Arlberg« bezeichneten Bahnhof von St. Anton. Von diesem gehen wir an einem erhalten gebliebenen Teil des alten Tunnelportals vorbei zur Talstation der **Rendl-Sesselbahn (2)** (1 Std. / 3,7 km).

Der höchste Punkt bis Santiago ist erreicht!

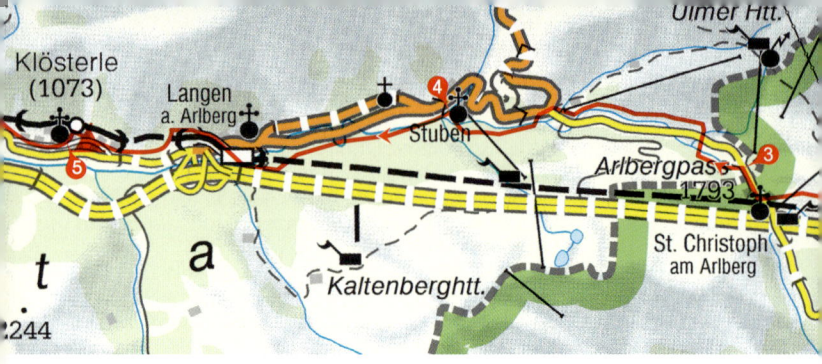

<ins>i</ins> **St. Anton am Arlberg** war bis zum Aufkommen des Wintertourismus nur ein unbedeutender Ortsteil von St. Jakob – heute ist es einer der bedeutendsten Wintersportorte der Welt und gilt als einer der Ursprungsorte des modernen alpinen Skilaufs. Nach der Eröffnung der Bahnstrecke 1884 dauerte es nur einige Jahre, bis 1897 das erste Hotel »Post« mit bereits 110 Betten eröffnet wurde, und weitere folgten – aufgrund der guten Erreichbarkeit mit der Bahn entwickelte sich der Tourismus rasant. 1922 wurde hier eine Skischule gegründet und in den 1930er-Jahren mehrere Bergfilme gedreht, was die Popularität weiter steigerte: 1934 konnten bereits über 55.000 Übernachtungen verbucht werden. Im Jahr 2001 war St. Anton Schauplatz einer Ski-Weltmeisterschaft; heute erreichen die Übernachtungszahlen pro Saison bereits mehr als 900.000!

Der markierte Jakobsweg führt uns rechts an der Talstation vorbei – nicht über den Steg, sondern entlang einer Wiese rechts der Straße, an einem Denkmal vorbei und dann durch eine Unterführung. Wir folgen den Wegweisern zur Rosannaschlucht auf einem geschotterten Weg ins Tal hinein, unterqueren die Tunnelröhren des Arlberg-Straßentunnels und passieren ein kleines Wasserkraftwerk. Hinter einem Viehgatter endet der Fahrweg schon bald, und an einem Marterl vorbei betreten wir die enge Rosannaschlucht, in

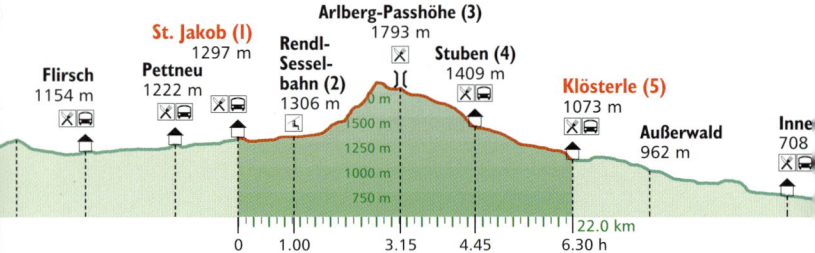

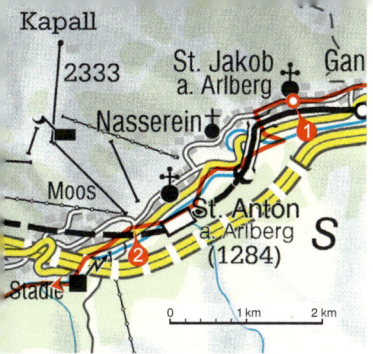

der der Weg teilweise über Holzstege führt. Alle ausgesetzten Stellen sind aber gut mit Geländern, teilweise noch zusätzlich mit Seilen an
der Bergseite gesichert. Wir verlassen die Schlucht und erreichen einen Schotterweg bei einer Kreuz-
wegstation (Rastbank), gehen links
und kommen bei der nächsten Station zu einer schmalen Asphaltstraße (links Bushaltestelle »Verwall
Rosannaschlucht«), auf der wir ca.
5 Min. nach rechts gehen, bis links

*Die Stiegeneckkapelle am Aufstieg zur
Passhöhe.*

ein Stufenweg abzweigt. Auf ihm gelangen wir zur **Stiegeneckkapelle**.
Hinter der Kapelle bergauf schließt sich ein steiler, aber einfach zu begehen-
der Wanderweg mitten durch den Wald an, der – bereits in Sichtweite der
Arlberg-Passstraße – kurz bergab durch eine nasse Wiese (Holzsteg) führt.
Wir queren die Straße und gehen gegenüber weiter bergauf am markierten
»Maienweg«. Unter einer Stromleitung geht es nochmals steil bergauf, an
einer Gedenktafel vorbei, bis wir schließlich auf 1865 m Höhe einen kleinen
Pass, den höchsten Punkt des Pilgerwegs, überschreiten. Nun bergab, am
Ufer des Maiensees (Rastbänke) vorbei, bei der nächsten Abzweigung links,
auf der Schotterstraße rechts und gleich wieder links bergab auf einem mit
Holzplanken befestigten Fußpfad in Richtung St. Christoph am Arlberg. Bevor man den Ort erreicht, kann man rechts auf der bewirteten Alm einkehren;
im Ort selbst sind einige Betriebe nur in der Wintersaison geöffnet.
Beim Hospiz treffen wir auf die Passstraße, der wir rechts bergauf zur
Arlberg-Passhöhe (3) (2.15 Std. / 7,0 km) folgen. Das Gasthaus am Pass
bietet den üblichen Touristennepp und viel Kitsch im Souvenirshop; daneben am Parkplatz gibt es eine preisgünstigere Alternative in Form einer Imbissbude.

Auf der Passhöhe haben wir das Bundesland Tirol verlassen, und ab hier begleiten uns Schilder des Vorarlberger Wegeleitsystems. Das Symbol der Jakobsmuschel wurde auf den bestehenden Wegweisern zusätzlich angebracht; bis Bludenz folgen wir dabei immer dem gelb-weiß markierten »Arlbergweg«. Gleich hinter der Passhöhe geht es links bergab in eine Senke (gut auf die Markierungen achten; manche Wegspuren verlieren sich im sumpfigen Talgrund). Nach etwa 15 Min. ab Passhöhe geht es kurz im Zickzack bergauf zur Straße, und wir folgen am Nordhang des Tals einer hier noch erhaltenen alten Trasse bis zur **Alpe Rauz**, wo wir wieder auf die Hauptstraße treffen.

Auf dieser wandern wir rechts 500 m bergab, an der Abzweigung der Flexenstraße vorbei (Einkehr), bis etwa 150 m weiter ein Schotterweg links hinab zum Rauzbach führt. Wir queren diesen auf einem Holzsteg und gehen am Ufer entlang, an einem kleinen Wasserfall vorbei, bergab bis zu den ersten Häusern von Stuben, wo wir wieder zurück ans rechte Ufer wechseln. Zur Kirche von **Stuben (4)** (1.30 Std. / 4,8 km) und zu mehreren Einkehrmöglichkeiten kann man rechts hinaufgehen; andernfalls hält man sich links und verlässt den Ort gleich wieder, dem Wegweiser Richtung Langen folgend, über eine Viehweide.

Der Wasserfall im Wäldletobel.

Stuben ist der erste Ort jenseits des Arlbergs.

An einem kleinen Teich vorbei gelangen wir zur alten Arlbergstraße, auf der wir (auf Asphalt) links bergab gehen. Nach etwa 1 km zweigt ein Schotterweg links ab, der dem Fluss Alfenz zum Ortsanfang von **Langen am Arlberg** folgt. Hier erreicht man in 5 Min. den Bahnhof. Kurz die Straße entlang, dann halb rechts einen steilen Weg hinauf, der über das Portal des Eisenbahntunnels hinwegführt. Wieder leicht bergab erreichen wir die alte Bahntrasse, der wir nun bis zur **Wäldletobelbrücke** folgen. (Davor eine beheizbare Unterstandshütte, in der man rasten oder auch übernachten kann.) Am Ende der Brücke sollte man sich einen Abstecher auf einem Weg nach rechts bis zum Wasserfall nicht entgehen lassen, bevor man auf dem markierten Weg im Zickzack in den Ort **Klösterle (5)** (1.45 Std. / 6,6 km) absteigt.

*ℹ Der Ort **Klösterle** entstand, wie der Name schon verrät, an der Stelle eines klösterlichen Hospizes des Johanniterordens, das dieser im Gegenzug für eine Schenkung durch Graf Hugo I. von Montfort im Jahr 1219 errichten musste, um vorbeiziehenden Leuten Unterkunft zu geben. Von der Bezeichnung »Klösterle« für den um das Hospiz entstandenen Ort leitet sich heute auch der Name des ganzen Tals, der Klostertals, ab. Vom Hospiz ist heute nichts mehr erhalten; die Pfarrkirche im Zentrum des Ortes ist dem heiligen Johannes dem Täufer geweiht.*

Unterkunft: Wald am Arlberg (963 m, 620 EW): Hotel Landhaus Sonnblick, Tel. +43/5585/7367; Gasthof Jägerheim, Tel. +43/5585/7387; Pension Maroi, Tel. +43/5585/7259. **Dalaas** (916 m, 1550 EW): Pilgerherberge in Christl's Atelier, Tel. +43/650/512 80 82; Gasthof Post, Tel. +43/5585/7216; Haus Fritz, Tel. +43/5585/7642; Haus Brunner, Tel. +43/5585/7392. **Innerbraz** (708 m, 880 EW): Camping und Landhaus Walch in Innerbraz, Tel. +43/5552/281 02. **Bludenz** (588 m, 13.800 EW): Pilgerzimmer im Kloster, Tel. +43/5552/623 29; zahlreiche weitere Quartiere, Info beim Tourismusbüro.

Die Strecke: Obwohl man tendenziell immer weiter bergab wandert, sind auf die-

Der Fluss Alfenz wird auf einem Holzsteg überquert.

ser Etappe auch noch einige Steigungen zu bewältigen, besonders am Anfang von Klösterle auf einem Schotterweg hinauf zur alten Bahntrasse, auf einem Wanderweg von Dalaas zum Fallbach-Wasserfall und gegen Ende der Tour auf einem Fußweg über den Höhenrücken der Gasünd. Dazwischen geht es großteils über Feld- und Wiesenwege oder am Flussufer der Alfenz entlang, nur kurze Stücke durch die Ortschaften legt man auf Asphalt zurück. Asphaltanteil ca. 40 %.

Höhenunterschied: 400 m im Aufstieg und 900 m im Abstieg.

Kritische Stellen: Wie überall in Vorarlberg sind die Wege gut beschildert und markiert, es gibt bezüglich Orientierung keine kritischen Stellen.

Landschaft: Im Vorarlberger Klostertal wandern wir zunächst auf der Sonnenseite mit schönen Ausblicken, dann durch die Wälder auf der Schattenseite des Tales, wo wir am eindrucksvollen Fallbach-Wasserfall vorbeikommen. Auch entlang der Alfenz begleiten uns großteils Wälder, und schließlich gehören

auch der Weg über die Gasünd und der Abstieg nach Bludenz mit seinem herrlichen Bergpanorama zu den Höhepunkten der Etappe.

Infrastruktur: Wald am Arlberg 🏨 🚌 €, Dalaas 🏨 🏠 🚌 💻 🚃 € ✚ ✉ 🚌, Innerbraz 🏨 🚌 💻 🚃 △ € ✚ 🚌, Bings-Radin 🚌, Bludenz 🏨🏨 🏠 △ 🚌 💻 🚃 🚃 € 🏧 ✚ ✉ 🚌 🚇.

Einkehr: Mehrere Lokale in Wald und Dalaas; in Braz etwas abseits des Weges. Zahlreiche Einkehrmöglichkeiten in Bludenz. **Trinkwasser** an mehreren Quellen in allen Orten unterwegs.

Touristeninformation: Bludenz Tourismus, Tel. +43/5552/621 70, tourismus@bludenz.at.

Variante: Wer nicht in Klösterle übernachtet, kann sich Ab- und Wiederanstieg ersparen, indem er auf der alten Bahntrasse bleibt. Kurz vor dem Westportal des Blisadonatunnels führt ein Pfad bergauf, oberhalb der Lawinendächer durch den Wald und mündet beim Ostportal des Wildentobeltunnels wieder in den beschriebenen Wanderweg.

Vom Ortszentrum von **Klösterle (1)** führt ein Spazierweg rechts hinter den Häusern parallel zur Hauptstraße vorbei. Wer auf dieser geht, muss spätestens bei der Bushaltestelle »Klösterle Sand« rechts den Fußweg nehmen, dem wir schließlich bergauf wieder auf die alte Bahntrasse folgen. Auf dieser leicht bergab bis zum Ende des Wildentobeltunnels; ab hier auf einem Pfad etwas unterhalb der Bahn entlang. Wir kreuzen die Druckrohre des Kraftwerks Spullersee, kommen am **Bahnhof Wald am Arlberg** (kein Zughalt) vorbei und gehen auf der Bahnhofstraße bergab.

ℹ️ *Die in nur vier Jahren – von 1880 bis 1884 – errichtete **Arlbergbahn** gehört zu den größten Ingenieursleistungen des österreichischen Eisenbahnbaus. Der im Zuge der Strecke errichtete, von Anfang an zweigleisig konzipierte und fast 11 km lange Arlbergtunnel war bis zur Eröffnung des Unterinntaltunnels im Jahr 1994 – also 110 Jahre lang – der längste Bahntunnel Österreichs. Wegen der extrem schwierigen Verhältnisse und der Gefahr durch Muren, Erdrutsche, Felsstürze und Lawinen wurden vor allem auf der Westrampe mehrere Abschnitte als Tunnel im Inneren des Berges komplett neu errichtet, sodass einige der besonders exponierten Streckenteile heute eingestellt sind und als Rad- und Wanderwege begangen werden können.*

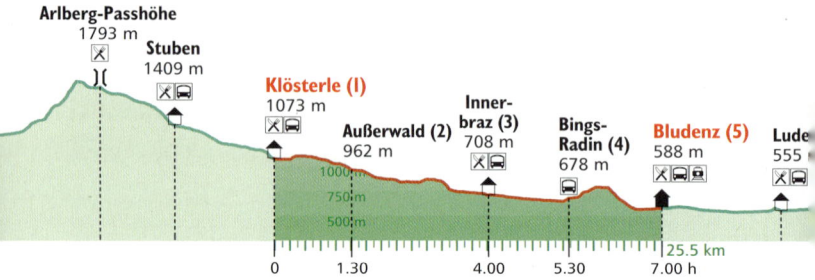

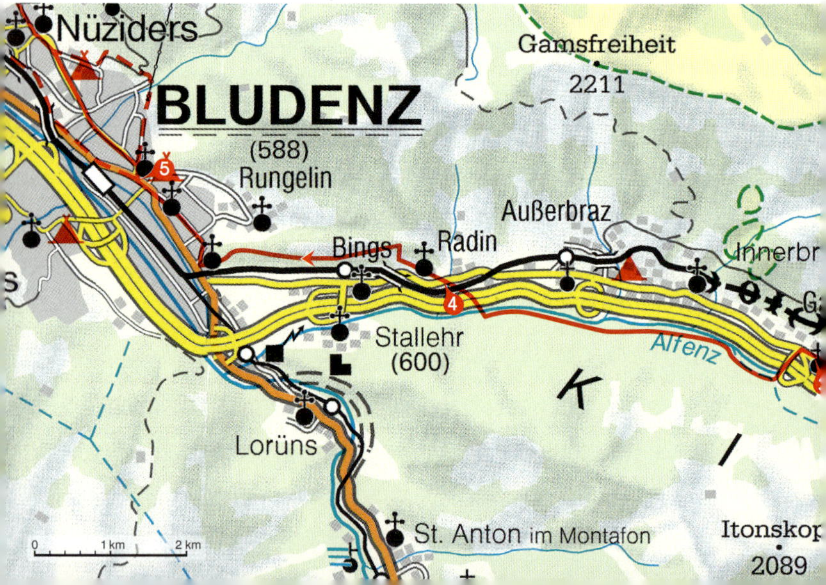

Bei einem Trinkwasserbrunnen rechts, durch die Obere Gasse leicht bergauf zu einer Kapelle, am Feuerwehrhaus (weiterer Brunnen) vorbei und wieder bergab zur Pfarrkirche St. Anna von **Außerwald (2)** (1.30 Std. / 5,1 km). Etwa 500 m weiter, bei einem Sportplatz, halb rechts in den Wald und, trockenes Wetter vorausgesetzt, bei einer Furt über den Radonatobelbach (siehe Hinweis!). Immer dem Forstweg durch den Wald folgend treffen wir am Ortsbeginn von **Dalaas** auf die Arlbergstraße, der wir nun unter der Schnellstraße hindurch folgen. Beim Wegweiser zur Pilgerherberge rechts über den Fluss. Die Straße endet hinter einer Kapelle bei einem Gehöft; es führt aber ein Fußpfad weiter, der durch eine Türe im Wildschutzzaun über den Dalaaser Tunnel der Schnellstraße hinweg verläuft. Wir kommen zum Gemeindeamt, gehen rechts davon am beschilderten Fußweg weiter und zwischen Fluss, Sportplatz und Freibad entlang. Links über eine Brücke kommt man zur Kirche (gegenüber Gh. Post); der markierte Weg bleibt aber noch am Flussufer (zum Teil in Form von Holzstegen über dem Wasser), kreuzt dann am Ortsende die Bundesstraße und führt asphaltiert bergauf durch eine Siedlung.

An deren Ende rechts, auf einem Fahr-, dann einem Fußweg am Hang entlang dahin mit schönem Blick ins Tal. An einem markanten Felsen, dann unterhalb des **Fallbach-Wasserfalls** (Naturdenkmal) vorbei gehen wir zurück ins Tal. Wir queren eine Forststraße, gehen geradeaus auf einem Holzsteg über die Alfenz

Nicht mehr weit zum Etappenziel!

und kommen zu einer weiteren Kapelle. Links, dann über die Straße, unter der Schnellstraße hindurch und auf einem schönen Weg über Wiesen und Wälder am rechten Ufer des Flusses nach **Innerbraz (3)** (2.30 Std. / 9,0 km). Wer im Ort einkehren oder übernachten möchte, kann sich an den Jakobsweg-Wegweisern orientieren; wesentlich schöner ist aber der folgende Weg: An der Kapelle vorbei geradeaus halten, den Wegweisern »Innerbraz über Au« folgend. Man quert die Autostraße und geht dann rechts erst noch auf Asphalt durch die Auen am Flussufer. Bei einem großen Staubecken geht der Weg in Schotter über. Nach 15 Min. erreichen wir eine Brücke, die aber nicht gequert wird, sondern wir gehen links Richtung Radin. Wir kommen zu einem Wehr, gehen auf der darunter liegenden Brücke über die Alfenz und kreuzen nochmals die Schnellstraße, dann einen Bahnübergang. Bei der Bushaltestelle **Bings-Radin (4)** (1.30 Std. / 5,5 km) auf die Hauptstraße, die-

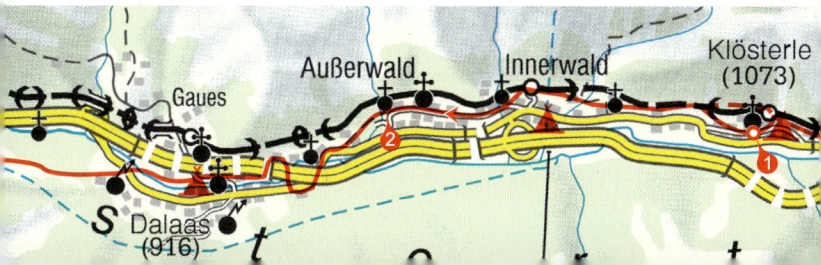

Das Dominikanerinnenkloster St. Peter am Stadtrand von Bludenz.

ser nach links folgen (historischer Kilometerstein!) und immer geradeaus auf die Kirche St. Leonhard zu.

Scharf rechts auf Asphalt den Hang hinauf, nach einer Kehre nach links wieder auf Schotter ins Hochtal der **Gasünd**. Auf einem schönen Wanderweg geht es an einem Teich mit hohen Gräsern vorbei und schließlich wieder steil bergab, teils auf Asphalt, teils auf Schotter. Direkt beim Kloster St. Peter erreicht man das Stadtgebiet von **Bludenz (5)**. Hier rechts, am Friedhof vorbei und über die Schillerstraße ins Zentrum (1.30 Std. / 6,0 km).

> *i* **Bludenz** gehört mit seiner schönen Altstadt zu den reizvollsten Städten Vorarlbergs. Von der mittelalterlichen Stadtbefestigung sind noch zwei **Tore** erhalten; schön ist auch die Fußgängerzone mit den Laubengängen. Unter den Kirchen der Stadt ist besonders die auf einer Anhöhe stehende, über Stiegenaufgänge erreichbare **Laurentiuskirche** aus dem 14. Jahrhundert zu erwähnen. Der Kirchturm besteht aus drei quadratischen Untergeschoßen und drei achteckigen Obergeschoßen; zwei seiner insgesamt fünf Glocken stammen noch aus der ersten Hälfte des 16. Jahrhunderts. – Das Dominikanerinnenkloster St. Peter am östlichen Stadtrand direkt am Fuß der Gasünd ist das älteste bestehende Kloster Vorarlbergs, wurde im 13. Jahrhundert gegründet und hat sein heutiges Erscheinungsbild im 18. Jahrhundert erhalten.

Unterkunft: Nüziders (562 m, 4850 EW): Gasthof Pension Bad Sonnenberg, Tel. +43/5552/642 86; Panoramacamping Sonnenberg, Tel. +43/5552/640 35. **Röns** (610 m, 330 EW): Gasthof Löwen, Tel. +43/5524/8585. **Satteins** (495 m, 2500 EW)**:** Gh. Stern, Tel. +43/5524/535 86. **Feldkirch** (458 m, 31.400 EW): Pilgerherberge im Kapuzinerkloster, Tel. +43/5522/72 24 60; Jugendherberge, Tel. +43/5522/731 81; Tel. +43/5522/760 01 31 90; weitere siehe Touristinfo. **Rankweil** (468 m, 11.700 EW): Burgcafé, Tel. +43/5522/445 16; weitere siehe Touristinfo.

Die Strecke: Das letzte Stück des Österreichischen Jakobsweges ist weitgehend mit dem sogenannten Walgauweg identisch, dem wir zunächst noch am Talgrund durch Nüziders (mit Bludenz zu einem Ort verschmolzen), Ludesch und Thüringen folgen. Danach auf einem schmalen Fußsteig steil hinauf auf die Hochfläche im Süden des Walserkamms, wo in leichtem Auf und Ab Schnifis, Röns und Satteins durchquert werden. Zwischen den asphaltierten Ortsdurchquerungen liegen Feld- und Wiesenwege. Noch einmal steigt man auf Waldwegen etwas an zum Mühlboden; von dort entweder bergab Richtung Feldkirch oder Richtung Rankweil – jeweils teils auf Asphalt, teils auf Feld- oder Waldwegen. **Asphaltanteil** ca. 50 %.

Höhenunterschied: Beide Routen rund 500 m im Aufstieg und 600 m im Abstieg. **Kritische Stellen:** Keine. Sämtliche Wege sind gut beschildert und nach dem Vorarlberger Wegeleitsystem markiert.

Am Montjola-See, einer Oase der Ruhe über dem Walgau.

Landschaft: Der Walgau ist das breite Flusstal der Ill zwischen Bludenz und Feldkirch, das im Süden von der prächtigen Bergkulisse des Rätikon beherrscht wird. Wir wandern erst im besiedelten Tal bzw. durch Wälder an dessen Rand, umrunden den Hängenden Stein, einen Bergrücken zwischen Nüziders und Ludesch, und steigen dann neben dem herrlichen Montjola-Wasserfall zum gleichnamigen See hinauf. Durch Wälder und über Wiesen geht es auf einem Hochplateau mit schönen Ausblicken dahin. Feldkirch hat als Höhepunkt die Felsenau (Illschlucht) zu bieten; die Variante nach Rankweil führt durch Wälder und am Schwarzen See entlang.

Infrastruktur: Nüziders, Ludesch, Thüringen (573 m, 2120 EW), Schnifis (657 m, 775 EW), Röns, Satteins, Feldkirch, Rankweil.

Einkehr: Gasthof Sonnenberg in Nüziders, Café in Ludesch, Restaurant Ariana, Gasthof Rössle und Gasthaus Blumenegg in Thüringen, Gasthaus Krone in Schnifis, Gasthof Löwen in Röns, Gh. Stern in Satteins, Gasthaus Stein auf der Variante nach Feldkirch, Schwarzer-See-Stüble auf der Variante nach Rankweil, zahlreiche Lokale sowohl in Feldkirch als auch in Rankweil. **Trinkwasser** bei mehreren Quellen beim Montjola-See, in Schnifis, Röns und Satteins.

Touristeninformation: Alpenregion Bludenz, Tel. +43/5552/302 27, www.alpenregion.at; Stadtmarketing und Tourismus Feldkirch GmbH, Tel. +43/5522/734 67, stadtmarketing@feldkirch.at; Erlebnis Rankweil, Gemeindemarketing GmbH, Tel. +43/5522/405 15 50, erlebnis@rankweil.at.

Anmerkungen: In Feldkirch bzw. Rankweil endet der österreichische Abschnitt des Jakobsweges. Die Beschilderung leitet noch weiter bis zur liechtensteinischen bzw. schweizerischen Grenze.

Varianten: Siehe Tourbeschreibung.

Durch die Illschlucht kurz vor Feldkirch.

Alpwegkopfhtt.

921
Laterns
Bonacker
Innerla

Laterns

Kopes
•1735
1985

Dünserberg

Düns

ns

Rörs

3 Schnifis
Thüringen
(573)

Schlins
Gais
Bludesch

Ragg
(101

Ludesch
(555)
Hoher Fra

1979
Frassenhtt.

Unterfeld
Lutz

Nüziders

Nenzing
(530)

BLUD
(58
Run

1967.
Mondspitze

1
Matin

Bürserberg
Bürs

1 km   2 km

Durch das Stadtgebiet von **Bludenz (1)** gibt es mehrere Wegvarianten: Vom Zentrum, am Ende der Fußgängerzone, weist die Markierung rechts an der Laurentiuskirche vorbei den Berg hinauf nach Hinterplärsch und durch den Wald wieder bergab nach Nüziders – was gut 180 Höhenmeter zusätzlich und einen Umweg von 600 m bedeutet und gerade einmal 600 m Asphalt erspart. Alternativ dazu geht man nach der Laurentiuskirche links, auf der Alten Landstraße direkt, allerdings durchwegs auf Asphalt, nach Nüziders. Ab hier in beiden Fällen an der Kirche vorbei, beim Gasthof Sonnenberg links wieder auf dem markierten Weg, am Fuß des Hängenden Steins, eines bewaldeten, felsigen Bergrückens, zurück zur Bundesstraße.

*200 m abseits unseres Weges, an der Stelle, an der wir von der Sonnenbergstraße abbiegen, auf dieser weiter links und auf der Sankt-Viner-Straße nochmals links, kommt man zur sehenswerten **Vineriuskirche**, der ältesten Kirche des Walgaus. Der schlichte, romanische Bau stammt in seinen Grundmauern aus dem 12. Jahrhundert; der Glockenturm aus unverputzten Natursteinen steht seitlich neben der Kirche. – Die heutige Pfarrkirche von **Nüziders**, an der wir direkt vorbeikommen, zeichnet sich durch ein schönes barockes Langhaus und einen gotischen Chor sowie einen modernen Zubau aus. Sie ist den Heiligen Viktor und Markus geweiht.*

Die alte Kirche St. Martin liegt am Hügel außerhalb des Ortes.

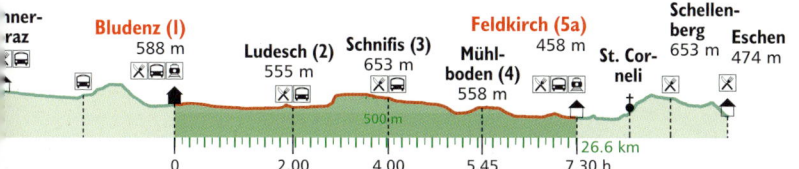

Bludenz (I) 588 m · Ludesch (2) 555 m · Schnifis (3) 653 m · Mühlboden (4) 558 m · Feldkirch (5a) 458 m · St. Corneli · Schellenberg 653 m · Eschen 474 m

500 m

26.6 km

0   2.00   4.00   5.45   7.30 h

Die dritte Möglichkeit besteht darin, vom Ende der Fußgängerzone geradeaus auf der Werdenbergerstraße, vorbei an der Fohrenburger Brauerei, zu gehen. Bevor die Straße die Bahn unterquert, nach rechts, immer an den Gleisen entlang auf einem Schotterweg bis zur Bahnhaltestelle Nüziders. Hinter dieser durch die Unterführung auf die andere Seite und weiter entlang der Bahn, auf einem Spazierweg entlang von Kleingärten. An dessen Ende wieder zurück auf die andere Seite der Bahn und rechts entlang der Straße zum Fuß des Hängenden Steins, wo man auf den markierten Weg trifft.

Auf dem Gehweg neben der Straße gelangen wir zu einem Kreisverkehr, bei dem wir einen nur auf den ersten Metern asphaltierten Fahrweg rechts nehmen. Immer am Fuß der Felswände halten wir entlang des Mühlbaches auf die oben am Berghang bereits sichtbare Kirche **St. Martin** zu. Kurz steiler auf einem Fußweg durch den Wald bergauf (rechts kleine Wasserfälle), dann wieder bergab über eine Wiese zur Kirche.

> ℹ️ *Die außerhalb des Ortes auf einem Hügel gelegene ehemalige Pfarrkirche **St. Martin** in **Ludesch** gehört zu den schönsten und besterhaltenen mittelalterlichen Kirchenbauten Österreichs und gilt als Juwel gotischer Baukunst. Dank sorgsamer Renovierung hat sie sich das ursprüngliche Erscheinungsbild sowohl außen als auch im Inneren erhalten. Bemerkenswert ist auch das Beinhaus im Untergeschoß, in dem Totenschädel und aufgeschlichtete Gebeine zu sehen sind. Wer die Kirche besichtigen möchte, kann im Pfarramt unter Tel. +43/5550/3383 einen Termin vereinbaren.*

Neben der Kirche gehen wir auf einem Wiesenweg bergab und, wieder auf einer Straße, in den Ort **Ludesch (2)** (2 Std. / 7,9 km) hinein. Nach 150 m halb links auf einen Fußweg, gerade weiter ins Zentrum, bei einer Kapelle links an einem Café und der Post vorbei, dann wieder rechts zur neueren Pfarrkirche St. Sebastian. Weiter geradeaus auf der Straße in den Ort **Thüringen**, durch den man unterhalb der Kirche St. Stephan hindurchgeht.

Hier lohnt es sich unbedingt, den markierten Jakobsweg kurz zu verlassen und den Wegweisern rechts hinauf in Richtung des über 50 Meter hohen **Montjola-Wasserfalls** zu folgen. Diesen erreicht man schon nach wenigen Minuten; der Weg führt im Zickzack durch den Steilhang hinauf zum gleichnamigen See, an dessen Ufer es mehrere Rastbänke sowie einen Grillplatz gibt.

327

Die Pfarrkirche St. Georg in Satteins.

Nun links, am Haus des Fischerei-vereins zu einem Kreuz (daneben Trinkbrunnen) und eben durch ein Hochtal auf den Wald zu. In diesem kurz bergab, wo man nach wenigen Minuten wieder auf den beschilderten Jakobsweg trifft.

Dieser führt als Forstweg fast eben dahin und erreicht bei einem Spiel- und Sportplatz den Ort **Schnifis (3)** (2 Std. / 6,2 km). In diesem hinauf zur Hauptstraße, dort links an der Kirche vorbei und halb links bergab. Der Weg ist Teil eines Bienen-Lehr-pfads, mündet wieder in eine Asphaltstraße, verlässt diese aber schon bald wieder nach links. Über eine Wiese an den Waldrand, an diesem entlang auf einem Fußweg und dann über Felder in den Weiler **Röns**. Hier kommen wir auf dem Weg zur Kirche gleich an drei Trink-brunnen vorbei; dahinter geht es rechts durch ein kleines Tal wieder auf den Wald zu. In diesem leicht bergab in den Ort **Satteins**.

Hier können wir die Pfarrkirche St. Georg besuchen; ein Stück weiter kommen wir noch an der Kapelle St. Sebastian vorbei (links davon Gh. Stern).

Der Weg steigt nun noch einmal deutlich an, zunächst auf der Straße, dann halb rechts davon abzweigend auf einer schmalen Gasse und über einen Forstweg auf eine Hochfläche, auf der wir durch wunderschönen Nadelwald weitergehen. Ein kleines Bächlein wird gequert, dann kommen wir zu einer Verzweigung an der Kreuzung mit der Rankweiler Straße am sogenannten **Mühlboden (4)** (1.45 Std. / 6,2 km).

Hier teilt sich der Jakobsweg in zwei Äste:

Linke Variante »Feldkirch über Stein«: Wir gehen eben auf einer Forststra-ße, nach etwa 15 Min. dann deutlich bergab zum Kristhof, bei diesem rechts und bei der nächsten Abzweigung »Ob dem Stein« links bergab. Nun immer geradeaus, eine Straße queren und unter der Rheintal-Walgau-Autobahn hindurch ans Flussufer der Ill.

Zwischen Bahnlinie und Wasser dahingehend werden Erinnerungen an den Beginn unseres Jakobsweges an der Donau zwischen Hainburg und Schwe-chat wach: Auch hier gibt es, ein Stück nach der Brücke eines Autobahnzubringers, einen kleinen Kiesstrand, wo man sich abkühlen kann. Kurz danach führt der Weg rechts bergauf, am Gasthof Stein vorbei, und dann wieder bergab durch die eindrucksvolle Illschlucht.

An einem Wasserkraftwerk vorbei erreichen wir die ersten Häuser von **Feldkirch (5a)** (1.45 Std. / 6,3 km); durch eine Parkanlage geht es zum Leonhardsplatz und durch die Altstadt weiter zum Domplatz.

*ℹ️ **Feldkirch**, die »heimliche Hauptstadt« von Vorarlberg, ist die westlichste Gemeinde Österreichs und seit 1968 Bischofssitz und Diözesanstadt. Beherrscht wird das Stadtbild von der oberhalb gelegenen **Schattenburg**, bis ins 14. Jahrhundert Stammsitz der Grafen von Montfort und heute Heimatmuseum. Unser Weg endet an der **Dompfarrkirche St. Nikolaus**, dem bedeutendsten gotischen Kirchenbau Vorarlbergs, der an Stelle einer durch Brände zerstörten romanischen Kirche aus dem 13. Jahrhundert gegen Ende des 15. Jahrhunderts errichtet wurde. Die ehemalige **Johanniterkirche** in der Marktgasse ist heute ein Ausstellungszentrum für zeitgenössische Kunst, und die **Frauenkirche** aus dem 15. Jahrhundert dient seit 1990 der serbisch-orthodoxen Kirche als Gotteshaus.*

Weiter Richtung Santiago de Compostela geht man, indem man durch die Altstadt zum Ufer der Ill zurückkehrt und flussabwärts wandert. Der Weg führt am Diebsturm und am Tschitscherschlösschen vorbei zum Wallfahrtsort St. Corneli und von dort nach Schellenberg im Fürstentum Liechtenstein.

Der Montjola-Wasserfall ist der landschaftliche Höhepunkt der Etappe.

Rechte Variante »Rankweil über den Schwarzen See«:
Vom Mühlboden folgen wir etwa 10 Min. lang der Straße zum Schwarzensee und an dessen Ufer entlang. Die Straße wird überquert, dann steigen wir wieder durch einen lichten Wald bergab, den Wegweisern Richtung Göfis-Pfitz folgend. Beim Ort Tufers verlassen wir den Wald und gehen über Felder bergab, am Bauernhof Sunnahof der Lebenshilfe vorbei. Leicht bergauf erreichen wir die Ebene Egeta mit dem sehenswerten **Valduna-Friedhof**.

ℹ️ *Die Friedhofskapelle auf dem **Valduna-Friedhof** mit ihren neugotischen Arkaden wurde von Friedrich Schmidt entworfen, jenem berühmten Architekten, der in Wien als Dombaumeister von St. Stephan wirkte und die Pläne für das Wiener Rathaus sowie mehrere Kirchen zeichnete. Auch der Friedhof selbst ist bemerkenswert. Im Jahre 1877 eingeweiht, diente er ursprünglich vor allem als Ruhestätte für die Patienten und geistlichen Schwestern der aus einem ehemaligen Klarissenkloster hervorgegangenen »Wohltätigkeitsanstalt Valduna zur Pflege geistig kranker Menschen« bzw. späteren »Landesirrenanstalt Valduna«. Später wurden hier auch russische Kriegsgefangene sowie Kriegsgefallene aus den Lazaretten beigesetzt. Die jüngste Erweiterung des Friedhofs umfasst eine Grabstätte für früh verstorbene Kinder.*

Wir gehen am Friedhof vorbei bis kurz vor dem Landeskrankenhaus Rankweil (ehemals »Valduna«). Hier zweigen wir rechts ab und folgen den Wegweisern durch den Wald hinunter zur Liebfrauenkirche und weiter über den Pilgersteig hinunter ins Zentrum von **Rankweil (5b)** (1.30 Std. / 5,4 km).

ℹ️ *Die Marktgemeinde **Rankweil** ist der wichtigste Wallfahrtsort Vorarlbergs und gilt als das »Pilgerzentrum« des Bundeslandes. Die anstelle einer Wehrkirche errichtete, auf einem Hügel thronende **Liebfrauenkirche**, die auch als Basilika von Rankweil bezeichnet wird, ziert auch das Rankweiler Wappen und ist seit dem 14. Jahrhundert Ziel von Wallfahrten. Daneben gibt es noch mehrere weitere Kirchen und Kapellen, wie die **St.-Peter-Kirche** im Zentrum des Ortes, in der wir auch eine Statue des Pest- und Pilgerheiligen Rochus finden können.*

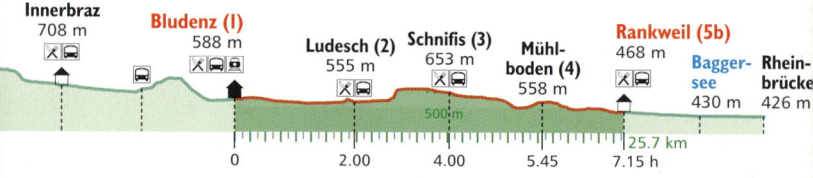

Innerbraz 708 m — Bludenz (I) 588 m — Ludesch (2) 555 m — Schnifis (3) 653 m — Mühlboden (4) 558 m — Rankweil (5b) 468 m — Baggersee 430 m — Rheinbrücke 426 m

500 m

0 — 2.00 — 4.00 — 5.45 — 7.15 h

25.7 km

Vom Marktplatz in Rankweil erreicht man über die Bahnhofstraße den Bahnhof; wer weiter zur Schweizer Grenze gehen möchte, geht rechts durch die Unterführung und folgt der Wegmarkierung weiter bis zum Grenzübergang auf der Rheinbrücke bei Meiningen. Dieser Weg ist im Detail im Rother Wanderführer »Jakobswege Schweiz« beschrieben.

Der Walgauweg, hier kurz vor Röns, verläuft hoch über dem Tal.

Stichwortverzeichnis

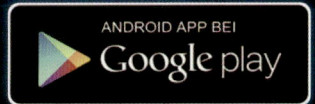